LINNÉ · LAPPLÄNDISCHE REISE

Reclam
Bibliothek

BELLETRISTIK

Carl von Linné

LAPPLÄNDISCHE REISE UND ANDERE SCHRIFTEN

1991

Reclam-Verlag Leipzig

Aus dem Schwedischen

Übersetzung von H. C. Artmann, Abraham Gotthelf Kästner und Karl Lappe

Herausgegeben mit Nachwort und Anmerkungen von Sieglinde Mierau

Mit 29 Zeichnungen Linnés und 31 Abbildungen

ISBN 3-379-00185-6

Reclam-Bibliothek Band 696
4., verbesserte Auflage
Umschlaggestaltung: Friederike Pondelik nach einem Kupferstich in Linnés *„Sponsalia Plantarum"*, 1746
Printed in Germany
Dresdner Druck- und Verlagshaus GmbH
Gesetzt aus Garamond-Antiqua

Småland hat mich geboren
Schweden habe ich durchreist
Der Erde 450 Ellen tiefe Eingeweide geschaut
In des Windes Höhen eine Meile emporgestiegen
Sommer und Winter an einem Tag angeschaut
und selben Tag darinnen verlebt
Wolken habe ich durchschritten
Das Ende der Welt habe ich besucht
Der Sonne Nachtherberg geschaut
Unter einem Jahr 1000 Meilen
zu Lande gewandert

Lappländische Reise

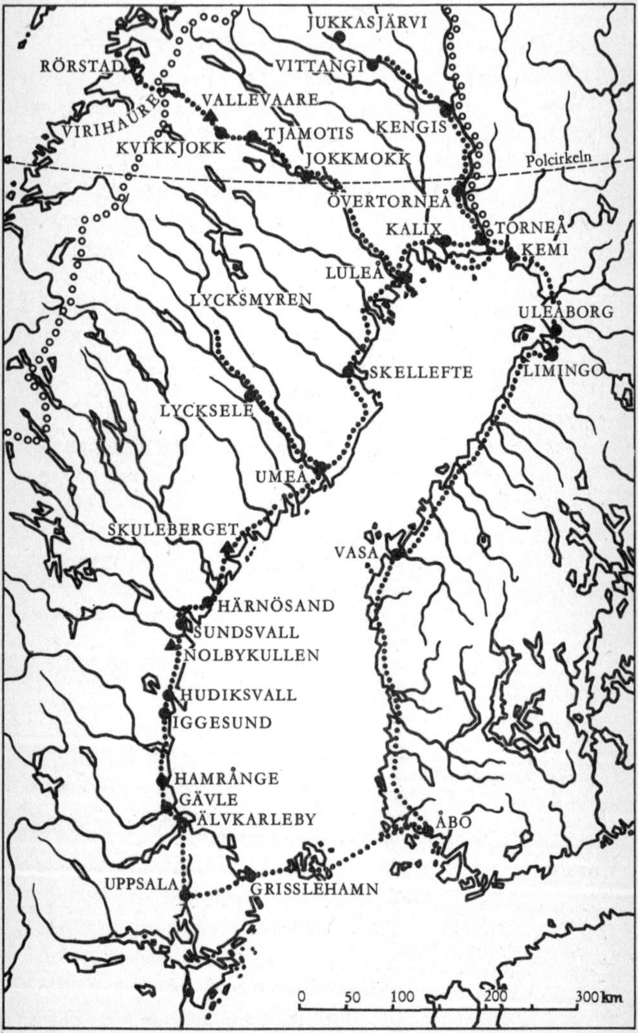

O Ens Entium miserere mei!

Nachdem ich am 2. Mai von der Königlichen Societät der Wissenschaften war angenommen worden, nach der Lappmark zu reisen, um dortselbst die drei *regna naturae* zu beschreiben, ging ich daran, meine Sachen vorzubereiten, und kleidete mich in folgende Montur:

Die Kleider waren also ein kleiner Rock aus westgötischem Zeug, ohne Saum, mit kleinen Aufschlägen und Kragen aus Wolleplüsch. Hosen recht artig aus Leder, Zopfperücke. Kapuze aus Basthanf; Schnürstiefel an den Füßen. Eine kleine lederne Tasche, eine halbe Elle lang, etwas kürzer in der Breite, aus weißgegerbtem Leder, mit Ösen auf der einen Seite, sie festzubinden und sich umzuhängen; darin waren eingepackt: 1 Hemd, 2 Paar Halbärmel, 2 Nachtjacken, Tintenfaß, Federbüchse, Mikroskop, Perspektiv, Florhaube, um sich der Mücken zu erwehren. Dieses Protokoll. Eine große Anzahl gehefteten Papiers, um Pflanzen darein zu legen, beides in Folio. Ein Kamm, meine „*Ornithologie*", „*Flora Uplandica*" und „*Characteres generici*". Der Hirschfänger saß an der Seite und ein kleines Pistol zwischen Schenkel und Sattel. Ein achtekkiger Stock mit *mensurae* versehen, ein Anmerkbuch in der Tasche samt Paß der Kanzlei zu Uppsala und dem Empfehlungsbriefe der Sozietät.

Dies 12. Somit reiste ich am 12. Mai 1732 aus der Stadt Uppsala ab, es war ein Freitag, 11 Uhr vormittags, bis zu meinem 25. Jahre fehlte mir nur noch ein halber Tag. Nun begann das ganze Land zu lächeln und Freude zu fühlen, nun kömmt die schöne Flora und schläft mit dem Phoebus.

Omnia vere vigent et veris tempore florent
et totus fervet Veneris dulcedine mundus.

Jetzt stand der Winterroggen eine Viertelelle hoch, und die Gerste hatte just ein Blättlein gezeigt. Die Birke fing an zu sprossen und alle Laubbäume ihr Laub zu zeigen, Erle und Espe ausgenommen.

Ich reiste alleine von Uppsala fort, jener alten Residenzstadt, welche ein Schloß besitzt, das 1702 durch Brand zerstört ward, ein Prospekt, desgleichen man bald nicht wiederfindet. Rundherum dehnt sich die Ebene, ungefähr eine Viertelmeile Wegs, grün durch Ceres, dann beginnen die Berge und endlich der Wald.

Nachdem ich durch das nördliche Zolltor gekommen war, zeigte sich sogleich Lehmerde, außer in den Bergen, wo bloß Sand und Steine sind; das Land ist eine Viertelmeile Wegs flach und baumlos.

Längs des Weges sah ich in den Sandgräben einen gelben *Byssus*, sonderlich dort, wo der Wind nicht beigekommen, und gleicht in jeder Hinsicht dem Rahm auf der Milch, was die Bauern „Wasserblüte" nennen.

Auf meinem Wege sah ich allerorten Stuten, die mit ihren jungen Fohlen zur Weide gingen, und bewunderte die langen Beine, von denen es heißt: Will man die spätere Größe des Pferdes errechnen, daß man sie vom Fuß bis zum Knie abmessen müsse, die sich ergebende Länge aber nach oben verdoppeln, solches ergibt mir die richtige Höhe. *Ossicula auditus in infante.*

Ein flaches Moos *s. Lichenoides terrestre daedaleis sinubus*, welches ich auch auf dem Schloßhügel gesehen, beschrieben.

Die Gänse gingen hier auch mit ihren Jungen; es ist interessant zu beobachten, daß alle jungen Gänse, sobald sie ausgekrochen, gelb sind, gleich, welche Farbe sie später bekommen, dieses Gelb dann aber gewöhnlich verlieren.

Zur Rechten ließen wir Alt-Uppsala mit den drei großen Ahnenhügeln.

Die Blumen waren noch sehr spärlich, wie etwa *Taraxacum*, welches Tournefort so übel mit *Pilosella* durcheinanderbringt, wiewohl doch *folia calycis reflexa* differieren. *Draba caule nudo, longitudine palmi*, welche man in Småland Roggenblume nennt, weil der Ackermann, sobald sie zu blühen anfangen, seinen Frühjahrsroggen aussäen soll. *Myosotidem, Viola arv. et mart., Thlaspi, Lithospermum seget., Cyperoides, Juncoides, Salix, Primula, licet non sit hic, nec alibi, prima veris, Caltha svet.*, schwedische Kaper genannt, weil manche behaupten, daß sie von vielen als Kaper gegessen wird; es ist jedoch unwahr, daß sie die Butter färbt.

Die Lerche sang den ganzen Weg für uns, sie zitterte in der Luft.

Ecce suum tirile, tirile, suum tirile tractat.

Der Himmel war rein und warm, der Westwind kühlte mit einem angenehmen Hauch, und vom Westen her begann eine dunkle Farbe den Himmel zu bedecken.

Okstad, fünf Viertelmeilen. Nun begann der Wald mehr und

mehr zuzunehmen, die anmutige Lerche, welche zuvor unsere Ohren unterhalten, verließ uns, allein im Walde nahm uns ein Drosselmännchen, *Turdus minor*, mit gleich großen *compliments* auf, welches, wenn es zuoberst auf einem Tannenwipfel seiner Liebsten aufspielt, auch uns mithalten läßt und manche Töne so hoch anstimmt, daß es sogar die Nachtigall meistert, die Meisterin unter den Sängern.

Hier im Walde sahen wir zahllose Kiefern, welche freilich einen dicken Rumpf hatten, jedoch nicht die entsprechende Höhe, die tiefsten Äste waren den höchsten an Länge gleich, und der Wipfel fehlte, ja, alle Äste schienen *ex uno centro* zu kommen, wie bei der Palme, und ganz oben waren sie wie abgeschnitten, welches ich dem Erdboden zuschreibe, und ich bewundere die Natur, die es sogar versucht, ihre Bäume zu stutzen, nenne sie also *Pinus plicata.*

Läby, fünf Viertelmeilen. Hier im Walde sahen wir zahllose Bärentrauben, die bereits zu blühen begannen.

Hier nahm uns ein großer Kiefernwald auf, ganz steril, weil die Pflanzen des Bodens erstickt waren, und an ihrer Stelle lag eine Schicht trockener Nadeln mit *Erica, Muscus pariet: coralloides.* Der Humus war hier kaum zwei *digitorum crassitie* und darunter purer Heidesand.

Ein großer Runenstein lag an der Landstraße eineinhalb Viertelmeilen oberhalb des Gasthofes, welchen abzuschreiben ich mir aber nicht Zeit nahm, da ich sah, daß er erst vor kurzem war gelesen worden. Zweieinhalb Viertelmeilen Wegs vom Gasthofe eine Grenzmarke von sonderbarer Beschaffenheit: vier Steine stehen *in quadraturam* und einer *in centro*, alle *compressi* und *erecti*, dieser just gegenüber sah ich einen großen *lapis marmoreus polyzonicus*; da ich selbigen wollte entzwei haben, suche ich mir einen kleineren und finde diesen von gleicher Art. Den größeren konnte ich nicht brechen, allein der kleine ging entzwei; in ihm fand ich *prismata crystallina* ganz *subtila* und *pellucida*, davon ein Teil weiß, ein Teil aber ganz *fulvi* war.

Ehe ich zum anderen Gasthof komme, liegt eine kleine Kate zur rechten Hand, quer über die Landstraße ein Tümpel, in dem gewaschen wird. Hier sah ich einen glatten, schräg abfallenden Waschstein, welcher aus weißem Gneis war, in ihm befanden sich aber drei Stück vierkantige große Rauten aus schwarzem Granit, wie von einem kunstreichen Steinmetz

eingearbeitet, doch ziehen sie durch den ganzen Stein, welches an der Stelle, wo der Stein abgeschlagen, zu sehen ist.
Gegenüber von Yvre ein Flüßchen, welches im ganzen kaum über die Knöchel reichen würde, aber an den Uferrändern so tief ist, wohl fünf Ellen tief; solches geschah entweder dadurch, daß das Wasser ständig losen Sand mitgeführt, oder, was mir eher scheint, daß sich die Wassermenge des Flusses vermindert hat.
Hier stand nun *Chrysosplenium* in Blüte, selbiges Tournefort sehr zu Unrecht *foliis auriculatis* nennt, denn *folia* sind *totum diversa.* Sie hat acht *stamina in quadraturam* gesetzt und zwei *pistilla,* daher ist es klar, daß sie sich, mit den Alten, den *Saxifragas* eher nähert als den *Campaniformes.*
Yvre, acht Viertelmeilen.
Die Wolke, welche mehr und mehr zugenommen und hier und da mit vereinzelten Tropfen gedroht hatte, fing jetzt so zu schütten an, daß ich genötigt war, einige Stunden hier zu verweilen.
Wie ich mich der Kirche von Tierp nähere, läuft da ein Strom, welcher an der Seite, wo er sich krümmt, ein ziemlich hohes und steil abfallendes Ufer hat, einer Wand gleich, was ich den *Alnus* zuschreibe, die ganz unten am Wasser stehen. Ich habe gesehen, wie Seen das Erdreich fortfressen, immer mehr und mehr, und solcherart Schlösser und Kirchen etc. bedrohen, welche man in der Nähe erbaut hat, so daß man mit viel Mühe Uferwehren hat errichten müssen, aber meistens ohne sonderlichen Erfolg. Wo jedoch *Alnus* am Ufer gestanden, hat das Wasser wenig oder gar nichts auszurichten vermocht.
Zu beiden Seiten der Kirche sah ich verschiedene kleine Ahnenhügel.
Weil nun die Nacht hereinbrach, beeilte ich mich gen Mehede.
Dies 13. Mehede, achteinhalb Viertelmeilen. Hier sah ich *Taxus* wild wachsen, selbigen sie Eibe oder Eibentanne nennen.
Im Walde wuchsen allerorten *Anemonoides,* welche manche, völlig närrisch, von der *Anemone* unterscheiden, sie haben nie eine *Anemone* gesehen, scheint mir; außerdem *Hepatica, Oxys.*
Interessant ist, daß heute alle geschlossen waren: Wer hat den Pflanzen den Verstand gegeben, sich, wie es bei diesen dreien der Fall ist, vor dem Regen zu bedecken? Ja, häufig geschieht es sogar, daß der Sonnenschein, bei dem sie ihre Blüten ent-

faltet haben, sich im Handumdrehen in Regen verwandelt, allein da sind sie auch schon geschlossen.
Der Kuckuck, welcher den lieben Sommer verkündet, ließ sich jetzt zum erstenmal hören.
Und da ich so viel vom Älvkarlefall hatte reden hören, deuchte es mich nützlich, ein weniges vom Wege abzuweichen und den Wasserfall anzuschauen, zumal man ihn vom Wege aus sowohl sah als hörte, ja, der Dunst war wie von einem großen Strohfeuer, dessen Rauch zum Schornstein hinauszieht. Als ich hinzukam, sah ich den Strom sich in drei Teile teilen, indem eine Insel — auf Fels gegründet — den Strom scheidet. Der Wasserfall ist keineswegs künstlich, sondern von der Natur gemacht, welche in der Mitte des Stromes einen starken Felsen aufgebaut hat, wo das Wasser des einen der drei Arme, des nächstgelegenen (der sogar eine Sägemühle treibt), aus einer Höhe von zwölf bis fünfzehn Ellen herabstürzt, wodurch es geschieht, daß das Wasser weiß wird, wie in Raserei braust, ja, Tropfen einige Ellen hoch in die Luft schleudert, weshalb auch der Fall ununterbrochen wie in Rauch steht. Der Sägemüller, welcher ständig in solchem Dunst steht, kam mir bleich vor, allein er klagte nicht über irgendein Leiden.
Dieser Wasserfall stürzt von einem schwarzen Felsen, welchen mit Sorgfalt zu untersuchen unmöglich ist. Stromabwärts, wo sich das Wasser schon etwas beruhigt hat, werden Lachse gefischt, hier befindet sich ein viereckiges Gatter, etwa eine Elle aus dem Wasser ragend, in welchem der Lachs sich fängt und nicht wieder auskommt.
Auf den höchsten Felsen am Lande standen Eichen; ich wunderte mich, daß sie genug Saft hatten, verstand aber, daß es der Saft war, der aus der Erde hochkam und seitlich am Felsen herunterrann, welcher auch ihre Wurzeln entstehen ließ.
Unten zwischen den Klippen lagen Schnecken, merkwürdig dadurch, weil die Spitze ihres Gehäuses scharf ist.
Auch ein seltenes schwefelgrünes *muscus* fand ich.
Ich eilte von hier nach Älvkarleby, welches von diesem großen Fluß in zwei Teile geteilt wird. Er kommt aus dem Leksandsee in Dalekarlien. Der südliche Teil ist jedoch der weitaus größere und sieht wie eine Stadt aus durch die vielen Kaufmannsläden, die hier stehen und auf die Markttage warten.
Über diesen Fluß braucht man einen Fährmann, welcher

immer nach einem Reisepaß frägt. Als ich seiner ansichtig wurde, schien er mir wie Rudbecks Charon, er glich ihm, abgesehen vom Alter, ziemlich. Der Fluß ist einige Büchsenschuß breit. Inmitten des Flusses segelte ich an der kleinen Insel vorbei (davon Rudbeck), welche aus dem Lande geschnitten ist und *pro basi* einen Felsen hat; auf ihr steht nichts als ein Baum. Auf der Nordseite des Flusses sah ich das Ufer ziemlich senkrecht abfallen und wunderte mich, daß es sich so rein halten konnte, welches, wie ich feststellte, davon kam, daß der Sand mit Lehm vermischt war. Niemals hätte irgendeine Kunst dasselbe so schroff ausführen können, ja, *lineae horizontales* schienen anzuzeigen, wie tief sich das Wasser mit jedem Jahr gegraben. Am Morgen schien die Sonne, aber bald hernach kam Regen.

Älvkarleby, zehn Viertelmeilen. Auf der Nordseite sah ich einige Ahnengräber. Endlich bekam ich das zu sehen, was ich noch niemals im Norden beobachtet hatte, nämlich *Pulsatilla apii folio.*

Der Wald war mit Steinen und verschiedenen *Salices* und allerlei *Pyrolae* angefüllt.

Die Steine waren größtenteils *strata supra strata* aus weißem und schwärzlichem Feldstein, *polyzonicae.*

Regen kam hin und wieder stark, und dazwischen schien die Sonne.

Als ich eine Meile über Älvkarleby hinausgekommen war, gelangten wir zur Eisenhütte von Harnäs, welche ihr Erz teils aus Dannemora in Roslag, teils aus Ängsö in Södermanland holt. Diese Hütte wurde vom Russen niedergebrannt, ist aber jetzt wiederhergestellt. Hier fließt der Fluß, welcher Uppland vom Gästrikland scheidet.

Meist Lehm, und die Wälder auf sandigem Heidboden, wenig Hügel; die Gastwirte taugen nichts.

Eben, da wir von Uppland schieden, sah ich ein paar Eichen, hernach aber keine mehr — dies war jedoch schon auf Medelpadschem Gebiet.

In Uppland sind wenig Hügel und Seen.

Die Wälder wurden nun buschartiger, Steine lagen in Fülle umher, und überall wuchs das Wintergrün.
Diese Steine waren meistens *polyzonicae*, gewöhnlich aus weißem und dunklem Granit, und so den ganzen Weg.
Ich entdeckte eine Fülle von *Salix rosea*, welche noch alle vorjährigen Blätter trug.
Gen Gävle zu sah ich einen Runenstein. Er war aber bereits entziffert, *ergo* ich *non* mich aufhielt.
Item ein Gestell, um darauf Getreide und Erbsen zu trocknen, senkrechte Pfosten mit Querbalken, acht Ellen hoch. Auf solchen Vorrichtungen trocknet man *per totam Helsingiam, Medelpadiam, Angermanniam et Westrobothniam.*
Dies 14. Ich reiste von Gävle nach beendigtem Gottesdienst ab. Ich war daselbst vom Kontrolleur Lönbom aufs anständigste bewirtet worden und hatte vom Landhauptmann und Sekretär einen guten Reisepaß erhalten.
In dieser Stadt findet sich die letzte Apotheke des Nordens und der letzte *doctor provincialis.* Ein schiffbarer Fluß geht durch die Stadt, wird befahren und ist vor der Mündung wohl eingedämmt.
Um die Stadt herum lagen überall *saxa rubra.*
Die Kirche von Hille erreicht man nach drei Viertelmeilen. Hier beginnt eine Bergkette, die sich bis zur nächsten Poststation erstreckt und zwei Seen voneinander scheidet. Ganz oben auf der Höhe, etwa eine Viertelmeile von Gävle, sieht man eine Anzahl von Ahnenhügeln, welche aus Steinen errichtet sind.
Die Tannen waren hier durchweg groß und schlank, sie trugen drei verschiedene Arten Früchte, manche, einjährige, nicht größer als große Erbsen, *globosae, 2dus* zweijährige, *ovato accuminatae,* und *3e dehiscentes squamis reflexis* oder vierjährige.
In der sumpfigen Gegend zur linken Hand ließ sich die Heerschnepfe hören.
Eine Viertelmeile zur rechten Hand, ehe man nach Trödje kommt, liegt der Sauerbrunnen von Hille.
Die Poststation von Trödje, welche der gute Professor Rudbeck Troja genannt hat, ist von sanften Hügeln umgeben.
Wir reisten nordwärts über einen Sumpf, eine Viertelmeile

lang, der gänzlich bar von Bäumen war, aber viel *Gale* fand ich wegs, *cuius amenta in summis ramis describantur* und *Betula nana,* die eine Art niedriger Allee bildeten und meinen Weg schön einhegten.

Im Walde, an der jenseitigen Seite des Sumpfes, standen alle Arten *Lycopodia: sabinae, cupressi, abietis, bifurcati.*

Eine Menge großer Steine lag am Wegrand. Diese Steine waren auf Befehl des Landhauptmanns und durch der Leute Arbeit herausgebrochen worden, um den Weg besser zu machen. Sie sahen aus wie alte Mauern, auf denen *Campanula serpyllifolia* wächst und dessen *sarmenta* und grüne Blätter sich mit dem Efeu verweben. Zur Rechten aber liegt der See Hamrångefjäl und verschönert dem Wanderer den Weg.

Heute morgen war Sonnenschein, alternierte aber am Nachmittage mit Regen, genau wie gestern, doch der Wind kam aus Süden, gestern aus Norden.

Als ich noch auf dem Höhenzug bei Hille war, sah ich, daß bei den Wacholdern, *Juniperus,* an den Zweigenden Knospen saßen, aus drei Blättern bestehend, länger und drei- bis viermal so groß wie die anderen, und diese umschließend wie *valvulae, apicibus tamen suis patulis;* innerhalb dieser großen und dicken saßen drei weitere, kleinere, so groß wie die normalen Blätter, von gelblicher Farbe, konnivierend und entweder einen kleinen *vermiculum fulvum* oder eine *pupulam albidam* einschließend.

Ich kehrte in der Nacht im Gasthofe von Hamrånge ein. Hier sprachen die Leute viel von einem seltsamen Baum, der in der Nähe der Straße stehen sollte. Viele hatten ihn gesehen, aber keiner hatte vermocht herauszufinden, welcher Art er sei. Einige dachten: ein Apfelbaum, den eines Tages eine bettelnde Trollfrau verhext habe. Diese hätte nämlich einen Apfel gepflückt und, vom Besitzer zurechtgewiesen, gesagt, der Baum werde nie mehr tragen. Ich beeilte mich am nächsten Tag, um mit der ersten Sonne auf zu sein, und da ich an die besagte Stelle kam, die ich so sehnlichst zu sehen gewünscht, fand ich heraus, daß dieser Baum nichts andres als ein *Ulmus vulgaris* war, ein Beweis, daß die Ulmen hier oben nicht zu den häufigen Bäumen zählen.

Im Walde beobachtete ich, daß *plantae apicibus cornutis* den Vorrang vor allen andren hatten, solchermaßen *Erica in sylvis* und *Daphne in paludibus* das höchste Kommando führten, ja, man sah sogar wenig andere Arten als die ebengenannten, und

Myrtillus, Vitis idaea, Uva ursi, Ledum etc., was auch für die übrigen Länder und in der Lappmark gilt.
Die Spinnen hatten alle Hofzäune mit ihren vom Frühnebel weißen und gut sichtbaren Fangnetzen übersponnen.
Im Walde sang die Drossel, der Kuckuck, *Erithacus, Tetrao, Fringillaria angermannica etc.*, der Specht aber knarrte von den trockenen Stämmen herunter den Baß. Das Wetter war vergnüglich und angenehm.
Nachdem ich im Vorbeigehen *Muscus esculentus* beobachtet hatte und solcherart etwa sechs Viertelmeilen über Hamrånge hinausgekommen war, lief ein Fluß vor mir, und es war der nämliche, der Gästrikland von Helsingeland scheidet. Er heißt Tönnaå und mündet ganz unweit von hier in den Tönnasee.

Helsingia

Als ich genau eine Viertelmeile weit ins Land hineingekommen war, sah ich an der Landstraße einen roten *humus*, der zum Rotfärben gut verwendbar sein dürfte, sofern es ihn in größerem *quanto* gäbe und seine Qualität verbessert werden könnte.
Besseren, so sagte man in der nächsten Poststation, gäbe es im Walde von Morbro.
Im Walde standen recht große Kiefern und Tannen: Weil die Bewohner sie austrocknen lassen wollen, haben sie die Rinde ringsherum eine Spanne hoch abgeschält, wodurch sie bald verdorrt sind.
Ein Stück weiter sah ich am Wege einen Stein, der etwas verbrannt war und große Fragmente von *Speculo mariae* enthielt.
Endlich erreichte ich den großen Strom Ljusna, über den mich eine Fähre brachte.
Hier und dort im Walde lagen jetzt blutrote Steine umher, sahen aus, als wären sie über und über mit Blut begossen, und da ich wissen wollte, wie sich solches verhielt, kratzte ich daran und fand, daß diese Röte nicht im Stein selbst bestand, sondern von einem roten *Byssus* kam, der den Stein überzogen.
Von Skog nach Sörala sind es zwölf Viertelmeilen.
Hier in Sörala sah ich viele Ahnenhügel.
Bis Norrala vier Viertelmeilen. Kurz vor diesem Orte sah ich

einen *rivulus,* der einen Hügel entlang in einen sandigen Graben rann, wo er ein dickes Ockersediment absetzte.

An den Seen sah ich, wie sie Kescher aus Weidenruten hineinhängten, um Brassen zu fangen. Am nämlichen See bemerkte ich auch den *Avis Lumme Worm.*, Beschreibung *vide suo loco,* der ganz durchdringend und klagend schrie, insonderheit, wenn er zum Tauchen ansetzte.

Von Norrala begab ich mich weiter nach Enånger. Starker Nebel lag über meinem Weg, es hatte vordem, da ich noch in Norrala gewesen, ganz gröblich geregnet; nun aber, gegen Abend, fing's ordentlich zu blitzen an, und auch einiger Donner war zu hören.

Den ganzen Tag hindurch hatte ich beobachten können, wie dieses Land doch einem Mikrokosmos gleichkam, denn hier gibt es: Gebirge, Hügel, Felsen, Moore, Seen, Wald, Lehm, Sand, Kieselsteine etc.

Wiesen gibt es wenige. Das Land besteht zum größten Teil aus felsigen Bergen, *inhabitabiles,* und bloß in den Tälern und Mulden sieht man kleinere Höfe, welche Wiese haben, wenig genug und dazu kaum Hochwiese, sondern meist Sumpfwiese.

Die Leute hier sind bieder und ihre Häuser recht schmuck, auch innen sauber und freundlich und besser als andernorts gebaut. Man ist hier von sonderlich hohem Wuchse, meistens aber die Mannsbilder. Als ich frug, ob man hier die Kinder länger als sonstwo an der Brust behalte, sagte man mir, ja, und oft sogar zwei und ein halbes Jahr. Branntwein ist hier nicht immer aufzutreiben. Ich glaube, Adam und Eva müssen Riesen gewesen sein, *ratione ab ovo in ovo, paupertate Israelitarum et Amonitarum magnitudine, Laponum structura etc.*

Die alte Überlieferung, daß die Helsingländer niemals den Schüttelfrost bekommen, dürfte übertrieben sein, denn auf mein Befragen wurde mir geantwortet, daß ihn eine Menge Leute wohl schon gehabt hätten, aber sehr häufig ist er nicht.

Viele Bergfinken gab's, aber bemerkenswert dadurch, daß es lauter Männchen waren, kenntlich an dem rötlichgelben Flecken vorne an der Brust.

Dies 16. Zwischen der Poststation von Iggsund und Uppänge besah ich mir den erstaunlichen Eisenhammer von Iggsund. Er besitzt zwei Hämmer und einen Hochofen. Im Eisenhammer

selbst gingen die hemdsärmeligen Gesellen *Vulcani* umher und vollbrachten wahre Meisterstücke ihrer Profession.
Erz von drei à vier Arten wird hier verarbeitet. Erstens solches aus Danmora, zweitens das aus Söderön, drittens Erz aus Gräsön, welches recht schöne *Pyrites tessalutos* in sich hat, viertens *arena nigra* aus dem Arbroer Kirchspiele, die dort auf dem Meeresgrunde liegt, manchmal aber, bei stürmischem Wetter, an den Strand gespült wird. Alles Gestein, *quod notabile*, war blau.
Hier, wie auch weiter oben in dieser Provinz, gebraucht man eine Art blaues Gestein zum Aufmauern der Schornsteine, welches, wie man mir sagte, haltbarer sei denn Mühlstein, das ist *lapis molaris.*
Kalkstein zum Scheiden nahm man aus den Gewässern, es war Sumpfstein mit *retipora.*
Im Walde lag Granit und, wie mich dünkte, von allen Arten, die es in der Welt gibt.

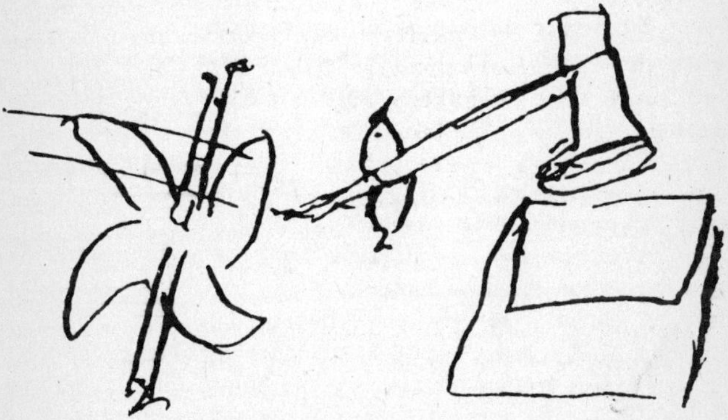

Wo immer ein Fluß war, wurde ein Rad angetrieben, das seinerseits einen Hammer in Bewegung setzte, um Flachs damit zu klopfen, doch solchergestalt, daß eine Klappe in dem Boden hochgezogen wurde, wenn er aussetzen sollte.
Falter flogen hin und her, die gewöhnlichen silbrigen sowie auch die großen schwarzen mit den weißen Fransen.
In Iggsund fand ich auf dem Wege ein *insectum semicoleoptratum,* welches noch niemals beschrieben.
Bei Njutånger sah ich hier und da einen veilchenfarbenen Lehm, den man als Wegbelag verwendet.

Zwischen der Herberge von Iggsund und Hudiksvald sah ich denselben veilchenfarbenen Ton in reicher Fülle. Ich bemerkte, daß er in den Sandgräben ein *stratum* bildete, und beobachtete auf einem Hügel, neun Ellen hoch und oberhalb des Sees dicht an diesem gelegen, daß der Humus hier zwei bis drei Fingerbreit stark war. Sand *palmus s. spithama, argilla violacea 1 spithama, tandem* Sand *sterilis.* In dieser Tonerde lagen kleine weiße *conchae leves,* ganz erhalten, aber das Violett schien mir, als ich dessen Partikel examinierte, braune *conchae* zu sein, die man in Mengen am Meeresstrand antrifft. Ich glaube also fest, daß alle diese Täler und Moore Meer gewesen sind und das Oberste des Urgesteins ehedem Klippen.
Nahe dabei sah ich *Hepatica flore purpureo, alias rarissima,* und es wollte mir der Satz der Gärtner einfallen, der statuiert, daß *colorata terra colorem floris* ändert.
Ich habe beobachtet, daß Berge, wenn sie abgerodet und abgebrannt wurden, steril wurden und daß nur Stein bei Stein übrigblieb.
Weil der Ertrag der Äcker hier so gering ist, backen die Leute Brot aus Gerste, in die sie Erbsen und Häcksel mischen. Dieses Brot wird etwa zwei Fuß *in diametro* gemacht, aber hauchdünn, denn solcherart wird der Geschmack nach Erbsen nicht widrig.
Hudiksvald ist eine kleine Stadt und liegt zwischen dem Meer und einem kleinen See. Gleich in der Nähe sproßte bereits *Rubus fragariae folio; Lychnis sexualis rubra* samt *Turritis minima* standen schon in Blüte
Gegen Abend erreichte ich Brinstad, das Wetter war angenehm, und es hatte tagsüber nur ein einziges Mal geregnet.
Dies 17. Am frühen Morgen, als die Sonne aufging, sah ich nahe der Kirche von Jättendal mehrere Ahnenhügel. Als ich in den Wald trat, traf ich mit sieben Lappländern zusammen, die ihre Rentiere einhertrieben, sechzig à siebzig Stück, von ihren zarten Kälbern gefolgt. Die meisten Tiere der Herde hatten eben ihr Geweih verloren, aber neues setzte schon wieder an. Ich frug die Hirten, weshalb sie so weit unten im Süden lebten. Ja, antworteten sie, wir sind hier an der Küste geboren, und hier wollen wir auch dereinst sterben. Sprachen gut schwedisch.

Auf dem Wege von Böle nach Gnarp, nach der Poststation Dingersjö, ist die Grenze zwischen Medelpad und Helsingeland durch zwei Pfosten, deren einer an der linken und einer an der rechten Straßenseite steht, angedeutet. Hier sah ich, daß *Erica* etwas weniger wuchs, hingegen *Myrtillus baccis nigris* zunahm. Die Birken wurden, je weiter ich kam, häufiger. Zur Linken der Straße erhoben sich hohe, graue Berge, und zu Füßen der Felsen lagen Steine, meist doppelt so groß wie eine Mannsfaust, allesamt von einem graugrünen *muscus* überzogen, denn keine Menschenhand hatte sie je berührt.
Ich war kaum über die Grenze Helsingelands hinausgekommen, als ich vor mir zwei Schneehühner, *Lagopodes*, spazieren sah, konnte jedoch nicht nahe genug an sie herankommen, um meine Büchse mit Erfolg zu gebrauchen, also betrachtete ich sie durch mein Perspektiv. Sie waren ziemlich rötlich, die Federn der Flügel aber schneeweiß.
Bei der Poststation von Dingersjö bekam ich das große *Aconitum hirsutum galea angusta* zu sehen, von den Landleuten *giske* oder *gisk* genannt, und das ich dann den ganzen Tag über so häufig sah wie Heidekraut. Da dieses Gewächs vom Vieh nicht gefressen wird, wuchert es in aller Üppigkeit und vermehrt sich zusehends. Man kann daraus leicht erkennen, wie das unschuldige Tier von der Natur gelehrt wird, Schädliches vom Nützlichen zu unterscheiden, *nullo docente*, der Mensch aber nicht.
Gleich nördlich von Dingersjö liegt rechts ab von der Straße ein ziemlich hoher Berg, Nyåkersberg genannt, dessen Südseite sehr steil abfällt. An dieser Seite haben die Bewohner der Umgegend ihre Hopfengärten angelegt. Weil nun der Hopfen anderswo nicht sonderlich gut gedeiht, dachte man, und zu Recht, dieser Berg sei ein guter Schutzwall wider die kalten Winde, und die Sonne müßte an seiner steilen Wand ihre Strahlen wie in einem *focus* sammeln.
Von der Poststation eine Viertelmeile nach links liegt der höchste Berg Medelpads *(secundem relationem incolarum)* und heißt Norbyknylen oder Norbykullen, wahrhaftig ein hoher Berg! Und da ich ihn gerne genauer untersuchen wollte, ritt ich nach Norby, band mein Pferd an einen Runenstein und begab mich, von einem Führer begleitet, hinauf. Wir bestiegen

ihn über die linke Flanke und sahen allerlei Arten von seltenen Pflanzen wie: *Fumaria bulbosa minima, Moschatel., Campanula serpyllifolia* etc., und alles in so großer Perfektion, wie ich vorher noch niemals wahrgenommen. Ich fand auch ein seltenes kleines Moos, welches ich *Sphagnum ramosum, capsulis globosis, petiolis longis erectis* nennen sollte.
Nach mancher Müh und Plage erreichten wir völlig erschöpft den Gipfel. Hier oben hielten seinerzeit im Russenkrieg die Leute Wacht, und täglich mußten mehrere Mann zugleich da sein, denn von hier ist die Aussicht übers Meer besonders gut. Man hatte einen großen Holzstoß errichtet, auf dem eine volle Teertonne stand. Wären nun die Russen auf See erschienen oder gar an Land gegangen, so hätte der angezündete Holzstoß mit seinem meilenweit sichtbaren Feuer das umliegende Land gewarnt.
Ich nahm vom nämlichen Berg einen Stein mit, *mixtura varia.*
Hier oben gab es alle Arten *musci,* die überhaupt in der Gegend zu finden sind. Die Bäume waren auf dem Gipfel klein, an den Seiten des Berges aber recht groß. Vom Gipfel aus betrachteten wir das umliegende Land mit all seinen Dörfern, bestellten Feldern, Wiesen, Seen, Meer etc. Auch einen Rauch sahen wir vom unteren Teil des Berges aufsteigen. Dieser Rauch verschwand aber, da wir beim Abstieg die Stelle passierten, von wo er gekommen, also es *exhalationes terrae* waren.
Zuvor am Berggipfel entdeckte ich auch überall *stercora Leporis,* ein sicheres Zeichen, daß der Hase auch hier oben seinen Aufenthalt hat.
Wir versuchten, an der Südseite abzusteigen, wo es am steilsten war, und Felsnase über Felsnase lag; oft mußten wir in hockender Stellung lange Stücke abwärts rutschen, ja, hätte sich nur irgendein Stein gelockert, wir wären verloren gewesen.
Da wir die Hälfte unsres Abstiegs hinter uns hatten, flog vor uns ganz plötzlich eine Bergeule auf, groß wie ein Huhn, *colore Scolopacis, auribus nigris, ad rostrum linea nigra coeuntibus;* ich wünschte, ich hätte meine Büchse mitgenommen, aber die mitzuschleppen war unmöglich gewesen. Gleich darauf stießen wir auf einen kleinen, flachen Grasfleck, der exakt gegen Süden lag; er hatte gegen Ost und West Wände, so daß er nur dem Südwinde zugänglich war. Auf diesem Grasfleck war ein

Nest mit drei jungen Vögeln samt einem faulen Ei. Von diesen Jungen war eines doppelt so groß als die anderen, nämlich zwei Fäuste groß und *vigetus, undique plumis mollissimis, albo-pallidis, lanae ad instar, longis vestitus,* welches wir nach Hause mitnahmen. Jenes *ovum urinosum* ging mir entzwei, als ich es eben zwischen den Händen hielt, *experimento vulgi,* und es war nichts andres darinnen, als eine Flüssigkeit von so horriblem Gestanke, daß ich selbigen nicht zu beschreiben wage, *ne aliis mecum nauseam provocem.* Ich meine, daß der Uhu die beiden Eier, woraus die kleinen Jungen geschlüpft, später gelegt hat. Nahe beim Nest lagen einige Knöchlein, ich weiß nicht, von welchem Tier. Die Jungen waren ganz satt. Neben ihnen lag eine tote Ratte, welche an der Bauchseite zu verwesen begonnen hatte und *scatere vermiculis.* Ich nehme nicht an, daß diese jungen Vögel schon ein rechtes Fleisch verdauen können, vielmehr werden sie wohl warten, bis das Fleisch verwest, und fressen dann die Maden. *Rostrum eorum* war *nigrum* und *cera nigra.* Das faule Ei war nahezu *globosum* und *magnitudine Meleagridis.*

Hier und dort zwischen den Felsen gab es kleinere Stellen *variis herbis repleta* und dazwischen einige, welche *Violas tricolores* enthielten. Von diesen letzteren fand ich etliche *colore albo,* etliche *albo et coeruleo,* etliche *coeruleo luteo labio superiori, lateralibus et infimis coeruleis, aliae labio super. coeruleo et luteo, lateral. coeruleo et luteo, infimis coeruleis.* Und all das auf einem einzigen Fleck, der nicht größer als ein Teller war, ja, etliche gab es, die auf *einem* Stengel diverse Arten trugen: ein klares Zeichen, daß es nicht etwa unterschiedliche Arten sind, sondern daß die treibende Wärme der Sonne verschiedene Farben bewirkt, insonderheit da *sufficiens aquae copia adest,* wie eben hier, wo ein kleines Wassergerinnsel ständig den Berg hinabrann und alles befeuchtete. Wo auch könnte es einen wärmeren Treibplatz denn hier geben?

Ich ließ die Blumen an ihrer Stelle und begab mich weiter. Am Wege fand ich einen großen Stein, rötlich mit grobfunkelndem Katzensilber oder *squamae.*

Der ganze Weg, den ich nun reiste, führte am Meere entlang. Ich beschaute mit viel Mitleiden die Wracks der unglücklichen Fahrzeuge, die hier am Strande lagen, wahrhaftig, sie hatten den strengen *Neptunum* nicht rühren können, weder durch Gelübde noch Opfer noch durch Gebete und Klagen, kein

Weinen und Seufzen hatte geholfen. Da erinnerte ich mich des Studenten, der auf seiner Reise von Stockholm nach Åbo von *Neptuno* so geschreckt wurde, daß er lieber den Landweg über Österbotten, Torne, Västerbotten etc. einschlug, um zu Fuß nach Stockholm zurückzukehren, als sich einen oder zwei Tage diesem grausamen und ungetreuen *Neptuno* anzuvertrauen.
Gegen Abend erreichte ich Sundsvall, eine Stadt, die zwischen zwei Hügeln eingebettet liegt. Zu einer Seite hin aber liegt das Meer, in welches auch ein Fluß strömt.
Bei Sonnenuntergang kam ich nach Finstad, setzte aber meinen Weg bis nach Fjäl fort, wo ich über einen Strom mußte, der sich zweiteilte und eine *insula* bildete, so daß es zweier Fähren bedurfte, ihn zu überqueren.
Dies 18. war Christi Himmelfahrtstag, und ich verbrachte den Tag hier, teils wegen des Festtages, teils, um meinen müden und abgerackerten Körper ausruhen zu lassen.
Das Land sieht hier im ganzen wie *Helsingia* aus, ist jedoch etwas angenehmer zu bewohnen.
Da ich an diesem Tag nirgends hinreiste, erging ich mich in der Umgegend, um mich an der amönen Flora zu erfreuen, welche hierzulande noch im frühesten Lenze stand. Ich fand *copiose Violam aquaticam flore albo vid. sicco,* welches stark, ja vollkommen gleich dem großen *sylvestri* war, und würde es wohl für eine bloße Abart desselben gehalten haben, hätten beide nicht nebeneinander gestanden. Es wächst stets am Wasser, *labium impar s. summum* stets in bläulicher Farbe, die andren *petala lateralia* sind weißlich, meist ganz weiß.
Diesen beschriebenen benachbart fand ich auch ein kleines Sumpfveilchen, *Viola palustris,* welches ich an andrer Stelle bereits erwähnt, aber dieses hier war wegen seiner leichten Purpurtönung erwähnenswert. Abends fiel ein heftiger Regen. Am nächsten Morgen war ich mit der Sonne auf.
Dies 19. beurlaubte ich mich von Fjäl. Da ich nun ein Viertel des Wegs hinter mir hatte, kam ich vor die nächste Kirche, Häsjö genannt. Hier wich ich von der Hauptstraße nach links ab, um einen Hügel zu examinieren, denn man hatte mir gesagt, es gäbe in ihm Kupfererze. Es schimmerte alles eitel wie Kupfer, aber die *pyrites,* von denen solches Schimmern herrührte, waren gelblich weiß, ein sicherer Hinweis, daß sie zur Hauptsache Eisen enthielten. Verwitterte Steine von schwärzlicher Farbe lagen auf diesem Hügel. Die Grube, die

man hier gegraben, war nicht tiefer und breiter als eine Mannslänge. Dieser Berg heißt Bälingsberg.

Gleich darauf, als wir an die Kirche kamen, sah ich einen Stein, ziemlich groß, der auf der Erde dicht bei der Kirche lag, nordöstlich. *Credulum vulgus* erzählte, daß, als die Kirche im Bau war, Trolle sie hätten zerschmettern wollen, aber nicht weit genug geworfen hätten. Man zeigte mir an der oberen Seite des Steines Vertiefungen von fünf Fingern. Ein kleines Stück weiter, das heißt: beim nächsten größeren Berg, dem Brunäsberg, stieg ich ab, als wir auf der linken Bergseite eine kleine Strecke hinaufgekommen waren, und wurde in eine Krypta geführt, welche die Natur wie ein Haus in den selbigen Berg gebaut hat. Die beiden Wände, das Höhlenende und die Decke waren gänzlich aus Stein bis zum Eingang hin, aber mehr *coarctatum*, sowohl in der Weite wie in der Höhe. Das Innere war so hoch, daß ich mit ausgestrecktem Arm nicht zur Decke reichen konnte. Vor dem Eingang standen eine Tanne und eine Birke, welche bewirkten, daß man diese Höhle *e distanti* nicht sehen konnte. Der Eingang führte schräg hinab wie in einen Keller. Ich sah einige verbrannte Baumstrünke am Boden. Hier sagte man mir, daß sich in dieser Höhle ein Verbrecher ein paar Jahre aufgehalten habe, ohne daß man von ihm gewußt, und mich wundert es gar nicht, denn sie liegt so abseits, ist so schwer von der Straße zugänglich, Stein auf Stein liegt vor ihr, und man kann sie daher nur mit größter Mühe erreichen.

An der Decke und den beiden Wänden beim Ausgang sah ich kleine *fungos* auf demselben Stein, ganz verschieden von allen andren und *spongiis* gleichend. *Forma nulla. Substantia* wie ein Stück von einem *fungus betulinus coctus.*

Überall an der Straße lag Spat, voll von *vitr. muscoviticum*, daß es herrlich in der Sonne schimmerte.

Wir verließen nun Medelpad mit seinem *Napellus* und den wie in Helsingeland sandigen Wegen.

Angermannia

Drei Viertelmeilen von der Poststation führt eine kleine Brücke über ein Flüßchen zwischen zwei Seen, das Medelpad von Ångermanland trennt.

Sobald ich nach Ångermanland hineinkam, wurde die Straße sehr hügelig, und sie hinabzureiten bereitete nicht wenig Mühe.
Recht nah schon gen Härnösand zu, auf dem Grund des Bischofs, fand sich eine große Menge *Chrysomelas*, bläulichgrün, golden.
Die Stadt Härnösand selbst liegt etwa zwei bis drei Viertelmeilen der Grenze zu und ist auf einer Insel erbaut, welche umschiffbar ist, nur nicht an der Zugbrücke, wo Schiffe schwer durchkommen.
In Ångermanland begann der Laubwald aus *Betula et Alnus alba* mit dem aus *acifoliis, Pinus et Abietes,* um die Vorherrschaft zu streiten, und selbiges war auch bei den kleineren Gewächsen, wie *Vaccinia nigra* und *Erica,* der Fall. Wo die Berge unbewaldet waren, fand man *Erica* in Mengen, in Wäldern aber *Vaccinia.*
Die Hügel waren hier eher zum Abbrennen geeignet, indem hier nicht wie in Hälsingland und Medelpad gleichsam nur Stein bei Stein übrigblieb, wenn das Feuer darübergegangen, sondern es lag dort eine deckende Humusschicht.
Um die Höfe waren überall Heureiter aufgerichtet, auf denen die Bauern ihren Roggen trocknen, welcher aber unter den anderen Kornfrüchten noch seltener als die Gerste oder sogar die Erbse ist.
Eine Menge *Betulas plicatas* sah ich in den Wäldern, *nescio* warum?
Zwischen Norstig und Veda, von einem Berg beim See Mörtsjön aus, sah ich das ganze Land in der Ferne wie aus Wolken bestehend, dick vom Regen, eine erhob sich über die andere. Solcherart sahen auch die Berge aus, die sich von dem Rauch, der aus der Erde stieg, ganz blau präsentierten. Ein Gipfel überragte den anderen, und das an allen drei Seiten meiner Aussicht.
Gleich bei Veda erblickten wir den großen Ångermanfluß, eineinhalb Viertelmeilen breit, voll mit Salzwasser, denn er ist eigentlich ein *sinus maris* und kein rechter Fluß mehr, über ihn setzten wir mit der Fähre. Da wir schon beinahe auf der anderen Seite waren, bemerkte ich im Fluß ein Schäumen, ganz weiß, eine Elle breit. Ich frug nach der Ursache, und sie antworteten mir, sie wüßten keine andere Erklärung, als daß an dieser Stelle der eigentliche Flußlauf liegen müsse. An

verschiedenen Stellen des Ufers sah ich Netze zum Fischfang, und es war seltsam, daß diese hier nicht geschwärzt waren, sondern rotgefärbt. Man kocht *corticem interaneum Betulae* ziemlich lang in Lauge, und wenn diese auszukühlen beginnt, legt man die Netze hinein.

Dies 20. Hin und wieder auf meinem Weg sah ich hörnerlose Kühe; sie sind jedoch nur eine Abart der gewöhnlichen und nicht irgendeine besondere *species*, denn obgleich nur ihre *nota maxime principalis generica* fehlen, so haben sie doch unterhalb der Haut *rudimenta eorum*, wie es auch in Schonen und anderswo Widder mit vier, sechs, ja acht Hörnern gibt, die alsdann, gleich *flores pleni, in excessu* schwelgen.

Alnus folio oblongo machte hier die ganzen Wälder aus; die Birken trugen ihre üppigen Hexenbesen. Wohin ich mich wendete, sah ich nichts andres als hohe Berge.

Als ich in die Gegend von Äskja kam, sah ich den kleinen *Rubus fragariae folio* in voller Blüte stehn, von purpurner Farbe, jedoch etwas von der Kälte gebleicht. Es schien mir daher, daß man ihn besser und spezifischer *Rubus humilis, folio fragariae (flore rubro)* denn — nach Rudbeck — *fructu rubro* nennen sollte.

Dieses *exacte quoad structuram* schien mir auch mit *auctorum Rubus folio ribis alpinus anglicus* übereins zu kommen, was man vergleichen sollte.

Dågstad, eine Viertelmeile oberhalb, neben dem Weg ein grausam steiler und hoher Berg, Skulberg genannt (Randbemerkung: Skulberg hoch *in perpendicul.* 200 Ellen *vide* Strömens *Dissertatio de Angermannia),* in welchem eine *crypta* oder Höhle war. Ich hatte Lust, sie zu besehen, aber die Leute sagten, daß dies wegen des Weges unmöglich wäre. Mit großer Mühe konnte ich zwei Burschen dazu bewegen, mich zu führen. Wir kletterten die Felsen hinauf, krochen, robbten, zogen uns von Stein zu Stein, mußten an manchen Stellen, wo es nicht weiterging, wieder zurück und anderswo aufs neue beginnen, klammerten uns an Sträucher und vorspringende Steine mit den Händen, und hätten diese nachgegeben, was leicht möglich gewesen, wäre es *actum de vita nostra* gewesen. Ich folgte einem der Burschen ein Stück; er kroch an einem steilen Felsen über mir empor, als ich merkte, daß der andere einen glücklicheren Weg eingeschlagen hatte. Also wollte ich mich zu ihm hinüberarbeiten, war aber noch keine Elle weit, als unter den Schuhen meines Obermannes ein

Fels losbrach und gerade dort niederschlug, wo ich eben noch gestanden, und zwar so gewaltig, daß Feuer und Rauch aufstiegen. Hätte ich, *aeterni conditoris consilio,* da nicht just meinen Weg geändert, man würde von mir keinen Pieps mehr vernommen haben. Gleich darauf kam ein andres *fragmentum,* und ich weiß nicht, ob der Kerl, der mir vorankletterte, das mit Absicht tat. Endlich, vollkommen ermüdet, kamen wir vor das Höhlenloch, welches in der Mitte des Berges lag. Hier fand ich, der ich gedacht hatte, etwas Besonderes zu entdecken, nicht mehr als ein Haus, das in den Berg gebaut war, wie ein Gewölb, hoch 14 *pedes,* breit 18 *pedes,* lang 22 *pedes* Pariser Maß.

Das Gestein war spathaltig und bestand aus purem Granit, die Wände waren stellenweise so glatt, als wären sie aus behauenen oder gehobelten Steinen zusammengesetzt, doch saßen etliche *strata* vorspringend, sonderlich an der Decke. Die Decke hatte ein Loch, man sagte, das wäre der Rauchabzug, ob es *perforatum* war, weiß ich nicht. Das Berggespreng lief *longitudinaliter* und machte alles Gestein vierkantig. Am Boden lagen Klappersteine oder vierkantige Scherben. Ich glaube bestimmt, daß die Natur diese *crypta* gemacht, Menschenhand aber an den Steinen nachgeholfen hat. Aus der Decke, an den Innenwänden lang, tropfte es nieder. Der Eingang war recht groß, weshalb man im Innern die kleinste Nadel hätte finden können, so licht war es. *Polypodium, Trichomanes* und andere *filices* wuchsen aus dem Berg. Die Decke war konkav wie ein Gewölb. Vor dem Eingang, der so groß war, daß er den achten Teil dieses Hauses ausmachte, war früher eine *Salix* gewachsen, die aber, da König Karl XI. vorbeireiste, abgehauen wurde. Später wuchs sie wieder auf, worauf sie die Leute abermals abschnitten.

Als ich von hier aus in einen Wald kam, eine Viertelmeile Wegs, sah ich das halbe Gelände eine Viertelelle hoch mit Schnee bedeckt. Mir gingen jetzt die angenehmen Frühlingsblumen recht ab, die unter einem Tag allmählich abgenommen hatten, auch hatte die Birke hier noch nicht ihre Blättlein angesetzt wie gestern, da sie die Wälder in Medelpad geschmückt. Nichts andres denn *plantae hyemales* sah man hier, *Erica, Vaccinia.* Der Grund zu so viel Schnee waren die schrecklich hohen Berge, die hier rundum lagen, und der sie bedeckende Wald, so daß die Berge den angenehmen Westwind, die Kronen der Bäume aber das Spiel des Südwinds abhielten. Der große Wald hielt sogar den lauen Regen fern. Und da das Land hier meist aus Fels besteht, so ergibt sich daraus die Ursache zu den vielen Gießbächen, die zwischen den Felsen über die Flanken herabstürzen, denn Regenwasser kann sich an den Steilhängen nicht halten, rinnt deshalb zu allen Seiten ab und sucht in Sturzbächen seinen Abfluß. *Idem in Helsingia et Medelpadia.*

Die Äcker tragen zwei Jahre hintereinander und ruhen im dritten; Roggen wird hier selten oder niemals gesät, denn er reift so spät, daß die Erde, die danach Gerste empfangen soll, sich nicht erholen kann. Die Pflüge werden mittels einer dünnen Strebe auf die Seite gekippt, daß die Erdschollen schon beim ersten Durchpflügen gewendet werden.

Dies 21. Nach dem Kirchgang verließ ich Nätra, aber beim Fortgehen aus dem Tempel sah ich am Weg einige Äcker, die vom Pastor auf recht singuläre Weise bebaut worden waren. Er sät auf den Acker, den er drei à vier Jahre brach liegen gelassen, im Frühjahr eine Mischung von ein Teil Roggen und zwei Teilen Gerste aus. Nun wächst die Gerste üppig auf, trägt Frucht, reift aus, wird geschnitten. Der Roggen dagegen beginnt nur zu sprossen, *sed non caulescit,* denn die Gerstensaat beschattet ihn, bekommt die Oberhand und zwingt ihn zu warten. Nachdem die Gerste geschnitten ist, wächst der Roggen, reift im nächsten Jahr, ohne daß der Acker zweimal bestellt zu werden braucht, und trägt reichlich Frucht, was man Wettsaat nennt.

Heute keine Blumen gesehen, einzig *Oxys, quae hinc est primula. Unifolium et Rubus fragariae folio copiosissime folia ostendere.*

Saxa waren gemeinhin *exalbida,* aber die Seite, welche in der Luft lag, war durch Moose und andre *iniuriis* dunkler.

Hier ißt man gewöhnlich das große Fladenbrot, dessen Mehl aus einer Tonne Gerste und drei Tonnen Spreu gemahlen wird. Wenn es gut sein soll und das Land gerade reich an Gerste ist, nimmt man bloß zwei Tonnen Spreu. Die Fladen werden im Ofen kurz gebacken und gewendet, und *(quod notabile)* es dürfen nie mehr als zwei zur gleichen Zeit eingeschossen werden; das Feuer wird dabei an der einen Ofenwand zusammengefegt. Beide Seiten der Brotfladen sind zuvor mit einem ebenmäßigen *fasciculus pennarum gallinarum majorum* perforiert worden.

Hier verwendet man im Sommer Zähmilch, welche auf folgende Art hergestellt wird: wenn man gekäst hat und den Käse schon fortgenommen, wird die Molke in eine Schüssel getan, man läßt sie dann eine Zeitlang stehen und säuern. Sobald man dann wieder Käse macht, wird die neue Molke halbwarm der früheren, gesäuerten hinzugegeben und so immerfort, doch darf sie nie heiß, sondern nur lauwarm aufgegossen werden. Je länger nun diese Molke steht, desto besser; sie wird so zäh, daß man sie wie einen Strang von einer Wand zur anderen ziehen kann. Ja, wenn man eine Schale vollgießt und in den Keller stellt und auch nur der winzigste Tropfen über den Rand gerät, so rinnt die ganze Schale aus, *tanta est cohaesio particularum.*

Diese Milch ist von *rusticis in summis deliciis,* denn sie erfrischt und löscht den Durst, *ut ajunt,* wird auch mit anderem vermischt. Beim Essen rinnt oder vielmehr zieht sie sich auf den Teller zurück, wenn man sie nicht mit einem Messer abschneidet oder sie zünftigerweise mit dem Finger an der Löffelkante zerdrückt. *Et tamen febris intermittens heic sit satis rara, quod non esset, si ab viscido acido oriretur, tum nil toxius provocaret.* Wenn etwas von dieser Milch in den Fladenteig gerührt wird, wird das Brot zäher.

Ich hatte hier auch Gelegenheit, einen Fisch, *non ubique obvius,* zu untersuchen, der *harr* genannt wird, und mir der Gestalt nach einem Lachs zu gleichen schien.

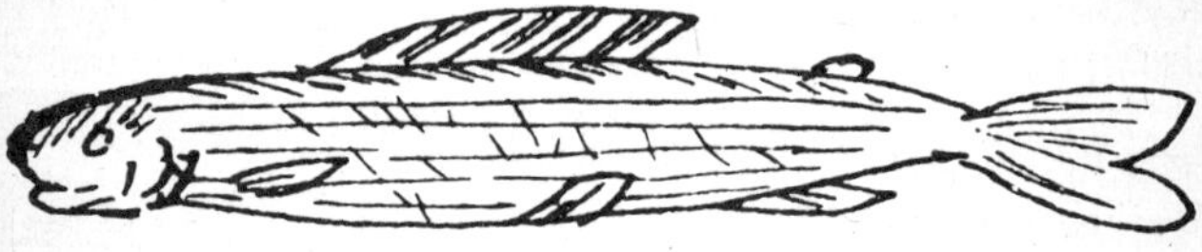

Die Bettdecken oder Pelze in den Betten waren aus Hasenfell.

Dies 22. Die Kühe sind hier hornlos, weshalb der Bauer nicht berechnen kann, wieviele Kälber jede einzelne Kuh gehabt hat, auch kann er nicht, wie es bei Geißen geschieht, das Alter feststellen. Bei manchen waren die Hörner *digiti longitudine,* gleich vom Ansatz an dicht an der Haut nach rückwärts gebogen, so daß sie kaum aus dem Haar hervorsahen.

Der Apfel wächst zwischen Veda und Hornö, aber dann wird er nicht mehr gesehn.

Weide soll in ganz Ångermanland nicht zu finden sein, Hasel gibt's nicht, Kirschen reifen nicht immer, *Potatis* wächst gut, *Tabacum et Lupulus* langsam und dürftig.
Am Wegrand saß der Kuckuck und ließ sich von einer *Motacilla* füttern, *vera me dicere scio et non fallere.*
Im Walde, ehe ich nach Önska kam, war ein *lapis striatus,* gleich einer *cinnabaris immatura,* die aus einer Felsspalte herauswuchs.
Ocker gab's reichlich im Moor, es hatte eine *tunica digitos argenteo colore vestiens,* ein Zeichen für Eisenerz, doch kein Sauerbrunnen.
In den Pfützen wuchs hier die langblättrige *Stellaria*; diejenigen, welche sie von der *Stellaria foliis ovalibus* unterscheiden wollen, irren sehr, denn sie differieren nur *aetate.* Denn die unteren Blätter, aus dem Vorjahr, lagen noch im Wasser, ganz frisch, hatten reifen Samen *in alis,* waren *ovata.*
Saxa waren hier weißgrau mit weißen Flecken, groß wie Daumen.
Hier und dort reichte das Meer bis an den Weg.
Dies 23. Nachdem ich die Nacht in Normaling verbracht, ging ich aus, um mich umzusehen, gelangte von ungefähr an einen Sauerbrunnen, welcher von Petro Arctaedio in dessen *loco natali* verzeichnet ist. Er enthielt eine große Quantität Ocker und schien fast zu sehr adstringent von Geschmack zu sein. Er war südwestlich gelegen, unten an den Schären, jedoch nicht weit von der Kirche.
Am Strand sah ich, wie das Meer von Jahr zu Jahr mehr Sand an Land wälzt und sich solchermaßen einschanzt, ja, dadurch das Land vergrößert.
Von hier etwa eine Meile oder mehr liegt eine Insel im Meer draußen, die ‚der Bauer' heißt. Dort brütet alle Jahre ein Vogel, *tordmul,* dessen Eier die Bauern stiebitzen. Sie sagen, er brüte stets nur ein Ei aus, und wenn man dies wegnähme, lege er abermals und so fort. Das scheint mir freilich seltsam, daß *multiplicatio speciei* jährlich nicht über *unitatem* gehen sollte, ja vollkommen unmöglich. Manche sagen, er brüte zweimal, doch ist sicher, daß seine Eier *respective corporis valde magna* sind. Ich sah einige *fragmenta* von ihnen, und es schien mir, daß ich vollkommen gewiß sein könne, daß sie *Anas arctica* sind.
Nun, da ich etwas näher gen Västerbotten gekommen war,

fingen die hohen Berge, steinigen Stellen und Erlenwälder an abzunehmen, *Pinus* aber, die bislang sehr gefehlt, nahm zu. Kurz bevor man nach Södermjöle kommt, sechseinhalb Viertelmeilen von Levar, fließt ein Strom, Ängerå, der Ångermanland von Västerbotten scheidet.

Västerbotten

Das Land ist ziemlich flach, besteht aus Sand, bisweilen Lehm, hier und dort liegen nutzlose Moore. Das Land ist durch den Sand und die Heiden ziemlich steril, steht sich mit Milch recht gut. Das einzige Getreide ist die Gerste. Roggen wird ganz selten ausgesät, und wenn, dann Sommerroggen.
Kurz vor Södermjöle geriet ich zwei brünstigen Hengsten in den Weg; sie kamen auf mich zu; ich ritt eine Stute, die mich beinahe getötet hätte.
Ich fand hier keine Blumen, nein, nicht einmal *Oxys,* die in Ångermanland mein einziger Trost gewesen, sondern nur *Caltha,* welche hier *prima veris* ist, und *Linagrostis monostachya et polystachya,* die just auszuschlagen anfingen. *Copiosissime* wuchs hier *Betula nana,* wiesen aber noch keine Anzeichen von *juliis* oder *foliis* auf. Hier gab's keine *Fraxinus, Acer, Tilia, Ulmus,* auch keine Weidenbäume, noch weniger Hasel, Eiche, Buche.
Abends kam ich nach Rödbäck, wo ich über Nacht blieb, der Wind blies stark von Nordost und wurde gegen Abend kalt.
Dies 24. Gleich bei Rödbäck liegt eine große Wiese, ganz flach, wenn nicht von hunderten Scheunen *sylvosa.* Überall am Weg und bei dem Fluß, der bei Umeå ist, rinnen *aquae acidulatae, ochra plenae et tunica argentea tectae.* Von diesem Sediment, glaub ich, hat wohl auch Rödbäck seinen Namen her. Bei Rödbäck auch ein Sauerbrunnen, davon schon einige gestorben, rinnt aus einem Hügel, *vd.* Rudbeck *pater, qui* 82 *pro* 28 *incolas adscribit.*
Umeå, das an diesem Flusse liegt, den man mit einer Fähre passiert und der Schiffe vom Meer hereinträgt, ist jetzt eine kleine Stadt; es hat sich aber noch nicht recht von den Schäden erholt, die es durch das Feuer der Russen erlitten, da es *totaliter* abgebrannt wurde.

(Marginalie: Fähre bei Umeå, *Charon canus, calvus, torosus etc. i. e.* der graue, alte Rock, *describitur ab* Rudbeck.)
Ich machte dem Landhauptmann Baron Grundel meine Aufwartung, er empfing mich aufs beste und ist das Muster eines wackren Mannes. Er zeigte und erzählte mir allerlei interessante Dinge.
In seinem Bauer hatte er einige *Loxias* oder *Conirosores,* die mit großer Perfektion *conos abietis* fraßen, nahmen sie mit dem Mund, hielten sie mit den Füßen, holten mit dem Kreuzschnabel die Körner heraus.
Draußen vor dem Fenster sah ich im Moor *Motacillam flavam et hirundines.* Er hatte auch *Hortulanas* oder Schneeammern besessen, die in Frankreich oft um einen Dukaten verkauft werden, in Schonen aber auch zu haben sind. Kampfläufer gabs viele in diesem Jahr.
Er zeigte mir Felle von Füchsen, bläuliche, schwarze, Kreuzfüchse, *sc.* gelbe, aber gegen den Rücken zu an Keulen und Lenden schwarz. Einen Vielfraß hatte er lebend dem Könige geschickt, einen Otter hatte er so zahm bekommen, daß er beim Eishacken, als er ihn wieder ins Wasser zurücklassen wollte, nicht wieder hinein mochte, auch fraß er keine lebenden Fische mehr.
In seinem Garten zeigte er mir Melde, Salat, Kohl, weißer, wird hier nicht leicht reif, Ritterkohl gedeiht gut hier, *Nasturt., Barbarea, Cochlearia, Portulacca, Crespinus, Sambucus, Opulus, Syringa,* Gurken, Spinat, *Aquilegia, Cepa,* Pfeifenlauch, Schnittlauch, *Caryophylla barbat., Grossularia, Ribes.*
Kartoffeln werden hier nicht größer als Mohnkapseln; Tabak läßt sich in sehr guten Jahren nur bis zum Samen ziehen; *Phaseolus pumila* wächst gut, aber *scandens* nie; *Faba* ebenfalls; *Pisum* gelangt nicht zur Reife, *Rosa, Malus, Pyrus, Prunus non crescunt, licet cultae sine summa difficultate. Radicula, Sinapi, Raphanus rusticus et hortulanus.* Erbsen schalenlos, *optime.*
Piteå: Pfeifenlauch, Schnittlauch, *Barbarea, Aquilegia, Ptarmica, Lychnis coron., Cochlearia, Ribes, Grossularia, Crespinus, Rosa sylvestris, Levisticum,* schlecht *Cerasus, pomus Prunus.*
Die Gerste fing nun an aufzuschießen, aber an einigen Stellen war nicht ausgesät.
Seltsam war, was mir der Landhauptmann über den Lehm in den Sandhügeln der Umgegend erzählte, nämlich daß er sich *luna crescente* ausdehne, *luna decrescente* aber sich zusammen-

zöge; wenn man also bei zunehmendem Monde grübe, bekäme man Lehm, bei abnehmendem jedoch Sand.
Chasmata (Nordlichter), sagte er, zeigten sich untertags und würden dann ebenso vor den Wolken zurückweichen, bald anschwellend, bald sich zusammenziehend.
Dies 25. Unten am Strand fand ich eine *Ephemera cauda biseta.*
Sobald ich ins Västerbottnische gekommen, sah ich, daß alle Leute eine Art Schnürstiefel an den Füßen hatten, *kängor* genannt. Ich dachte anfangs wahrhaftig, daß diese Schuhe schwerfällig wären, fand aber bald heraus, daß man mit ihnen leichter gehen konnte als mit irgendwelchen andren; sie lassen auch kein Wasser durch, ja, nicht einmal, wenn es bis an die Schäfte hinaufginge. Außerdem stehen an ihnen nicht, wie an andren, die Nähte auf, deshalb sind keine Schnallen nötig: man gebraucht sie als Schuh und Stiefel zugleich, so daß sich der Pflüger keine Stiefel zu kaufen braucht, wenn er *kängor* besitzt. Der Preis für gewöhnliche Stiefel beträgt mindestens neun Taler oder fünf norwegische Taler, diese hier aber können um zwei Taler gekauft werden. Der dicke Boden von drei bis vier Lagen Leder ist nicht nötig; Absätze braucht man keine, denn die Natur, die noch keiner hat meistern können, hat ja ohnedies den Menschen keine Stiefelabsätze wachsen lassen. Deshalb sieht man, daß alle so leicht, so geschickt mit den *kängor* laufen, als wär's auf bloßen Füßen.
Auf den Äckern waren Hunderte von Seemöwen, himmelblau.
Dies 26. reiste ich bei regnerischem Wetter vom Umeå fort, und dieses Wetter dauerte den ganzen Tag an. Ich wich von der Landstraße linker Hand ab, um nach der Lycksele Lappmark zu kommen. Ich mußte nun auf die Kommodität verzichten, so ich zuvor gehabt, nämlich bei den Poststationen Pferde zu beordern, welches hier in Schweden von nicht geringem Nutz und Gedeih für den fremden Reisenden ist. Von nun an mußte ich um jedes Pferd bitten und betteln. Die Straße wurde mir immer widriger, ich saß mit Lebensgefahr auf meinem Pferd, das bei jedem zweiten Schritt zwischen den Steinen strauchelte; ich verlor mich nun in so abgelegene Gegenden, daß mich nicht einmal der Teufel wiedergefunden hätte. Was Wunder, daß ich zu wünschen anfing, doch wenigstens einen Gefährten mit mir zu haben oder die Vergünstigung, mir auf

einer normalen Landstraße vom Roß das Herz aus dem Leibe schütteln zu lassen. Die Leute hier sprachen eine andere Mundart und ließen alles auf *adjectivum* enden, das auch immer ihre Rede beschloß.

Heute sah ich nichts sonderlich Interessantes, es sei denn der Sand am Fluß bei Gubbele, liegt nahe bei Brattby, welcher ganz trefflich als Formsand dienen könnte.

Abends erreichte ich Järntböl, da saßen einige Frauenzimmer und zerschnitten Espenrinde in dünne Schnitzel. Die Espenrinde wird, wenn der Baum anfängt, sich zu belauben, abgeschält, bis zum Herbst unter Dach gebracht, um welche Zeit, oder auch im kommenden Frühjahr, man sie zerschneidet und Kühen, Ziegen und Schafen an Stelle von Heu als Futter gibt, denn Heu ist hier nur sehr schwer zu haben, ihre Wiesen sind zumeist nur Moore. Diese Nahrung wird trocken zum Fressen gegeben.

Ich verlangte ein Abendessen, und man setzte mir die Brust von einem Auerhahn vor, der voriges Jahr im Herbst geschossen und gleich gebraten worden war. Das sah wahrhaftig nicht sonderlich schön aus, und ich dachte, es würde auch nicht viel besser schmecken, allein ich wurde eines andren belehrt, denn es schmeckte ganz delikat, und ich wunderte mich über den Unverstand so mancher, die, wenn sie mehr Geflügel bekommen, als sie brauchen, es verderben lassen, wie in Stockholm so häufig geschieht, und verstand mit Vergnügen, wie *paupertas bona Dei concessa* besser verwerten lehrt als alles andre. Wenn die Brust gerupft und gereinigt ist, schneidet man sie an beiden Seiten der *carina sterni* bis zur Basis *longitudinaliter* durch; sie wird zuerst ein paar Tage ein wenig gesalzen, dann streut man auf die untere Seite etwas Mehl, damit sie nicht haften bleibt, tut sie in den Ofen, worin sie gebacken wird. Nachher wird sie außer Haus langsam getrocknet und hält sich solcherart an die drei Jahre.

Es regnete so heftig, daß ich nicht weiter konnte und die Nacht über hier bleiben mußte. Auf dem Bett lagen einige Kissen, welche mit Renhaar statt mit Heu gefüllt waren; auf dem Laken lag ein Renfell mit den Haaren nach oben, auf welchem ich sehr sanft ruhen sollte.

Dies 27. wurde ich vom Morgen bis zum Mittag durch den Regen aufgehalten. Ich sah hier *Salices arboreae glabrae, cortices superiores glabras,* davon die unten am Stamm sitzenden rauhen nichts wert sind, *conscissas*, welche sie hier zum Gerben von Leder verwenden.

Um die Mittagszeit begab ich mich auf meinen Weg, von dem ich gestehe, daß ich an Schwierigkeit noch nie seinesgleichen gekannt habe, denn alle Elemente waren wider mich. Der Weg war ein bloßer Steinhaufen, von Baumwurzeln durchflochten, dazwischen große Löcher voll Regenwassers, denn der Regen und der Bodenfrost, der nun aus der Erde wich, unterstützten einander. Wo ich mich hinbewegte, hingen mir nasse Zweige in die Augen. Wo kleine Birken standen, waren sie so niedergebeugt, daß man nur schwer vorwärts kam. Die langlebigen Kiefern waren, nachdem sie sich so viele Jahre über andere erhoben hatten, von Juno entwurzelt und lagen quer und kreuzweis über dem Weg. Die Bäche, die hier und dort rannen, waren recht tief und die wenigen darüberführenden Brücken so morsch, daß man mit Lebensgefahr auf dem stolpernden Roß saß. Viele hatten mich vorher zu überzeugen gesucht, daß es im Sommer unmöglich sei, nach Lycksele zu reisen, aber ich tröstete mich mit Salomo, daß nichts unter der Sonne unmöglich sei, mußte hier aber erfahren, daß mir die Geduld *si unquam* fehlte. Zu allem Überfluß saß ich noch auf einem Pferd, das keinen Sattel mit Decke trug, auch keine Zügel, sondern bloß einen Strick, der um die untere *maxilla* gebunden war, und solcherart reiste ich ins Gebirg.

Verstreut im Walde lagen Erhebungen, Heiden, wie etwa Rackheden etc., vollkommen flach, wie mit der Wasserwaage angelegt, aus Heidesand bestehend, darauf ganz *sparsim* Kiefern, auf dem Boden wuchs *sparsim Erica,* doch dazwischen *Muscus coralloides perforatus,* welches von den Bewohnern der Umgegend bei Regenwetter, weil es da zäh ist, hin und wieder zu großen Haufen gerafft wird, die man im Winter als Viehfutter nach Hause bringt. Diese Heiden waren wie von Wällen umgeben, so steil, wie sie nur bei einer Höhe von fünfzehn à zwanzig Ellen sein können, man vermochte sie nur mit großer Mühe zu ersteigen, und sie glichen wohl dem Berg, auf den sich Alexander Magnus mit großer Mühe begab.

In den Niederungen dazwischen gab es Wasser, Gestein, Sumpf etc., bewachsen von Tannen und etwas Birke, alle wie von *Usnea alba et nigra* bedeckt.

Wacholder war hier äußerst selten, und wenn, dann flach am Boden kriechend.

Bei Skallbacken. Aus diesem Berg rann ein Bach, ich tauchte meinen Stock in das Wasser, ohne auf Grund zu stoßen.
Bei Åbacken lag Eis, wenn auch schon an den Rändern tauend, über welches ich eine gute Weile ritt und mich darüber wunderte; dann entsann ich mich aber des Schnees, den ich vor acht Tagen im Walde von Skul gesehen.
Weiße Kruste bedeckte hier und dort den Boden, *Byssus alba,* rauh, gleich einer spröden Haut, weiße Grieskörnchen darauf.
Überall lag das vorerwähnte *Muscus Lichenoides foliosum, caninum, sulphureum, copiosissime.*
Im Moor wuchs *Muscus tectorius* und *Polytrichum* überall mit *Vaccinia nigra.*
Ich bekam an keinem Ort ein andres Getränk als Wasser.
An den Wänden wuchs *Agaricus pedis equini facie,* wie ein Nadelkissen.
Für den Regen gebrauchen sie einen Kragen aus Birkenbast, um den Hals zu tragen, mit einer Nadel geschlossen.
Die Frauenzimmer wuschen den Boden mit dem rechten Fuß, den sie auf dürre Fichtenreiser stellten, fegten solcherart hin und zurück.
Missne, das *Trifolium aquaticum* war, bekam ich auch. Man mahlt es und mischt es in den Brotteig, kocht es mit Beeren zu Mus, ist jedoch herb; man gebraucht nur die Wurzel.
Ich wurde einmal in ein Lappenboot gesetzt, welches ich besser später beschreiben werde.
Die Bauern, wenn ihnen der Tabak ausgeht, rauchen Hopfenknospen oder Wacholderbeeren oder Wacholderrinde, anstelle von Schnupftabak aber Asche, die mit etwas Schnupftabak gemischt ist.
Die Frauenzimmer seihen die Milch durch *tofos planos* aus Kuhschwanzhaaren.
Nach Teksnäs kam ich gegen Abend, es gehört zum Kirchspiel Umeå und hat bis zur Kirche einen sieben Meilen langen, allerdings vortrefflichen Weg, weshalb sie freitags schon am Morgen zur Kirche fahren müssen, kommen dahin auch nie, außer an den Bettagen und selten zu Pfingsten, Weihnachten oder zu Ostern. Was würde schon eine kleine Kirche kosten? Hier liegt die Verantwortung vor Gott bei der Obrigkeit. Das Zimmerholz wurde noch zu des seligen Abraham Lindelii Zeit

hergefahren, ist nun vermodert, die Geistlichen haben's zwar schwer, *quae non tanti!*
Dies 28. reiste ich von Teksnäs nach Granön. Weil man jedoch von dort aus nach Lycksele mit dem Boot fährt und der Wind garstig blies, mußte ich einen ganzen Tag zuwarten; außerdem langte ich nicht vor neun Uhr an und wartete auf die Leute, die zum Gebet und Postillelesen versammelt waren, bis um elf Uhr, auch konnte ich mich nicht auf den Weg begeben, da ich gute fünf Meilen nach Lycksele hatte und auf dem ganzen Weg nicht ein einziger Hof, um auszuruhen.
Hier hatte ein Bauer einen kleinen Biber geschossen. Ich frug, was ein Biber fresse. Sie antworteten mir: Birkenrinde, Kiefernrinde, Ebereschenrinde, am liebsten aber Espenrinde, und da er letztere in Überfluß findet, wird die Bibergeil größer. Hierin wurde ich durch die von Assessor Rothman seinerzeit geäußerte Meinung noch bestärkt, *sc. unde Castoreum elaboraretur. sc. a cortice intermedio Populi,* welche den gleichen Geruch hat, wenn auch nicht so stark. Also pflegt auch *decoctum eiusdem corticis habere eundem effectum aucta dosi.*
Das Fleisch ißt man wie das vom Hasen und Eichhörnchen, zählt ja auch zur gleichen Art, ja, aßen die Römer in den alten Zeiten nicht Mäuse als eine große Delikatesse? *Vd.* Mundius. Das Biberfleisch wird selten gebraten, sondern meist gekocht, der Schwanz wird fortgeworfen, die Füße gegessen, das Fell abgezogen und ausgespannt. Kostet zwölf Taler. Bibergeil kostet einen halben Taler die Mark. Man gab mir davon ein gekochtes Stück, ich fand aber keinen Geschmack daran, da es vollkommen ungesalzen war.
Der Biber ist imstande, mit seinen Zähnen die größte Espe zu fällen, ich weiß kein andres Tier, das das vermöchte; *adeoque reliquis morsu praevalet.*
Dies 29. reiste ich ganz früh am Morgen von Granön in einem *håp* fort, *id est navicula, de qua infra,* im Umeå-Westfluß, denn der Umeå-Fluß wird *composita ex geminis* bei Gresile, zwei Meilen von Umeå. Der eine *ramus* kommt von Lycksele her, der andre von Sorsele. *NB ut dicebant.* Auf diesem westlichen fuhren wir nach Lycksele.
Bei Sonnenaufgang war es eine reine Freude, in den stillen Fluß zu schauen, den weder schwimmende *Naiades* noch *Aeolus* mit seinem schäumenden Geschnaub beunruhigten. Zu beiden Seiten des Flusses lagen große Heideflächen, steil

abfallend, mit Buschwerk geziert, die uns im Wasser ein Land zeigten, das steil war, sich aber vor uns in die Tiefe hinabneigte wie ein unterirdisches Land. Die hohen Kiefern, so noch *Neptunus* getrotzt, lagen mit einem trügerischen Schatten im Wasser, doch hatte jener mit seinem Bruder *Aeolus* manche bezwungen. Neptun hatte die Wurzeln abgefressen, *Aeolus* die Wipfel abgebrochen.

Am Ufer liefen allerhand *Charadrii* und *Hiaticulae,* auch *Tringae,* wovon man eine durch eine Kugel zu erlegen trachtete, hatte aber nicht mehr Glück, als daß man einen Fuß und einen Flügel bekam, das übrige wurde so zerschossen und zerrissen, daß ich *ne speciem nosse possem.*

Ein kleines Stück weiter flußaufwärts sah ich zwei aufgehängte Eulenjunge und fragte nach der Ursache. Die Bauern zeigten mir in den höchsten Kiefernwipfeln aufgehängte geschlossene Holzzylinder, deren obere Seite in der Mitte ein Loch hatte, damit die Enten ihre Eier hineinlegen, die Bauern sie aber bekommen sollten. Hier hatten sie statt Entenjunge (sc. Enteneier) Eulenjunge (sc. Euleneier) bekommen. Zum Essen wurde mir eine Auerhahnbrust vorgesetzt, *sine laminis intermediis ut in antecedenti,* im Frühjahr geschossen und an der Sonne getrocknet, nicht gebraten, welche ich als Pökelfleisch essen sollte.

Ein Stück weiter sahen wir sieben à acht weiße Schwäne, die schreiend und sich beißend im Wasser schwammen. Kraniche gibt es hier auch, der Ruderer hatte einen geschossen und ihn mit Federn und Fleisch hier an die Wand genagelt. *Quae stultitia!*

Die ganze Fahrt über hatte der Ruderer oder Bauer seine Netze ausgelegt, fing auch genug Hechte, besaß an die dreißig Stück kleine Netze. Den Hauptteil seiner Steuergelder deckt er durch Fischfang. Hier wird das Liespfund gedörrten Hechts um einen Taler fünf Öre in Silber verkauft.

Mit einem Netz fing er einen Sägetaucher, ein Männchen.

Lapponia Lykselensis

Dieser Fluß, welchem wir bald drei Meilen gefolgt waren und der ganz gut schiffbar gewesen, drohte uns hier und dort mit kleinen Stromschnellen. Endlich kamen wir an drei Stromschnellen, jede von der andern ein wenig abgelegen, welche zu besegeln unmöglich war. Der Bauer gibt mir meine Sachen, hängt seinen Proviantsack auf den Rücken und wendet das Boot um, indem er beide Ruder über die Ruderbank legt, so daß jeweils eines auf einem Arm zu liegen kommt, und läuft so mit ihm (dem Boot) über Berg und Tal, daß der Teufel ihm kaum würde folgen können. Die eine dieser Stromschnellen heißt Tukenfors.

Am Lande lag hie und da Eis, doch selten.
Der Wald stand herrlich im schönen Birkenlaub, das hier üppiger ausgeschlagen hatte, als ich vordem gesehen, was von

dem Regen gekommen ist, der am Samstag fiel, und dem herrlichen Sonnenschein gestern und heute.
Die Ufer bestanden aus Sand oder Kieselsteinen, und der Kiesel, ganz schwarz vom Wasser, war spatig.
Eine Viertelmeile bevor man an die Kirche kam, stieß man auf den vierten Wasserfall — dieser heftiger als irgendeiner zuvor —, der über einen Felsen herabstürzte. Am Ufer hatte der Pastor ... eine Mühle in diesen Felsen hineingesetzt, so weder Damm noch Rinne bedürfend, denn diese stellte die Natur recht artig zur Verfügung. Der Fels bestand aus gemischtem Spat. Er war an einer Stelle recht hoch, mit einem senkrechten Steilhang zum Wasser, wie die Wand eines ziemlich hohen Schlosses.
Wenn man an den Fall kam, zeigten sich in der eigentlichen Strömung einige Inseln, ziemlich große.
Dies 30.
Traf abends acht Uhr beim Pastor in Lycksele, Ola Gran, ein, welcher mit seiner Gemahlin mich freundlich aufnahm und sehr um mein Wohl bemüht war, mich auch zu überreden versuchte, bis zum nächsten Bettag bei ihm zu bleiben, da die Lappen zu unzuverlässig seien, als daß man sich ihnen anvertrauen könnte; sie greifen oft zur Büchse, wenn jemand ohne ihr vorheriges Wissen zu ihnen kommt; aber bis zum Morgen änderte er seinen Sinn, die Ankunft des Frühjahrshochwassers (für mich) fürchtend, vielleicht auch die Kosten.

Nomina plantarum:

Botska. Wird gegessen, *alias Rasi.* Engelwurz
Fatno. Angelica. Caulis. Engelwurz (Stengel und Blätter)
Jerja. Sonchus purpur. Gänsedistel
Jert. Ölsenich, wird als Ingwer gebraucht
Achianbotsk id est Podagraria. Geißfuß
Juemo. Sauerampfer
Zirre. Vaccinia nigra, Zerre Lul. Heidelbeere
Jokno. Preiselbeere
Latoch. Moltebeere
Garanas murie. Bärentraube, *id est* Rabenbeere
Krek und *Gsuema. Empetr.*, Krähenbeere
Hótme. Rausch- oder Trunkelbeere, Moorbeere
Viste. Rentierflechte
Skerre s. Scirra Lul., Betula nana, Ryprijs Lulens., Zwergbirke

Leipe. Alnus, ardem Lul., Erle
Supp. Espe
Serg. Salix. Weide
Kgaskas, Juniperus. Wacholder
Gúesa. Tanne
Betze. Kiefer, *Beetze*
Såke. Betula. Birke
Raune. Vogelbeerbaum oder Eberesche
Augch. Ahlbaum oder Faulbaum
Gipper murie. Himbeere, *Gipper est* Lappenmütze
Tagnas. Erica
Svala ninochem. Maiglöckchen
Acker murie. Rubus fragar., arktische Brombeere
Abberich. Lysimach: maxim. Weiderich
Geechen nivå. Linagrostis. Wollgras
Rypster derphe. Muscus albus palustris; id est Rotmoos, *id est* Kindsmoos *Mama terphe.* Torfmoos
Förbön. Tormentilla. Blutwurz
Autgia. Ahlbaum oder Faulbaum
Kapmock svini. Schuhgras
Acharas. Aconitum. Eisenhut, Sturmhut
Taivimurie. Labruksa, Togbär. Wildrebe
Betneka murie id est Christophoriana. Hundsbeere, Christophskraut

Nomina animalium:

Hurre. Birkhuhn
Bieng. Hund. *Betnaka Lul.*
Beer. Bär
Seeipnok. Wolf
Råtthim. Luchs
Gietsk. Lachkatze i. e. Hermelin
Boëts. Ren. *Boetsói*
Hwadneem. Biber
Kgiefres. Otter
Pork. Sus
Wanza. Huhn
Prodgo. Haselhuhn
Giukshe. Auerhuhn, *Giutche Lul.*
Suotto. Birkhenne
Geek. Kuckuck
Reksh. Moorschneehuhn. *Rensach Lul.*
Cheruna. Schneehuhn, zarter und kleiner
Dywik. Tavick Lul. Seetaucher mit Kragen
Voimi Gurte.
Gieecksch. Seeadler
Marg. Mergus
Hapak. Habicht
Artz. Adler. *Koskim. Lul.* der größte
Gwerk. Kranich
Ningshe. Schwan
Gas. Gans
Elster *non habent*
Garanas. Rabe
Hwertsh. Krähe
Schipich. Hiaticula. Skillet Lul.
Svalfo. Schwalbe
Giorge. Schellente
Golse. Gänsesäger

Gnartel. Vriand (eine Entenart)
Gutsch. Stockente
Koppil. Rya (?)
Hauch. Hecht. *Zapiae Fin.*
Sittik, Voschon. Barsch
Giouvhsch. Renke
Seeg. Plötze
h'Abblå, Hubbla. Thumbla
Raudo. Saibling
Daatmok. Kleiner Lachs. *Laxukel*
Lues. Großer Lachs
Stabben. Frauenfisch
Seauna. Id.
Ketke. Vielfraß
Genfris. Otter
Snirra. Maus
Neida. Streta (?)

Am Ufer bei Lycksele gab es unzählige kleine Fische. Der Fluß teilt sich in Stillwasser-Abschnitte, *id est spatia navigabilia inter* den Stromschnellen oder *angustias*; ich fange also bei Granön an, messe die Entfernung durchgehend in Viertelmeilen.

4	Hemsele		Vargstrupen		Bolforsen
4	Ängsele	4	Stora Tansele		Granseleforsen
3	Trångsele		Tullforsen	4	Gransele
	Flottafors	2	Lycksele	2	Ruseleforsen
	Snarefors	$\frac{1}{2}$	Beselefors	2	Rusele
$\frac{1}{2}$	Tuckensele	$1\frac{1}{2}$	Besele		Pausele.
	Tuckenforsen		Övre Beselefors		
2	Lilla Tansele		Fläsksele		
	Kroken		Fläskhällafors		

Auf dem Pfarrhof ist die Weide recht mager, aber eine Viertelmeile von dort außerordentlich *et quod notabile,* daß die Butter dort mehr als anderswo gelb wird, ja fast rötlich oder *croceum.* Ich fragte die Bewohner, welche Pflanze dort am häufigsten wächst. Sie beschrieben sie und sagten, sie hieße *kovall* (Wachtelweizen). Nach ihrer Beschreibung fertigte ich eine Zeichnung von *Melampyrum* an, welcher, wie sie sagten, der gleiche sei, der dort außerordentlich im Walde wächst.
In der Schule waren acht Schüler.
Ich bekam dort eine Lappen-Schnupftabaksdose, rund gedrechselt aus Renhorn.
Die Kirche war höchst miserabel, aus Holz, so daß man, wenn es regnet, ganz naß wird; wie eine Scheune, mit Bänken, die so niedrig waren, daß man krumm werden mußte.
Hier war ein Weib, das jämmerlich von Fröschen geplagt

wurde, die sie mit dem Wasser getrunken hatte, als sie im vergangenen Frühjahr noch Laich waren; sie spürte, daß es drei waren; sie hörte sie quaken, und andere, die neben ihr saßen; sie linderte ihre Qual etwas mit Branntwein, von Salz starben sie nicht. Eine ebensolche hatte vor einigen Jahren das gleiche Leiden gehabt und hatte auf gut Glück drei *nuces vomicas* eingenommen, wurde wohlauf, aber diese wagt es nicht. Ich riet hier zu Teer, den sie schon früher genommen hatte, aber sofort erbricht.

Dies 31 reiste ich nach beendetem Gottesdienst von Lycksele ab, mit Sorsele als Ziel.

Der Besitz der Lappen besteht *in multitudine Rangiferorum,* indem einer eine große Renmacht hat, *ut vocant.* Die ärmsten haben 50 à 100, vermögende 300 à 700, reiche 1000.

Landbesitzungen sind *in diametro* drei à fünf Meilen.

Wild-Rene trifft man selten in der Lappmark, hauptsächlich einige auf der Allmende zwischen Granön und Lycksele. Oft geschieht es, daß die, die ziemlich viel Rene haben, einige verlieren, selbige oft im Jahre darauf wiederfinden; sie treiben sie zur Herde zurück; wollen sie jedoch nicht folgen, werden sie abgeschossen.

Lappland ist an vielen Stellen von Neusiedlern bewohnt, *id est Finnones,* die sich hier *jussu et permissu regis* niederlassen, Acker und Weide kultivieren, eine gewisse Steuer an die Krone zahlen, dann frei sind von allen anderen Abgaben, wie die Lappen; brauchen weder für Soldat noch Bootsmann aufzukommen; ist auch jedweder zufrieden, ob Krieg oder Frieden ist, denn sie haben nicht die geringsten Auflagen.

Es bleibt ihnen überlassen, wo in der Lappmark sie sich niederlassen und das Land kultivieren wollen, so daß kein Zweifel ist, daß der größte Teil der Lappmark mit der Zeit Bauernland wird.

Zur Kirche kommen die Lappen und Neusiedler zu Weihnachten, Ostern, Pfingsten sowie an den vier Bettagen. Wenn sie kommen, bleiben sie die ganzen Feiertage über, weshalb sie auch neben der Kirche ihre Lappenhütten haben. Aber die Neusiedler kommen außerdem zu Mittsommer, Michaeli, Matthei und zu Mariä Verkündigung. Die am nächsten wohnen, kommen einen über den anderen Sonntag, wo gepredigt wird, aber an den Sonntagen dazwischen wird nur ein Gebet für das Hausgesinde abgehalten.

Jetzt zu Pfingsten war kein Lappe bei der Kirche, weil der Hecht gerade seine Hauptlaichzeit hatte, was ihre Ernte ist. Nun waren sie meist oben in den Bergen oder jeder auf seinem Land.

Die Wälder bestanden meist aus Kiefer und Birke, wo der Kiefernwald fortgebrannt war, wuchs Birke neu empor, und wo sie wuchs, entstand günstigere Wiese.

Bei Granselefors, gleich unterhalb am Ufer zur Linken, gab es einen braunen Sand, der oben auf dem Uferrand lag, davor klafterbreit *arena alba,* danach zwei Klafter breit *purpurea,* dann kleine Kiesel, darauf größere Kiesel, schließlich das Wasser oder der Fluß.

Aves: Colymbus minimus. Schwarz mit weißen Flecken unter den Flügeln. Verschiedene Enten, von denen es große Mengen auf dieser wie auf jener Seite von Lycksele gab. Ein großes Vergnügen war es, das stille Wasser zu sehen und zu beiden Seiten Birkenwald, gemischt mit Kiefern, auf Hügeln und in Tälern. In Granselefors waren dreizehn kleine Inseln.

Ich sah zu beiden Seiten des Flusses Lappenhütten, worin der Lappe im Sommer gewohnt hatte; wenn er an einem Platze höchstens acht Tage gewesen, wechselt er um der Renweide willen seinen Standort, auch hält er selber es nicht länger an ein und demselben Platze aus. Er treibt die ganze Herde mit Kälbern und allem in den Fluß, hinüberzuschwimmen, denn die Rene schwimmen gut, obwohl der Fluß jetzt acht Büchsenschüsse breit war.

Die Rotdrossel sang am Abend, und auf der Nordseite des Waldes lagen große Eisschollen am Ufer.

Aus Birkenrinde machen die Lappen Teller, Schöpfgefäße für die Boote, Schuhe, Salzfässer, um darin Fisch einzusalzen, Körbe.

Am Strande wuchs *Equisetum nudum s. aphyllum,* an der Wurzel kommt meistens *utrinque* ein *stolo. Tunicae pyxidantes* sind weiß, *margine superiore et inferiore nigra.* Außerdem ist *tota planta perennis, quod notabile.*

In den Sümpfen oder im Moos oder Moor war festzustellen, daß meist alle Grasbuckel aus *Juncello aquatico* bestanden, der jetzt gerade seine kleinen Blüten trug.

Die Lappen trinken gern Branntwein, *quod notabile est in omnibus piscatoribus. Nescio quid venando et piscando Laponibus anteferendum sit.*

Dies 1. Juni. Nachdem wir die ganze Nacht hindurch unter großen Mühen gesegelt waren (wenn ich so sagen darf, denn das Licht verminderte sich nicht, allein die Sonne war etwa anderthalb Stunden fort, und es war ziemlich kalt) — denn der Neusiedler muß in der Strömung waten und eine halbe Meile ohne Unterbrechung das Boot hinter sich herziehen, wozu er sich Birkenrindenschuhe gemacht hat —, stiegen wir am Morgen an Land, um einen Führer, *missionarius s. Lapo,* zu bekommen, der mich weiterbringen sollte. Wir fanden bald eine Hütte — leer, von dort eilten wir eine Viertelmeile zu einer zweiten, die ebenfalls leer war, schließlich eine halbe Viertelmeile zur dritten, ebenfalls *vacua*; darauf schicke ich den Mann zur vierten, den Führer dort aufzustöbern, falls er dort war.
Der Boden war durch Sand sehr unfruchtbar, ohne Steine, die man nur am Ufer sah, Kiefern wachsen vereinzelt, aber hoch, zum Sternengewölbe emporblickend. Ich sah hier ziemlich große Gebiete mit dem schönsten Bauholz, das ich je gesehen. Heidekraut, Preiselbeere und *Muscus rhenonum* wuchsen auf dem Boden. An etwas tiefer gelegenen Stellen wachsen kleinere Kiefern und vor allem Birke, auf der Erde Preiselbeere, Heidelbeere. *Polytrichum* und *Muscus tectorius.* An den trockeneren Stellen, wo die großen Kiefern wuchsen, lagen die schönsten Baumstämme kreuz und quer im Wege, auf den Seiten etc., welche der Sturm umgeworfen hatte, so daß man kaum vorwärts kommen konnte. Dieses Land kam mir vor wie das *domicilium* Pans.
Bei ihren Wohnplätzen sind die Lappen stets darauf bedacht, daß sie frisches Wasser aus guten, kalten Springquellen zur Verfügung haben.
Man liegt auf beiden Seiten des Feuers, die Leute liegen ganz nackend, nur mit einem Renfell bedeckt. Es schämen sich auch nicht Mann noch Frau, nackend aufzustehen und sich anzukleiden.
Wenn sie im Sommer kein frisches Wasser haben, sondern genötigt sind, warmes Seewasser zu trinken, bekommen sie ordentliches Bauchschneiden; der Magen und die *hypochondria* ziehen sich zusammen, die *pubes* werden geplagt, und *urina* ist oft *sanguinolenta, quae est colicae species et per unam, raro duas dies durat; item* wenn sie auf nüchternen Magen trinken, was *hote* genannt wird.
Bei ihren Zelten liegen überall Rengeweihe herum, aber

quod notabile von Eichhörnchen benagt und halb aufgefressen.
Die Geweihe waren jetzt bei den Renen gerade ausgewachsen, zwei à drei Viertelellen lang, pelzig und unter der Haut weich, hie und da saßen kleine Blutstropfen auf ihnen, was von Mückenstichen herrührte. Krebse und Flöhe gibt es nicht in der Lappmark.
Wir kamen am Abend zu einer Insel, auf der Fischer waren, Bauern aus Granön, acht Meilen von hier. Die hatten sich hier ein Haus gebaut, vollkommen einer Dampfbadestube gleich, außer daß kein Ofen darin war, der Rauch ging zur Tür hinaus; sie liegen auf Holzrosten. Den Fisch hatten sie zum Trocknen aufgehängt, etwa sechzehn Pfd. und vorwiegend Hechte, einige Saiblinge. Die Därme und das Fett legen sie zum Säuern gereinigt auf einen Haufen und gewinnen daraus ein Fett oder Schmalz zum Einschmieren der Schuhe.
Die Schuppen sammeln sie, trocknen sie mit den größeren Flossen, daraus kochen sie dann ein Leimwasser, in das sie ihre Netze tauchen, wenn sie sie in Birkenrinde gefärbt haben, damit die Farbe länger halten soll.
Der Rogen wird getrocknet zur Zubereitung von Brot und Klößen sowie Suppe. Die Leber werfen sie fort, denn sie sagen, sie mache *somnolentiam et cephalalgiam.*
Sie hatten hier sechs Wochen gelegen und wollten sich noch weitere vierzehn Tage hier aufhalten, solange der Hecht laicht. Sie essen meist nur Fisch, *sc.* Rogen und andere Innereien.
Hierfür zahlen sie an die Krone keine Steuern, auch nicht an den Lappen, dem das Gewässer gehört, welchen sie davontreiben, obwohl er seine Steuern zahlt. Er wagt noch nicht einmal das kleinste Netz dort auszulegen, denn dann ziehen sie es heraus und werfen es in die Bäume, *ut saepius fecisse retulerunt.*
Der arme Lappe, der zu dieser Zeit selbst ausschließlich von Fisch leben und seinen Haushalt unterhalten muß, hat jetzt kaum ein oder zwei Fische. Ich fragte, weshalb er nicht klage, aber er sagte, er habe sich einmal bei der Obrigkeit erkundigt, die aber habe das eine Lappalie genannt. Er achtet also *dicta illorum quasi ex tripode Apollinis dicta essent, nec fallere possent.* Er ehrt seinen König wie Gott, glaubt jedoch, daß der König, falls er wüßte, was geschehe, es nicht dulden würde.
2. Juni. Der Wald stand voll großer Kiefern, ganz nutzlos, denn niemand macht Häuser aus ihm, und keiner ißt ihn. Ich

glaube, er könnte von Nutzen sein, wenn man Pech und Teer aus ihm brennte.

Die Lappen lieben die Ansiedler, die sich bei ihnen niederlassen, sie zeigen ihnen gern, wo man Heu sammeln kann, das sie selbst nicht benötigen — denn das Ren frißt am liebsten an trockenen Plätzen —, weil sie glauben, von ihnen Mehl und Milch bekommen zu können.

Ovidii descriptio aetatis argenteae hat bei den Lappen immer noch ihre Gültigkeit. *Terra non sauciatur sulcis, nec strident ferrea arma, nec itur ad viscera terrae, nec limitum discordia, de se praebet omnia tellus.* Sie ziehen umher, hausen in Hütten, sind Hirten *more patriarchorum.*

Maris coquendi officium est, weshalb er der Hausfrau nicht erst gute Worte zu geben braucht, wenn er seinen Gast bewirten will.

Auf dem Kopfe tragen sie eine kleine Mütze aus Tuch wie in Stenbrohult, welche sie in acht Teilen mit braunen Stofflitzen versteifen. *Color pilei cinereus s. coeruleus etc.*, geht nur bis zum Ohrläppchen.

Tunica eorum exterior ist vorn offen bis zum *medium epichondri,* wird jedoch mit Haken bis zum *cartilag. ensiformem* zusammengehalten, dadurch ist die Brust nackt, sieht aus wie Krötenhaut, braun von der Sonne und vom Rauch. Der Wollkittel reicht über die Knie, wird aber mit einem Gürtel hochgebunden, so daß er kaum bis an die Knie reicht. (*Statura eorum* ist stets kleiner als die anderer.) Der Kragen ringsherum ist vier Finger breit, dick, mit Draht bestickt.

Die Frauen nähen, machen ihre Fäden aus Sehnen, die man von den Knochen der Rene nimmt, welche (die Sehnen) sie in einzelne Fasern reißen, mit dem Munde anfeuchten und zusammendrehen; so auch Tannenwurzeln.

Am Ufer findet sich bald Kies, bald Kieselsteine, bald Sand, *lapides* im Walde *rarissimi.*

Der Umeå-Fluß begann jetzt heftig dahinzuströmen, denn jetzt ist es einige Tage sehr warm gewesen, so daß Eis und Schnee schmelzen, hierdurch steigt das Wasser im Flusse, so daß man nur mit Mühe segeln kann. Sonst kommt das stärkste Hochwasser um die Mittsommerzeit.

Der Umeå-Fluß, sagen die Lappen, entspringt in den Bergen, eine Meile vom norwegischen Meere, geht in den Umeå-See, fließt dann hier unten vorbei.

Oberhalb von hier gibt es keine Neusiedler.
Wir gingen an Land, um etwas bei einer Hütte auszuruhen.
Hier hatte vor einem Jahr der Vater seine Tochter erschlagen, auf daß der Eidam nicht sollte erben können.
Heute blies es sehr kalt von Norden.
In einem Baum bei einer Hütte hingen über zwölf Geweihpaare von Braunrenen.

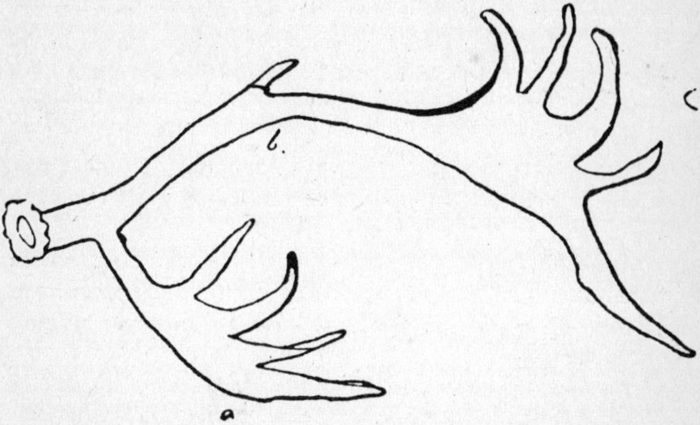

An Krankheiten haben die Lappen *ullem* oder *dolor colicus, de quo antea,* wogegen sie Ruß, Tabak, pulverisiert, Salz und andere wieder anderes verwenden. Er greift sie oft so sehr an, daß sie kriechen.
Alii Asthma, Epilepsia. Prolapsus uvulae an einer Frau, wovon der Mann ein Stück wegschnitt, *sed recrudescebat post annum. Prolapsus uteri.*
Alii multi Stiche oder Rheumatismus im Rücken gegen die Hüften zu, welcher oft die oberen Partien verläßt und hinab in die Beinknochen geht und bleibt dort sommers und winters ...
Wir mußten schließlich den rechten Arm des Umeå-Flusses verlassen und uns in einen anderen begeben, der Jukta genannt wurde und rechter Hand abging, vier Meilen etwa von Lycksele-kyrka. Genau kann man die Entfernungen nicht bestimmen, nicht einmal die Lappen wissen Genaues darüber.
Die Lappen schießen heutzutage nicht mehr mit dem Bogen, sondern mit Blei in gezogener Büchse, nicht mit Schrot.
Ich sah, daß die Preiselbeerbüsche hier oben größer waren als

weiter unten im Lande, *Juniperus contrario* kleiner, welcher hier meist in Mooren wächst *et aquosis. Empetri baccae* sind *magnitudine pares cum* Heidelbeeren.

Neben den Hütten hingen getrockneter Fisch, Käse, Kleider, Gefäße, Töpfe etc. unter einem Dach, aber ohne Wände, also unverschlossen.

Strümpfe werden nicht verwendet, vielmehr gehen die Hosen bis zu den Füßen, *sensim angustatae* an den Beinen, welche (die Hosen) sie um die Schnürstiefel legen und mit einem Band umbinden. Die Hosen sind aus grobem Wollstoff.

Schließlich kam eine lange Stromschnelle, so daß wir das Boot verlassen und den Lappen *via* Land suchen mußten, eine Meile weit. Wir gingen da *per montes et fontes, per calles et valles;* auf den Hügeln lag Heidekraut und *Empetrum*, welches die Füße verstrickte, dazu kreuz und quer entwurzelte Bäume, daß man darüber klettern mußte; in den Sümpfen war das Torfmoos lästig, das den Fuß täuschte, und *Betula nana*, die die Füße umfing.

Einige Kiefern hatten auf den obersten Wipfeln Hexenbesen.

Schließlich kamen wir an eine Bucht, die vom Fluß her hereinging. Darüber mußten wir hinwegwaten, bis zum Nabel im kalten Wasser. Als wir in die Mitte kamen, war dort eine Rinne, so tief, daß die tiefste Stange kaum den Boden erreichte. Hier mußten wir eine Stange hinüberlegen und unter dem Wasser darauf gehen mit der größten Lebensgefahr, mir dünkte, daß ich da eine gefährliche Sache bestünde. Auf einem Berge gleich daneben gab es Schieferstein, aber sehr lose, grau und brüchig.

Gleich darauf begannen Moore, die meist unter Wasser standen, diese mußten wir eine ganze Meile lang begehen, zu denken mit welcher Mühe. Bei jedem Schritt ging das Wasser bis ans Knie, trafen wir nicht auf Grasbüschel, gings noch höher. Mancherorts hatte die Tiefe keinen Grund, so daß wir die ganze Strecke zurückgehen mußten. Unsere Stiefel waren voll kalten Wassers, denn an vielen Stellen war der Grund noch gefroren. Hätte ich dieses ertragen müssen wegen eines *delictum capitale*, wäre diese Strafe grausam gewesen, allein was soll ich nun sagen? Ich wünschte diese Reise niemals auf mich genommen zu haben. Und damit alle Elemente gegen uns wären, regnete und stürmte es noch dazu. Ich wunderte mich selbst, daß ich mit dem Leben hinübergekommen war, jedoch *maxime delassatus.* Nachdem wir den neuen Lappen überall vergebens gesucht hatten, setzten wir uns nieder, es war sechs Uhr morgens, wrangen unsere nassen Kleider aus und trockneten unseren Körper, wenn auch der kalte Nordwind uns so viel an der einen Seite schadete, wie das Feuer auf der anderen brannte, und die Mücken uns *ad latera* stachen. Jetzt war ich *itinere satiatus.* Das ganze Land dieses Lappen war meist Moor, *hinc vocavi Styx.* Niemals kann der Pfarrer die Hölle so beschreiben, daß dies hier nicht noch schlimmer wäre. Niemals haben die Poeten den Styx so häßlich ausmalen können, daß dies hier nicht häßlicher wäre. *Stygium penetravi.* Wir gingen in die Wildnis, ohne zu wissen wohin. Der nächste Nachbar, der seit zwanzig Jahren nicht hier gewesen war, ging fort, nach ihm (dem Lappen dieses Gebietes) zu suchen, während ich mich am Feuer ausruhte. Nichts wünschte ich jetzt mehr, als den Fluß hinab wieder zurückreisen zu dürfen, aber ich fürchtete mich davor, den Weg zum Boot noch einmal zu gehen, denn ich wußte, mein Körper war nicht Eisen noch Stahl. Ich wünschte acht Meilen von zehn trockenen Fußes zurück zum Boot gehen zu können, allein es ergab sich keine Gelegenheit. Die Lappen, die dazu geboren sind, sich abzuschinden, wie die Vögel, zu fliegen, jammerten, nie so übel daran gewesen zu sein, sie dauerten mich. Ein Moor (das Lycksmoor, weil aus ihm ein Bach nach Lycksele fließt, *cur non* Unglücksmoor?) war voll von Ocker, und das Wasser trug eine *tunica,* denn es soll hier Sumpferz zur Eisengewinnung geben.

3. Juni. Wir warteten lange in den Tag hinein, bis gegen zwei Uhr nachmittags, auf den ausgeschickten Lappen, der endlich kam, vollkommen erschöpft, und so viele Rastplätze vergeblich durchsucht hatte. Mit ihm kam ein Geschöpf, ich wußte nicht, ob es ein Mann oder eine Frau war. Ich glaube, kein Dichter hat je eine Furie so trefflich geschildert, daß diese hier sie nicht noch besser repräsentierte, man mußte ohne weiteres annehmen, sie sei vom Styx gekommen. Sie erschien ziemlich klein, das Gesicht war schwarzbraun vom Rauch, die Augen braun, leuchtend, die Augenbrauen schwarz, das Haar pechschwarz und rings um den Kopf herabhängend, darauf saß eine rote, flache Mütze, der Kittel war grau, und an der Brust, die wie Krötenhaut aussah, hingen lange, schlenkernde, braune Zitzen, und ringsherum die Messingösen (*sc.* des Kittels). Um

die Taille hatte sie einen Gürtel, an den Füßen Schnürstiefel. Ich erschrak bei ihrem ersten Anblick.

Ebendiese Furie spricht mich jedoch mit Zartheit und Mitgefühl an: „O du armer Mensch, welche Umstände eines schweren Schicksals haben dich hierhergetrieben, wohin niemand zuvor sich gewagt hat, bisher habe ich noch nie einen Fremden hier gesehen. Du armer Mensch, wie bist du hierhergekommen, oder was willst du? Siehst du nicht, wie wir hausen, siehst du nicht, mit welcher Mühsal wir zur Kirche kommen müssen?"

Ich fragte sie nach einem Weg, irgendwohin, vorwärts oder zurück, nur nicht den ich hergekommen. „Nein, Mann, du mußt denselben Weg zurück, den du gekommen, es gibt keinen anderen Weg. Du entkommst ihm nicht. Auch ist es dir nicht möglich weiterzugehen, der Fluß hat eine gar zu starke Strömung; von uns kannst du keine Hilfe für deine Reise erwarten, denn mein Mann, der dich aufnehmen sollte, ist krank. Es sei denn, du erreichst den nächsten Nachbarn, das ist eine Meile von hier, vielleicht, wenn du ihn dort findest, hilft er dir, aber ich glaube, es ist vollkommen vergebens."

Ich fragte, wie weit es bis Sorsele sei. „Das wissen wir nicht", antwortete sie, „doch in weniger als sieben Tagen kommst du nicht dorthin bei diesen Wegverhältnissen, hat mein Mann gesagt."

Ich, der ich mich schon krank fühlte von so großen Strapazen, durch viele und lange Umwege um Wasserfälle und Stromschnellen, durch das Tragen meiner Sachen, denn der Lappe trug das Boot, durch die durchwachten Nächte, dadurch, daß ich zu keiner Zeit gekochtes Essen bekommen hatte, durch vieles Wassertrinken; denn anderes als Fisch (oft voller Maden und ungesalzen) und Wasser gabs nicht zur Nahrung. Ich wäre zugrunde gegangen, hätte nicht die Pfarrfrau mir ein Stück gepökeltes Renfleisch mitgegeben, das jedoch für meinen Magen ohne Brot sehr böse war und unverdaut fortging. Ich wünschte mir da, noch einmal Leute zu treffen, um Suppe essen zu können; und wagte doch nicht, wie der Lachs flußauf zu springen bis zu meinem totalen Ruin. Ich fragte, ob sie etwas zu essen habe für mich? „Nein, außer, du willst Fisch haben." Ich betrachtete den frischen Fisch; er hatte das Maul voller Maden, was mich schon vom bloßen Hinsehen satt machte, mich aber nicht stärkte. Ich fragte nach Renzunge, die sie zu trocknen und zu verkaufen pflegen und die wegen ihres angenehmen Fettes auch von den Vornehmen geschätzt wird. „Nein“, war die Antwort. Und Renkäse? „Nicht auf eine Meile im Umkreis.“ Wenn ich welchen fände, könnte ich ihn kaufen? „Ich will nicht“, antwortete sie, „daß du in meinem Lande Hungers sterben sollst.“ Da ich an ihrer Hütte vorbeiging, lagen dort drei Käse unter einem Dach ohne Wände, ich nahm den kleinsten, in der Absicht, ihn nicht ohne Erlaubnis zu behalten, ihn andernfalls zurückzugeben. Ich kaufte ihn dann von ihr.

Ein Hemd hatte sie wie die anderen Lappen: keines.

Der Kragen war hoch, zwei Fingerbreit, mit Zinndraht bestickt, Messingösen saßen um den unteren Teil, dies lag direkt auf dem Körper, darüber zwei gleichartige graue Wollkittel, sie reichten bis an die Knie, wie bei den Männern.

Ich mußte schließlich *nolens* den gleichen Weg zurück, wohin ich nie mehr zu kommen wünschte, ich wagte nicht mehr, *Acheronta* zu nahen, denn es war schlimmer geworden.

Auf dem Rückweg sah ich, daß die Basis der vielen Grashöcker, die immer in Mooren sind, der kleine *Juncellus* ist, *radice implicata, de quo antea,* dessen Wurzeln jährlich höher und höher über die Erde wachsen, *quod notabile.* Er ist auch die Basis der bekannten *insulae natantes.*

Ich hörte einige Schneehühner lachen, ich ging nahe an sie heran, ich sah, daß die Hälse braun waren, der Körper weiß, drei bis vier braune Federn auf den Schultern und der Schwanz dunkelfarbig.

Auch zeigte man mir *Agaricus Abietis,* welcher das Haupt-*remedium Laponum* gegen Mücken, womit sie sich und ihre Rene einräuchern, denn wenn der Mücken viele sind, kommen sie (die Rene) nach Hause, ja, auch die, welche das ganze Jahr fort waren, dann wird rund um sie herum auf kleinen Holzfeuern geräuchert, am Abend und am Morgen; da sie den Effekt kennen, legen sie sich hin und schlafen.

Auch *Agaricus Salicis,* den sie mir zeigten und der recht gut roch, von dem sie sagen, daß er früher von Junggesellen gebraucht wurde *ad incitandam venerem et procreandam favorem ancillarum.*

Chamaemorus stand nun in voller Blüte, abwechselnd mit vier, fünf, sechs bis sieben *petalis,* aber eigentümlich, daß ich sie *in summis montibus, ubi tantum umbrosum,* ebenso blühen sah, *quod idem valet de Empetro.* Wieder fand ich das Insekt, *quod antea, semicoleoptratum,* das Fisch frißt. Ebenso ein anderes schwarzes, *punctatum,* welches mit dem vorherigen zusammen zwischen den Fischschuppen herumhüpft, und das letztere stets in der Spreu auf dem Boden der Hütten. *Posterius olet odore Rutae.*

Der Kittel der Frauen hat auf dem Rücken ein eingesetztes Stück aus braunem Tuch.

4. Juni. Bei einer Hütte sah ich einige schwarze, noppige Fetzen, rund, pechschwarz. Ich fragte, was das sei, man antwortete, umgestülpte Renmägen, im Sommer Renmilch hineinzugießen, die getrocknet bis zum Winter aufbewahrt wird, wo sie erst in warmem Wasser aufgeweicht wird; einige nehmen hierzu auch Blasen. In den Bergen kochen sie mit der Milch zusammen *acetosam et conservant.*

Ich wunderte mich und wundere mich noch immer, wie diese armen Leute ausschließlich von Fisch leben können. Einiger wird frisch gekocht, einiger getrocknet und gekocht, einiger getrocknet und auf einem Holzspieß über dem Feuer gebraten. Sie braten ihn gut und kochen ihren Fisch besser und mehr, als ich jemals gesehen habe. Sie haben überhaupt keine anderen Suppengerichte als Fischbrühe, und das ist nichts als pures Wasser, worin der Fisch gekocht wird. Mißrät der Fischfang, haben sie keine Möglichkeit, sich irgend etwas zum Essen zu verschaffen. Zur Mittsommerzeit erst fangen sie an, die Rene zu melken, und dann können sie von der Milch leben. Im Herbst schlachten sie ihre Rene, und von diesen zehren sie dann den Winter über, doch ziemlich notdürftig.

Die Kinder legen sie in längliche Lederwiegen, ohne den kleinsten Leinenfaden (am Körper). Um sie herum legen sie *Sphagnum molle, palustre, exsiccatum* und innenhinein Renhaare, auf diese Weise bleiben sie in der stärksten Kälte gut geschützt.

Tormentilla, quod notabile, wuchs hier stets in den Mooren, deren Wurzeln mit *cortex internus Alni* gekaut werden; der Speichel wird dann auf Lederhaut gestrichen, wovon diese rot wird; damit färben sie ihr Zaumzeug, ihre Riemen, Gürtel, Handschuhe etc. Große Kiefernwälder stehen einsam und nutzlos, denn keiner braucht Bauholz, die Bäume fallen um und vermodern. *Quaeritur,* ob es sich nicht lohnen würde, Teer oder Pech daraus zu gewinnen? *Resp.*: Der lange Weg lohnt nicht die Mühe, *dicat judex.* In ganz Schweden könnte nicht

so viel (Teer und Pech) werden wie hier. Könnte man das im Winter nicht zwanzig Meilen weit transportieren?
Wie Wacholder, wenngleich hier wenig davon wächst *et quod notabile semper in aquosis,* zu nutzen sei, davon haben sie nicht die geringste Ahnung, wie Mundius sagt.
Ich lehrte sie, aus Kieferntrieben Branntwein zu bereiten, ihr Wasser damit hinunterzuspülen, was ihnen unglaublich schien; auch nicht aus Birkensaft machen sie irgendein Getränk, das sich zur Lagerung eignet, sondern einzig und allein das pure Wasser verwenden sie.
Die Nacht war, wie ich bemerken konnte, nicht im geringsten dunkler als der Tag, lediglich *absentia solis erat.*
Die armen Lappen beklagen sich über die Gebetstage im Frühling, sie müssen oft, wenn der Fluß (*sc.* das Eis) weder trägt noch bricht, hinüber unter größter Lebensgefahr, ja, im Wasser gehen bis an die Arme, oft halb tot, andernfalls müssen sie zehn Silbertaler Strafe zahlen und drei Sonntage zur Buße stehen, *quod nimis durum est.*
Die Lappen essen nur zweimal am Tage und oft nur einmal, und zwar vornehmlich am Abend.
An den Ufern, wo es Rudimente von allem gibt, was im Gestein ist, fand sich Silbererz.
5. Juni. Auf den Felsen neben dem Flußufer fand ich eine Pflanze, die bisher noch nicht in Schweden beobachtet worden ist. Die Blüten hatten sich noch nicht entfaltet, aber machten sich bereit, in ein paar Tagen zu kommen. Ich öffnete sie und fand, daß die Blüten *papilionacei* waren, *vexillum apice rufescebat, ut et carina, quae (notabile) bifida erat.* Das ganze Aussehen sagte mir, daß es ein *Astragalus* war, worin ich auch bestärkt wurde durch *capsulis anno praeterito maturatis, eis simillimis. Dixi itaque Liquiritia minor.*
Zuletzt, wo ich so grausam gehungert, unterwegs ohne Brot und Trank vier Tage, ohne gekochtes Essen, ohne Suppe, nur mit ein wenig gepökeltem Renfleisch, das mein Magen nicht vertragen noch verdauen konnte — Fisch konnte ich *per vitam* nicht essen, denn Maden hingen überall an ihm —, kam ich endlich zu einem Pfarrhof und erhielt zu essen.
Hier hatte er (der Pfarrer?) Renken bekommen, *5 palmas longos, quod notabile.* Die Renke ist kurios darin, daß sie gegen Michaelis bei Lycksele-kyrka laicht, aber oben in den Bergen gegen Weihnachten, in Småland um Michaelis.

Die Renmilch ist notabel zur Zubereitung von Käse, indem ich aus einer Kanne Renmilch eine große Quantität Käse erhalten kann, deshalb wird sie auch von denen, die Kühe besitzen, in die Kuhmilch gemischt, woraus sie viel mehr Käse gewinnen als sonst. Das Ren nimmt großen Schaden, wenn im Herbst Schnee kommt, der schmilzt, und es dann friert und die Rentierflechte zu Eis wird, denn es nimmt seine Nahrung im Winter größtenteils von *Coralloides montium*, hat es dies nicht, stirbt es, denn Heu frißt es nicht. Sie hauen fleißig Bäume um, daß es *Usnea arborea* fressen kann, aber das reicht doch nicht aus für seinen Magen. Ich wunderte mich sehr, daß es durch den tiefen Schnee, der hier fällt, seine Nahrung finden kann.
Das Ren frißt Frösche und Schlangen, ja *lemures*, hinter denen es oft so lange herspringt, daß es nicht heimfindet, wie es vor einigen Jahren geschah, als sie (die *lemures*) in Scharen von den Bergen herabkamen.
Der Hecht laicht hier, sobald sich nur das Eis öffnet. Die Fischer, die ich hier sah, hatten wohl sechs à acht Meilen oberhalb von Lycksele gelegen und seit Ostern gefischt, ich ging mit einem von ihnen nach Hause, sie hatten im Durchschnitt pro Mann zwanzig Liespfund getrocknete (Fische) bekommen. Es ist unbegreiflich, wieso sie die Lappen forttreiben können oder die Freiheit haben, da oben zu fischen, da sie über fünf Meilen unterhalb Lycksele-kyrka wohnen, wo sie nicht den kleinsten Bodenstreifen haben, der ans Wasser grenzt, auch nicht die geringsten Steuern zahlen, weder an die Krone noch an den Pfarrer im Kirchspiel, wo sie fischen (wie andere Fischer es tun müssen), noch an die Lappen Miete entrichten, die Steuern für ihr Land zahlen und sich auch beklagen, daß sie auf alle Weise übel behandelt werden, *ut ne quidam debiscere audeant.* Ich fragte, weshalb sie nicht Klage führten. Antwort: „Ach, wir können nicht zur Obrigkeit reisen, sie mögen uns behandeln, wie sie wollen, auf welche Weise sie uns auch drangsalieren, wir können keine Zeugen auftreiben, denn du siehst, wir sind hier in der Wildnis zerstreut, *hinc illae lacrymae;* niemals glauben wir, daß dies unserer gnädigen Obrigkeit Wille ist, wüßten wir es aber, so wollten wirs zufrieden sein."
Die Pfarrer beklagten sich, daß, seit sie hier in einer solch wüsten Einöde mit größter Beharrlichkeit und Fleiß ihren Dienst getan, sie keine Hilfe bekommen hätten wie andere bei

Schulen und sonstwo. Ja, nachdem sie zwanzig Jahre Dienst getan, meinten sie ein kleines Stück Brot auf dem Lande wohl zu verdienen, um ihre Kinder, die allmählich größer werden, besser an Konversation mit honetten Leuten zu gewöhnen. Ein Schulmeister, der sich mit der größten Lust befleißigt hatte, in zwei Jahren so viel mit den Lappenknaben auszurichten wie sein Vorgänger in zehn, Schwedisch zu unterrichten, was wahrlich schwerer ist als den Pflug zu ziehen, muß bleiben, und also waren alle Meriten vergebens.

Hier und dort im Walde gibt es gute Viehweide, aber wenig Acker und Wiese, geringerer Acker. Wenn die Moore gemäht werden im ersten oder höchstens zweiten Jahr, kommt kein Nachwuchs mehr, sondern Torfmoos wächst darüber, *adeoque sterilescit.* Ich finde, daß dieses wirklich große Land ebensogut kultiviert werden könnte wie Hälsingland, welches doch recht stark hügelig und weniger bequem ist als dieses. Ich habe große Moore mit morastigen oder ganz sumpfigen Wiesen gesehen und bin überzeugt, daß sie beste Wiese werden könnten, erhielte nur das Wasser durch eine kleine Rinne einen offenen Weg und flösse ab. Sie haben es probiert, sagen aber, daß dann keineswegs Gras wächst, *sed tantum exarescit,* was von den Grasbuckeln kommt, und *Juncus radice implicata. Explicetur et deducetur ulterius* — trockenlegen und den Torf umwenden.

Was den Wald betrifft, wenn dieser großzügig umgehauen würde und Birke statt dessen dort wüchse, würde das Gras besser wachsen, wo aber wegen des felsigen Untergrundes der Boden sauer ist, wird es schwieriger. Am schwierigsten sind Heideflächen, wo, wenn der Wald weggebrannt wird, auf zehn à zwanzig Jahre nichts wächst, sondern nur der Sand weiterhin daliegt. *Quaeritur,* ob, wenn mehr Wald gefällt würde, der die Erde bedecken und allmählich vermodern würde, er nicht zu Schwarzhumus werden könnte? In Schonen säen sie auf ihren Sand Buchweizen, der hier wegen des Winters und der Kälte nicht gesät werden kann. *Quaeritur,* wie das Moos vertilgt werden kann?

Ich wunderte mich, daß die Lappen sich nicht sechzehn à zwanzig kleine Häuser bauen, in denen sie aufrecht gehen können, wo sie doch den Wald direkt neben sich haben. *Sed respondent,* den Sommer über sind wir an einem Platze, im Winter an einem anderen, vielleicht zwanzig Meilen von hier, wo wir Moos für unsere Rene bekommen. *Quaerebam, cur non*

colligant aestate muscum rangiferorum, ut eum praebeant hyeme in epula? Negant, quia aestate versantur ubi pisces, hyeme longe abhinc ubi crescit.
Bei den Lappen wird ordentlich Fleisch gegessen, ein Haushalt von vier Personen ißt wohl jede Woche ein Ren auf, von der Zeit an, wo es mit dem Fisch zu Ende ist, bis er wieder zu laichen und zu steigen beginnt. *Quaeritur,* ob man nicht sparsamer haushalten könne? Wenn er keinen Fisch fängt, muß er entweder verhungern oder Rene im Sommer schlachten. Vieh oder Haustiere hat er keine außer Ren und Hund, andere kann er nicht mit sich führen. Er ißt, wenn er es schießen kann, Vielfraß, Eichhörnchen, Marder, Bär, Biber, ja alle *excepto vulpe et* Wolf, so daß seine ganze Nahrung aus Renfleisch, Geflügel, Fisch und Wasser besteht. Es schlachtet ein Lappe selbviert ein Ren pro Woche, was ungefähr $^1/_3$ Ochse entspricht, also dreißig Rene pro Winter oder zehn Ochsen, wo ein Bauer an einem genug hat.
Die Bauern ringsum essen, wenn teuere Zeit ist, Spreu und Kiefernrinde, die glatte, geschälte (Schicht), *a squamis liberatus,* mahlen und verbacken sie und leben davon. Sie nehmen sie auch fürs Vieh, zerteilen sie *oblique* in zwei Finger große Stücke und geben sie den Rindern, Ziegen und Schafen, wodurch ordentlich an Futter gespart wird. Sie wird abgeschält, wenn die Kiefer gefällt wird, und, in der Sonne getrocknet, für den Winter aufbewahrt. Sie mahlen sie und backen von diesem Mehl Brot, bereiten Schweinefutter, die Schweine damit zu mästen, wovon sie schön fett werden, und sparen auf diese Weise ordentlich Getreide.
Mit Blutwurz färben die Lappen meist ihr Wollzeug, mit Erlenrinde Leder rot.
Die Hosen der Lappen reichen bis an die Schuhe hinunter und werden von außen um die Schnürstiefel gebunden, wodurch wohl das Wasser abgehalten wird; der Fuß bleibt im Schuh nackt. Sie pflegen die Hosen nicht zu knöpfen, denn der Hosenbund geht in einen losen, schmalen Zug aus, woraus sich ergibt, daß sie den Riemen erst entsprechend ihrer Leibesfülle zuziehen und dann einen *externum nodum* binden. Keine *apertura* befindet sich *anterius pro pene,* sondern sie ziehen die Hosen herunter und hinauf über die Schenkel, denn das Hemd hindert daran nicht.
Morbi Lapponum: febres rariss., die Pocken selten, *hinc saepe senes*

cani variolis moriuntur, eam ob distantiam incolarum, sic item aliae febres acutae. Intermittens ein einziges Beispiel *et calculi totidem.* Husten, den sie mit Schwefel kurieren, indem sie diesen auf Zunder oder Feuer legen und den Rauch einziehen, *quod specif. sed admodum fallax.*

Schmerzen, Kopfschmerzen etc.: ein kleines Stück Zunder auflegen, wo die Schmerzen am stärksten sind, und es dort angezündet liegenlassen, bis es von selbst von der Haut abspringt; *hinc moxa Lapponum.*

Uvulae procidentia: Abschneiden des *apex uvulae* mit einer Schere; *hinc* Bartolinus.

Infantum Darmverschlingung *(quod prius colica falso):* Einschmieren der Nabelgegend mit Salz, außerdem Salz einnehmen.

Björnstut est planta diversa a Bosc. et Angelica. 3 diversae species hae sunt; (späterer Zusatz) *non, sed 2.*

Und indem die Natur dem Menschen alles im Überfluß gegeben und ihn so gut versehen, daß ihm nichts fehlt, so hat sie ihm auch Bettzeug in der wüsten Einöde gegeben. *Polytrichum prolif. maximum* Vaill. *Romsi Lappis,* wächst hier reichlich in feuchten oder sumpfigen Wäldern; man sticht eine Fläche aus, so groß, wie das Bett sein soll, schneidet es auch an der Unterseite ab und hebt es von der Erde weg. Es besteht zwar nicht aus Zweigen, aber ist doch so mit *radice implicatum, ut non possit* auseinanderfallen. Dieses Moos ist weich, fällt nicht zu einer harten Unterlage zusammen, wenn du dich darauflegst, ja, steht wahrhaftig dem schönsten Bette nicht nach. Dasselbe kannst du auch als Oberbett über dir haben. Ich würde fast sagen, daß die Oberbetten diesem hier nachgemacht sind, wenn ich jemanden wüßte, der es beschrieben hätte. Ich habe darin mit Admiration gelegen. *Hoc docuit necessitas Lappis.* Dieses ihr Bett können sie *a latere* zusammenlegen und es zu einem Bündel binden, gerade so dick, daß man es mit zwei Händen umfassen kann, und es bis zum nächsten Abend aufheben, es mit sich führen; mit ein wenig Wasser befeuchtet, erhält es seine frühere Elastizität zurück.

6. Juni. Um zu wissen, wie schnell der Fluß, welcher täglich zunahm, stieg, setzte ich einen Stock *erectus* an *margo* des Wassers, es war acht Uhr, und heute um fünf Uhr morgens war der Fluß ca. 2 *pedes in diametro* gestiegen, *1 pes* aber *in perpendiculo.*

Unten am Ufer fand ich in dem Hügel, von dem der Fluß immer mehr wegfrißt, Steine, welche *ibidem* auf Sand gelegen und bei denen der Sand zu Stein koaguliert war, dies aber vornehmlich bei einer gewissen Sorte Stein, der *ferrugine veluti tactus* aussah und, in Stücke geschlagen, roch wie Pulver, aus einer Büchse geschossen.

Das Volk hatte vergangenen Winter vorausgesagt, daß diesen Sommer eine große Flut kommen würde (wodurch manche, die ihre Äcker nahe am Fluß haben, großen Schaden erleiden würden), denn so geht es immer, sagte man, wenn im Winter starkes Treibeis ist, wird den Sommer drauf eine große Flut kommen *et vice versa.*

Die Ansiedler in der Lappmark säen viel Rüben, welche oft recht gut wachsen, und die Lappländer, die die Rüben sehr gern mögen, geben oft einen Käse für die Rübe, *quae stultitia!*

In der Nacht regnete, blitzte und donnerte es.

7. Juni reiste ich von Granön ganz zeitig am Morgen ab, hatte auch Gelegenheit, im Walde auf dem Wacholder herrliche *gelatina* zu sehen, *de qua et eius viribus heroicis vide Polonum de morbis Regis.*

Ich sah hier einen seltsamen Vogel, welcher zuvor noch nicht beschrieben. Wenn ich mich recht entsinne, nannte ihn Professor Rudbeck *Pica Lapponum.* Ich examinierte ihn durchs Perspektiv und fand, daß er alle *notas* mit dem Krammetsvogel gleich hat, *adeoque non vereor vocare eum Turdus cauda rubra, medio cinerea.* Außerdem schrie er wie ein *Turdus*, flog wie ein *Turdus etc., vide descriptionem quam in Ornithologia conscripsi.*

Gegen Abend sah ich *Pluvialem nigram, punctis luteoviridibus.*

Ich schoß auch einen Seetaucher, *Lumme Vormi,* den ich ausstopfte.

Gegen Abend erreichte ich Stocknäsmark und Jämtbol, wo ich die kleine hübsche *Cameraria* fand, welche ich bislang noch nie gesehen, wuchs auf dem Sumpfboden recht üppig. *Est planta minima, annua,* über ganz Västerbotten verbreitet.

Eichhörnchenfallen sah ich, wie sie die Lappländer gebrauchen, und machte mir auch eine solche, besteht aus einem gespaltenen Stock. Als Köder nimmt man *Amanita petiolo bulboso, capitulo purpureo,* wovon man, nachdem man es getrocknet, ein Stückchen in die Stockspalte setzt, die bei Berührung zuschnappt.
Dies 8. Reiste ganz zeitig fort. Sah am Weg *Orchis palmata fl. viridi (rectius pallido),* welche sich von allen andren durch ein *melissolena scrotiformi* unterscheidet, *hinc Satyrium dixi.*
Die Frauenzimmer hier geben ihren Kindern aus dem Saughorn zu trinken, und ich wunderte mich über die Bäuerinnen, die sich nicht die Mühe machten, ihre Kinder zu säugen. Niemand kochte die Milch ab, es wäre ihnen zu beschwerlich gewesen, weshalb es auch nicht verwunderlich ist, daß die Kinder Würmer kriegen.
Kam in Umeå um vier Uhr nachmittags an.
Sah auch am Wege einige große Mücken umhertanzen, mit großen schwarzen Flügeln, welche ich vorher für *muscas* gehalten, durch ihren *volatu* ich mich aber eines andren besann, worin mich auch *balancere appendices* und *alae integrae* bestärkten. *Vidi dies* 27 *maii eadem.*
Ich bestaunte, was in 14 Tagen alles geschehen war, denn als ich fortgereist war, hatten die Espen noch nicht ausgeschlagen, nun standen sie groß im Laub, das Gras, damals recht kurz, war nun eine Viertelelle lang etc.
Allerorten in der Lappmark auf kleinen Seitenwegen werden im Herbst Auerhahnfallen aufgerichtet, welche ich jetzt noch

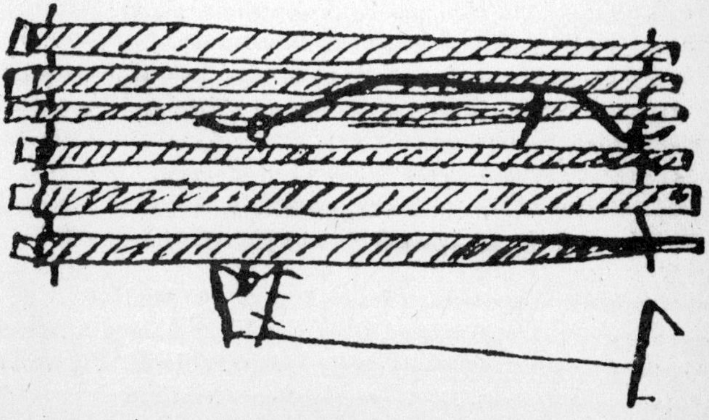

sah, konnte aber ihre Maschinerie nicht sonderlich assequieren bis heute auf dem Wege, wo ein Bauer eine solche hatte. Sie war aus sechs Stecken gemacht, allesamt an beiden Enden gespalten und mit einer Querstange zusammengefügt, dadurch ging eine *palea terra infixa.* Jetzt wird ein *hypomochlion* unter ihr vorderes Ende auf *paleas* gelegt, welches eine Weidenrute, die von oben durch eine Öse läuft, hochhebt. Daran ist ein Haken befestigt, dessen *apex* wider ein langes Stäbchen sitzt. Wenn nun der Auerhahn dazukommt und daran rührt, gibt der Haken nach, *hypomochlion,* welches *oblique* erhöht war (als eine Falle), schnellt zurück, *hinc pondus* schlägt herunter und erwürgt den Vogel.

Dies 8. Bettag. Umeå. So selten hier oben auch der Schüttelfrost ist, so häufig ist doch die Rose, über die man männiglich klagt. In Uppsala und Stockholm Schüttelfroste, in Lund *febres acutae in intermittente desinentes.*

Dies 9. *In Lapponia Lyks., nulla animalia domestica praeter rhenonem et canem, communiter griseo-canum, magnitudine mediocri.*

Potus artificialis nullus Laponibus.

Bei der Stadt Umeå auf einem Hügel, dessen Abhänge Quellen hatten, fand ich drei Arten interessante *muscos.*

Dies 11. regnete es den ganzen Tag, und der Sonntag hielt mich auf.

Dies 12. Am Morgen reiste ich ganz zeitig von der Stadt Umeå ab. Das Wetter war da so dunstig, daß ich auf einen halben Büchsenschuß nichts sehen konnte, ja, es waren nichts als Wolken, durch die ich ging, und durch sie war das Gras naß wie vom Regen. Die Sonne wanderte hinter den Wolken. Um neun Uhr verging das, und die Sonne fing an zu scheinen.

Die Tannen waren ganz dunkelgrün und begannen just, mit hellgrünen Trieben zu prangen, was meinen Augen eine rechte Herzensfreude war.

Chamaedaphne, Buxb. oder *Erica palustris pendula, flore petiolio purpureo* stand nun in ihrer schönsten Pracht und gab den Mooren einen herrlichen Zierat. Ich sah, wie sie, ehe sie ausschlägt, ganz blutrot ist, aber wenn sie zu blühen anfängt, vollkommen rosafarbene Blätter hat. Ich bezweifle, daß ein Maler imstande ist, auf das Bild einer Jungfrau solche Anmut zu übertragen und ihren Wangen solche Schönheit als Schmuck zu verleihen. Keine Schminke hat das je erreicht. Da ich sie zum ersten Male sah, stellte ich mir Andromeda vor, wie sie von den Poeten abgebildet wird. Je mehr ich an sie dachte, desto mehr wurde sie mit dieser Pflanze eins. Denn wenn sich der Poet vorgenommen, sie *mystice* zu beschreiben, hätte er sie auf diese Art nicht besser treffen können. Andromeda wird als eine außergewöhnliche Jungfrau beschrieben, als ein Frauenzimmer, deren Wangen noch diese Schönheiten besitzen. Diese Herrlichkeit hält indes nur so lange an, als sie Jungfrau ist (wie es auch bei Frauenzimmern geschieht), *id est* bis sie sich entschließt, und das läßt nicht lange auf sich warten, Braut zu werden. Sie steht mitten im Wasser auf

einem Grashöcker, auf der sumpfigen Wiese, gleichsam Andromeda, auf ein Felseneiland gebunden, bis an die Knie im Wasser, nämlich bis über die Wurzeln. Stets ist sie von vergiftenden Drachen und Getier umgeben, *id est* die häßlichen Kröten und Frösche, die hier im Frühling, wenn sie sich paaren, das Wasser nach ihr blasen. Da steht sie und läßt voller Traurigkeit ihren Kopf hängen, ihre rosenwangigen *capitula florum.* Die Wangen werden bleicher und bleicher, *capitula pallescunt magis magisque: hinc Andromeda dixi, foliis acutis!* Sie liegt halb am Boden, der Hals ist bloß, *hinc carneus.*

Um Kinder zu wiegen, verwendet man an vielen Orten verschiedene Modelle, welche alle differieren.

In Småland sind die Wiegen an einer elastischen Stange auf-

gehängt, an der sie auf- und abschaukeln. Die Lappen in ihren Lederzelten wiegen ihre Kinder auf einem Baumast, Leute von Bildung ihre in einer Rollwiege, so konstruiert, daß das Kind darin von einer Seite zur andren schaukelt, hier oben wieder in Rollwiegen derart, daß das Kind in Längsrichtung, also mit Kopf und Füßen auf- und niederwiegt.
Am Weg sah ich den Unterkiefer eines Pferdes hängen, der 6 *incisores satis obtusos et detritos* hatte, *2 caninos et, distincto spatio, 12 molares, utrinque sc. 6.*
Wüßte ich, wieviel *dentes et quales* und wieviel Zitzen jegliches *animal* hat, und *ubi*, so dünkte ich mich wohl fähig, *methodum naturalissimam omnium quadrupedum* zu machen.
Observierte *callos in tibiis equorum, 4 sc. in singulo.*
Bei den besten Wiesen, auf welchen ganze sechs à zehn Scheunen standen, sah ich, wie die ganze Wiesenfläche oft nur aus Grasbuckeln bestand, worauf nichts als *Polytrichum* wuchs, und zwar ganz trocken. Einige der Scheunen standen unbenutzt; ich schloß daraus, daß diese Erdhügelchen in jüngster Zeit entstanden waren. Ja, sie befanden sich oft so dicht beieinander, daß kein Gras zwischen ihnen wachsen konnte. *Quaeritur quae causa, quae cura?* welches für den Landmann eine gute Sache gewesen wäre. Überall, wo sie waren, sah ich, daß die Erde locker war, und zwar entweder schlammig oder lehmig. Als ich auf sie trat, gaben sie nach. Als ich tief in sie hineingrub, war gleichsam ein *vacuum* darunter, so daß, als ich den Fuß aufsetzte, dieser tief hineinsank; *causa,* so glaube ich, ist der Bodenfrost, welcher, wenn er aus der Erde geht, darin große *vacua* hinterläßt und die Torfschicht hochhebt.

Pithoensis Praefectura

Heute regnete es um elf Uhr eine halbe Stunde, *alias serenum.*
Dies 13. *Dies optimus, clarus et serenus.*
Der grünfüßige Wasserläufer, die größere Art, schwirrte über den Sümpfen.
Das Land war ziemlich flach, doch gab's hier und dort große Anhöhen, nicht sonderlich hoch und steil, sondern *oblique* abfallend. Die Steine darin waren wie aus gemasertem Holz, viele rostig und verwittert, gleichsam voll glitzernder Sandkörner. Ich fand auf einem solchen Hügel, über den die Straße

führte, *terra purpurea,* welche mir als Farbe zu taugen scheint. Der Hügel hieß Hökmarksberg.
In den Poststationen von Grimesmark und Selet erzählten sie mir von einem Berg, zwei Meilen von dort, der Kupfer enthalten sollte, weshalb man auch vor drei Jahren einen vom Bergscollegio hingeschickt, um selbigen zu examinieren. Aber weil die Bauern scheu waren (von den Bürgern Umeås beeinflußt), wurden ihm ganz falsche Berge gezeigt.
Der Bauer Hans Person in Vebomark erfuhr davon nichts. Sein Vater hatte zuerst diesen Berg gefunden und war mit einer Ladung Steine nach Stockholm gefahren, aber dort hatte man ihn betrunken gemacht, ihm die Steine fortgenommen und gewöhnliche Feldsteine hineingelegt. Dieser Bauer wollte wohl gerne den richtigen Berg zeigen, wenn er mit dem Bergscollegio in Kontakt kommen würde. Ich hatte vorgehabt, mir alles anzusehen, obschon der Weg dorthin recht weit war, allein der

Bauer war nicht zu Hause, sondern beim Wegbau; hielt es also für sinnlos.
Heute bekam ich an ein paar Stellen Setzmilch, andre nennen sie Dickmilch. Man zeigte mir auch das Fettkraut *s. Pinguicula* mit seiner gar zu wunderlichen Blüte. Hat man sie einmal bekommen, wird sie das ganze Jahr gebraucht, ja, vom Winter zum Frühjahr hin wie Hefe getrocknet.
An den Herden wurden Kesselhalter gebraucht. Die Lappländer nehmen bloß einen Pfahl, rammen ihn schief in die Erde und hängen einen Kessel oder einen Fisch daran.
Die Felder sind herrlich, groß, eben, erdig, Lehm und Sanderde, geben reiche Ernten, wenn die Saat nicht erfriert, wie es voriges Jahr geschehen. *Hinc* wird heuer so viel Kiefernrindenbrot gegessen, Missnewurzeln werden selten gebraucht, da sie allzu bitter schmecken. Flachs wird selten oder nie ausgesät. Am Abend ging ich von der Poststation Bureå hinunter an den Meeresstrand, um zu sehen, was die Natur dort triebe. Ich fand nahe beim Meer in den Wasserbächen unzählbare kleine *ovatae Notonectae, magnitudine lentium.*
Item kleine *Hydrocantharus minimus, ovatus, caesius, nebulosus:* Man erkennt sie an *osse ventrali, obtuso bifido.*
Am Strande hüpfen unzählige *Orsodachnae atrae, semicoleoptratae, alis destitutae.*
Item Ephemerae, die stets zwei Füße vorwärts setzen und drei *setas cauda obhiant;* ich machte einigen *vita brevissima adhuc brevior.*

Nicht weit vom Meer, an einer abgebrannten Rodung, fand ich *Rubus folio fragariae, petalis laciniatis,* recht schön und artig anzusehen.
Dies 14. regnete es viel während der Nacht, auch am folgenden Tag.
Die Äcker bestehen hierzulande teils aus Humus, teils Lehm, teils Sand, bisweilen *mixta,* geben jedoch im allgemeinen Ernten bei jeder Witterung, außer bei Frost, welcher den Ruin der Leute bedeutet.

Die Wälder herrlich, aus Föhren, Tannen und einem Überfluß von Birken, weshalb auch kein Ort in Schweden angenehmer im Sommer zu durchreisen ist. Ihr meistes Geld machen die Einwohner mit Brettern, für sechzehn Stüber Silbermünze das Dutzend, sowie mit Teer, sechs Taler Kupfermünze die Tonne.

Ich wünschte, daß diejenigen, welche abstreiten, daß bestimmte Pflanzen in bestimmten Ländern wachsen, mir den Grund angeben wollten, weshalb hier in solchem Überfluß Birke, *Salix, Rubus fragariae, Chamaemorus* und *Campanula serpyllifolia* wachsen.

Item weshalb *Ranunculus* hier in solcher Menge wächst, davon die ganzen Wiesen gelb sind, wunderschön anzusehen.

Als ich zur Poststation von Sunnanån kam, sah ich auf der andren Seite eines großen Flusses, über den ich mit der Fähre setzte, bei der Skelleftekirche eine Menge Häuser, gleichsam eine kleine hübsche Stadt, mit weißen Schornsteinen, längs zwei Hauptstraßen mit Quergassen gebaut, aus 350 à 400 Häusern bestehend. Man antwortete mir, daß jeder Bauer im Kirchspiel ein Haus hätte, darin er zu den Feiertagen sich aufhielte.

Etwas weiter entdeckte ich, daß auf einem niedrigen Berg gleich an der Landstraße alles mit Tannenreisern bedeckt war; als ich diese hochhob, war der Berg abgebrannt und darin gegraben worden; vielleicht, daß jemand geglaubt hat, hier Erz zu finden, wofür ich jedoch nicht die Spur eines Anzeichens sehen konnte. Ich nahm ein paar Steine mit und verwahrte sie.

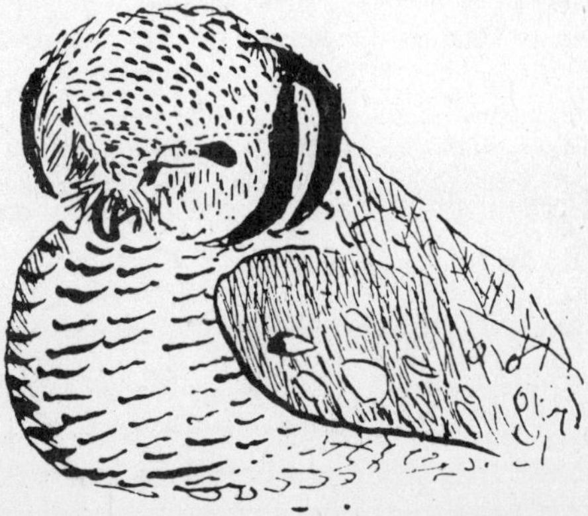

Als ich über die zweite Poststation hinaus war und auf halbem Wege zwischen dieser und der dritten über einen Fluß gesetzt war, zeigte sich eine Eule, die immer vor mir auf und ab flog. Ich griff mittlerweile zu meiner Büchse und wagte ein Viertel nach zwölf Uhr — die Nacht war nicht im mindesten dunkel — einen freihändigen Schuß, fehlte nicht, obgleich das Pferd in vollem Trab war, traf aber so, daß eine Seite vollkommen zerschossen wurde, und ich konnte den Vogel nicht ausstopfen.

Da ich eben anhalte, um es zu beschreiben, kommt eine andre Kreatur aus der selbigen *Noctua* herausgekrochen, welches ein Insekt war, *Scarabeolus oblongus, coeruleo et nigro mixto coloratus, ventre albo; Scarabeolus erat ex antennis.* Der ganze Körper war schwarz mit Blau vermengt. Die Brust und der Bauch allein waren weiß; berührt, hielt es still wie ein Falter.

Oniscus aquaticus war im Wasser zu sehen.

Der Probst in Skellefte erzählte mir, daß ein Lappländer beim letztvergangenen Gerichtstag seinen Nachbarn angeklagt hätte, daß dieser doppelt soviel Land hätte als er, jedoch dieselbe Steuer bezahle, worauf der Beklagte mit der doppelten Steuer belegt wurde. Er gibt aber aus Ärger eine Silbererzader an, wodurch er gemäß kgl. Verordnung von aller Steuer frei wird, geht darauf zu seinem Widerpart und hält ihm vor: „Ja, siehst du, jetzt bin ich steuerfrei, du aber nicht!"

Dies 15. Heut zeigte sich nichts Besondres. Das Meer kam hie und da längs des Weges an mich heran, brach an den steinigen Felsen seine schwermütigen Wogen, fraß auch an andren Stellen fortwährend an den Holmen, sie auf diese Art mit der Zeit vom Land trennend, teilweise auch den sandigen Strand mit Schlick düngend. Das Wetter war angenehm.

In einem Moor fand ich eine Abart (*forte*) von *Oxycoccus*, recht anmutig, welche bloß *foliis tenuissimis, floribus et baccis minoribus* differiert; die andre wuchs *mixtum*, hatte aber allezeit ihre besondre Proportion und erreichte niemals *magnitudine antecedentis;* wuchs hinter *Pinguicula rotundifolia et oblongifolia.*

Vaccinia nigra war da, einmal mit roten (*vulgariter*) Blüten, einmal mit weißlichen Blüten, *sed rarius* gelben. Im Sumpf wuchs hier *Gale*, was ich in Västerbotten noch nicht gesehen.
Als es Abend wurde, kurz bevor die Sonne unterging, geriet ich in eine gewaltig große Menge von Mücken, es war zum Verwundern. Es schien, als erfüllten sie alle Luft, besonders über feuchten Wiesen, fuhren einem in Mund, Augen und Nase, denn sie wichen nicht von ihrem Wege ab. Sie waren zwar nicht bösartig, da sie nicht stachen, aber ihrer waren so viele, daß man nicht atmen konnte. Ich langte in die Luft und kriegte Myriaden mit meiner Hand zu fassen, sie kamen alle um, waren aber so klein, daß ich sie nicht beschreiben konnte. Man nennt sie hier *knort*.
Da nun die Sonne hinter einem Wölkchen unterging, kam ich in der alten Stadt Piteå an. Ich fuhr zuerst mit der Fähre über einen breiten Fluß, bei der Landungsstelle war ein Galgen, zwei Finnen waren aufs Rad geflochten, ihre Körper waren ganz, der Kopf fehlte. Sie hatten reisende Leute in der Absicht, ihnen das Geld zu nehmen, ermordet. Ein Lappländer gerädert und gevierteilt, weil er eine Blutsverwandte beschlafen.
Ich hatte sogleich nach meiner Ankunft ein Zimmer bekommen und mich eben hingelegt, als ich an der Wand ein Licht erblickte. Ich fürchtete einen Brand, sah aber gleich darauf durchs Fenster, wie die Sonne ganz rot aufging, was ich noch längst nicht erwartet hatte. Der Hahn begann zu krähen und die Vögel zu singen. Allein der Sommer wollte nicht kommen.
Dies 16. Am Morgen ging ich nordwärts, um eine Quelle zu examinieren, die Sauerbrunnen enthalten soll und die eine halbe Viertelmeile von der alten Stadt liegt. Sie dünkte mich eine simple Kaltquelle zu sein, denn weder Geschmack noch Ocker oder Belag zeigte sich auf ihr.
Der Weg lief über einen steilen Berg, Bredviksberg genannt. Auf den stieg ich mit Mühe hinauf und fand schließlich oben in den Felsspalten Raben- und Krähenflügel, Hasenläufe etc. Ich sagte zu meinem Begleiter: „Schau, da hat ein Uhu sein Nest gehabt." Da ich ein wenig höher bis zur nächsten Spalte gegangen war, sieh da, ich fand Uhus in einer Grotte, die Augen glosten wie Feuer und ihre *irides* hatten *lumen in se, sine alio, veluti ac lignum putridum, pisces et lampyris.* Groß waren sie wie Gänse, ich wagte mich gar nicht mit den Händen an

diese Uhujungen heran. Ich stocherte mit einer Stange hin und merkte erst da, daß es fast flügge Jungen waren, wenn sie auch noch nicht fliegen konnten.

Dies 17. Obgleich man fleißig umherging, war nichts Sonderliches zu observieren da, außer daß überall auf dem Gras etwas Speichelähnliches haftete, welches im Volksmunde Krötenspucke genannt wird, die, wenn man sie fortwischt, ein kleines Insekt freigibt, hautfarbig, einer kleinen Heuschrecke gleich, aber noch nicht ausgewachsen, wohl aber mit den klaren Anzeichen, eine solche zu werden, obschon sie noch keine Kapriolen gelernt hat. Ich strich von dieser besagten Flüssigkeit ab und ließ das Kreatürchen sitzen. Eine Weile nachher, da ich wieder zurückkam, saß abermals ein gleicher aufgeblasener Geifer darüber, ein Zeichen, daß dieser Geifer von dem Insekt aufgeblasen wird und es sich damit vor der starken Sonnenwärme schützt, anders ihm seine zarte Haut nur zu bald vertrocknen würde.

Ein wenig darauf kam ein ganzer Haufen Rindvieh angesprungen, ja, die magersten Kühe, denen man sonst keinen Schritt mehr zugetraut hätte, sprangen hier wie Hirsche im Feld. *Hic pauper cornua sumit.* Mit aufgehobenem Schwanz sprangen und galoppierten sie, und da sie endlich an eine Pfütze kamen, blieben sie stehen, und es schien ihnen, hier ein freies *asylum contra hostem* zu haben. Ich eilte mich zu sehen, was sie gar so sehr angetrieben hatte, denn weder Peitschenschläge noch selbst der Tod hätten sie so antreiben können. Ich fand heraus, daß es dasselbe war, welches ich bereits weiter

unten im Lande beobachtet, nämlich *Oestrum.* Unsre *historici naturales* bringen *Oestrum* mit *Tabanum* vollkommen durcheinander, wo diese doch so verschieden sind wie der Bär vom Hasen. Von Bremsen werden sie wohl sehr beunruhigt, wie auch von den schwereren Fliegen aber vor *Oestro* laufen sie wie vorm Teufel. *Oestrum* setzen sich nicht auf den Leib, sondern zwischen die größeren und kleineren Klauen, denn dieses Insekt fliegt niemals mehr als zwei à drei Spannen über dem Erdboden, doch meistens nur eine halbe. Die Rinder springen so lange, bis sie an ein Wasser kommen oder einen Sumpf; da sie die Füße hineinstecken, sind sie befreit. Das Insekt ist ein *Ichneumon*, hat das Aussehen von einem *Crabro*; im Hinterteil einen Stachel, welcher gerade heraussteht, ist gelblich.

Dies 18. Sonntag.

Man rief mich zu einer Bauerntochter, eineinhalb Jahre alt, die blind war, man fragte mich, ob es Star sei. Ich untersuchte das Auge, fand es vollkommen klar wie ein ordentliches, wohlgeratenes Auge und würde eher auf *gutta serena* geschlossen haben. Aber ich fand heraus, daß es auch das nicht war, denn das Kind liebte es, im Licht am Fenster zu stehen. Ich beobachtete, daß die Augen seltsame *motus convulsivos* hatten, und wenn man das Kind ansprach und es einen sehen wollte, wendete es die Augäpfel so hoch, daß man nur mehr das Weiße sah. Es war so geboren worden. Ich frug die Mutter, ob sie jemanden während ihrer Schwangerschaft gesehen, der seine Augen auf ebensolche Weise verdreht hätte. Ja, sagte sie, ich sah meine Mutter oder Schwiegermutter, als sie am Sterben war, ich lief nicht davon, sondern blieb bei ihr, bis ihr Todeskampf vorüber war. *Hinc illae lacrymae.* Ich stelle mir vor, daß das Kind nicht blind war, sondern daß *focus* so sehr in *bulbo oculi* seitlich lag, weshalb das Auge auch nicht sehen konnte, denn es war, *quemadmodum videmus* bei Schieläugigen, *secundum metam radiorum* gestellt. *Status naturalis* des Auges *in hocce subiecto* war also unter dem oberen Augenlid, maßen das Kind mit dem halben Auge sehen konnte, weil die halbe Pupille unter dem Augenlid hervorkam, wenn es hochgezogen wurde. *Quaeritur quae cura?* Wenn besonders geschliffene Gläser nichts helfen, weiß ich mir keine. Ich riet auch, die Wiege mit den Füßen wider das Tageslicht zu stellen, damit das Kind gezwungen sei, das liebe Licht entgegenzunehmen, grade nun, wo alles noch zu biegen war, wie auch Bartolin auf solche Weise Schielende kuriert hat.

Nach dem großen Regen und dem Donnerwetter, das sich gegen vier Uhr nachmittags besänftigte, reiste man nach der neuen Stadt Piteå, wo ich einige Gärten besah, da ich wissen wollte, welche Gewächse diesen unerträglichen Winter er-

trügen. Fand *Poterium, Balsamita,* einige kleine *Quercos,* die man im Vorjahr von *seminibus* gesetzt. Die meisten davon waren erfroren, ein paar spitzten mit einem Sprößling aus der Erde, gediehen aber nicht weiter.
Dies 19. begab ich mich ganz früh aufs Meer hinaus, um im Schärengarten nachzusehen, was sich dort für rare Gewächse zeigen würden. Eine Meile hinaus war das Wasser süß, denn die vielen Ströme, die hier allerorts aus dem Lande einmünden, verdünnen mit ihrem insipiden Gebirgswasser das salzige Wasser.
Keine besonderen Pflanzen zeigten sich, obgleich ich gewissenhaft nach welchen suchte. Am Strand, wo das Wasser im Winter oft zehn à zwanzig Faden steigt, zeigte sich jetzt ein weißer Erlenwald auf einer dünnen Schicht toter Pflanzenreste, aus der *Trientalis* und *Mesomora* wuchsen, wodurch die Ufer ganz weiß von Blüten dalagen.
Hier wurde viel von Bergen und Trollen erzählt, *exempli gratia* dem Schweinsberg zwischen der neuen und der alten Stadt. Von Seen, Fischplätzen, wo man nichts erwischt, es sei, man kommt ahnungslos hin, von Hexerei, wie man's macht, daß der Dieb nicht mehr kommt etc. Waren lauter Lügen, was teils an den Geschichten selbst, teils an der Erzählweise zu erkennen war.
An Fischen gab's: Karauschen, Groppen, Brassen *(aspi kurovpek, Lap. Piteå), Solken, Stemma, Isarv, Hornstaggare (aculeatus 3 cusp. dictus), Laxukel (truttae sp.)*
Auf der Insel Langön, drei Viertelmeilen Wegs von Piteå Altstadt, fand ich unter einer Fichte *Corallorhiza* in voller Blüte, hatte sie noch nie zuvor observiert, sie ist ganz selten, ja, findet man eine, findet man die zweite nicht.
Dies 20. Heute bekam ich zwei Arten *antea non descriptos pisces.*
Dies 21. Reiste ich von Piteå Altstadt fort und kam am Abend nach Luleå Neustadt.
Die Heiden lagen nun von *Linagrostis spica erecta* und *spicis dependentibus* ganz weiß vor mir.
Das Moor weiß von *Ledum; Chamaemorus* begann zu verschwinden.
Die Wälder weiß von *Trientalis* und *Mesomora,* welche aber jetzt abzunehmen begannen; *Myrtillus,* Preiselbeeren, Rauschbeeren, Blaubeeren, *Melampyrum* und *Geranium.*.

Die Wiesen ganz gelb von *Ranunculus erectus.*
Die Felder gelb von *Brassica campestris;* war dortselbst auch Ackerkohl, der sich anschickt, hervorzukommen, wenn jene verblüht sind.
Die Wasserläufe voll weißer *Menyanthes.*
Linagrostis und *Salices* fingen nun an, ihre Flugsamen auszuschicken.

Praefectura Lulensis

Unten am Strand bei der Fähre von Gäddevik liegt zur rechten Hand ein starker Springquell, welchen sie Kaltquelle nennen, mit einer starken Strömung voller Ocker. Derselbige liegt in ansehnlicher Quantität ringsumher, mit Silberhaut; schmeckt sauerbrunnenartig, ziemlich lind jedoch, sprudelt, liegt achtzehn Ellen vom Fluß ab, friert winters nicht ein, erst wenn er zum Fluß kommt. Kein hoher Hügel liegt davor, sondern eine ordentliche *convexitas,* solche ist von *superficie fluvii in perpendiculo* ungefähr zwei Ellen hoch.
Apertura ist gegen Nordost gerichtet, liegt im Osten, die Leute waschen darin.
Sonst sah ich allerorten an der Landstraße, wo die Leute Brücken gebaut, wie dünn der Mutterboden war, Schotter und Heidesand eine Spanne, *communiter in humidis, in siccis longe majus,* Lehm *saepe* zwei Ellen, *iterum* Schotter zwischen dem dunklen Heidesand und dem Lehm, sowohl hier als auch dort, wo der Lehm aufhörte. Besonders aus dieser Lehmschicht floß ein Wasser aus, welches Schlamm absetzte; sollte es Ocker sein?
Dies 22. Bei der neuen Stadt Piteå fand ich *Viola aquatica, rotundifolia, flore prorsus niveo.*
Chamaecyparissus wächst hier genug, man färbt Wolle damit, sie kochen es mit Birkenblättern zusammen, welche um die Mittsommerzeit gepflückt werden, und färben damit groben Wollstoff.
Am Strand bei Alt-Luleå wuchs *Ranunculus minimus parisiensis.*
Neu-Luleå ist eine ziemlich kleine Stadt, liegt innerhalb einer Bucht und ist eine *peninsula*: das Erdreich ist ganz steril, die Stadt erhebt sich auf einer kleinen *convexité* aus Geröll, auf-

gefüllt mit Sand und verrottetem Zeug, dadurch scheint es, als ob das Meer alle fruchtbare Erde fortgefressen und gleich einem Raubtier nur die Knochen übriggelassen hätte, *id est* die Steine, um nachher Sand darüber zu streuen, auf daß es niemand sehen möge.
Ich verließ Neu-Luleå, weil es hier nichts zu profitieren gab, um elf Uhr und kam bald nach Alt-Luleå, eine halbe Meile Seewegs, denn in der Stadt hatte es keine Pferde gegeben.
Hier fand ich ein wunderliches Gras, welches in Småland Kaffeebart, *id est Barba senum,* genannt wird.

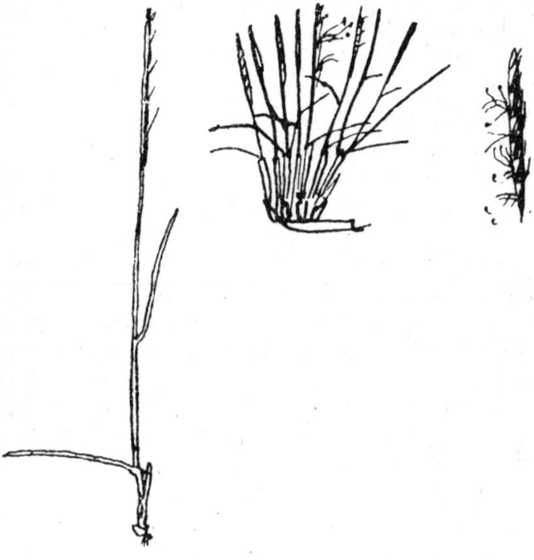

An all diesem Gras, den Wäldern, Mooren und Äckern, Wiesen, Kräutern, Seen etc., die ich hier sah, bemerkte ich eine große Ähnlichkeit mit Småland und fand auch sehr viele Pflanzen, welche weder in Uppland, Södermanland, Östergötland noch Schonen wachsen, sondern nur noch in Småland etc.
Ich ging auf einer Wiese zu einem Sumpfsee hinunter. Ich hörte, wie es schmatzte und bubbelte, wie wenn das Wasser gekocht hätte, denn hier und dort lag der Schlamm bloß, das Wasser war weggetrocknet. Ich bemerkte, daß fast der ganze

Boden voller Schnecken war, die ein solches Schmatzen verursachten. Auf andren solchen Stellen sah ich ein gleiches, wieder auf andren überhaupt keine, aber da ich ein wenig im Schlamm stocherte, fand ich ihn ebenfalls voll Schnecken, sie graben sich tiefer, sobald das Wasser oben forttrocknet, *hinc est quod ad millena, in locis antea siccis, ut accesserint aquae, reperias, de quo antea saepius dubitavi.*

Unter diesen zogen *Svammerdamiae* wie Sonnenstäubchen umher, aber ich beobachtete eine, *corpore magnitudine lentis globoso,* welche ich vorher nie gesehen. Sie war *flavescens.* Im Gras sah man unzählbare Tausende von kleinsten Mücken, die Männchen hatten behaarte Fühler.

Im Wasser lagen unzählige kleine just ausgeschlüpfte Fischchen, waren *pellucide,* hatten ganz große Augen, so daß ich mit Verwunderung ausrufen mußte: *Die ganze Welt ist voll Deiner Ehre!*

Ich nahm nun allerorten *Stellaria minima* wahr, welche von den *botanicis* für rar gehalten wird, und kam darauf, daß diese nicht irgendeine vom Schöpfer erfundene Species sei, sondern eine durch die Kultur verdrehte Species der Natur. Wir wissen, daß die gewöhnliche *Stellaria* allezeit im Wasser ist und in der Strömung treibt, *Minima numquam crescit ubi aquae; sed ubi aquae periere per tempus calidum;* nun kann sie nicht *erecta* wachsen, vielmehr muß sie kriechen und wegen *frustrato alimento* klein bleiben. Der, welcher solches bezweifeln sollte, setze sie in einen Bach, darin ständig Wasser fließt, oder die größere dorthin, wo das Wasser wegzutrocknen beginnt, *et erit confirmatus.*

Dies 23. ging ich zur Kirche von Alt-Luleå hinauf. Neben der Türe wurde mir ein Loch gezeigt, das der alte Mönchsorden in die Steinmauer hatte machen lassen, *diameter* und *perpendiculus* waren gleich tief, doch ganz rund und *finis ovaliter obtusus;* das war ein Beweis, daß man im Domkapitel *a mulieribus despectorum* nach der *glans penis* richtet. In der Kirche wurde mir ein kostbares Altarbild gezeigt, alte Märtyrerplastiken, alle mit einem Loch im Kopf, durch welches man, wie man mir sagte, ehedem Wasser goß, damit aus den Augen Tränen kämen.

Um die Morgenzeit ging ich aus der Stadt, wandte mich nordwärts, eine Viertelmeile, um einen Brunnen zu besehen, den der Probst und einige andre gebrauchten. Der Probst, welcher *artriticus* war, hatte durch ihn einige Steine verloren. Der Brunnen lag an einem moosigen und sumpfigen Orte, kam jedoch aus Sand, das Wasser war klar, sprudelte im Glase, zeigte, wider die Sonne gehalten, eine Sauerbrunnen*iris*, schmeckte etwas nach Vitriol, trank sich leicht; wenn es schwappte, roch es nach Schießpulver, *solutio gallarum* wurde davon rötlich, fleckte jedoch weißes Papier nicht. Blaues Papier veränderte es nicht, Ocker nicht viel darin, Silberhaut gab es. Das Wetter war heute, gestern, vorgestern, ja, schon seit *dies* 18 sonnig, warm und zumeist windstill gewesen, die Wiesen erfreuten sich eines schönen und herrlichen Prospektes, und alles war Aug und Gesundheit günstig. Wenn hier der Sommer gleich kürzer ist als in andren Ländern, so muß ich doch gestehen, daß er hier angenehmer als sonstwo ist. Niemals habe ich meine Tage gesünder zugebracht als hier.

Dies 24. Mittsommertag. *Amoenitas aestivalis et vernalis* des Landes, *quae si quod reliquis omnibus praeferenda, aere, aqua, herbis, color., cantu adoratorum etc. sexcenta alia.*

Am Morgen ging ich botanisieren, aber außer *Arisarium riv.* und *Corallorhiza* kam mir nichts Interessantes unter.

Hier wurde mir von einer Viehkrankheit berichtet, die in dieser Gegend schwer wütet und solcherart ist, daß, wenn die Rinder *adhuc sanguine suo calentes* abgehäutet worden sind und dabei ein Tropfen Blut auf die Haut derjenigen, die sie abgehäutet, gekommen ist, diese dort schwarz geworden ist, zerätzt und wie von Brand angegriffen. Manchen sind die ganzen Hände aufgeschwollen und rissig geworden, ja selbst das Gesicht bei einem, dem Blut darauf kam; ja, viele sind davon gestorben, so daß keiner sich traut, die Tiere abzuhäuten, sondern sie sogleich vergräbt. *Praeservatio* pflegt man sie einmal am Tage zu baden, wodurch sie, so sagte man, befreit würden.

Man erzählte mir, daß in Torneå die Rinder im Sommer zu zwei, drei Hunderten eingehen, welche auf einer Sumpfwiese weiden, *quaeritur an causa Cicutaria?* Das Heideland düngt man mit Sumpferde, lehmiges mit Sand.

Hier bekam ich Silbererz aus Nasafjäll und das seltsame Eisenerz aus der lulensischen Lappmark, Greisensilber genannt, bislang noch nicht geschürft, ehedem ein wenig abgebaut, jetzt wieder gefördert, gibt sechzig Prozent, eine Meile von Jokkmokk, heißt Rutivari.

Item bleiartige *mica* aus dem Kirchspiel Piteå, welche die Finger schwärzt. Das Wetter war behaglich, was nach der alten Bauernregel eine gute Ernte bedeutet.
Dies 25. Sonntag. Nach beendetem Gottesdienst reiste ich nach der lulensischen Lappmark ab. Der Lulestrom.
Der Lachs, sagte man, sei im Winter in der westlichen See und steige jedes Frühjahr *gradatim* aufwärts, um hier oben zu laichen, er beginnt frühestens Mitte Mai an der Mündung und ist hier um Mittsommer etc. In ihnen gefundene Angelhaken wurden mir, wie auch schon an der Westseite, gezeigt.
Hier gab es *Subularia, Melampyrum novum, Pedicularis alba* in Synnerby. Rentierflechte in den Mooren, pulverisiert für wundgelegene Kinder.
Aus einer Sandbank am Lulestrom holte ich einen losen Sandstein mit Eisengehalt, drei Prozent.
Dies 26. *Gramen paleac., Tetrahit,* Dån. Westbottnia; *Geranium flore pallide albo ad* Bredåcker; *Conyza, Millefol. purp., Cirsium.*
Die Lappländer kochen ihr Essen stets gut, traktieren mit Schmalz, welches mit dem Löffel gegessen wird, melken ihre Renkühe zweimal am Tag, gibt jede *pro dosi* nicht mehr als eine halbe Achtelkanne, höchstens ein viertel Maß.
Die Lappländer gerben mit Birkenrinde. *Nota bene:* kaufen die Häute vom Bauern und gerben sie selbst. Dieses Leder wird viel besser als das der Bauern und auch weicher, aber der Bauer ist nicht von seiner alten Gewohnheit abzubringen.
Iuxta oras fluvii variae species Salicis e descriptis crescebant und zierten den Fluß recht hübsch, die Wälder waren aus Kiefer und Birke, doch hier wohl weniger als in Umeå-Lappmark, gemischt, insbesonders in den Niederungen.
Blätter der Bärentraube verwendet der Färber zum Beizen, wodurch auch eine Menge Alaun gespart wird, von dem man in Stockholm jährlich viele Fässer verkauft.
Lappones et Wbotni fructum immaturum alni 10 à 12, dosis variat pro aetate, coquunt et eo infantes laxant et purgant.
Von Füchsen gibt es hier in der Lappmark unterschiedliche Arten, je nördlicher, desto besser:
1. *Schwarze,* die teuersten. Sechzig à zweihundert Taler Kupfermünze pro Stück, ist das *capillitium* für den Reichsrat in Rußland, und aus schwarzem Fuchs haben alle Räte dort Mützen.

2. *Brandfüchse,* grau an den Läufen, werden bis zu sechzig Taler verkauft.
3. *Kreuzfüchse,* drei à vier Kupferblechmünzen, schwarz an den Lenden und Schultern und am Rückgrat.
4. *Blaue Füchse,* sechs à zehn Taler.
5. *Rote Füchse,* gelb von Farbe.
6. *Polarfüchse,* drei Taler.

Die Beißgnitze ist eine kleine Mücke, weitaus kleiner als alle andren Mücken, groß wie ein großer Floh, weißgrau *sive nebulosa.* Beißt grausam, worauf ein schwarzer Fleck zurückbleibt, groß wie ein großer Flohbiß.

Zwischen Svartlå und Harads sah ich wieder das von *P. Rudbeckio* entdeckte *Sceptrum Carol.,* welches in trockner Erde wuchs, aber noch nicht geblüht hatte.

Dies 27. Bei Harads gab's schöne Tonerde, blau, ziemlich feuerfest. *Item,* nicht weit davon ab, Eisenerz, rar. Im Acker waren *Echioides et Equisetum tenuissimum in sylvis.*

Bei Laxeden gab's *Acetosa folio in medio deliquium patiente* am Strande, ohne Blüte.

Auf der anderen Seite des Flusses war eine Kiefer, in die man den jährlichen Höchststand der Flut eingezeichnet hatte. Diese Flut nimmt von Jahr zu Jahr ab, *anno* 1669 stieg sie 8 *pedes in perpendiculo* höher als heute, seit 1667 einen *pes* mehr, hat somit ständig abgenommen.

Nicht unfern von hier ein Sauerbrunnen, welcher unter allen, so ich bis jetzt gesehn, die größte Quantität an Ocker führt, war dem Geschmack nach sehr *adstringent,* einige hatten ihn mit etwas Effekt getrunken.

Am Strande war *Pinguicula,* überall *Juncus bombycinus, minimus.*

An die Ufer war ein schwarzer Sand angespült, der Eisen enthielt.

Der Frauenzimmer *vagina uteri* wird durch *pinguetudine* nicht *amplior,* vielmehr *angustior,* und je magerer, desto größer *vagina.*

Wer befürchtet, daß seine Kinder durch fahrlässig entstandenen Brand Male davontragen würden etc., pflegt, wenn *umbilicus* durchgeschnitten wird, dem Kinde einige Tropfen von dessen Blut ins Gesicht, auf die Hände und die Brust zu streichen, dann entsteht solches nicht.

Ein *specificum* wider die *gryllos domesticos,* wurde mir gesagt, seien Mohrrüben, gerieben und mit *arsenico* gemischt, diese fressen sie gerne und sterben alle.

Dies 28. Nachts lagen wir ein wenig in Stumne, dorthin waren wir zum größeren Teil *per* Boot avanciert.

Gegen Morgen kamen wir mit dem Boot bis Storbacken, eine und eine halbe Meile, von dort sind es fünf Meilen zu Fuß nach Jokkmokk, wir gingen heute diesen Weg aber bloß bis nach Pajarim, wo wir die Nacht über in einer Rauchhütte lagen, die war mit einem Loch im Dach gebaut.

Ich fand hier *Barbaraeam*, aber seine *folia inferiora* waren nicht so *lata*, auch nicht *aurita ut hortensis; alta 4 pedes in nemoribus.*

Hier standen an vielen Stellen krumme Föhren, ihre untere Seite wird stets hart, wie ein *Buxus*, daraus machen sie Schlittenaufbauten und Schlittenkufen, man nennt solches *lignum* fährt.

Lapponia Lulensis

In der Nähe von Storbacken, wo der kleine und der große Lulefluß zusammenkommen, befindet sich ein Markstein: die Grenze zwischen Lappmark und Västerbotten. *Dies* 29. Gemeinhin ist hier die Kiefer an der Nordseite ärmer an Ästen, *hinc a vulgo aquilo per Pinum dignoscitur.* Zimmerholz liegt hier in großer Fülle herum, jedoch völlig ungenützt. Aus selbigem, wie auch aus Vogelbeeren, bereiten sie einen Branntwein.

Etwa eine Meile von Pajarim gelangt man auf den Koskevari, einen ziemlich hohen Berg, von dem man, wenngleich auch aus großer Entfernung, den Schnee der umliegenden Gebirge sehen kann. Auf diesem hohen Berge wuchs *Myrtillus*, Preiselbeere, jedoch von der gewöhnlichen Art ganz abweichend, denn sie wuchs *duplo longiora,* vollkommen *erecta, non ramosa, contra ac alias.*

Auf manchen Bäumen wucherte *Usnea arborea,* welche die Lappländer gebrauchen, wenn sie wundgelaufen sind, also sie es zwischen *clunes* legen, *quod etiam dudum usu receptum sit apud milites.* Mit arger Mühsal erreichte ich Jokkmokk, welches die Mutterkirche der nördlichen Hütte ist. Auch der Pfarrer wohnt hier. *Calceis imponunt Lappones Caricem palust. maximam, sterilem (spicae ni fallor dependentes),* kämmen es mit einem Eisen- oder Hornkamm, damit es schön weich wird, zwischen den Händen. Später, getrocknet, legt man es in die Schuhe und schützt sich so, wenn man ohne Strümpfe läuft, gegen die starke Kälte.

Jokkmokk

Dies 30. Die geistlichen Herren, Herr Malming, welcher zugleich auch der Schulmeister ist, und Högling, der Kaplan, inkommodierten mich mit ihren starrsinnigen Pfaffengrillen. Ich konnte nicht umhin, mich über soviel Hochmut und Ehrgeiz, über soviel Starrsinn und banales Gerede höchlichst zu wundern, und es schien mir ganz unglaublich, daß in zwei Geistlichen, die doch als studierte Männer gelten sollten, eine derart sträfliche Dummheit stecken könne. Ach, einer, der zwölf Jahre *studiosus* gewesen, hätte seine Bücher wohl besser verstehen sollen! Nun wußte ich auch, weshalb solche Gesellen so weit von aller Zivilisation gelandet waren.
Der gelehrte Herr Kaplan begann alsdann seine *conversatio* mit scharfsinnigen Bemerkungen über die Wolken Lapplands und führte aufs trefflichste aus, wie besagte Wolken über die Gebirge hinzögen, alles lose Gestein und selbst das weidende Vieh mit sich tragend, ja sogar festverwurzelte Bäume. Ich wagte dagegen einzuwerfen, daß solche Gewaltakte eher dem starken Winde zuzuschreiben seien, aber keinesfalls den Wolken, die nie und nimmer Dinge entführen. Er lachte mich daraufhin aus, sagend, daß ich gewiß noch nie eine Wolke gesehen hätte (und ich sei ja auch nie in *alpibus* gewesen). „Doch", antwortete ich ihm, „wenn es neblig ist, denn dann bewege ich mich in den Wolken, und wenn der Nebel fällt, so regnet es auf meine Schuhe hernieder!" Auf diese Perlstickerei meinerseits lächelte er mit einem rechten *risu sardonico.* Viel weniger noch aber behagte ihm meine Erklärung *de bullis aquosis in aerem elevatis,* nämlich wie's möglich wäre, daß sich Wasserblasen in die Luft erheben. „Ha", rief er aus, „er weiß wohl nicht, daß Wolken feste Körper sind!" Da ich dies bestritt, stärkte er sich mit irgendeinem *dictum scripturae* und lachte meiner Einfalt. Daraufhin verstieg er sich gar so weit, mich belehren zu wollen, daß nach jedem Regen eine Art Schleim die Berge bedecke, dort wo die Wolken darübergezogen. Ich sagte ihm, dieser Schleim sei ein *vegetabilium* und

hieße *Nostoc*, worauf er mich, wie weiland Paulum, für toll und rasend erklärte; zuviel Studierens hätte mir den Kopf durcheinander gebracht. Auch spottete er über *philosophis naturalibus,* die glauben, alles mit ihrem Verstand erfassen zu können, wie Sturmius, der glaubte, man könnte mit *globis excavatis* fliegen. Statt dessen riet er mir, lieber verständigen Leuten Glauben zu schenken und nicht etwa, wenn ich wieder zu Hause angelangt sei, eine Disputation über solche Narrheiten zu verfassen, wie ich sie eben vorgetragen.

Der andere (*paedagogus*) reprehendierte mich mit dem Vorwurf, daß man sich heutigentags leider allzuviel auf säkulare Gaukeleien verlege und solchermaßen, Gott sei's geklagt, seine geistigen Güter verdürbe. Beide Herren wunderten sich sehr, wie es überhaupt möglich sei, daß die Kgl. Sozietät einen jungen *studiosus* ausschicken könne, als ob es nicht genug fähige Männer (sie selbst) im Lande gäbe, die diese Aufgabe gerne übernehmen würden. Aber *meo iudice asini certe ad lyras, si unquam proverbium quadrat!*

Die Anzahl der Schüler dieser Herren war um diese Zeit nicht mehr als vier. Die Kirche selbst ist ganz klein.

Einige, wenn sie Kopfschmerzen durch Rausch oder anderes haben, halten den Kopf nahe ans Feuer, bis er brummt, was meistens hilft, *alias* werden gemörserte Tannennadeln auf den Kopf gelegt.

Eine halbe Meile von der Kirche entfernt fand ich *Cirsium minus, Cacalia* ohne Blüte und *Botsko Lappis,* in Västerbotten *björnstut* genannt *s. Angel. tenuifol. Similis erat Angelica, umbella universalis nuda.* Der Lappe, der mich begleitete, nahm sich sogleich eine, schälte ihren Stengel, der noch keine Blüte trug, und aß sie, als wäre es die größte Delikatesse, wie eine Rübe auf. In der Tat, sie schmeckte auch recht gut, besonders der obere Teil, welcher am zartesten ist. Dieser Leckerbissen ist unter den Lappländern sehr begehrt.

Wir erreichten Purkijaur, eine kleine Insel, die an der nördlichen Seite von Fichten bewaldet ist, in West und Ost aber mit Birken bepflanzt, um auf diese Weise die Saat vor Schaden zu bewahren. Ein Ansiedler, der hier lebte, sagte mir, das Getreide litte niemals durch die Kälte, denn außer dem umliegenden Wald schwächt auch das Wasser den Frost ab. Die Lage dieser Insel ist günstig. Ich entdeckte in mehreren Buschgegenden *Sceptrum Carolinum* und *Pedicularis teuchrii folio, coma purpurea.*

Randijaur-See, eine Meile. Von ihm aus sahen wir nichts andres mehr als hohe Berge, stumpfkeglig und langgestreckt, deren Gipfel einer über den anderen hinwegsah, und auf dem entferntesten lag noch Schnee, wenngleich auch ein Frühlingsschnee, halb abgeschmolzen schon.

Dies 1. Julius. Purkijaur, der erste See, den ich nach Verlassen meines Nachtlagers erreichte, ist eine knappe Meile lang. An seinem jenseitigen Ufer ragt ein hoher, spitzer Berg, Archikoivi oder Tornberget, empor, auf dessen Gipfel die Lappländer früher um Rensegen opferten. Nun vom Blitz abgebrannt.

An der Westseite des Sees wohnt ein Lappländer, und von dort aus war es nicht ganz eine Viertelmeile Landwegs zum nächsten See, Skalk genannt, woselbst ich, da ich eben an einem Wasserfall vorüberkam, *Barbaraeam* und *Pedicularis* fand, beide schon erwähnt, sowie *Asphodelen* und den kleinen *Astragalus.*

Als ich mich auf dem See Skalk etwa eine Meile vor Kiomitis befand, öffneten sich im Nordwesten die Berge, durch welche man aus zehn à zwanzig Meilen Entfernung eine weiß schimmernde Gebirgskette gewahrte, die jedoch von der Stelle, an der ich stand, nicht mehr als eine Meile entfernt schien. Die Gipfel dieses Gebirges reichten bis in die Wolken, und wahrhaftig, das Ganze glich eher einer weißen Wolkenkette, die aus dem Horizont hochsteigt, denn einem Gebirge. Ja, mir kam bei diesem Anblick so recht das Frontispiz von Rudbecks „*Lapponia Illustrata*" in den Sinn, mit einem Wort: ich sah das Hochgebirge.

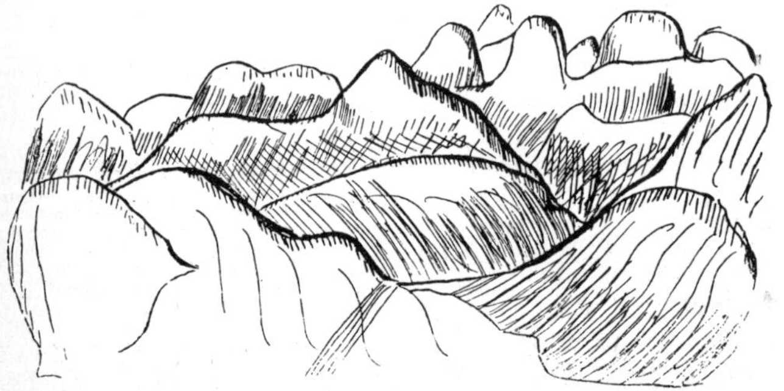

Abends langte ich in Kiomitis an und sah hier, auf dem Gipfel des hohen Berges Harrevarto, *solem inocciduum,* genau gegenüber dem Küsterhofe. Ich hielt dieses Schauspiel nicht für das kleinste Mirakel der Natur, und welcher Bewohner eines anderen Landes sollte nicht wünschen, solches zu sehen?
O Herr, wie wunderbar doch Deine Werke sind!

Dies 2. In Kiomitis blieb ich den ganzen Sonntag über und ruhte aus. Hier stand die Gerste ganz herrlich in den von Schneegebirgen umgebenen Tälern und war schon so hoch, daß sie an einigen Stellen von Wind und Regen zu Boden geknickt war. Die Gerste war, wie in Umeå auch, am 25. oder 26. Mai ausgesät worden.
Ich fand viel *Trifolium pratense, corona calyci breviori s. Aster folio non acri; fl. purpureo. NB auch idem flore albo.*
Item Euphrasia, ungefähr so groß wie die gemeine, aber die Blüten ganz verschieden, waren ziemlich klein, *ut Tetrahit flore majori et minori.*
Dies 3. Schon in aller Morgenfrühe reiste ich mit dem Regimentsquartiermeister, Herrn Joachim Kock, und dem Bergmeister, Herrn Seger Svanberg, eine halbe Meile weit nach Kiurivari, welches ein hoher Berg ist, wo man erst kürzlich begonnen hatte, eine Silbermine abzubauen. Auf dem Berge beobachtete ich eine Art *Uva ursi* mit schwarzen Früchten, und ich entsinne mich nicht, daß diese jemals durch einen Autor beschrieben wurde. Zuoberst auf diesem Berge standen Birken von sonderlich kleinem Wuchs. Ihre Stämme waren dick und

niedrig, und die obersten *rami* schienen dem scharfen Frost anheimgefallen zu sein, weshalb die jungen Blättlein auch aussahen, als sproßten sie aus Zweigen hervor, die in Meilern verbrannt worden sind. Man sagte mir, daß die Bäume jährlich nur ganz wenig Saft hochtreiben und ihr Holz deshalb bei weitem härter sei, als das der gewöhnlichen Birken. Auch die kleinen Bäume waren ziemlich alt, und je höher ich nach Norden kam, desto niedriger wurden sie.

In dieser Gegend schmieren die Leute ihre *kängor* oder Halbstiefel sowie das Zaumzeug mit Fischfett, andre kaufen Wichse aus Norwegen.

Dies 4. Die Molke, welche nach dem Käsemachen zurückbleibt, kocht man so lange, bis sie dick wird, mischt sie hierauf mit ein wenig Renmilchsahne und läßt sie in einem Renmagen trocknen. Schmeckt gut.

Den Schaum der kochenden Molke schöpft man ab und sammelt ihn ebenfalls in einem Renmagen. Das wird *kappa* genannt.

Die sogenannte *jumo melke* wird zubereitet, indem man ein halbes Quart Sauerampfer in ein wenig Wasser aufkocht, fleißig umrührt und mit Renmilch vermischt in einen Magen oder andre Gefäße abfüllt *et servetur ad usum l. statim edetur.*

Medicamenta Lapponum:

Moxa wird aus einem dünnen Schwamm, der auf Birken wächst, gewonnen. Man löst diesen stets von der Südseite des Baumes. Von diesem Schwamm legt man ein erbsgroßes Stück auf *locum dolentem*, entzündet es mit einem brennenden Birkenzweig und läßt es *sensim* verglosen. Dieser Vorgang wird bisweilen zwei- oder dreimal wiederholt. Man legt *moxa* immer dort auf, wo der Schmerz am heftigsten scheint. Dadurch entsteht eine Wunde, die oft an die sechs Monate nicht abheilt und auch nicht geheilt werden darf, sondern sich von selbst schließen muß. Dieses Mittel wird gegen alle Arten Schmerz gebraucht: Kopfweh, Zahnweh, Stechen, Magenweh, Rheuma etc. *Medicina universalis Lapponum, hinc ipsis* kleiner *medicus.*

Kattie ist eine Art Zugpflaster und wird auf folgende Weise hergestellt: feine, lockere Birkenrinde verbrennt man, legt sie darauf in Wasser, kaut sie hernach und mischt diese Masse mit frischem Tannenharz. Diese Mischung wird so lange durchgeknetet, bis ein elastisches schwarzes Pflaster entsteht. Das ist ein recht ordentliches Mittel gegen unreife Geschwüre etc.,

denn es öffnet sie unter kurzem und macht sie ohne Schmerz weich.
Unguentum ad ulcera ex igne: Brandsalbe macht man so: süße Sahne wird bis zum Dickwerden gekocht und auf die Wunde gestrichen. Das nimmt jeden Schmerz und heilt vortrefflich.
Adeps caninus, Hundefett, wird gerne gegen Kreuzschmerzen gebraucht.
Gegen Zahnweh *moxa Lapponum.*
Das einzige Bartmesser der Lappländer ist die Schere. Das Haar schneidet man nie, doch macht man es von Zeit zu Zeit an den Enden etwas gleich. Keine Wäscherinnen.
Bibergeil *est ipsis panacea, item* Bärengalle.
Dies 5. Wir setzten unsren Weg nach der Eisenhütte fort und kamen zuerst an einem jener sumpfigen Orte vorbei, welche die Lappländer *murki* nennen, und sah dortselbst eine Fülle von *Thalictrum minimum.*
Sceptrum Carolinum und das fahle *Aconitum luridum* blühten am Strand. Kurz hernach wurde ein ovaler, ziemlich hoher Berg sichtbar, lag zur Rechten und hieß Kasavari. Er ist aus einer Art schwarzem Schiefergestein, das von gediegenem Alaun überdeckt wird, *vide* Bromel.
Dem vorgenannten Berg ganz nahe befindet sich ein zweiter, Tarevari, der sich dadurch auszeichnet, daß von seiner höchsten Spitze zwei kleine Flüsse herabstürzen.
Kappa-tialmas oder *kappi,* ein Gericht bei den Lappen. Wenn die Renmilch, aus der Käse werden soll, warm wird, bevor man das Lab zusetzt, bildet sich auf ihr eine *epidermis,* welche abgeschäumt oder mit dem Löffel heruntergenommen, in eine Renblase oder einen Blättermagen getan, an der Wand getrocknet und so gegessen wird. Es schmeckt ihnen delikat, oft werden Beeren hineingemischt.
Zu Brei gerührte und mit Renmilch gemischte Moltebeeren ergeben bei ihnen ein Gericht, das gut schmeckt. Renmilch gibt doppelt soviel, wenn nicht mehr Käse als alle andere. Butter macht man selten, und nicht von der Sahne, die sich nicht besonders stark absetzt, sondern aus der Milch selbst, in einer Schüssel geschlagen; sie wird weiß.
Talglicht verwenden die Lappen nicht, aber Rentalg könnte doch gut dazu gebraucht werden. Er ist weicher als anderer Talg. Die Lappen heben ihn in Blasen auf und verwenden ihn als Nahrung. Das Ren hat jedoch nicht viel Talg, nur soviel

wie ein Schaf. Es hat keinen Talg zwischen den Muskeln wie Ochsen und andere Rinder.

Das Hochgebirge

Dies 6. Am Nachmittag reiste ich von der Eisenhütte fort, von wo es eine Viertelmeile bis zum Berg Vallavari war, der wohl eine Viertelmeile hoch ist. Da ich ihm nun zur Seite kam, schien's mir, als sei ich in eine neue Welt geraten, und als ich hinaufstieg, wußte ich nicht, ob ich in Asien oder Afrika sei, denn alles, der Erdboden, die Lage und alle Pflanzen, war mir unbekannt. Nun war ich ins Hochgebirge gekommen. Überall rundum lagen schneebedeckte Berge, und ich selbst ging wie im stärksten Winter im Schnee; all die seltenen Pflanzen, die ich früher gesehen und an denen ich mich so erfreut hatte, fanden sich hier wie in Miniatur und in solchen Mengen, daß ich erschrak und mehr zu bekommen glaubte, als mir zu bewältigen möglich war.

Die hohen Berge, deren einer über den andren ragte, waren nicht steil abfallend, sondern mit Steinen überstreut. Alle Steine waren *fissiles, hinc facile distinguibiles.* Der Schnee, der auf den Bergen lag, gab ständig Wasser ab, uns Wanderer zu erquicken, ganz wie eine Quelle. Das Wasser war recht gut und grub sich wie ein Fluß durch den tiefen Schnee.

Die kleineren Bergschneehühner, *scolopacino colore, alis albis,* hatten gerade Junge. Ich nahm eines in die Hand, die Mutter lief auf mich zu, sprang ständig um mich, ich hätte sie hundertmal ohne viel Mühe töten können, tat's aber aus Rücksicht für die kleinen, in ihrem geringen Alter schutzlosen Jungen nicht, und ich bedachte auch das Mutterherz. Ich gab ihr wieder ihren kleinen Sohn.

Dies 7. Nachdem ich die Nacht hindurch vier à fünf Meilen gegangen war, legte ich mich gegen Morgen in eine kleine Hütte.

Die Leute, sechzehn Personen waren es, lagen nackend, wuschen sich nach abwärts streichend, doch nicht aufwärts, trockneten sich nicht ab, reinigten die Töpfe mit den Fingern, spritzten mit dem Mund Wasser auf die Löffel, schöpften damit ihre gekochte Renmilch, die dick war und mächtig wie Eiermilch.

Am Morgen kamen einige tausend Rentiere heran, wurden von den Männern und Frauenzimmern gemolken, welche sich dabei auf ein Knie stützten.
Ich öffnete einigen Renen die Beulen mit den nagenden Würmern darin. Hier sah ich *copiose muscas magnas, collare flavo, antea invisas, quae forte eaedem, quia cauda longa.*
Man gab mir *mesen* zu essen, *id est serum post caseum excoctum quod coagulatur ad instar zytogale.* Es wird sehr hart, schmeckte gut und deftig, aber die Art, wie man den Löffel gewaschen, verschlug mir den Appetit, denn der Hausvater nahm Wasser in den Mund und spritzte es darauf, scheuerte und trocknete mit dem Finger, ebenso tat es die Frau mit dem Topf, wobei sie nach jedem Wischer den Finger ableckte.
Ich kostete auch von der *jumo*, die mit Milch gemischt wird, aber sie schmeckte mir nicht.
Aves vidi Schneeammer *et Pluvialis, hutti lappis, copiose.* Steinschmetzer.
Hier schießen die Lappländer nicht so viel, haben selten eine Büchse, sondern liegen, wenn sie nicht gerade die Rentiere versorgen, in größter Ruhe, genießen bloß Milch *et ex hisce paratum.*
Die Frauenzimmer rauchten Tabak wie die Männer, alle rauchen, wenn sie zwölf à fünfzehn Jahre alt sind.
Überall fand ich *Cerastium flore maximo* und *Lycopodium echinat.*
Immer wenn ich meinen Wirten eine Elle Tabak gab, bekam ich dafür einen Käselaib. *Id est 6 pro 3.*
In den Bergen sah man *lapis nigricans, scissilis, aluminaris.* Der Schnee war wie ein zitterndes Wasser oder ein großes weißes Trinkgefäß, vom Wetter *excavatus.*
Alle Leute gingen hier in Lappenkitteln aus Pelz. Acht Pflanzen heute gefunden.
Allerorts im Erdboden waren Löcher von roten Mäusen gegraben. Lemminge.
Hasen gibt es im Gebirge, grau zur Sommerszeit.
Keine Pflanze, kein Baum ist über eine Elle hoch im Gebirge, in den Tälern knapp zwei à drei *pedes.*
Die Birken, welche außerdem selten sind, kriechen unterm Erdboden, hier und dort *apices* von Zweigen weisend, eine Viertelelle hoch, bisweilen wird auch ein schmächtiger *nodosus caulis* sichtbar, ebenfalls *depressus.*
Ganz spät in der Nacht suchten wir noch nach einem Lap-

penzelt, fanden aber keines. Im Moor sahen wir überall Renspuren, die uns jetzt dorthin, jetzt wieder dahin wiesen, ich marschierte, bis ich mich kaum mehr auf den Beinen halten konnte, und dachte schon vollkommen zu verschmachten, legte mich hin und wollte eher solcherart den kalten Sturm ausstehen als weiterlaufen. Endlich kam der Lappländer, der mich und den Knecht führte, durch Zufall auf ein wenig Rendung. Der Führer nahm ihn in die Hand, drückte daran herum und roch an ihm, gab ihn dem Knecht zu riechen und wollte sogar mich daran riechen lassen, zog daraus den Schluß, daß die Lappen verzogen wären (*id est* ihre Zelte verlegt), und ging den Spuren, die *sparsim* im Schnee waren, nach. Eine halbe Meile von dieser Stelle schließlich fanden wir den Lappländer, er war gestern umgezogen, nun konnte ich ausruhen.

Dies 9. Müde von der letzten Reise, blieb ich, wagte mich in meiner Erschöpfung nicht über das Eis. Auch war ein *dies sanctus.* Am Gletscherberg friert der See ein Klafter tief zu.

Im Herbst wüchsen genug *fungi* im Gebirge, sagte man mir.

Keine Art Fische im See außer Saiblingen.

Dieser Fisch findet sich in den Lappseen im Überfluß. Das Fleisch war rot, schmeckte gut. Man fing mit ein paar Netzwürfen fünfzig Stück. Mir und sich richteten die Lappen eine Mahlzeit an.

a) war frischer gekochter Saibling, den ich nicht gut essen konnte, denn er war nicht genug gesalzen.

b) der andre, ein ganzer Saibling, frisch, an einem Holzspieß über dem Feuer gebraten, wurde dick und *inflatus,* war nicht gesalzen, weshalb ich auch diesen nicht essen wollte.

c) der dritte war gesalzen, ein getrockneter Saibling, den ich mir ausbat. Schmeckte gut.

Sie tranken die Kochbrühe vom Fisch dazu, mit der ich aber ebenfalls nicht gemein werden mochte, war alles dennoch eine reich bemessene Mahlzeit *et certe laudandus, similia enim solvuntur a similibus.*

Die Rentiere oder *rhenones* waren unzählig, wurden morgens und abends heimgetrieben zum Melken. Ich sah, wie sie heimgetrieben werden sollten und nicht wollten, wie die Hunde sie dorthin bugsierten, wohin das Mädchen, das sie trieb, zeigte. Ich sah auch, da man sie wegbrachte (es war starker Ostwind), wie man sie herumtreiben mußte, denn dorthin, wohin sie wollten, wollte das Mädchen nicht, und wo das Mädchen hinwollte, wollten die Rentiere nicht. Die Rentiere liefen zurück, rundherum, wieder vorwärts, der Hund umsprang sie hurtig. Es wurde mir gesagt, daß das Ren stets wider den Wind will, und wenn es nicht darf, so springt es in einem fort, sehr schnell, und glaubt sich so Kühlung zu verschaffen. Ein wenig später sah ich die Rentiere hinter einem hohen Berg im Schatten stehen, denn die Sonne schien warm, auf einem Schneeflecken, gleichsam *compacti*, denn wenn es heiß ist, fressen sie nichts. Mücken waren auch arg.

Das Ren ist dem Hirschen, abgesehen vom Geweih, sehr ähnlich, aber außer dem Ren haben in der ganzen Sektion sonst *foeminae* nie ein Geweih.

Wenn das Ren geht, so knackt es stets in seinem Fuß. Ich wunderte mich darüber und suchte nach der Ursache. Da ich frug, antworteten alle, der liebe Gott hätte es so erschaffen. Ich frug sie, wie der liebe Gott es so erschaffen habe, daß es immer knackt. *Sed ad hoc Forbesius nihil.* Ich ergriff ein Fußgelenk, zog, bog, streckte es, drückte es zusammen, hörte aber dennoch kein Knacken; schließlich fand ich heraus, daß *ab ipsis ungulis, introrsum excavatis ut dum in eo steterit, fuerintque expansae ungulae, mox cum pes retrahitur, coincidunt ungulae apicibus et crepituram faciunt, quod manu mea in pede feliciter expertus sum.*

NB. *foemina aeque ac mas cornuta est.*

Castrati amittunt et renascuntur cornua, quod non obtinet in cervis, ovibus.

Wenn die Rene zum Melken herbeigetrieben sind, legen sie sich alle hin, mit fliegendem Atem, so daß ihr Bauch in schneller Bewegung ist, und käuen wieder (so ist es völlig falsch, was Scheffer *de eis non ruminandis tradit,* und folglich hat Rajus eine richtigere Vermutung als Scheffer).

Wenn das Kalb die Mutter aus seiner Nähe verliert, rennt es herum und sucht sie wie verrückt und schreit wie ein Schwein, bis es sie findet; rennt von der Herde nach Hause, zum Zelt etc.

Wenn alle Rene sich nun niedergelegt haben, nehmen die Lappen jeder sein dünnes Seil, das sie sich in einem Ring um die Hand legen und über das Ren werfen, das sie haben wollen. Dann wird ein Halfter über das Geweih und den Hals gelegt. In den Boden sind dünne Pfähle geschlagen, an jedem Pfahl werden vier Stück angebunden, dann werden sie gemolken, von

Mann und Frau, Knecht und Magd. Wenn die Milch nicht schnell fließen will, schlagen sie ziemlich hart mit der Hand auf das Euter, worauf sie besser kommt.
Mammas habent 4 lactantes, rarissime 6, nullas steriles; pullos tamen non separant a matribus.
Als sie sie gemolken hatten und die Rene wieder fortgegangen waren, sah ich, wie die Magd den weichen schwarzen Dung aufnahm, ihn mit den Händen bearbeitete und in eine Schüssel legte; ich fragte, wozu er gut sein solle. *Resp.*: Das Euter damit einzuschmieren, damit die Kälber nicht so viel daran saugen; bis zum Morgen ist es getrocknet und kann leicht weggerieben werden.
Die Kühe kalben Anfang Mai und werden zum 24. Juni oder zur Mittsommerzeit zum ersten Male gemolken; dann geben sie Milch bis Allerheiligen in den Wäldern, hier aber bis Michaeli.
Maris praeputium dependet unc. 2, alius fere cylindraceum habet.
Vituli cornua simplicia, digitiformia primo anno accipiunt.
Ich wunderte mich, wie die Melkenden wissen konnten, welche sie gemolken hatten und welche nicht, und wie sie sie auseinanderhalten konnten. Denn sobald eine Kuh gemolken war, wurde sie freigelassen. *Resp.*: Alle Rene haben ihren besonderen Namen, den die Melker ganz genau kennen, welches mir aber sehr merkwürdig vorkam, denn *figura* ist *eadem, color similis, qui singulo mense variat, variat magnitudo pro aetate,* und ein solches Gewimmel wie Ameisen im Ameisenhaufen auseinanderzuhalten, schien mir recht erstaunlich.
Dies 10. Ich sah hier die *summa tranquillitas,* welche das Volk genoß. Nachdem man gemolken hatte und die Hausfrau ihren Käse zubereitet, die Molke aufgekocht und gegessen hatte, legte man sich zum Schlafen und Ausruhen hin; *crede mihi, qui bene latuit, bene vixit, raro ulla contentio.* Die Nachbarn eines Dorfes hatten ihre Zelte zusammen in einer Reihe aufgerichtet, von Osten nach Westen, oder *alio modo.*
Als mein Bursch kam, tat er seine Nase wider die eines andern, auf welche Art er grüßen wollte, gleich als ob er küßte, und sagte die Grußformal *purist.* Ich frug, ob er küßte. *Resp.:* nein, er berührt bloß die Nase, welches nur unter Verwandten Sitte ist.
Ein Knabe war fort gewesen und hatte einen ganzen Kessel

voll *foliis acetosae majoris, cum petiolis sive caulibus* gesammelt. Darüber wurde nun ein wenig Wasser gegossen, verrührt, lange gekocht, bis alles sich aufgelöst hatte, dann in großen Fässern mit Milch vermischt, was, nachdem es etwas gestanden hatte, einen angenehmen säuerlichen Geschmack bekam, ganz anders, als wenn es frisch ist. Diese Fässer werden in hierfür gegrabene oder gemauerte Gruben gestellt, rundum kommt Birkenrinde, damit die Mäuse es nicht auffressen.

Ein andrer kam mit einem ganzen Armvoll *caulis Angelicae,* deren *flores* noch nicht ausgeschlagen hatten. Die Blätter wurden entfernt und ihre *tunica* mit dem Messer abgeschält, sie ging ab wie Hanf, worauf man den Stengel mit dem größten Vergnügen wie einen Apfel aufaß. Ich bekam auch meinen Teil.

Vaginas foliorum umbellas includentes wurden gesammelt, man konnte sie nicht roh essen, sie wurden zusammengeschnitten und mit Sauerampfer vermischt, der gekocht mit halbwarmer Milch angerichtet wurde.

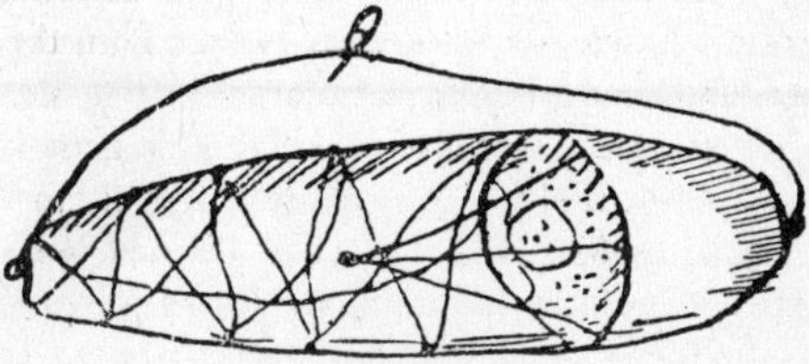

Das Kind lag in seiner Lederwiege, über dem Kopf befand sich ein Lederschirm mit Tuchvorhängen vorn, zwei *valvae sibi incumbentes,* welche man mit Schnüren zuziehen konnte. Um den oberen Teil des Kindes lag Renpelz, aber Achseln und Brust sowie der Kopf waren bloß. So lag es während der Nacht im kalten Zelt und, ohne zu klagen, unter freiem Himmel in der kalten Luft, fror aber nicht.

Ich bekam sehr viel Quark oder Molken zu essen. Es beschwerte mir den Bauch stark, denn ich hatte ja zuvor schon so viel Käse und Molke gegessen, daß ich fast *tenesmus* wurde.

In den Nächten lag ich zwischen zwei Renpelzen.

Die Frauen rauchten Tobak wie die Mannsleute, ja trugen auch meistens Hosen.

Gewöhnlich kochen hier die Mannsleute; die Frauenzimmer

bereiten nur den Käse zu und die Milchgerichte, Fisch aber und Fleisch der Mann, und wenn die Frau einmal nicht zugegen ist, dann auch Milch und Käse.
Im Winter sind keine Leute im Gebirge, die Lappländer halten sich unten im Waldlande auf, denn oben gibts nicht genug Rentierflechte, mit einem Wort *deficit lignum,* und die Schneekruste wird den Tieren zu hart.
Von den ärmsten Lappen halten sich einige hier auf, um Schneehühner zu fangen, welches folgendermaßen geschieht. Man nimmt einen *ramulus bifurcatus, spitamalis,* macht sich eine Schlinge aus Segelgarn oder Roßhaar, spaltet den Zweig ein wenig, worauf die Schlinge in der Spalte befestigt wird. Die Schlinge ist frei beweglich, jedoch *ad latera* (denn der Galgen ist aus Birke) schabt man vorsichtig die dünne *epidermis* ab, die sich aufrollt, und legt dieses *crispulum* über die Schlinge auf jeder Seite, so daß sich die Schlinge mit der Gabel auf gleicher Höhe hält und nicht *opposite.* Beide Basen dieses Galgens befestigt man in der Schneekruste im niedrigen Birkenwald und läßt ein Klafter Zwischenraum zwischen ihnen, legt Reisig von einer zur andern, wie einen kleinen Zaun. Wenn nun die Schneehühner daherrennen, fliegen sie nicht darüber hinweg, sondern laufen und kommen nicht anders vorwärts als durch die Galgen. In einer Nacht bleiben oft vierzig à fünfzig darin hängen.
An Vögeln hörte und sah ich heute *Cuculus (geeka)* und *Piscator magnus, dorso cinereo (staule).*
Als ich über den Schnee ging, brach ich ein, bekam aber mit den Händen gerade noch Halt. Das Schmelzwasser hatte den Schnee von unten weggefressen. Da das Dorf nicht weitab war, kamen zwei mit Seilen und holten mich unversehrt, obgleich naß und mit einer Prellung am Schenkel, heraus.
Ich kam zu einem Lappländer, der schwedischer und dänischer Bürger zugleich war, er gab mir Branntwein, ich renoncierte, mußte aber dann doch trinken, auch Tabak rauchen.
Das Wasser im See Virijaure war weißgrün oder vollends wie Wasser, das in einer Schale steht, darinnen zuvor Milch gewesen, was von seiner *summa puritas et levitas, item pelluciditas* herrührte. War kälter als Schneewasser.
Ein kleines Stück vom See, linker Hand an der Flanke des Berges Kaitsoniunni, war an einem Bach ein seltsamer *lapis sive fluor* von *radiis coerulescentibus* mit vierkantigen Steinen.

Am Abend regnete es, und purpurgetupfte Schmetterlinge flogen umher.

Omnes lapides waren meistens *fissiles, cornei,* etliche *nigri aluminarii,* gewöhnlich *cornei,* verwittert mit einer *mica argentea, raro quarzii.*

Dies 11. Diesen Morgen waren wir schon in aller Frühe auf, bald (nach einer Viertelmeile) kamen wir auf den hohen Gletscherberg, welcher ein hoher Berg ist, ganz hart, wie gefroren; wir gingen teils auf seiner festen Kruste, teils sanken wir durch diese, dann war's, als ginge man im Sand. Hier und da gab es Bäche, die unterm Schnee flossen, an einigen Stellen war der Schnee durchbrochen, so daß man sehen konnte, wie er *strata* auf *strata* lag, sehr viele. Hier begannen alle Bäche nach Westen zu fließen, ein Zeichen, daß wir in der nördlichen Lappmark waren. Der liebliche grüne Boden, der zuvor noch mit dem Schnee abgewechselt, und die lieblichen Blüten zeigten sich hier nimmer; das ganze Gefild war mit weißem Schnee bedeckt. Der kalte Ostwind saß uns im Nacken, zwang uns, sehr auf unsre Hände zu achten, wir mußten einen Mantel anlegen. Wir gingen an der Nordseite des Bergs und wurden vom Wind so getrieben, daß wir das eine ums andre Mal hinkollerten, lange Stücke des Bergs wieder hinunterrutschten, ja, einmal purzelte ich einen Büchsenschuß weit, gelangte fast an einen Abgrund, und damit hätte die *comoedie* ein Ende gehabt; so sehr ging der Wind. Der Regen, der von den Seiten auf uns fiel, war eisig, bildete an Schuhen und Rücken eine Eiskruste, und hätten wir diesen Wind *wider* uns gehabt, wir hätten einen so langen und beschwerlichen Weg nicht durchgestanden. Nachdem wir solcherart drei à vier Meilen gekommen waren, wurden die felsigen, unfruchtbaren Klippen sichtbar und schließlich, zwischen den Felsen, das Westmeer. *Antea habuimus perpetuum ver, nunc hyems perpetua deinde aestas perpetua.* Auf dem Eis sah man einzig *pago Lappis, Hiaticula* mit schwarzem Kragen, *pedibus croceis, gula alba.*

Da wir nun gegen die Mittagszeit die Berge hinter uns hatten, kamen wir ans Hochgebirge, sahen unter uns die höchsten Bäume wie kleine Pflanzen und ein anmutiges grünes Gefilde. Dieselben Gebirgspflanzen, welche man auf der andern Seite gesehen, fand man auch hier. Wir stiegen hinunter, ich glaube noch jetzt hinunterzusteigen, so lange dauerte der Abstieg, und es ging steil hinunter. Gebirgspflanzen sah man unten aber nicht.

Als wir endlich unten ankamen, was wurde mir nicht für meinen müden Körper an Erquickung! Ich kam aus einem kalten, gefrorenen Gebirg in ein warmes, siedendes Tal, ich setzte mich nieder und aß Walderdbeeren, an Stelle von Schnee und Eis sah ich grüne Gewächse in ihrem lieblichsten Flor, und der starke Wind brachte einen angenehmen Geruch nach *Trifolio florente* und andern Pflanzen. *O formosissima aestas!* Hier sah man meistens dieselben Pflanzen wie in Uppland, außer *Aconitum lycoct.* und *Muscipula parva montana, fl. albo erecto,* sowie *Coronopus marit. punctata Kyll.* und *Mesomora* samt Multbeeren. Ich war ganz müde, erfrischte mich mit Kuhmilch, labte mich mit Speise und rekreierte mich auf einem Stuhl.

Ich wunderte mich, daß, nachdem ich einen so starken Marsch hinter mir hatte, bei dem mich zwei Lappländer, der eine um die siebzig, der andere fünfzig Jahre, begleitet hatten, diese noch immer laufen, springen und Fangen spielen konnten etc., hatte doch jeder sein Reisegepäck zu tragen gehabt, und obgleich dieses nicht besonders groß war, so doch genug für diesen Weg. Also erwog ich, die Frage Dr. Roséns, mit der er mich seinerzeit kommittierte, *cur Lappones adeo pedibus celeres,* zu lösen.

Responsum sequens est, et causa non unica, sed plurimae coincidentes:

1. *Lappones* gehen mit *kängor* (Schuhen), die keine Absätze haben (wir *contra*), wie ja auch Tanzmeister und Seiltänzer wenig oder gar keine Absätze haben und also *operationes celerrimas* exerzieren, *quas calcaneis efficere non possent.* So auch andre, Schnelläufer und Ausländer, die schnell gehen. Dagegen die, so hohe und große Absätze haben, gehen schwerfällig. Man beschlägt auch Pferde, die einen gleichmäßigen Gang haben sollen, solange sie noch jung sind, mit schweren Hufeisen. Und der Bauernbursche hier unten in den Dörfern, will er springen, so legt er die Schuhe ab. Denn der Absatz nimmt den *musculis palmae pedis* die halbe Richtung, schwächt sie. Bleiben auch durch hohe Absätze und minderen Gebrauch steif; ein Holzbein geht schwerfällig.

2. *Cursus a teneris assuefactio.* Sobald ein Lappenjunge gehen kann, muß er die Rentiere beisammem halten; wird er etwas größer, muß er den Rentieren folgen, die ständig schnell gehen, ja, ihnen ist schwerer als Geißen zu folgen und mit ihnen

schwerer um die Wette zu laufen als mit Kälbern. Kann nun ein Schnelläufer oder Seiltänzer, der sich von Jugend an mit den Füßen übt, behend werden, weshalb dann nicht auch der Lappländer, der doch, bis daß er sich verheiratet, immer hinter den Rentieren her sein muß, ja oft sogar sein ganzes Leben lang.

3. *A laboribus duris libertas.* Alle harte Arbeit, wie Pflügen, Dreschen, Holzhacken, Baumfällen etc., macht das Blut dick und den Körper steif. Sieht man alsdann, wie Bauernfleisch hart und zäh ist, Jungfrauenfleisch zart und geschmeidig, so versteht man, daß derselbige Bauer nicht die behenden Kapriolen schlagen kann, die gelenkigen Stücklein, die eine Jungfrau zuwege bringt. Wann auch sind wir geschmeidiger, als da wir Kinder sind, wann steifer, als da wir abgenutzt und alt? Ein Knabe vermag den Fuß über die Achsel zu legen, ein Bauer bringt es nicht fertig, sich in den Zeh zu beißen, bleibt also der Lappländer leichter und geschmeidiger bei all seiner Arbeit, weil diese nicht grob ist und er auch keine *Herculeos labores* verrichtet.

4. *Musculorum flexura.* Ein Seiltänzer streckt und biegt so oft als möglich seine Gelenke, damit sie geschmeidig werden sollen. Ein Tanzmeister lehrt zuerst, wie man seine Muskel mit Gewalt zwingt, das Bein weit abspreizt. *Ex assueta flexura sequitur assuefactio naturalis. Sic etiam Lappones musculos ambulationi paratos semper flectunt,* sie sitzen mit gekreuzten Beinen, was ein andrer nicht lange sonder Mühe und Inkommodität machen könnte; man will bequem sitzen. Mir schien es anfangs schwer, jetzt aber bequem, nun geh ich auch wirklich viermal weiter denn zuvor.

5. *Esca carnium.* Man sieht, daß alles Getier in der Welt, so *vegetabilia* ißt, *rigidior* ist, *ut cervus, taurus etc.* Dagegen *carnivora, ut canis, felis, lupus, leo etc. omnia magis flexibilia; rationem facti ignoro et tamen res facti.* Die Lappländer sind allesamt *animalia carnivora,* sie haben überhaupt kein Gericht aus *vegetabilibus,* und wenn sie nun gleich einen *caulis Angelicae* roh aufessen, wie ein andrer etwa einen Apfel, oder hier und da einen Sauerampfer, so ist das, *proportione ad caetera ut 1 ad 1 000 000,* gar nichts. Sie sind *carnivora,* denn im Frühling essen sie Fisch, im Winter das reine Fleisch, im Sommer Milch und *ex his parata s. caseus.* — Salzfleisch macht schwer.

Hier kann ich's nicht unterlassen, *ex incidente* ein wenig von

denen zu reden, die beweisen wollen, daß der Mensch dazu geschaffen sei, allerlei Arten Speisen zu essen, und das wegen seiner Zähne, wie es da heißt, er hätte *incisores* gleich *fructivora, ut lepus, cuniculus etc., canini ut carnivora, canis, felis etc., molares ut phytivora, vacca, equus etc.* Aber diese *raison* genügt mir nicht. Denn wenn man *primo dentes incisores* untersucht, so sind sie von andrer Beschaffenheit als die der *nucifragorum, ut murum, leporum etc.*, deren Zähne *ad angulum erecto magis patentem* hervorstehen, *nostri autem perpendiculariter apicibus coincidunt.* Weshalb die ihrigen ganz lang sind. *.Vide dentes castoris etc. Animalia quaedam carnivora* haben auch *incisorios ut* ...[1]
Caninos haben wir; diese halte ich für wichtig, obschon es nur vier sind.
Molares führen uns nicht zu *phytivoras,* wenngleich sie Ochse und Kuh haben, denn der Hund, die Katze etc., ja alle *carnivora* haben ebenfalls *molares.*
Ich habe noch kein Exemplar *phytivorum* gesehen, das *simplicem ventriculum* gehabt oder nicht wiedergekäut hätte; *ab his nec unquam excipiendus est mus cum familia murum.*
Nun wollen wir uns unserer Gattung zuwenden: Siehst du auf *notas classicas,* auf die Zähne, auf *manus et digitos,* so wirst du bald herausfinden, wie ganz nahe wir mit den *babianis et simiis* verwandt sind, ja *satyros sylvestres.* Sieh sie an, ob sie nicht *carnivora* sind, so erübrigt sich jede Antwort.
6. *Parvis contenta.* Ein Lappländer ißt nicht so viel Grütze als im Bauch Platz hat, sondern jetzt ein bißchen und später wieder ein bißchen. Der finnische Bauer Rüben und der schonische Grütze etc. Sie schlagen sich aber damit den Bauch so voll, als es dieser nur aushält, ja, die Dalekarlier essen, daß der Bauch wie eine Trommel steht, deshalb sind sie auch beim Graben und Pflügen geschickter als beim Laufen im Gebirg. Der Lappländer hingegen ist mager und zart. Ich habe noch keinen Lappen mit einer Wampe gesehen. Die Milch macht ihn auch geschmeidig.
7. Ich sah auf Knie, Füße etc., sah aber, daß sie nicht anders beschaffen sind als bei den übrigen. Nichtsdestoweniger deuchte mich, daß *palma pedis* an der inneren Seite mehr konkav als bei andern Menschen war. Was das zu besagen hat, mögen *mechanici* besser beurteilen als ich.

[1] Lücke im Manuskript

8. Sind alle Lappländer klein, ich sah noch keinen, der so groß wie ich gewesen wäre. Ein großer und schwerer Körper vermag nicht so flink wie ein kleiner zu sein, obschon bei jenem die Organe viel stärker und länger sind. Also man auch bei allen kleinen Dingen das gleiche sieht: ein kleines öländisches Rößlein oder ein Norwegerpferd läuft ganz schnell, und wenngleich ihm ein großes schonisches davonläuft, so kann man doch staunen, wie hurtig das kleine die Füße rührt, und man sieht, daß bei ihnen die Füße schneller als bei den größeren gehen. Es ist zum Staunen, wenn man sieht, wie groß ein Helsingländer und wie klein ein Lappländer ist; *ratio clara.*

1. Gibt man einem jungen Hund genug zu fressen, wird er groß, wenn aber wenig, klein.

2. Läßt man einen kleinen Hund in der Wärme, wird er groß, aber friert er, klein.

Ergo etiam Lappones. Causa cur Lappones adeo salubres.

1. *Aer purissimus, ego novam vitam.*

2. *Esculenta bene cocta.*

3. *Esca frigida.* Gekochte Speise muß kalt werden; nicht nach dem Essen gestiefelt und gespornt laufen.

4. *Aqua purissima.*

5. *Mentis tranquillitas. Aetas aurea et argentea deducatur; non lites nec de suis admodum sollicitudo, non pecuniarum.*

6. *Esca non gravans, ut rusticus,* bis daß der Rock zerreißt, sich wohl befinden.

7. *Spiritus vini, quo caret nisi interdum; quod si careret melius valeret.*

8. *Frigoris assuefactio et a teneris induratio.*

Carnium (esus), animalia carnivora longaeviora.

Norvegia

In der Lappmark sah ich keine Fliegen, aber sobald ich nach Norwegen kam, waren alle Häuser voll davon. Dagegen waren aber die ziemlich vielen Mücken nun ganz verschwunden.

Hier gab man mir *Kved*fisch zu essen, schmeckte beinahe wie Lachs, war groß, mit einer *pinna dorsi a medio ad caudam protensa.*

Ich war nun von der Reise ganz müde und überließ mich der Ruhe.

Dies 12. Am Tage danach war ganz starker Wind, so daß ich mich nicht aufs Meer hinauswagte, ging des Morgens an den Strand, es war gerade Ebbe; die Flut kommt zweimal innerhalb vierundzwanzig Stunden und nimmt alle sechs Stunden ab und zu. Also *4 spatia* pro Tag, *2 sc. decidentiae, 2 fluvii;* nimmt nach dem Mond zu. Auf dem einsamen Strand lagen verschiedene *fuci*, auf Steinen oder Schneckenschalen wachsend.
Die Lappländer kamen hier in den Törrfjord her, um Branntwein zu kaufen, tranken erst einmal so lange, als sie stehen konnten, hatten dann getrocknete Rentierblasen, die sie zuerst aufbliesen und dann Branntwein hineinfüllten, banden sie zu und trugen sie mit sich. Haben übrigens kleine Tassen, einen halben Löffel groß, mit denen sie einen um den andren saufen, oft ein ganzes Quart.
Wenn die Lappen sich herausputzen wollen, kleiden sie sich in weißen Wollstoff ohne Futter, mit hohem Kragen, ringsum zehnreihig mit Draht bestickt, der Kragen blau, *margine brunnea.* Es kostet die Elle einen Taler Kupfermünze. Acht Ellen gehen auf einen Kittel, *ergo* so viel wie ein kleiner Lappen-Pelzkittel.
Die Lappländer legen eine Hand auf die andre, wenn sie das Gesicht waschen.
Heute war es ziemlich heiß, und es regnete nach Mittag ein paar Tropfen.
Dies 13. Wie sich das Wetter nun beruhigte, fuhren wir aufs Meer hinaus, um zu erfahren, was die Natur dort für uns bereithält. Bald bekamen wir an den Angelhaken, der aus dem Boot gelegt worden war, einige Köhlerfische.

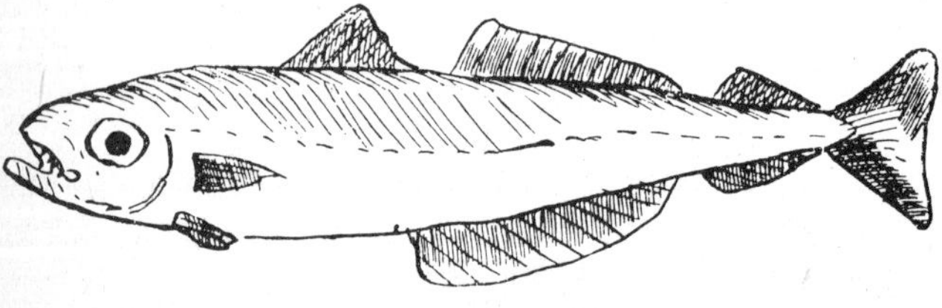

Rund um den Törrfjord standen allerorten hohe Berge mit Schnee darauf. Hier und dort zwischen den Berggipfeln stiegen von der Erde schwarzgraue Wolken hoch, aber *apex* und *basis* waren sichtbar. Schließlich verschwanden sie wieder.

Missne, Schlangenwurz fürs Volk, ist *Dracunculus aquaticus.* Rinder*missne Menyanthes.*

Den Pferden hacken sie die zartesten Tannenreiser ganz fein, mischen sie mit einer Halbscheid Gerste; das den Pferden in Notzeiten zu geben, ist recht *egregium.*

Sobald wir die Angeln ausgeworfen hatten und sie hinter dem Boot treiben ließen, gleich bekamen wir Köhlerfisch, wir konnten ihn kaum so schnell herausziehen, wie er anbiß. Aber am Tag darauf, als es aufklarte, war es keineswegs so. Am Angelhaken nichts, was zum Essen getaugt hätte, immer nur ein Stahlhaken, an einer Zithersaite befestigt. Aber heute bekamen wir einige sechzig Stück.

An den Schären, zwischen den Hügeln verstreut, lagen viele vereinzelte Bauernhöfe. Ich sah, daß keiner mehr als ein kleines Tal besaß, also ein oder zwei Äcker, wohl noch ein wenig Wiese beim Hof, vielleicht auch etwas mehr, weiter davon ab, wovon natürlich keiner existieren könnte, wäre hierorts nicht ein so reicher Vorrat an Fischen, davon zu verkaufen und zu leben. Hier oben sind viele *species* und ziemlich viel *individua* im Meer. Viel hörte ich hier von Walfischen etc. reden. Ich sah hier, wie sie Lachs fangen.

Die Kirche war sehr klein.

Dies 14. Am Abend kamen wir auf den Pfarrhof von Rörstad zum Herrn Joh. Rask, *pastor secundarius,* welcher in Westindien und Afrika gewesen. Hat auch seine Reise artig, mit verschiedenen Fischen und Gewächsen, beschrieben; empfing mich honett. Am Morgen reiste ich mit dem Schiffer nach dem Törrfjord zurück. Ich sah nun die ganze Reede der Westsee vor mir liegen, und es hieß, wenn man geradeaus weiter nach Westen führe, würde man gen Grönland kommen.

Hier war eine schöne Tochter, die Sara Rask hieß, um die achtzehn Jahre herum, ganz außerordentlich schön; werde ihr schreiben müssen, denn sie hat gesagt, sie könne nicht glauben, daß jemals ein redlicher Schwede zu ihr kommen werde.

Wünschte, daß Herr Ingvald uns aufsuchte, damit ich ihm meine Schulden bezahlen könnte, wozu ich sonst nicht imstande bin.

Unterwegs erzählte man überall von einem Västergötländer, der hier mit Lug und Trug durch die Gegend gezogen sei.

Fladenbrot (Västerbotten) macht man solcherart aus Gerste und Spelzen:

Wenn man gedroschen hat, nimmt man ein grobes Sieb, siebt das Getreide, die Spelzen und Grannen, ja oft ein wenig Stroh mit hindurch. Dann wird alles getrocknet und gemahlen. Die Reicheren nehmen reine Gerste, andere einen Teil Gerste und zwei Teile Spelzen, wieder andere zwei Teile Gerste und einen Teil Spelzen. Das Mehl, solcherart gemahlen, wird mit kaltem Wasser (warmes macht brüchiger) zu Teig verarbeitet, ohne Hefe oder Ferment. Wenn Mehl und Wasser lange und gut zu Teig verarbeitet worden sind — doch muß es ein geschmeidiger Teig werden, denn ist er hart, kann man nicht damit hantieren —, so wird er auf dem Tisch geknetet. Für jeden Kuchen wird ein guter *manipulus* Teig genommen. Kein Mensch würde je glauben, daß aus so wenig Teig ein so großes Brot entstehen könnte. Es wird mit der Hand geformt, doch nicht hochgehoben, sondern nur geklopft und mit einem schmalen Spatel auseinandergedrückt, also nicht ausgerollt — wobei man reichlich Mehl nimmt —, bis der Fladen so dünn wird wie Pergament. Nun wird er mit einem ziemlich großen Brotschieber gewendet, nachdem er zuerst auf der einen Seite mit einem Perforiergerät oder einem guten *manipulus pennarum remigum lagopi, perdicis etc.*, und, wenn er gewendet worden ist, auch auf der anderen Seite durchlöchert wurde, und dann in den Ofen geschoben. In den Ofen geht immer nur ein Kuchen hinein und nicht mehr, jemand muß ständig dabeistehen und den Kuchen ein wenig bewegen oder hochheben, daß er nicht verbrennt oder Feuer fängt; es dauert auch nicht sehr lange, bis er ausgebacken ist, worauf er wie ein Steinkuchen über eine Bettstange gelegt wird, so daß er an beiden Seiten herunterhängt. Doch wird er nicht beidseitig getrocknet, denn es würde nie genug Platz zum Trocknen geben. Dann wird der eine unter den anderen geschoben zu einem großen Haufen und so *ad usum* konserviert.
Andre backen Brot aus Kiefernrinde, die sie von solchen Kiefern nehmen, die groß und unten astfrei sind, denn die astreichen und jungen sind harziger und bitterer; die unterste Rinde, an der Wurzel, ist die beste, doch muß die harte äußere Borkenschicht vorher gut abgeschält werden, welche oft für den Winter aufgehoben wird. Bevor die so gewonnene Rinde zu Mehl gemahlen wird, legt man sie auf ein schwaches Glutfeuer und röstet oder erhitzt sie ein wenig, wovon sie ganz porös und dick wird, darauf wird sie gemahlen und verbacken

ut prius, sie hält besser zusammen als Gerstenteig, beinahe wie Roggenteig, aber das Brot ist bitter.
Schlangenwurzbrot im Frühling, bevor die Blätter an *Dracontio* ausschlagen: Man nimmt die Wurzel aus der Erde, wäscht sie sehr sorgfältig, trocknet sie an der Sonne oder im Hause, befreit sie von den kleineren Wurzeln, trocknet sie dann im Ofen und stampft sie wie Kiefernrinde im Stampfer (*id est* der Stamm einer großen Kiefer *excavata,* hat etwa Taillenhöhe; die Rinde wird hineingelegt, mit einem Spaten gestampft, wie Sauerkohl, bis sie klein ist wie Erbsen oder Grieß, riecht süß und gut), dann wird sie gemahlen, das Mehl mit Wasser zu einem Brei gekocht und umgerührt, wird so lange gekocht wie Brei und steht dann im Kessel drei à vier Tage lang, je länger desto besser, denn zuerst ist es *acre,* was aber *per requiem abit;* dann wird dieser Brei mit Kiefernmehl oder anderem Mehl gemischt, denn er selbst gibt nicht viel her, weil die Wurzeln so schwer zu finden sind. An einigen Stellen findet man allerdings ganze Pferdeladungen davon. Dieser Brei wird nun mit anderem Mehl verbacken, und das daraus gewonnene Brot ist zäh wie Roggenbrot, ziemlich süß und recht gut, weiß, besonders wenn es frisch gebacken ist. Von Rinderschlangenwurz bäckt man ziemlich selten Brot, denn sie ist zu bitter, vielmehr gibt man die Wurzeln dem Vieh, welches sie ganz und gar auffrißt; man findet sie reichlich in Flüssen und an ihren Ufern.
Norwegerbrot. Aus Roggenmehl oder Gerste mit einem Drittel Zusatz von Roggenmehl macht man einen Teig mit kaltem Wasser, knetet ihn so lange, bis er sich von der Hand löst, und rollt ihn dann mit einer Teigrolle, die rund und *sulcatus* ist, in alle Richtungen aus; *exterior margo reflectitur* und auf dem Brotfladen angedrückt, damit die Kante nicht einreißt, wird dünn wie Papier und ganz glatt. Dann wird der Fladen auf Steinkucheneisen gebacken, gedreht und gewendet und dann mit einem in Wasser getauchten, gleichmäßigen *fasciculus spicarum enucleatarum secali* glattgestrichen.
In schlechten Zeiten, wenn es nichts anderes als *Spergula vera* auf dem Acker gibt, wird deren Samen genommen, getrocknet und gereinigt und mit einem kleinen Zusatz von Getreide verwendet; daraus erhält man einen schwarzen, aber guten Teig.
Da ich nun zwischen den Bergen hochging, um Walderdbeeren

zu pflücken, wurde ich eines Lappländers ansichtig, der mit seiner Büchse auf Vögel aus war. Ich kümmerte mich zuerst nicht um ihn, aber dann knallte es, und wie ich mich umdrehe, sehe ich, daß er mir ziemlich nah ist, jedoch unterhalb. Die Kugel schlug über mir an einen Stein, ich, Gott sei Lob und Dank, entkam ihr, und er lief auf und davon. Ich sah ihn nicht mehr, verfügte mich aber bald heim.

Norwegischer Käse aus Sauermilch:

Man nimmt Sauermilch, kocht sie so lange, bis sich das Dicke an den Boden legt, seiht es darauf durch ein Linnentuch, so geht das Dünne durch, das Dicke aber bleibt wie Weizengrütze zurück. Dieses steht in einem überdeckten Gefäß acht Tage, wird dann auf einem Teller (oder anderem) mit Sahne zusammen *in formam conico-obtusam* geknetet, hernach an einen kühlen und windgeschützten Ort gestellt. Bekommt der Käse Risse, knetet man ihn wieder *in formam pristinam,* stellt ihn aufs neue *in loco pristino* zum Trocknen, was jedoch oft nicht vor ein bis zwei Monaten geschieht; setzt dann eine *epidermis* an, die *rugosa s. cellulosa ut in ventre reticulato* wird, was indes nichts andres ist als altes, abgestandenes Zeug, das man später abkratzt.

Dies 15. In diesen Gegenden Norwegens gebraucht man keine Gartenzäune, weil das Holz rar ist. Das Vieh wird stets von einer Magd begleitet. Es ist kein Unterschied zwischen Wiese und Wald, nur daß der Wald ein wenig Buschwerk enthält, die Wiese aber ganz bloß ist. Man mäht hier sowohl die Wiesen als auch im Wald, in beiden steht das Gras ganz hoch, obgleich das Vieh hier weidet. In den Nächten oder wenn sie gemolken werden sollen, führt man die Tiere nicht heim, sondern hält sie in einem viereckigen Gehege, das versetzt werden kann, da werden sie gemolken, denn die Bewohner wollen auf solche Weise die Weide düngen. — Pferde gehen ohne Aufsicht, Schweine werden angepflockt, die Kühe dreimal gemolken, morgens, mittags und abends. Geißen und Schafe laufen zusammen mit dem Rindvieh.

Manche haben Kachelöfen aus *lapide ollari,* auch Kochtöpfe.

Die Herde haben keinen Schornstein, sind nur eine kleine Grube mit einem Ofen darin. Im Ofen ist stets Feuer, damit es warm bleibt. Mit der Glut bäckt man, im Ofen selbst nie. Aller Rauch steigt unter das Dach und zieht dort durch eine hierfür vorgesehene Öffnung in der Mitte der Decke, die ganz schwarz ist. Die Tür läßt man auf, damit der Rauch besser abziehen kann. Dies tut man, damit nicht alle Wärme gleich durch den Schornstein verschwinden soll. Aber das ist wirklich *excusatio calva*, denn dafür verschwindet um so mehr durch die Tür. Auf den Rauchabzug legt man einen viereckigen Deckel, der an einer Stange befestigt ist, so kann man das Rauchloch von innen öffnen und verschließen. An Lehm und Steinen ist

kein Mangel. Die Wände in den Häusern sind niemals *perpendiculariter* gehauen, sondern jeder Stamm ist konvex, innen und außen, jedoch geschält. Die Scheunen sind klein und niedrig, mit einer Tenne.

Keiner kann im Winter übers Gebirge reisen:

1. Ist es so kalt, daß es niemand aushalten kann.
2. Halten sich die Rentiere nicht im Gebirg auf, sondern im Wald, wo sie Futter finden.
3. Kann ein Rentier nicht übers Gebirge, denn es ist zu weit.
4. Kann man auch nicht genug Kleider mitnehmen, die wärmen, und Speise, um sich zu nähren.

Also reist man im Herbst oder im Sommer.

In *diebus canicularibus* ist es bei uns für jeden, der sich schlecht bei Gesundheit fühlt, allgemeiner Brauch, einen Sauerbrunnen aufzusuchen. Ich kann sagen, daß ich während einiger Jahre so ziemlich, gottlob, bei Gesundheit war, aber doch nicht so recht, wie man's hätte wünschen können. Sobald ich aber ins

Gebirge kam, war es, als bekäme ich ein neues Leben, und es schien, als würde mir eine schwere Bürde abgenommen. Nun hatte ich einige Tage in Norwegen geweilt, und obgleich ich keinesfalls debauchiert bin, so hatte ich mich stets etwas schwer gefühlt; jetzt aber im Gebirg bekam ich ein neues Leben, wozu die reine und bewegte Luft nicht wenig beiträgt. Man glaubt, daß in höheren Lagen die Luft dünner sei, also man einen nassen Schwamm vor die Nase halten müsse, damit man durch eine dickere Luft Atem bekäme. Ich möchte meinen, solches hinge bloß davon ab, daß man auf einen Berg geht und gleich einem, der läuft oder eine andre starke Bewegung *accelerata circulatione sanguinis* hat, atemlos wird, zeigte mir nicht *barometrum*, daß *pressio aeris* hier schwächer ist. Scheint mir auch wider *rationem* zu gehen. Man weiß, daß die Gebirge höher als alle anderen Berge in der Welt sind, denn kein Fluß durchfließt sie, die westlichen gehen ins Westmeer, die östlichen ins Ostmeer. Nimmt man nun die ziemlich zahlreichen Wasserfälle, die zwischen Gebirge und Meer liegen, so kommt man zu dem Schluß, daß dieses Gebirge eine ordentliche Höhe besitzen muß, sowohl dem Meer als auch dem Land gegenüber. Wird nun die Luft vom Land zum Meer getrieben und muß über diese ziemlich beträchtlichen Höhen, so wird sie zusammengedrängt *(hinc tantus flatus communiter, hinc cur frigidus)* und verdickt. Friert also hier öfters selbst im stärksten Sommer; *frigus consistit in pressione et calor in rarefactione aeris, adeoque sequeretur aerem non esse rariorem in montibus.* Ich komme wieder auf mein voriges zurück:

Viel besser und heilsamer würde es sein, hierher ins Gebirg zu reisen und Schneewasser zu trinken, als irgendwo am Sumpf in der dicken Luft eine Brunnenkur zu betreiben, deren Regeln — die Versuchungen sind groß — ja doch stets gebrochen werden, denn wer trinkt gern, gleich nach dem Mittagessen, Sauerbrunnen statt starkem Bier etc.

Das köstliche, perlende und wohlschmeckende Wasser dependiert stets vom Schnee. Der Schnee nämlich konserviert das Wasser, wie etwa Salz das Fleisch. Man sieht ja, je länger Wasser in der Wärme steht, desto verdorbener wird es, aber *vice versa* in der Kälte. Dieses Wasser hält die Lappländer so gesund wie der delikateste Wein. Ich habe in Stockholm gesehen, wie man jetzt auf portugiesische Manier Wasser zu trinken anfängt, aber es ist ein Unterschied zwischen Wasser und Wasser und zwischen Wärme und Wärme. Hier schmeckt es außerordentlich delikat. Als ich in Norwegen auf dem Meer fuhr, sah ich dem Lappländer, der mir diente, mit Vergnügen zu, wie er, sobald es heiß wurde, mit der Schöpfkelle ins Meer um Wasser fuhr, so war er's von zu Hause gewohnt. Aber statt frisches bekam er salziges Wasser. Die Lappländer haben stets eine Schöpfkelle bei sich, mit der sie, sobald ihnen trocken und heiß wird, Wasser trinken und sich, sonder Furcht, krank zu werden, erfrischen. Ich machte es auch so. Würde dieses herrliche Wasser hier fehlen, so könnte hier niemand reisen und kaum einer wohnen, da ja auch *Bacchus* und *Ceres* hier unbekannt sind, wenngleich *Venus* keine Not zu leiden hat. Aus dem Gebirgswasser nehmen auch die meisten Quellen und Ströme ihren Ursprung, weshalb, wenn es warm im Gebirge ist, die Ströme auch doppelt, ja dreifach so stark fließen.

Ich zeigte einem Lappländer einige Zeichnungen in meinem Buch. Er wurde furchtsam, nahm die Mütze ab, verneigte sich, ließ das Haupt sinken und hielt zitternd die Hände vor der Brust, murmelte etwas wie in höchster Verehrung, wollte ohnmächtig werden.

In Norwegen hörte ich von einer sonderbaren Finte, mit der einer den Lappländern Zaubertrommeln und einige Bilder ablockte. Witterte er, daß so etwas vorhanden sei, bat er den Lappländer, er möchte doch die Trommel hergeben, dieser verweigerte sie. Nachdem er lange umsonst gebeten, legt er die Arme um den Lappen, zieht ihm das Wams hoch, öffnet ihm, bevor er überhaupt etwas merkt, eine Ader, worauf der gute Lappländer umfällt und ums Leben bittet, verweigert auch die Trommel nicht mehr, da wird er sogleich verbunden. So trieb ers bei vielen. Ich hatte einen Wegführer, der mich zu seinem nächsten Nachbarn führte. Aber dieser Nachbar war drauf und dran, davonzulaufen, und wollte mich nicht empfangen. Auch der Wegführer hatte mir zuerst nicht folgen wollen, und ich hatte ihm gar mit dem Degen Hiebe versprechen müssen, bezahlte ihn jedoch für seine Dienste gut und bat sehr um seine Hilfe. Da ich nun Hand an den Degen legte, wollte er sich auf die Beine machen, was ihm aber mißlang, denn mein Diener hatte ihn gar bald beim Kragen. Er erschrak ordentlich, zitterte, sagte, er würde mich schon führen, und weil er sich so oft umblickte, ließ ich ihn vor mir gehen. Als ich zum nächsten Nachbarn kam und zu diesem hineinging, sprang mein Lappe

eiligst davon, aber nicht nach rückwärts, sondern seitlich den Berg hinauf, so schnell, daß ihn der Teufel nicht hätte erwischen können, ließ beides, Geld und Adieu, zurück. Da hilft keine Gewalt. Der Dolmetsch sagte mir, wenn der Lappe gesehen hätte, daß sich eine Büchse wider ihn richtete, so wär er hundertmal weniger erschrocken gewesen.
Unter den seltenen Pflanzen, von denen ich hier und dort in der Lappmark die eine oder andre fand, gabs hier *vulgares*, woraus ich schloß, daß ihre Samen von den Flüssen hergetrieben worden waren, zumal es sich bei den seltenen um *aquaticae*, wie *Sceptr. Car., Astragalus, Acetosa emarg., Pedicularis alba et coma purp., Asphodelus etc.* handelte.
Als wir den Berg hinaufstiegen, war die Hitze groß. Da wir dorthin kamen, wo wir glaubten, daß der Gipfel sei, sahen wir vor uns den Berg noch einmal um die gleiche Höhe ansteigen, ja, dieses wiederholte sich sieben- à zehnmal; ich glaube, dieser Berg hat nicht seinesgleichen in der ganzen Welt. Mit keinem *instrumento geometrico* kann er vermessen werden, denn sein *apex* ist auf Meilen hin nicht sichtbar. Ich glaube, daß er über eine Meile hoch ist, aber schlimmer als zwei Meilen hinaufzusteigen, und hätten wir nicht so reichlich Wasser gehabt, wir wären verschmachtet.
Am Berghang fand ich den kleinen *Astragalus flore albo et Gentianella.*
Vorher waren wir, unten am Fuße des Bergs, vor lauter Schwitzen zerflossen; nun aber, da wir hinaufgekommen, begannen die Kleider, die voll Schweiß waren, vom Frost steif zu werden.
Wir eilten nach einer Hütte und mußten über einen Abhang hinunter, so steil, daß ich ihn gar nicht gehen konnte, sondern mich auf den Rücken legte und hinunterrutschte, welches auch so geschwind ging, als wär ich ein abgeschossener Pfeil, und knapp vor einem Schneewasser endete meine Fahrt.
Da wir nun weiterkamen, sah ich einige Rentiere, deren Geweihe nicht über eine halbe *uncia* Länge gingen, denn die Bremsen hatten sie, als sie noch weich waren, fortgefressen; die Bremsen in Norwegen sind schlimmer als die Mücken der schwedischen Lappmark.
Kurios war das Verschneiden der Rentiere.
Der Hausvater läßt das Ren, sobald es zweieinhalb Jahre alt ist, vierzehn Tage vor Michaelis an einem Horn halten, kriecht

zwischen die Schenkel des Tieres und beißt mit den Zähnen in dessen Hoden, doch gerade so, daß die Haut nicht verletzt wird, denn sonst stürbe das Ren. Dann drückt er die Stelle ein wenig mit den Fingern zusammen und ebenso auf der anderen Seite, wobei das Ren nicht mit den Füßen tritt. Das Ren wird in einer Woche wieder gesund, vorerst aber ein wenig krank, kann auch kaum in dieser Zeit der Herde folgen. Ich halte das für einen interessanten und bemerkenswerten Kunstgriff; *ulterius deducatur.*

Die Mägde hier, sonderlich wenn sie adrett sein wollen, legen das Haar in zwei spitze Locken, eine an jedem Ohr, und binden sie dann hinten mit einem Band zusammen, so daß die Locken am Rücken hinunterhängen. An beiden Bandenden sitzen Quasten.

Dies 16. gingen wir über den Gletscherberg. Nachdem wir ein Stück gewandert waren, erblickten wir eine dicke Wolke im Nordosten; sie reichte vom Himmel bis zur Erde. Endlich erreichte sie uns wie ein dicker Nebel, machte unsre Kleider feucht, aber das Haar, *quod notabile,* ganz naß, ja, sie verdeckte uns so den Horizont, daß wir weder Sonne noch Mond zu sehen vermochten, auch nicht die umliegenden Bergspitzen. Wir wußten nun nicht, wohin wir uns wenden sollten, fürchtend, wir könnten in den Abgrund stürzen, der an der einen Seite lag, und, gleich wie es vor einigen Jahren einem Lappländer geschehen war, unsre *comedia* würde auf der anderen Seite des Gletscherstromes enden, der sich hier so tief in den Schnee gegraben hatte, daß man beim Hinabsehen schwindlig werden konnte. Wir sahen keine zwei Ellen weit. Wir waren wie ein unkundiger Seemann, der dem wilden Meer ausgesetzt ist und kein Land erblickt, aber an allen Seiten Riffe fürchten muß und keinen Kompaß zur Hand hat. Selbst die Lappländer käme dieser Kampf hart an. Zum Glück aber fanden wir, die wir keinen kundigen Begleiter hatten, eine Renspur, die irgendwer kurz zuvor hinterlassen hatte, um Sachen nach Norwegen zu führen. Diese wies uns den Weg.

Omnes Lappi communiter lippi sunt, ut ex uno alterum vocabulum profluxisse videretur. Causae sunt variae; praesertim

1. *Flatus.* Als ich meine Reise begann und in einen Sturm geriet, wurde ich rotäugig und konnte die Augen nicht völlig öffnen, sondern mußte sie halb geschlossen halten. Um wieviel mehr die, welche im Gebirg leben, *ubi flatus perpetuus.*

2. *Nix et quidquid album, praesertim* wenn die Sonne scheint,

was auch mich sonderlich beschwert hat. *Ergo Lappones alpini ubi nix perpetua.*

3. *Nebel.* Heute auf dem Gletscher fand ich mich sehr wohl zurecht, bis dann der Dunst, der Nebel oder die Wolke, *quod unum est,* auf mich und meinen Dolmetscher kam und uns so die Augen schwächte, daß wir kaum sehen konnten, obwohl wir es mit viel Gewalt versuchten. *Ergo Lappi.*

4. *Fumus.* Wie auch möchte es anders sein, als daß alle triefäugig werden, die ständig in der Hütte hausen müssen, wo doch drinnen der Rauch in aller Augen geht, ja in alle Winkel dringt, so flink, als wärs durch das Rauchloch?

5. *Frigus, quid Lapponia frigidius?* Die Berglappen haben keine gebauten Hütten, sondern einzig Zelte. Wenn sie beim Liegen nicht heiß haben wollen, so hängen sie eine Decke mit einem Haken eine Elle über den Boden und darunter liegen sie dann.

Die Frauenzimmer tragen an ihrem Gürtel (Silbergürtel) einen Beutel mit

1. Löffel im Beutel,
2. Messer in Messerscheide,
3. Pfeife im Beutel,
4. Fingerhut aus Leder, auf *digito indigitorio* zu stecken,
5. Nadelbüchse, über die *cupulae ad instar* ein Messingdeckel gestülpt wird,
6. Ringe, einige Stück, große, aus Messing.

Derselbe Gürtel ist mit Zinn oder Silberperlen beschlagen.

Wenn die Rentiere gemolken werden, fliegen überall die Haare herum (die Rene lassen den ganzen Sommer über Haar) und hängen sich an den Melkeimer, so daß dieser ganz zottig wird.

Soll nun ein Ren gemolken werden, dann tauchen sie schnell die Finger in die Milch und machen die unsauberen, trockenen Euter weich. Geschieht es nun, daß Rentiere aus der eigenen Herde zum Nachbarn kommen, *amant enim societatem et quo plures, eo etiam meliorem agunt vitam; hinc saepe ex una grege in alteram excurrunt,* so melkt sie der Nachbar, der sie grade bekommt, *sine* daß ihms der andre neidete.
Die Rentiere werden wie die Kühe an den Ohren gekennzeichnet.

Das Hausgerät besteht aus Kesseln, bald aus Messing, bald aus Kupfer, *raro* Töpfe, *ob pondus.* Schalen mit Griff, *semiglobosae,* meist aus Maserholz gemacht, oft von vier à fünf Kannen Fassungsvermögen, so fein, daß man schwören möchte, sie seien gedrechselt. In diese füllen sie, was gegessen werden soll. Teller verwendet man nicht, aber statt dessen längliche Bretter, wenn Fleisch gegessen wird, obwohl dieses auch *ante divisionem particularum* in runden Holzbütten aufgetragen wird; geflochtene Käsegefäße, alle rund, *item* eine längliche Tonne für die Jumomilch.

Im Lappenzelt liegen auf beiden Seiten zottige Renfelle ausgebreitet, *cum pilositate superius,* auf denen man sitzt und liegt, *erectus stare nequit,* dazwischen der Herd oder statt dessen einige Steine um die Asche. Hinter dem Feuer liegt das Brennholz, aber Reisig und Zweige liegen auch vor dem Feuer, und dort befinden sich ebenfalls die Hausgerätschaften. Unter dem Zeltgestänge *utrinque supra* den Fellen hängen zwei Abstellraufen, auf denen vorn die Käse zum Trocknen liegen, *ad claudentes* Mägen hängen, mit Milch gefüllt *ad hyemem seram.*

Nialmiphata ist eine Kapuze aus rotem Tuch, die sie über ihre Mützen ziehen, so daß nur noch Augen und Mund zu sehen sind. Das Kinn, der Nacken, die Schultern etc. sind ganz bedeckt. Hinten an der Kapuze sitzt eine Öse, durch die ein Band gezogen und unter den Achseln befestigt wird, damit der Umhang dem Wind widersteht; solcherart schützen sie sich vor Schnee und Sturm.

Im Winter tragen die Frauen Hosen, wie die Männer, und Lappenstiefel, die jedoch nicht übers Knie gehen. Ich kann nicht begreifen, daß diese Leute in den kältesten Winternächten es draußen bei den Renen aushalten können, die sich nie ruhig halten, sondern Tag und Nacht fressen wollen. Doch haben die Leute an manchen Stellen Hütten, bei denen sie, soweit es nur geht, mit Hilfe der Hunde die Rene zu halten versuchen.

Dies 17. Nachts fuhren wir über den See Virijaure, es war kalt, und ein kalter Nebel fiel. Kamen am Morgen zum Länsmann Kock, woselbst ich mich über die schneeweißen Leiber dieser schwarzgesichtigen Leute verwunderte, welche die Hellhäutigkeit aller Frauenzimmer übertrafen.

Sah hier auch Lemminge, *Lummick Lappis,* deren *corpus griseum* ist, *facies nigra, humeri nigri et regio epilumbaris nigricans, cauda et aures brevissimae, edit* Gras und Rentierflechte, lebt zumeist im Gebirg, kommen in manchen Jahren zu Tausenden ins Waldland, gehn direkt über See, Sumpf und Morast, *hinc multi* sterben, sind nicht sonderlich *timidi,* sondern jaulen aus ihren Höhlen die vorbeigehenden Leute an wie ein Hund.

Die Lappländer sitzen stets mit gekreuzten Beinen oder ein Bein *parallelismo* und eines *opposite.*

Dies 18., als wir übers Gebirg gingen, dürsteten wir, das Wasser schmeckte nach Erde, obgleich noch genug Eis und Schnee lag, woraus es auch floß. Der Lappländer schnitt mit dem Messer ein Loch ins Eis, sog aus diesem Eis Wasser, das gut schmeckte, und ich und er tranken ordentlich. Er sagte, das sei gut für die Brust. *Aqua enim pura nil nocet, si moderate sumitur, licet frigida potatur; didici a Lappis et experientia.*
Ich wollte meine Leibwäsche gewaschen haben, worauf sie sich nicht besser verstanden als die Kuh auf Muskat. Denn ihre Kleider sind nicht ein bißchen aus Linnen, denn da sie Fleischesser sind, sind sie auch mit Tierhäuten bekleidet, entweder mit Pelz oder mit Wollstoff, den sie kaufen.
Im Winter tragen sie Lappenstiefel, die bis zur Mitte der Oberschenkel reichen, und haben keine Strümpfe, sondern um den Fuß Schuhgras. Auf dem Leibe zunächst eine Wolljacke, dann einen Pelzkittel, die Haare nach innen, im Sommer aber nach außen.
Dies 19. sah ich mit größter Verwunderung, wie sich die Rentiere in der Hitze verhielten, ja, sie mochten nicht eine Minute stille stehen. Sie beutelten sich, stampften, prusteten, stießen etc., und das alles nur wegen einer kleinen Fliege; und obgleich nur zehn Fliegen eine große Herde von 500 Rentieren umschwirrten, war doch jedes Ren in hellem Aufruhr. Die großen Fliegen hatten es nun mit größter *force* auf sie abgesehen, und sobald sie am Körper waren, versuchten die Rene sie abzuschütteln. Jetzt hatten die Fliegen die beste Zeit, denn den Rentieren waren die meisten vorjährigen Haare ausgefallen. Ich fing eine, die mit *vulva exserta* flog, hatte ganz außen in ihrem *osculo* einen kleinen *semen*, groß wie ...[1], ganz weiß, ihr Hinterleib bestand aus vier à fünf *tubulati*, die ineinandergingen wie ein Perspektiv; sie konnte ihn einziehen wie eine gewöhnliche Fliege. *Quam antea dixi esse causam* zu den Renbeulen.
Wenn die Lappenkinder in die Wiege gelegt werden, sind sie schön stille, obwohl ihre Hände festgebunden werden, schreien aber, wenn sie hungrig sind, und werden dann schräg gestellt, so daß der Kopf *semierectus* steht. Die Wiege ist unten *excavata*, aus Tanne, *hinc* leicht.
Die Lappländer und ihre Weiber, wenn sie sich gegenseitig die

[1]Lücke im Manuskript

Pfeife ausborgen, das heißt im Kreise gehen lassen, behalten so lange, bis sie wieder an der Reihe sind, den Rauch im Mund, damit er sich festsetzt. Alte Männer kauen.
Wenn sie ihre Kinder hochnehmen, so haben sie kleine Pelzkittel, in die sie sie kleiden. Sie stehen auf den Füßen, wenn sie vier Monate alt sind, bewegen Augen und Kopf etc. ganz verständig, was man bei unseren kaum sieht.
Wollstoff, den sie im Sommer tragen, wird nie mit Sehnenzwirn genäht. Jedoch alle Fellwaren näht man mit diesem, ja selbst die Schuhe, wenn sie verfertigt werden, und auch beim Reparieren. Das Leder wird gekauft, und die Frau näht.
Eine Kuh kostet in Norwegen, wenn sie gut ist, drei Reichstaler.
Eine Renkuh kostet einen Reichstaler.
Ein Ochse kostet zwölf à achtzehn Taler Silbermünze.
Ein Renbock kostet zwölf à achtzehn Taler Kupfermünze.
Ergo gelten drei Rentiere soviel als ein Rind.

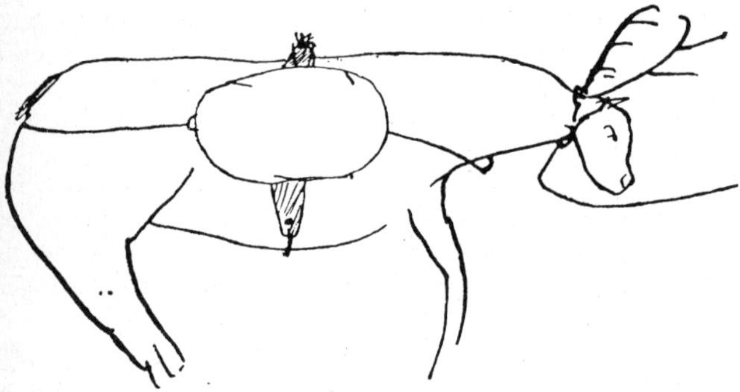

Ich reiste am Abend fort, ging die ganze Nacht und den 20. bis drei Uhr nachmittags durch, was sechs Meilen ausmachte, fand jedoch nichts Besondres am Weg außer *Andromeda.*
Kam nach Hyttan.
Ein Stein wie Alaun oder Sandstein oder Lappmark-Kalk.
Die Lappen stillen Blut, indem sie den Finger mit einem weißen Wollfaden umwickeln, und zwar zwischen dem langen Glied am Finger und dem *apex digiti minimi sinistrae manus,* und dann den Faden dreifach verknoten etc.
Glutbrot wird aus kleinen frischen Fischen gebacken, die

zerstampft und mit ein wenig Mehl gemischt werden; wird auf einer Pfanne über dem Feuer gebacken und gebraten, in Notzeiten.

Die Lappländer essen zweimal am Tag, Winter und Sommer.

Keine Flöhe, Schlangen und Wanzen im Gebirg.

Im Winter läßt der Lappländer die Läuse totfrieren, schlägt sie mit der Rute herunter, wenn sie rot geworden sind, denn er hat keine Bürste. Wenn sie erfrieren, werden sie rot. Im Sommer zerdrückt er sie mit den Fingernägeln, nachdem er vorher in die Sonne gegangen ist, damit sie herauskriechen.

An Pocken, wenn sie von *cultis* hereingetragen werden, können sie noch in einem Alter von über siebzig oder achtzig Jahren erkranken und sterben daran wie an der Pest; fliehen, was sie können, in die Berge und sterben in Massen. Mit den Masern *idem*, denn dann können sie die Kälte nicht mehr ertragen und sterben elend. Der Hals schwillt oft an.

Augenkrankheit überall, besonders im Frühling, wenn sie in die Berge ziehen und das Schneegeflimmer ihnen die Augen blendet (am meisten im Frühjahr). *NB.* alte Leute werden oft blind.

Menstruorum obstructio rara, nec nimia, nec adeo magna ac nostris, album ignorant.

Hysterica. Eine Magd von vierundzwanzig Jahren einmal im Jahr, eine andere von dreißig Jahren menstruiert nur im Sommer.

Fallsucht, Kopfschmerzen *(hinc multi* viele Narben auf der Stirn), alte Leute schwaches Gehör. Der Schlaf gut und normal, sie schlafen und bleiben wach, wie sie wollen. Sie kennen auch Halsgeschwülste. Gaumenzäpfchengeschwulst, *hinc* abgeschnitten *in multis, vide Bartolinum.*

Kinder, die geschwollene Mandeln haben, sticht man ins Fleisch, bis Blut austritt, denn, so sagen sie, wenn das Herzblut der Mandeln fortgeht, so verschwinden sie bald, sonst dringen sie in den Kopf und sprengen ihn.

Husten selten, obwohl sie dauernd Schnee- und Eiswasser trinken, wenn, dann durch sehr fettes Schmalz, selten durch Kälte.

Schwindsucht hie und da, Stiche hie und da, *copiose* im Herbst und vor allem im Frühling. Rückenschmerzen meist im Sommer, werden oft ‚gebrannt'; Nasenbluten bei solchen, die

klobige Füße haben, *id est menses supressae,* doch meist bei denen, die bei Neusiedlern oder ähnlichen dienen.
Von Gelbsucht habe ich nichts gehört. Schweratmigkeit bei alten Leuten, einige hin und wieder heiser, im Frühling und Winter. Hysterie bei einigen.
Die Klauen der Rene oft geschwollen oben an *margine cuti proxima,* faulig, heilen selten, die Tiere hinken und sind nicht imstande, der Herde zu folgen.
Die Rene haben auch *vertiginem* und irren dann herum. Die mit der Sonne gehen, so sagen die Leute, kommen durch, die aber gegen die Sonne gehen, stechen sie ab, denn sie sagen, daß diese sich nicht erholen. Die ersteren schneiden sie in die Ohren, daß es ordentlich blutet.
Gicht und Podagra niemals. Geschwollene Beine selten, denn sie wickeln die Beine, *hinc* alle schöne Beine haben. Wassersucht *raro,* nur ein Exempel. Von Verstopfung kenne ich nur einen Fall, obwohl sie so viel Käse essen und so viel Wasser trinken. Magenkrankheit oft mit Durchfall, in manchen Jahren ansteckend.
Dies 21. *Rhenorum morbi.* Wenn es so friert, daß eine Eiskruste entsteht und die Rentiere sie nicht aufscharren können, sterben sie in Massen, was der Lappe so fürchtet wie wir die teure Zeit, denn wenn die Rentiere sterben, muß er entweder verhungern, betteln oder stehlen.
Korm-Krankheit, *Kurbma Lappis,* jedes Frühjahr, befällt vor allem die jüngeren Rentiere. Die, welche im Sommer geboren sind, bleiben im ersten Frühling verschont, aber im zweiten Frühling gehen viele von ihnen daran ein, später, wenn sie größer geworden sind, weniger, doch kommt keines ungeschoren davon.
Die Renkälber sind zuerst rötlich, haben große Vorderzähne; im Herbst werden sie schwarz an Füßen und Stirn.
Maulkrankheit bei den jüngeren, so daß sie nicht fressen können.
Pekke kattiata Lappis oder *Fäll*-Krankheit, wenn am Körper der Tiere faulige Stellen auftreten. Heilt meist von selbst und ist *epidemica.* Können die Tiere diese Stellen belecken, so geht die Krankheit auch nach innen, und dann sterben sie, denn innen heilt die Krankheit nicht, sondern frißt immer weiter.
Der Renbock ist fetter als der Renochse (braucht aber der Ochse nicht zu arbeiten, wird er fetter; das Wildren ist viel

größer als das zahme), ehe er brünstig wird, was eine Woche vor Matthäi geschieht und bis Michaelis, also etwa vierzehn Tage, anhält. Während dieser Zeit ist er wild, stößt ganz gefährlich mit den Hörnern und magert oft so sehr ab, daß er daran eingeht. *Hinc* kalben die Renkühe meist um die Zeit der Erichsmesse, selten kommen einige Kälber danach. Während der Brunstzeit geht das Haar aus und löst sich die Haut vom Geweih.

Die Renkühe nehmen im ersten Jahr niemals einen Bock an, und selten im zweiten, sondern meist erst im dritten, wenn sie kräftiger geworden sind. Mit zwei à drei Jahren sind sie voll ausgewachsen, und auch die *masculini* nicht eher.

Das Kalb heißt im ersten Jahr, männlich wie weiblich, *messi*, im zweiten das männliche *orryk*, das weibliche *vhenial*, im dritten das weibliche Tier, nachdem es beim Bock gewesen ist, *vatjana, id est vaja sive uxor,* aber *sterilis* heißt sie im dritten Jahr: *vhounialrotha* — der Bock *vubbers*; im vierten Jahre *koddutis*, im fünften *kossitus*, im sechsten *machanis* und im siebten *namma, lappo tachis;* ältere Renböcke haben sie nie, denn die Brunst verzehrt sie. Die Renochsen aber werden alt.

Alter: Kein Ren lebt über zwölf à vierzehn Jahre. Wenn der Ochse im Herbst besonders fett wird und ein gehöriges Alter erreicht hat oder die Kuh *rotno* wird *(i. e. rådno, sterilitas)* und alt ist, werden sie im Herbst geschlachtet, denn die Lappen sagen, sie müßten doch im nächsten Jahr sterben und seien dem Tod geweiht.

Die unverschnittenen Rene werden vor ihrer Brunstzeit geschlachtet, in den Wind gehängt und dem Frost überlassen, bis sie abgezogen werden. Das Fleisch, durch Sonne und Rauch getrocknet sowie leicht gesalzen, wird in Schlitten zu den Vorratshäusern geschafft, wo man es bis zum Frühjahr aufhebt, denn im Frühjahr, um Matthiastag herum, wenn die Renochsen ihre *korm*-Krankheit bekommen, taugen sie nicht zum Schlachten. Deshalb leben die Lappen in dieser Zeit vom Fleischvorrat (vorher schlachten sie nach Bedarf), bis sie mit dem Melken beginnen können.

Das Blut wird in kleinen Fässern frisch gehalten, und im Frühjahr wird daraus Suppe gekocht; man richtet es mit ein wenig Mark, Fett, Mehl und Wasser an.

Bis der letzte Schnee geschmolzen ist, fährt der Lappe zu

seinem Vorratshaus, sich Speise zu holen. Das Blut ist nun dick wie Schweineblut, sie transportieren es in Blasen und Pansenmägen.
Wurst wird recht fett zubereitet und meist ohne Mehl. *Marfi Lappis.* Die Leber, die sehr groß ist, wird gekocht und gleich gegessen. Die Lungen werden bisweilen leicht gesalzen und getrocknet gegessen oder auch nur getrocknet den Hunden gegeben. Die fetten Därme werden aufgeschlitzt, gewaschen, in frischem Zustand gekocht und schmecken ganz gut. Das Euter und die *testiculi* essen die Lappen nicht. Der Unterschenkel wird bis zum Fußgelenk abgezogen, weiter geht das Fell trotz aller Kunst nicht herunter, wenn man es auch noch so sehr abbrüht, das Fleisch bleibt immer an der Haut hängen. Die Klauen werden fortgeworfen.
Stercus im Sommer wie kleine Kuhfladen, im Winter wie der von Ziegen.
Korm-Würmer hat das Ren auch in Nase und Gaumen; wenn es im Frühling zu schnauben beginnt, kommen sie aus den Nüstern heraus. Die Würmer, die im Rücken sitzen, werden, wenn sie reif sind, vom Tier durch Muskelbewegungen herausgedrückt, so daß sie nicht weiter zehren und reizen können. Sie sitzen nicht im Fleisch selbst, sondern zwischen *tunica musculorum* und *cutis.* Im Frühling entsteht an diesen Stellen wie bei der Kuh eine offene Wunde.
Der Lappe geht nie barfuß und hat keine Strümpfe, sondern Heu in den Stiefeln; das Leder dazu wird gekauft.
Man kocht das Fleisch in Wasser ohne irgendwelche Zutaten und trinkt die Brühe.
Jumomilch das ganze Jahr über delikat.
Alle möglichen Sorten Beeren werden mit Milch gekocht, einige ungekocht in Pansen und Fäßchen aufbewahrt.
Fisch kochen sie vorsichtig bei schwachem Feuer (Fleisch hingegen nicht so ordentlich, es löst sich kaum von den Knochen), damit der Fisch nicht wässerig wird, und trinken die Brühe. Frische Fische werden auch gebraten, einige, jedoch *rarius,* gesalzen und getrocknet.
Das Fleisch wird gleichzeitig von Wind, Sonne, Feuer und Rauch im Schornstein getrocknet.
Bei den Mahlzeiten haben sie niemals mehr als einen Gang.
In Medelpad wird Molkenkäse topfweise verkauft. In Dalekarlien und Medelpad haben einige ihr Vieh oft zwölf à sechzehn

Meilen weit in den Bergen, denn unten sind Wespen und hartes Gras. Dort oben haben sie ihre Melkhütten. Wenn der Käse zubereitet ist, wird die Molke zu einem dicken Brei gekocht, wobei zwei Drittel verdampft, und dann wie Butter gegessen oder in Teig gemischt oder auf andere Weise verwertet.
Im Gebirg ist oft so starker Wind, daß man nicht stehen kann, ja, Mensch und Schlitten werden umgeworfen. *Angustia loci compensat nubes celeratas.* Im Pfarrhof flog ein ganzes Fenster in die Stube.
Die Waldlappen schießen gut, aber die Berglappen nicht so, jedoch erlegen sie trotzdem ziemlich viel Wintereichhörnchen mit dem Bogen.
Im Winter gehen sie umher, um ihren grimmigsten Feind, den Wolf, aufzustöbern, der ziemlich viele Rentiere tötet, zwanzig à dreißig, falls sie ihm vors Maul kommen, *id est circuitus,* je nachdem, wie weit die Rentiere um jedes Zelt herum weiden. Der Lappe flieht, wenn er nicht schießen kann. Der Bär reißt kaum ein Ren, es entwischt ihm stets, es sei denn, er schleicht sich an. Aber in Vorratsböden sowie in Bergschluchten, wo die Lappen vieles aufbewahren, haust er fürchterlich und stellt alles auf den Kopf.
Der Vielfraß haust in den Vorratsböden noch ärger, aber für die Rentiere ist er keine Gefahr.
Die Arbeit des Mannes: Schlitten und andres Holzgerät herstellen. In den Waldgegenden schlagen sie Holz für Schöpflöffel etc., die sie in die Berge mitnehmen.
Frauenzimmer: machen Kleider für die ganze Familie.
Spiele: Die Kinder machen sich aus Zwergbirken Renhörner und stoßen sich damit. Bauen aus Steinen kleine Häuschen und Hütten. Spielen Verstecken in Höhlen. Erwachsene sind recht ordentliche Ballspieler, tun's aber selten, spielen Blindekuh, Fingerhakeln.
Die Berglappen sind viel lustiger und umgänglicher als die Waldlappen, die mehr *sylvestres* sind, auch spitzbübischer, von den Städtern verdorben etc., betrügen gern. Die Berglappen wohnen in Dörfern, nicht aber die Waldlappen.
Keine Instrumente, außer Luren und Vogelbeerrindenpfeifchen.
Singen nicht in der Kirche, außer, man hat es ihnen beigebracht.
Die Rentiere haben nicht jedes Jahr ein gleichgeformtes Ge-

weih. Die Spitzen sind oft deformiert, was davon kommt, daß sie sich mit den Füßen den Kopf kratzen, denn die Hörner jucken beim Wachsen und sind weich wie ein frischer Fisch.
Die Lappländer leiden nicht mehr an Erfrierungen als andre. Ihre Backen halten viel Frost aus.
Die Frauen tragen ein besticktes Stirnband, die Männer aber einen abnehmbaren Pelzkranz um ihre Filzmütze.
Spetto heißt ein Spiel bei den Lappen, das sowohl Männer wie Frauen spielen. Man hat dreißig oder fünfzig oder sechzig Stäbchen, jedes eine Querhand lang, legt sie auf einem Renfell etc. aus; dann nimmt einer eine Kugel aus Stein oder Marmor, groß wie ein *judaicus,* wirft sie umgefähr eine Elle hoch in die Luft, und während sie noch in der Luft ist, nimmt er vom Fell ein Stäbchen auf, aber so geschwind, daß er auch die Kugel noch mit der gleichen Hand auffangen kann, in der er das Stäbchen hält; mit der anderen Hand nimmt er acht weitere Stäbchen, die ihm zufallen. Wenn er einen Fehler macht, nimmt der andre die Kugel und wirft in der gleichen Weise, worauf sein Gegner ihm seine Stäbchen ausliefern muß, bis er alle los ist, und der hat gewonnen, der alle bekommt.

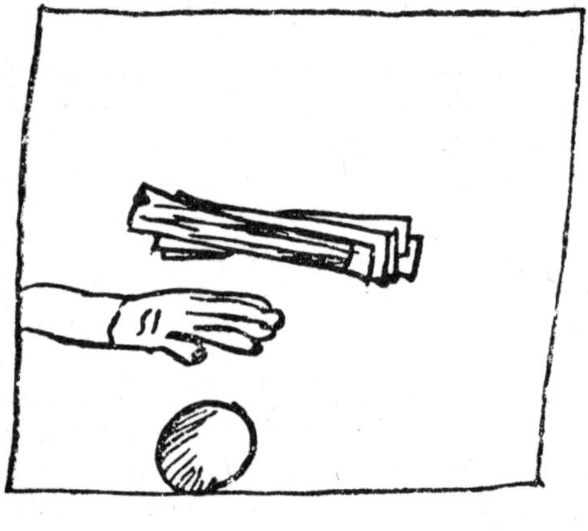

Leges:

1. Der, welcher die Kugel erwischt, aber nicht das Stäbchen oder *vice versa,* muß das Spiel dem anderen überlassen.
2. Wer mehr als ein Stäbchen aufnimmt, überläßt das Spiel dem anderen.
3. Der Gegner darf von den Stäbchen, die er hat, so viele

auslegen, wie er will und auf welche Weise er will; aufeinandergelegt gilt als das schwierigste und wird meist verwendet, denn dann muß der Spieler mit einer Hand sowohl die Stäbchen auseinanderbreiten als auch eins davon aufnehmen, was sehr schwer ist.
4. Zum Schluß, wenn alle Stäbchen gewonnen sind, legt der Gegner die beiden letzten Stäbchen aus, und zwar weit voneinander entfernt, und der Gewinner soll nun beim letzten Umgang statt nur eins alle beide auf einmal aufnehmen oder das Spiel dem andern überlassen, *hinc* oft das Spiel noch durch die beiden letzten Stäbchen verlorengeht.
5. Wenn der Gegner einen Fehler macht, gehören alle Stäbchen, die auf dem Spielfeld liegen, dem, der gerade ausgelegt hat. Der Gegner muß die gewonnenen Stäbchen nun gleich wieder auslegen, auf daß der andre sie durch erfolgreiche Würfe gewinne. Die Stäbchen aber, die er vorher selbst ausgelegt hat, braucht er nicht im Spiel aufzunehmen, sondern gewinnt sie *jure.*

Cortex med. alni wird gekaut, auf die Haut gespuckt und verstrichen.

Grober Wollstoff, weiß, kommt aus Rußland, ist zur Not auch hellgrau.

Der Lappländer loht seine Häute mit Birkenrinde, will es aber jetzt aufgeben, denn er behauptet, diese Prozedur mache das Leder zu spröde, hat auch wenig Zeit dazu.

Brot aus Schlangenwurz wird hier nicht so sehr als das aus Birkenrinde gegessen.

Resp. man nimmt zarte Fichtenwurzeln, frische, schabt ihre Haut ab (mit dem Messerrücken, wobei die Wurzeln auf den Oberschenkel gelegt werden), spaltet dann die Fasern drei- bis fünfmal mit dem Messer, wickelt sie über die Hand zu einem Knäuel, bindet sie zusammen, kocht sie mit viel Asche in einem Kessel (eine oder zwei Stunden); darauf, solang sie noch vom Kochen weich sind, streicht man sie drei- bis viermal mit dem Messerrücken (über dem Knie) aus, dreht sie zu einem Seil zusammen. *Item* mit Birkenwurzeln, *sed rarius.*

Die Wurzeln aber, aus denen man Körbe flicht, werden nicht gespalten, man nimmt sie lieber ganz (Kiefernwurzeln ergeben eine schlechte Qualität); auch Käsebottiche macht man daraus.

Der Lappländer setzt sich, wenn er einen Gast hat, stets

zuvörderst in seiner Hütte. Sein Gast aber setzt sich neben ihn, auf ein besonderes Renfell, damit er gleich am Trinkkessel ist, welcher ganz vorn steht.
In Hyttan fließt der Fluß Sommer und Winter. Wenn also das Flußwasser, wie man glaubt, Schmelzwasser wäre, könnte es im Winter, wenn es in den Bergen friert, doch nicht fließen. *Ergo ex scaturiginibus circumambulantibus.*

Die Zeiten:

Mitternacht	*kaskia*
Nach Mitternacht	*pojela kaskia*
Der erste Morgen	*teleeteits*
Sonnenaufgang	*peivi marotak*
Zwei bis drei Stunden nach Sonnenaufgang	*areiteet*
Ums Renkühemelken (etwa acht bis neun Uhr)	*arrapeivi*
Mittag	*kaskapeivi*
Fünf bis sechs Uhr	*eketis peivi*
Sonnenuntergang	*peiveliti*
Nacht	*iä*
Sonntag	*sotno peivi*
Montag	*mannutaka*
Dienstag	*tistaka*
Mittwoch	*kaska vokku*
Donnerstag	*tourestaka*
Freitag	*perietaka*
Sonnabend	*lavutaka*

Namen der Monate und Wochen.
Monate *nullos*, Wochen *quaedam.*

Mittsommer	*mitsomar vakku*
St. Petermesse	*pelamessu*
Gänsewoche	*gassu vakku*
Mitten im Sommer	*gaskakis*
Margretentag	*markit*
St. Olavsmesse	*vollis*
...	*vehak*
St. Laurenzmesse	*lauras*
Renkalbswoche	*orrik* (die zweijährigen Renkälber reißen die Haut von den Hörnern)

Bartholomäi	*barti*
...	*hoppmil*
Margaret	*margi*
...	*beharris*
Matthäi	*mattus*
...	*mikkel*
...	*perkit*
Winterwoche	*talvi*

Der Lappenstock:
Oben ein eherner Spieß, mit dem er auf Wolf und Bär geht, im tiefen Schnee. Unten daran ist ein Kranz aus Wurzeln, der mit einer Schlinge aus Renleder durch ein Loch im Stab an denselben angebunden ist. Der untere Teil des Stockes ist mit Eisen beschlagen. Den Stock verwendet der Lappe beim Skilaufen, und der Kranz dient dazu, daß der Stock nicht im Schnee versinkt. Der Stock ist rund, aus Birke.

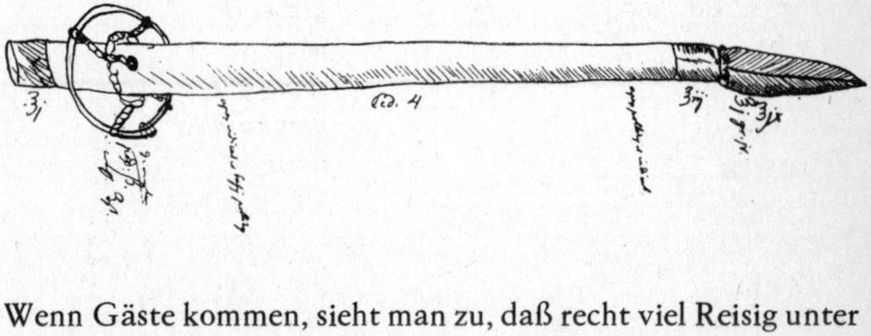

Wenn Gäste kommen, sieht man zu, daß recht viel Reisig unter den Renfellen liegt, die auf dem Boden ausgebreitet sind. Andernfalls wird gelästert und, wieder daheim, über den Gastgeber und die Hausfrau gescholten. Der Fremde wird so bewirtet:
Zuerst gibt man ihm gefrorene Milch, Beerenmilch, Käse oder *kappi*, kocht dann Fleisch, schneidet Käse (nachdem man das gare Fleisch herausgenommen) in die Suppe, was recht gut sein soll, und hernach gibt's vielleicht getrocknete Renmilch.

Lappländisches Lied:

> jejeee vu vu aa vujáá, ai
> teelee, e eee,
> uau tali tuu
> z, etc. lei...

Dies 22.
Verlobung:
1. Zuerst spricht er mit dem Mädchen und neckt sie, um zu sehen, ob sie böse wird, spricht vielleicht einige Male mit dem Vater, sagt diesem, wann er kommt, öfters auch nicht.
2. Er nimmt alle seine Verwandten, die er in der Gegend hat, auf die Freite mit. Alle versorgen sich mit Essen, der Bräutigam auch, er geht als letzter in der Reihe.
3. Kommen sie an, treten sie ein. Manchmal, wenn ein anderes Zelt in der Nähe ist, läuft die Braut dorthin, damit sie nichts hört. Zwei bis drei sind immer die Wortführer, deren vornehmster, er wird *sugno oivi* genannt, sich setzt. Gießt nun der Vater des Bräutigams den Branntwein ein (der Bräutigam selbst ist draußen bei den Rentieren oder in einem anderen Zelt, wenn eines da ist), fragt der Vater der Braut, in welcher Absicht der Vater des Bräutigams mit Branntwein aufwarte?
Bräutigamsvater: „Ich bin mit guter Absicht hergekommen. Gott gebe Erfolg, das hoffen wir."
Zögert der andre, will er nicht recht, trinkt er nicht, dankt aber dennoch für das Angebot, so sucht ein jeder mit einem guten Wort nachzuhelfen. Lenkt er ein, so gehen alle hinaus, um ihre Gefäße, Silber etc. zu holen. Sie legen alles in der Hütte vor dem Vater und der Mutter des Mädchens auf ein Renfell. Entweder verteilt nun der Vater oder die Mutter des Bräutigams die Brautgabe, etwas für den Brautvater, etwas für die Brautmutter, soundsoviel für die Tochter. Scheint dies der Brautmutter zu wenig, dann begehrt sie mehr. Auf diese Weise feilscht man so lange hin und her, bis man endlich eins wird. Manchmal, falls sie nicht so viel erhalten, wie sie möchten, geben sie alles zurück. Wenn die Werbung angenommen ist, gehen sie mit zweien aus der Verwandtschaft, die Tochter zu holen. Hat die Braut nun eine Freundin oder Schwester, die ihr besonders zugetan ist, so hält diese sie fest umschlungen, und die Mutter des Bräutigams muß ihr, weil sie so jammert, einige Messingplättchen oder Messingringe zum Troste schenken.
4. Ist nun alles abgemacht, so kommt die Braut herein, und der Vater fragt sie *pro forma*, ob sein Entschluß gut sei. Sie stellt sich in die Obhut des Vaters und sagt, er wisse sicherlich am besten, was für sie das Rechte sei.
Dann legt ihr die Mutter des Bräutigams die ihr zugedachten Gaben auf den Schoß. Scheinen ihr diese zu wenig, ziert sie

sich, dreht sich hin und her und tut, als wolle sie sie nicht annehmen. Vielleicht bekommt sie dann noch etwas, oder man verspricht ihr mehr für später. Alle Gaben verbirgt sie.
Dann geben Vater und Mutter des Bräutigams dem Paar Branntwein zu trinken, den sie gemeinsam aus einem Gefäß trinken. Alle fassen einander an den Händen und bilden einen Ring ums Haus, nehmen die Mützen ab, danken Gott, weil dieser doch jedem eine Frau gibt etc.
Dann packt die gesamte Verwandtschaft des Bräutigams ihr mitgebrachtes Essen aus, meistens hat jeder einige Käse mit und ein Stück Pökelfleisch. Das Fleisch wird am Feuer gebraten, trockne Milch etc. dazu. Man verteilt und ißt gemeinsam, jedoch wird Braut und Bräutigam gesondert aufgetragen.
5. Jetzt ernennt man zwei Wirte: einen von des Bräutigams, einen von der Braut Seite. Die Leute des Bräutigams bringen rohes Fleisch, ein oder anderthalb Pfund. Mann und Frau kochen, die Wirte auch, sie kochen in mehreren Kesseln, zwei in jeder Hütte, falls Nachbarn da sind, denn ein Lappe hat nie mehr als ein Zelt, oder sie kochen in wiederholten Umgängen. Dann seiht man das Schmalz ab. Es wird in Schalen gegossen, Wollkittel oder Decken werden ausgebreitet, darauf stellt man das Essen. Die Angesehensten, soviel ihrer eben Platz haben, essen im Zelt der Gastgeber, Kinder und andere in denen der Nachbarn, sprechen ein Tischgebet, Bräutigam und Braut sitzen nebeneinander beim Eingang, ihnen wird das Beste vorgelegt. Das Fleisch wird an die Messerspitze gesteckt, ins Schmalz getaucht und gegessen. Sie trinken die Fleischsuppe. Manchmal kommen Leute aus andren Dörfern und glotzen durch die Tür herein. Da bleibt den Gastgebern nichts übrig, als diesem Bettelvolk auch was abzugeben; alsdann gibt man ihnen zwei bis drei Stücklein, soviel man sich eben grade leisten will. Zum Schluß werden die Essensreste von den Gastgebern zusammengetragen, auf eine Decke gehäuft, eingepackt. Die Reste von der Speise der Brautleute jedoch werden gesondert gelegt, davon darf kein andrer essen. Man spricht ein Tischgebet, gibt sich die Hand und dankt, indem man *kusslån* sagt. Nachdem sie ein wenig Branntwein getrunken haben, legen sie sich hin (die Rentiere hat man, als man mit dem Kochen anfing, freigelassen); Bräutigam und Braut liegen zusammen, jedoch in Kleidern und allem.

6. Am nächsten Morgen, wenn sie aufstehen, trinken sie weiter, wenn der Vater des Bräutigams oder auch dessen Angehörige noch etwas übrig haben, denn der Brautvater hat selten etwas, und aller Branntwein muß gekauft werden. Alsdann machen sie sich über das kalte Fleisch her, nämlich das, welches man am Vorabend nicht aufgegessen. Dann holen die Leute der Braut Käse, trockene Milch hervor und essen, *item* trocknes Fleisch.
Dann beginnen ihre Leute zu kochen, vor allem frisches Fleisch. Wenn sie gegessen haben und satt sind, machen sich alle auf den Weg. Ein Aufgebot erfolgt nur einmal, dann wird gleich darauf die Hochzeit gehalten.
7. Ist die Hochzeit vorbei, bleibt er die erste Nacht bei ihr oder begibt sich auch zu den Seinen, bleibt ein, zwei à fünf Tage daheim und kommt dann erst zu ihr, nimmt seine Renmacht mit und bleibt eine Zeitlang dort. Die reich sind, geben für eine Frau
a) dem Vater eine *krano s.* Bettdecke, einen kleinen Silberbecher, Wollkittel (die Lappländer verwenden an ihren Kleidern keine Falten), einige Reichstaler, Silberschnallen, Löffel etc., so daß dies manchen seine hundert Taler Kupfer kostet;
b) der Mutter Silbergürtel, Wollrock.
Angelica heißt bei den Bewohnern Västerbottens *björnstut*, allein die Lappländer haben dafür ganz komplizierte Ausdrücke. Im ersten Jahr, da es zu wachsen anfängt, nennen sie die Wurzel *urtas*, die Blätter aber *fatno*, im zweiten Jahr aber *posko*. Ist aber ihr Stengel getrocknet worden, so heißt das *rasi*, *id est* Gras.
Elli rasiist puro etnach: Gib acht, tummle dich, daß du so viel Gras wie möglich bekommst!

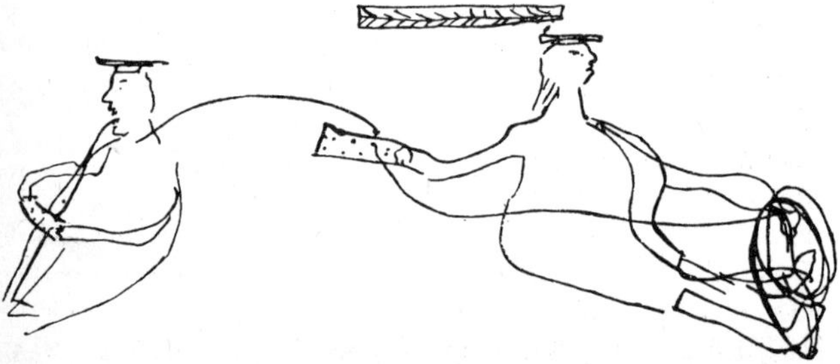

Zinndraht wird hergestellt, indem man die zuvor in doppelter Drahtstärke gegossenen Zinnstränge mit Fett von gekochten Rentier- oder Rinderfüßen oder aber mit Vogelschmalz einfettet, die Stränge, solcherart geschmiert, *a latere concavo* durch ein Stück Horn zieht und schließlich den so gezogenen Zinndraht auf Füßen und Händen aufwickelt. Die Frauen und Mädchen halten hierbei die Füße zur Seite.
Heu, Haufenheu in Västerbotten. Das frische Heu wird über Nacht gehäuft gelassen, damit es halbwarm bleibt, am Tag gespreitet, wird dadurch ergiebiger und kräftiger, ähnlich dem Hopfen in Jämtland, denn auch dieser wird frisch fest zusammengepackt und, wenn er Hitze entwickelt hat, wieder zum Trocknen gespreitet, *hinc* kräftiger.
Diversitas exsiccandi segetes:
Scani mähen es, spreiten es aus und sammeln es nach dem Trocknen mit dem Rechen.
Smolandi schneiden es und trocknen es auf Heureitern.
Ostgoti setzen je zwei und zwei Garben in einer langen Reihe zusammen.
Uplandi mähen es, binden es, bauen Heuhaufen.
Angerm hängen ihre Jahresernte über Heureiter.
Vbotni hängen es auf Reiter *cruciatim.*
Dies 23. verließ ich am Abend die Gebirgsgegend und begab mich von Hyttan über den Seeweg nach Luleå zurück.
Cheruna oder das Bergschneehuhn lebt von den Zwergbirken, kriecht des Nachts unter den Schnee wie der Auerhahn etc., wird deswegen auch leicht vom Fuchs gefangen. Im Frühjahr findet man seinen Mist *copiose* am Erdboden.
Die Rotmäuse sind in manchen Jahren überall, zerfressen die Saat und das Gras zu Millionen, sind im Nu wieder verschwunden und keiner weiß, wohin. Sie richten jedoch keinen Schaden in den Häusern an.
Hermelin, weiß zur Winterszeit, rot im Sommer, findet sich im Gebirg selten, wohl aber im Wald.
Die Füchse haben die meisten Hasen gefressen; *item* fressen die Wölfe die Füchse.
Spitzmäuse und Feldmäuse gibt es in der Lappmark, Ratten aber keine.
Die Bärenjagd wird oft von einem einzigen Mann betrieben. Hat er die Spur eines Bären aufgenommen, so nimmt er seinen Hund, legt ihn an die Leine, bindet ihm das Maul zu, damit

er nicht bellen kann. Wittert nun der Hund den Bären, wird er unruhig und zieht an der Leine, worauf der Lappländer wohl versteht, daß der Bär nicht mehr weit sein kann. Weiß nun der Lappländer, in welcher Richtung sich der Bär befindet, stellt er sich so, daß der Wind vom Bären zum Mann geht und nicht *vice versa*, damit ihn der Bär nicht wittert, denn, durch helles Licht geblendet, vermag er ihn nicht auf größere Entfernung zu sehen. Der Lappe kriecht ihm auf einen Büchsenschuß entgegen. Wenn er nun auf den Bären schießt, der im Herbst friedlich auf Beerensuche geht, und der Schuß sitzt nicht, weiß der Bär sofort, wohin er sich wenden muß, und setzt dem kleinen Lappen nach, dieser springt hurtig davon, den Eßranzen zurücklassend, wo er grade gestanden. Wenn der Bär nun den Ranzen entdeckt, so reißt er ihn in tausend Fetzen. Inzwischen hat aber der Lappländer, nachdem ihm der erste Schuß mißlungen, wieder geladen, brennt den andern Schuß ab, und seine Hand braucht nicht zu zittern, denn entweder fällt der Bär oder gibt Fersengeld.

Dies 24. In den Hütten entdeckte ich ein Instrument, welches ich vorher nie gesehen, ist zum Umrühren in den Kesseln, war aus Zinn.

Mittwegs nach Hyttan, westlich von Vallevare, gibt es schönes Eisenerz, dürfte sich aber kaum lohnen, es abzubauen, wegen des beschwerlichen Wegs bis Luleå.

Heute nacht sah ich nach langem wieder einen Stern, waren mir vorher keine erschienen, da ich ja während *solstitium* gekommen, doch war es nicht dunkler als so, daß ich, was ich wollte, schreiben konnte. Der Lappländer, welcher einige ausgewachsene Zwergmaränen gefangen hatte, steckte sie an einen Spieß, und zwar so, daß der Rücken des einen Fisches immer den Bauch des vorderen berührte, also wurden sie flach dem Bratfeuer zugewendet. Er briet sie, aß sie fast ungesalzen.

Der Handbogen besteht aus besonders hartem Nadelholz und Birke, zusammengeleimt.

Der Leim wird so gemacht: Große Barsche werden gehäutet, die Haut getrocknet, später in kaltem Wasser wieder naß gemacht, damit man die Schuppen abschaben kann. Die Schuppen von vier à fünf Häuten werden in eine Blase getan oder in Birkenrinde eingewickelt, daß kein Wasser daran kann, legt das in einen Kessel kochenden Wassers, einen Stein oben drauf, so kann's nicht schwimmen. Mit diesem Leim, der sich

niemals auflöst, und mit einem Band wird der Bogen umwunden, so daß *latera sibi appropinquant.*
Die Lappländer haben auf ihren Fahrten keinen andern Eßranzen als den Überrock, zwischen ihm und dem unteren liegt alles, denn sie sind ja stets gegürtet und ihre Jacken immer weit und lose, oben wie unten. *Lysimachia purpurea s. Epilobium* macht die Wiesen recht herrlich anzuschauen. *Virga aurea* stand hier in Blüte, nicht aber im Gebirg, *hinc serius floret in alpibus.*
Noch kein einziges Tier habe ich je so hoch aus dem Wasser ragend schwimmen sehen wie das Ren, welches fast bis zum halben Rumpf trocken bleibt.
Das Wasser des Kiomitis-Sees war ganz weißlich, als hätte man's mit Milch vermischt. Sie nannten es Kalkwasser und sagten, es käme aus den Bergen, aber solches *a colore, non causa et origine.* Dieser Fluß mündet bei Kiomitis in den großen Strom und macht dessen Wasser ganze vier à fünf Meilen weißlich, solches sah ich in Virijaur.
Mit viel Vergnügen sah ich, wie die Lappländer, wenn sie Branntwein trinken, zuerst den Zeigefinger hineintauchen und ein wenig auf Stirn und Brust streichen. Da ich um die Ursache fragte, erfuhr ich, es werde getan, damit weder Kopf noch Brust vom Trunk beschwert würden.
Im Winter, wenn das Ren nicht an *coralloides* kann, weil ja der Boden gefroren ist, werden Bäume gefällt, damit es sich an den Flechten sättigt, *sed vix sufficit.*
In den Hundstagen quälen sich die Rentiere der Waldlappen gewaltig ab, denn sie können sich nicht im Schnee wälzen, um sich abzukühlen, *hinc* die Berglappen reicher sind.
Einige Lappländer, die frische Zwergmaränen gefangen hatten, kochten diese so sehr, daß sie wie schmutziger Brei aussahen, und verzehrten sie mit den Fingern. Die Lappländer schützen ihren Hals recht gut mit ihren dicken Krägen, ohne die sie niemals bei starker Kälte hinausgehen. Denn anders würde dieser empfindliche Körperteil, der mit so vielen *nervis, musculis, trachea, venis et arteriis speciosis instructa,* gewiß Schaden leiden. *Hinc male virgines nostrae, male item juvenes,* wenn sie sich das Tuch um den Hals schnüren, daß sie so rot im Gesicht werden, als würden sie erwürgt und erdrosselt.
Nos Sveci sind in die Kleider gezwängt. Halstuch, Rock, Weste, Beinkleider, Strümpfe, Wämser etc. spannen uns grausam, ja, je grausamer desto *elegantius; Lappones* hingegen *duo tantum*

leviter constricta habent, sc. Beinkleider *superius,* doch nie strenger, als daß man sie grade bequem *sine apertura* an- und ausziehen kann, dazu einen Fellgürtel; doch *semper angustior contractio violentior, haec lata.*

Dies 25. Hier in den Seen gibt es nicht so viele Gewächse wie im Süden, sondern der Boden ist ganz klar und *nudus,* auch die Ufer sind nackt, weder *Nymphaea* noch *Juncus* etc. wächst hier, nur draußen auf den Seen *Ranunculus foliis rotundis et capillaceis,* wovon der See ganz weiß ist. Ich staunte, als ich die Seen hier an gewissen Stellen ganz weiß vorfand, sah man doch vor vierzehn Tagen, da ich aufwärts reiste, noch keinen einzigen *ramus* von ihnen, wogegen jetzt *rami ulnares* überm Wasser treiben. *Caulis* war ganz weiß, weil er so stark gewachsen, manchmal drei Faden tief. Am Strand, wohin er vom Wasser getrieben wird, werden seine *folia capillacea radix,* wie ich sah, welches sie auch im Wasser sein dürften. Ich sah auch ein wenig *Potamog. foliis amplexicaulibus.* Ebenfalls bemerkte ich ein *Gramen maximum natans, fluitans, ramosum, spicis cylindraceis. An Gramen aquaticum geniculis spicatis?*

Norwegische Armbrust: man kann mit ihr so gut schießen wie mit einer Büchse, Eichhörnchen auf zwanzig à dreißig Schritt. Mit Staunen sah ich, wie einer eine schmale Gerte, die ich ihm auf dreißig Schritt aufgesetzt, wegputzte.

Im Winter, zwischen Andreastag und Weihnachten, werden die Netze auf Renken ausgelegt, man schlägt Löcher ins Eis, zieht wie bei einem Eisschleppnetz mit einer Stange.

Der *akkja* oder Schlitten dient den Lappländern auch zum Befördern von Sachen. Sie bauen ihn geschlossen, ein wenig konvex, mit einem kleinen Spund oben in der Mitte, wodurch sie ihre Sachen hineinlassen, wird drauf verzapft. Das macht man, damit die Sachen nicht naß werden.

Die Hälse der Eistauchervögel werden zum Kapuzenmachen verwendet. Sie haben einen grauen Ring um den Hals, das ist der *Lumme Wormii.*

Die Lappländer, was erstaunlich ist, haben keine Kalender, sondern eine Art Runenstäbe, aus sieben kleinen Hölzchen gemacht. Sie haben für ihre Monate zwar Namen, rechnen damit aber nicht auf unsre Weise, sondern zählen nach den Feiertagen, die sie haben. Für jede Woche haben sie einen Namen. Sonn- und Mondfinsternis wissen sie nicht voraus. Der Jahreskalender beginnt Freitag vor Weihnachten etc.

Um Sonnenuntergang langten wir in Purkijaur an, wo es aber kein Boot gab, also wir genötigt waren, ein Floß zu machen. Die Nacht wurde vor Nebel ganz undurchdringlich, so daß wir keine drei Klafter weit sehen konnten. Wir kamen endlich in die Strömung, und da fingen die Stämme an, auseinanderzugehen. Wir wurden fast eine halbe Meile auf diese Weise getrieben. Nach großer Lebensgefahr erreichten wir den Hof, der auf einer Insel lag.

In Purkijaur heuerte ich einen Mann an, der mir das Perlfischen zeigen sollte, ich gab ihm dafür sechs Taler. Er baute aus fünf Stämmen ein Floß, jeder Stamm so dick wie ich, zwei Klafter lang. An einem Ende wurde ein Keil eingeschlagen, der den Anker halten sollte. Der Anker war ein Stein, ca. ein Liespfund schwer, mit Birkenbast umwickelt und mit einem Basttau von zwei Klaftern Länge daran. Eine zwei Klafter lange Stange hatte der Mann bei sich, auf größere Tiefe kann man den Grund des Stromes nicht mehr klar sehen. Solcherart fuhr er in die starke Strömung und steuerte mit der Stange.

Wo er nun den Grund gut sehen konnte, legte er seinen Stein aus und befestigte das Tau an dem Keil. Da lag das Floß still. Wollte er an einen andern Ort, so nahm er den Stein wieder auf.

Wo es nicht sehr tief war, stand er *erectus* auf dem Floß, wurde es aber tief, lag er der Länge nach ausgestreckt.

Die Perlmuscheln holte er mit einer zwei Klafter langen Holzstange herauf. Die Zange daran war eine Spanne lang und zwei Finger breit, *apice abscissa;* geschlossen lagen die beiden

Zangenteile flach aufeinander. Er hielt *summa apice* und nahm so die Muscheln vom Stromgrund herauf. Gewöhnlich lagen die Muscheln offen da, weshalb man ganz leicht erkennen konnte, daß ihre *interna* weiß waren, aber sobald man ein wenig im Wasser herumrührte, schlossen sie sich, obgleich sie weder Augen noch Ohren hatten. Er öffnete sie mit einer Muschelschale, welche er kräftig zwischen die beiden *valvas* drückte (denn mit *digitis* wär's unmöglich gewesen); dann suchte er die Innenseite der *valvae* nach Perlen ab. War *valva* weiß, erhielt er eine weiße Perle, aber bei einer roten oder dunklen eine rote oder dunkle Perle.
Dieser Fluß war vormals der ertragreichste Perlfischplatz, jetzt aber war er fast leergefischt. Früher, sagte man mir, hätte man vor lauter Muscheln gar nicht an den Flußgrund können, heut aber nicht mehr so.
Es gibt an den Muscheln keine *signa externa infallibilia,* die über ihren Inhalt Aufschluß geben, auch werden häufig viele tausend *diffracta,* ehe man eine Perle findet, wodurch alle Muscheln getötet werden, was schade ist. Manchmal sitzen die Perlen auch auf der Schale, manchmal gehen sie verloren. Es gibt sie das ganze Jahr hindurch. Oft auch werden sie von den Muscheln ausgestoßen.
Kurios war, was ich hierorts beobachtete, nämlich einen Hecht, der ein ganzes Entenjunges im Bauch hatte. Ein Bauer sagte, es hätte sogar schon welche gegeben, in denen man ganze Schellenten gefunden hätte.
Dies 27. Ich beobachtete, daß Rentiere gern Schachtelhalm *(Lappis åsche) sive Equisetum* fressen, war er aber vertrocknet, fraßen sie ihn nicht gern, weshalb ich mich über die *negligentia* der Lappen verwunderte, daß sie nicht im Sommer den Schachtelhalm und die Rentierflechte abernten, wie die Bauern es tun, damit sie etwas haben, womit sie ihre Rene füttern können, wenn der Schnee verharscht, und so nicht bisweilen ihren ganzen Besitz (ihre ganze Herde) verlieren.
Die Västerbottenleute und Neusiedler pflegen sich gegen Mücken mit Teer, Tran oder anderem Fett einzuschmieren, das sie in einem Horn an der Seite bei sich führen, aber der Lappe macht sich nichts daraus.
Die Lappländer kauen bei Tabaksmangel *radix Angelicae,* damit sie wenigstens einen starken Geschmack im Halse haben.

Die Lappländerinnen tragen ihre Gürtel nach Männerart, sind sie jedoch schwanger, ziehen sie sie bis über den Nabel hoch.
Heute fand ich zwischen *Chamaemorum*, da ich diesen pflückte, *Ophrys minima.*
Item Pinguiculam minimam, aber *exaridis foliis, fructu maturo, cordiformi, emarginato, 2 valv., 1 loc.*, wächst im Torfmoos.
Die lappländische Elster, Rotvogel in Västerbotten, *gvousakk* auf lappländisch, ist habgierig, nimmt alles fort, was sie sieht, Fleisch etc., ist nicht scheu, *referri potest ad Glandariam.*
Die Kleider der Lappen sind nur im Winter gefüttert, an Leibwäsche hat der Lappe nichts außer ein wenig Renkalbsfell.
An der Lappenkleidung sind die Ärmel nicht eingesetzt, dafür ein Keil in der Achselhöhle. Der Kittel hat auf beiden Seiten *per totam longitudinem* einen Einsatz, wird nach unten hin etwas weiter und reicht bis zur Mitte der Beine. Die Krägen sind gemeinhin blau mit weißer Stickerei.
Die Rene werden nicht wie andere Tiere geschlachtet, *describatur Holmiae, Smolandiae etc.*, sondern man bindet das Ren mit dem Halfter an, der Lappe nimmt seinen Speer und sticht es hinter den Schulterblättern hindurch ins Herz. Dies hat zur Folge, daß alles Blut sich in der Brust sammelt und nichts herausrinnt. Ist das Ren abgezogen, findet man das Blut geronnen *in cavo pectoris;* es wird später zerquirlt. Das Hirn verwenden die reichen Lappen nicht, aber die armen kochen es in Blutsuppe. *Testiculi* werfen alle weg. Der Penis wird dazu gebraucht, die Schlitten zu ziehen.
Die Tallappen gehen um Mittsommer in die Berge und zu Peter und Paul oder Lars kommen sie wieder. Hingegen kommen die Berglappen zwischen Allerheiligen und Weihnachten ins Tal und kehren zu Mariä Verkündigung wieder in die Berge zurück. Alle Lederbekleidung wird mit Sehnen genäht, aber alles Wollzeug mit Hanfgarn, das man kauft.
Dies 28. Heute fand ich *Pseudo-helleborina.*
Das Feuer, welches Thor vor einigen Tagen geschlagen, wütet jetzt heftig durch den lappländischen Wald, um so mehr, da es ja die ganze Zeit trocken gewesen. Wir sahen an zehn Stellen, wie der Waldbrand einige Meilen weit ging. Ich war gestern an einem Ort, wo es ganze drei Viertelmeilen weit gebrannt hatte, und sah, wie Flora hier ihren üppigen grünen Teppich mit einem schwarzen Trauerkleide vertauscht hatte, was mich schlimmer als selbst das Weiße des Winters deuchte,

denn obgleich dieser die Stengel zerstört, so schont er doch die Wurzel, nicht so aber hier. Da wir hinkamen, war das Feuer zumeist schon erloschen, nur hier und da noch gloste es auf Ameisenhaufen und an dürren Baumstrünken. Nachdem wir nun etwa eine halbe Viertelmeile umhergewandert waren, erhob sich ein leichter Wind, und sogleich prasselten die Bäume herab wie die Krieger einer Armee, wenn der Feind seine Salve schießt. Wir wußten nicht mehr, wohin wir uns wenden sollten, und konnten vor lauter Rauch nicht ruhig an einem Orte stehen. Zurück wagten wir uns nicht, vermuteten aber, daß es vor uns bald aufhören würde, irrten jedoch. Wir mußten den vor uns fallenden Bäumen ums Leben entspringen, sahen sie auf uns zustürzen. Manchmal fielen sie so plötzlich, daß wir vor Schrecken stehenblieben, unsre Sache *Enti Entium* anheimgebend. Einmal schlug ein großer Baum zwischen mir und meinem Gefährten, der doch nicht viel mehr denn ein Klafter weit hinter mir ging, auf den Boden hin, *sed singulari Dei fato uterque salvus evasit.* Nicht wenig froh waren wir, die wir vogelfrei gewesen, uns schließlich von Kains Furcht ledig zu sehen.

Vorher war man von den Mücken genug belästigt worden, nun kam in Mengen eine Art winziger Fliegen.

Das unangenehmste war, daß sie einem ins Gesicht krochen und Nase, Mund und Ohren füllten. Sie wichen nicht, und wenn sie sich ans Beißen machten, konnte man blasen, wie man wollte. Heißen auf lappisch *mokkere*, ihr Kopf ist ganz klein, *knort* auf schwedisch, sie bedeckten die linnenen Kleider, so daß diese ganz schwarz wurden, sich von ihnen zu befreien, war unmöglich.

Auf Laxholm war ich, wo man noch Lachs bekam, darunter Hakenlachse. Ich frug, ob der Hakenlachs eine unterschiedliche Art sei oder bloß *aetate* differiere. Wurde beides verneint. Es wurden mir ganz kleine Lachse gewiesen, die in Proportion einen ebenso großen Haken wie die größten hatten, *adeoque fallax est Bång in diss. de salmonibus.* Ich frug, ob der Hakenlachs Rogen oder Milch habe. *Respondent* Milch *semper, nec ullus, qui non* Hakenlachs *est, habet* Milch, *sed semper* Rogen. Ich ließ sieben Hakenlachse aufmachen, sie hatten alle Milch, vier *non*-Hakenlachse alle Rogen.

Die Lachsfischer kommen etwa vierzehn Tage vor Mittsommer hier herauf und bleiben bis Bartholomäi. So lange steigt der Lachs hoch, dann fahren sie wieder von hinnen. Wenig Lachse kehren ins Meer zurück, denn nur wenige *eskapieren.* Um Michaeli kommen die Fischer wieder, da um diese Zeit eine kleinere Art Lachs zu fangen ist.

Heute sah ich, daß die Gerste geschnitten wurde, die man ein paar Tage vor Mittsommer ausgesät hatte und die nun reif war. Der Sommerroggen wurde noch nicht geschnitten, weil er noch nicht reif war, aber der Winterroggen reift ein wenig vor der Gerste, *hinc* wächst hier oben die Gerste und reift in sechzig Tagen.

Ich pflückte heut *baccas Rubi fragariae folio,* waren recht delikat, schmeckten wie Brombeeren, doch um einiges angenehmer. *Calycem non demittunt ut Rubi reliqui. Bacca* ist zwischen der Steinbeere und der Himbeere, *composita, color fusco purpureus, magnitudo* von einer Steinbeere.

Verstreut umher gab's *Erica plicata,* wie mit der Schere gestutzt, von leuchtender Farbe, schön.

Das Wasser im Strom begann zu fallen oder abzunehmen, *hinc* wurde es mehr *pellucida,* darum die Fische auch schwerer zu fangen sind.

Heuer fand man hier kaum etwas *Carex,* das nicht *in spicis ustilaginem* gehabt hätte, *id est corpuscula globosa, nigra, quae in farinam resolvebantur.*

Dies 29. Das Lederlohen bei den Lappen: Zunächst wird die äußere Birkenborke vom Baum abgeschält und dann die darunterliegende Rindenschicht von der Birke abgekratzt und in frischem Wasser gekocht, etwa so lange wie Fisch. Die Brühe läßt man soweit abkühlen, daß man die Hand hineinstecken kann, und legt nun die Häute hinein. Die Haare werden entfernt, indem man die Häute in lauwarmes Wasser taucht, in Erde eingräbt, jedoch einmal am Tage wieder herausnimmt und in warmem Wasser aufweicht, bis die Haare abgehen. Sie werden mit einem *gessara rutri, id est* Zieheisen, heruntergeschabt, und die Häute *sine praevia exsiccatione* in die Lohe gelegt. Am Tag darauf wird die Lohbrühe wieder erwärmt, und wenn sie abgekühlt ist, werden die Häute aufs neue hineingelegt, dreimal täglich, und nach jedem Lohen aufgehängt und im Wind am schattigen Orte getrocknet. Wenn die Häute halb trocken sind, werden sie oft gleich für die Schuhherstellung zugeschnitten. Die Schuhe werden ohne Leisten und stets von den Frauen angefertigt, immer mit Sehnenfaden.

Einige säuern die Häute nicht vor, sondern rasieren die Haare mit dem Messer herunter, weichen die Häute darauf ein wenig in Wasser und lohen sie dann.
Dies 29. Bei Svartlå gabs einen Sauerbrunnen, *sed qualis talis, non excultus.*
Der Lule-Fluß teilt sich in zwei gleich große Arme, ein wenig oberhalb der Grenze zwischen Lappmark und Västerbotten, der eine *ramus* heißt Klein Lule und kommt aus den Bergen bei Hyttan, der andre Groß Lule, kommt aus den Bergen bei Norbotten.
Dies 30. Am Lule-Ufer wuchs *copiosissime Caseola(?), Sedum aquaticum, Plantaginella, Gr. aqu. geniculat. spicat.* im Wasser und schlug wie *Convolvulus* seine Blätter über andre.
Sedum aquaticum im Überfluß an den Wegen.
Im Fluß fand ich ein Gewächs, weiß nicht, ob *Potamog.*, ob *Stellaria,* ob *Aponogeton.*
Kam abends in der Altstadt Luleå an.
Dies 31. Es regnete und blitzte gewaltig die ganze Nacht.
Dies 1. August. Hatte vorgehabt, nach Torneå zu reisen, doch ein großer Regen und grobes Donnerwetter mit Knall und Lärm, Feuer und Blitz hielt mich völlig eingeschlossen.
Die Pröbstin *(in cuius fide certus sum)* erzählte mir, sie habe beim Gasthof zu Björsjö im Kirchspiel Torp gesehen, wie sie dort *Aconitum* eingesammelt, gekocht und wie Rüben gegessen hätten. Darüber wäre sie gar erschrocken gewesen, denn in Jämtland vergiften sie mit seinen Wurzeln die Stubenfliegen. Die Frau jedoch, welche gekocht hatte, bespöttelte die Pröbstin, meinend, diese Wurzel sei gewiß eine, auf die nicht verzichtet werden dürfe.
Jagd auf Hasen wurde hier immer veranstaltet, aber der Hund soll dabei schweigen und nicht bellend treiben, tut er es, dann erhält er Schläge.
Tubera gibts zwischen Heden und Svartla.
Unterwegs wuchs *Glaux, Plantago angust. marit.*, auf einem Hügel *Gr. tritic. marit.*, unterwegs *Angelica tenuifolia.*
Nun trug das, was sich bei Umeå als Blüte gezeigt, Frucht. *Mesomorå, Vaccinia, Chamaemorus, Chamaerubus* wetteiferten mit Frucht, Heidekraut spärlich.
Hügel gabs keine sonderlichen, die kleinen Uferböschungen, welche vorher ein wenig gebrannt hatten, waren nun voll mit Ebereschen, Kiefern und weiß von Rentierflechte.

Kam abends nach Töre, das Wetter war herrlich.
Dies 2. Bei Grötnäs, welches mittwegs zur Kirche von Kalix liegt, ist eine Fähre zur Kirche hinüber. Bei der Kirche wird von den Leuten vom Lule und Torne der Markt abgehalten.
Im Fluß sah ich in Mengen eine Wasserpflanze, die eben ihre *spicas* wies, über deren *species* ich mir lange Gedanken gemacht, zuvörderst, da ich sie bei keinem *botanicus* gefunden, obgleich sie hier und in Småland *copiosissime* wächst. Es ist ein *Sparganium*, dessen *folia* nach der Tiefe zu *oblongantur et attenuantur*, sind ein à zwei Klafter lang und fließen auf dem Wasser, *dorso convexo, infra plano.*

Torneå

Abends kam ich nach Sangis, *id est,* wo man das letzte Vaterunser betet. Das Wetter war schön.
Auf der Heide von Sangis war rote Erde, und in den trockenen, abgebrannten Wäldern wuchs Rentierflechte, welche die Erde gänzlich bedeckte.
Dies 3. Am frühen Morgen, als die Sonne aufging, war das Feld ganz weiß vom Rauhreif, und es zwang sich nun der *hiems* herein, um die erste Nacht mit der hübschen Flora zu schlafen. Ich sah sie nicht mehr leiden, als daß *Dracontium* nun etwas bleicher war.
Die letzten Pflanzen, die hier blühen, sind *Erica, Persicaria fl. rubro mitis, Hierac. praemorsum.*
Als ich Sangis hinter mir ließ, ließ ich auch meiner Mutter Sprache hinter mir; in Säivis gab's nur pure Finnen, die ich nicht verstand. Mausefallen waren hier die gleichen wie die Eichhörnchenfallen.
Ich fand hier Ölsenich oder Sumpfhaarstrang, *Umbella prolifera.*
Zwischen Torneå und Säivis nahm ich drei Fähren.
Kam um 3 Uhr in Torneå an.
Dies 4. Mit einem Ren kann zwölf bis allerhöchstens fünfzehn Meilen pro Tag gefahren werden, aber dann sticht man es häufig gleich nieder, da es gewöhnlich dann doch eingeht, und ißt es auf.
Das Wort Lappe kommt von den Lappenkleidern, *quod eorum vestes communiter lappatae.*

Das Gebirg ist kälter als das Land; *exempli gratia* das Gebirg in Jämtland kälter als in Torneå ist, obgleich jenes doch mindestens hundert Meilen südlicher liegt. *Hinc causa frigoris non est saltem elevatio poli, sed etiam elevatio terrae, quae probe observanda. Hinc flora Laponica sept. frigore perdurans, hinc* Schnee auf *alpibus* in Italien.
Es kamen so viele Finnen zu mir, daß mir vor ihnen Angst wurde, denn alle waren *lippi* und nahezu blind. Oft sah man hier, wie ein Blinder von einem weniger Blinden geführt wurde. Eitel war es für mich, vollkommen nutzlos, ihnen irgendein Mittel zu verschreiben, solange *causa peccans ubique praesens* war, *sc.* ihre Rauchbuden, und es wäre mein einziger Rat, sie allesamt an die Wand zu hängen und ihnen fünfzehn Schläge mit der Rute zu verabreichen, bis sie einen Schornstein in ihre Stuben bauen, fehlt ja nicht an Stecken, deren es bedürfte, der Obrigkeit Respekt zu verschaffen. Abstruseres hab ich *sine causa sufficiente* nimmer gesehen. Und solcherart waren die Mannsbilder von dreißig à vierzig Jahren, daß sie wie Siebzigjährige aussahen!
Südwestlich der Stadt über *sinus aquae* liegt ein Sauerbrunnen, recht gut von Geschmack und einer der besten, die ich hier im Norden gesehen, aber er liegt sehr tief, und dadurch wird seine *origo* vom selben Bächlein, das oberhalb fließt und dessen Wasser *forte* durch die Erde gefiltert wird, deduziert.
Dies 5. Hier wurde viel von der Viehseuche gesprochen. Im Winter gehen bloß einige ein, wenn man sie aber im Frühjahr auf die Weide treibt, unzählige, ja fünfzig à hundert im Jahr. Ich suchte die Wiese auf, auf die man sie zuerst treibt, und fand, daß sie sumpfig war, sah auch *Cicuta aquatica* reichlich abgeweidet und aufgefressen, *ergo sic* argumentiert wurde: Das Vieh frißt im Frühjahr das Gras restlos auf, deshalb sterben in dieser Zeit so viele, im Sommer nimmt es nur hier und da ein Maul voll, *ergo* nicht so viele Tiere verenden. In den Wiesen wächst die *Cicuta* auch *in humidis*, gelangt also ins Heu, ist also darin auch die Ursache des Viehsterbens.
Bei Wepfero, der sie verschiedenen Tieren zu fressen gegeben hat, kann man lesen, welche schwere Symptomata hieraus entstehen. Ich wußte mir diesen Tag auch nichts Notwendigeres, denn all dies zu untersuchen, und würde man eine Magd anstellen, die einen Monat hindurch diese Wiesen absucht und rupft, so könnte eine solche kleine Stadt mehr als zweihundert

Kupfermünzen profitieren. Es wurde mir gesagt, die Tiere seien so vergiftet, daß einem beim Häuten die Hände anschwöllen, ja, schon mancher sei davon gestorben. *Convenit itaque loco, viribus, facie externa, praesertim pinnarum cum Oenanthe.*

Dies 6. *Dies sabbati, sanctus sc. ideoque recreationi animae et corporis* angewendet wurde. Las in der Kirche König Karls XI. eigne Observation der Sonne am 14. Juni 1694. Die Sonne wurde bis zwölf Uhr gesehen, wo sie dann ein kleiner Wolkenstreif verdeckte, aber sie war dennoch über dem Horizont. Auch im Winter geht die Sonne nicht unter den Horizont, sondern ist bei *solstitium* sichtbar. *Quaeritur an ad polum videatur?*

Die Finnenmädchen haben große Brüste, dic Lappenmädchen kleine *et quales crudas servat puella marito.*

Dies 7. Die Stadt Torneå liegt auf einer kleinen Insel, die an der Südwestseite besiedelt ist. Ich sage Insel, denn im Norden liegt ein See, im Südosten der große Tornefluß, im Südwesten und Westen kommt ein *sinus* von der See herein, wie ein großer Fluß, jedoch sehr seicht, so daß ein Schiff nicht näher als eine Meile herankommen kann. Dieser *sinus* ist vordem die Hauptader des Stromes gewesen, der sich nun sein Bett auf der Westseite eingeschnitten hat, so daß im Sommer zwischen dem See und *sinus* alles fast vollkommen ausgetrocknet ist.

Ich war im Glockenturm der Kirche, woselbst Seine Majestät, der selige König Karl XI., am 14. Juni 1694 *solem inocciduum* sah.

Dies 8. fand ich nichts Bemerkenswertes.

Dies 9. reiste ich von Torneå nach Kemi, wo großer Lachsfang war; *hinc* reicher als Kemi an Lachs, als die Weiden von Limminge und die Äcker von Storkyros!

Dies 10. blieb ich bis zum 11. beim Probst in Kemi.

Wenn die Frauenzimmer gebären sollen, trinken sie Branntwein mit Pfeffer, teils, damit es als *narcotico* wirkt, teils, daß es die *dolores* beschleunigt.

Durch die Probstin erfuhr ich, daß, wenn sich Nachwehen einstellen, man diese nicht oder nur kaum verspürt, wenn man bei der Geburt des ersten Kindes beim Abschneiden des *funiculi umbilicalis* ein wenig Blut von diesem auf einen Löffel gibt, welches von der Mutter getrunken wird und bei allen späteren repetiert wird, wodurch *dolores post partum, ipso puerperie multis difficiliores,* verschwinden.

In Medelpad etc. haben die Leute ihre Sennhütten, darüber wird eine Magd gesetzt, die per Kuh ein Liespfund Butter, ein Liespfund Käse und ein Liespfund Molkenbutter schaffen soll.
Um genug Butter zu bekommen, setz die Milch in den Keller oder in ein Haus mit doppelten Wänden; kalt muß es sein. Die Milch steht hier mindestens zwei Tage, bis der Rahm nicht mehr am Finger haften bleibt, wenn man hineingreift. Die Milch gerinnt nicht, sondern wird ganz dünn und blau, die Sahne aber dick und mächtig. Sie wird im Butterfaß gesammelt, sie ist so dick, daß bekanntlich, wenn man nur ein wenig gekirnt hat und das Butterfaß dabei schräg stellt, sie doch nicht herausläuft, und sie ist schwer zu kirnen.
Die übrigbleibende Milch wird zu Käse gemacht, wird gewärmt, man läßt sie gerinnen und verkäsen, denn sie taugt nicht zur Sauermilch. Eine solche dünne Milch zu genießen, wäre nicht sonderlich dienlich. *Serum a casei separatione relictum alias ad* Säure *conficitur, id est,* es wird, nachdem es kalt geworden, in ein Gefäß geschöpft, auch in Fässer etc. Da steht es lange und wird ganz zäh. *Communiter tamen coquitur, et per 2 vel 3 dies collecta* mit neuer gekocht, bis sie wieder dick wie Grütze ist, wird in ein Gefäß geschüttet, abgestellt und soll recht ruhig stehen bleiben. Wird hart und Molkenbutter. NB. Die blaue Milch kann wie süße gekocht werden und gerinnt nicht.
Gärmilch: Buttermilch gießt man in eine Schüssel, läßt sie dort stehen, bis sie zu gären beginnt, setzt dann ein Drittel oder Viertel süße Milch zu, läßt das Ganze wiederum gären, worauf sich unten ein *serum* absetzt, das durch einen Hahn abgelassen wird. Was man abläßt, setzt man an süßer Milch wieder zu und so immerfort fünfzehn Tage lang, worauf diese Gärmilch dick und köstlich wird.
Serviettenmilch: man nimmt eine Schüssel mit Dickmilch, die kurz vor dem Gären ist und bei der gewissermaßen *hydatides* sich zwischen Sahne und Milch gebildet haben. Die Dickmilch wird kreuz und quer durchteilt, das Serum abgeseiht und der Rest in eine Serviette gegeben, die man aufhängt, so daß alle Flüssigkeit herausrinnt und der Inhalt hart wird. Dieser wird dann mit süßer Sahne gemischt und verzehrt.

Dies 11. Reiste von der Probstei Kemi, Pastor Frosterus und seiner Frau Christina ab.
Vidi Lumme Worm., digitus exterus maximus, medius modicus, interior parvus, pollex s. intimus minimus.
Ein Eichhörnchenfell im Winter: der halbe Schwanz äußerst weiß, *extimi digiti pedis* weiß, weiße Ohren.
Heute fand ich *Stratiotes* und *Butomus, Mesomora, Palma Christi maculata, Gnidium.*
Dies 12. Die Wälder waren Birke und Tanne, durchmischt mit Kiefer.
Juniperus parca, plantae in sylvis laete vigent, et magnam adipiscuntur altitudinem.
Baccae Labruscae, Vaccinii, Mesomorae, Empetri, Chamaemori hic copiosae, Sceptrum C. ubique in via regia.
Die Zaunlatten sind hier meist schräggestellt oder *horizontales.*
Domus sind Küchenhäuser, *pörten dictae,* die Bewohner meinen zu frieren, wenn Schornsteine wären, *quae ratio mihi videtur plane falsa.* Als ob es nicht gescheiter wäre, einen Schornstein und damit eine maßvolle Wärme zu haben, denn eine Badstubenhitze mit blinden und tränenden Augen, in einer schwarzen und durchrußten Stube am Boden zu liegen, wo der Rauch steht, ja, am Boden sein Bette aufzuschlagen! Mir scheint, daß durch die Tür so viel Kälte hereinkommen kann als möglicherweise durch einen Schornstein! Ja, sie sind so besorgt um die Wärme, daß sie es nicht wagen, Fenster zu gebrauchen, sondern an deren Stelle Läden und also *noctuae instar amant tenebras.* Ich sah durch einen Fensterladen hinein, im Hause war alles ganz *atrum,* wiewohl Kinder und Erwachsene darin waren und sah nicht mehr denn zwei Augen glosen wie dem Teufel in einer Kanne die seinen, und als ich nachschaute, war es eine Kanne, und es kam mir in den Sinn, sie *numerum intra eos, qui ignem de se praebeant* zu setzen. Ich weiß, in Småland, wenn die Bauern ihre Öfen heizen, haben sie eine derartige Wärme, daß sie beinahe braten, trotz ihres Schornsteins. Man verheizt hier wie in Småland Spanholz. Ich glaube auch nicht, daß die übermäßige Wärme im Winter, hier, wo so starke Kälte ist, der Gesundheit zuträglich sein kann. Die Julstangen sind hier zwei Ellen lang, kein Bett, denn

sie liegen auf dem Boden, im Sommer jedoch meist in einer Schlafhütte, die Bänke stehen rings an den Wänden. Tisch in der Ecke, der Ofen *opposito.*

Und da es eher abenteuerlich wäre, in solchen leichten Häusern im Sommer zu heizen, haben sie ein eigenes Haus, in dem sie kochen, das ganz aus Stein gebaut ist; die Feuerstellen sind wohl dreimal so hoch und zweimal so breit wie die in den Lappenzelten, doch nicht gedeckt, sondern einfach ein Holzstoß mit Stroh gemischt und gespaltenen Zaunstecken, darauf kochen sie und brennen Branntwein.

Das Brauhaus bauen sie, wie es bei einigen Gasthöfen zu sehen ist, *sc. tecto interrupto* mit einem Baumstamm, ist hoch, hat aber keine sonderlich große Grundfläche.

Die Leute, welche im vergangenen Jahr große Mißernte hatten, schneiden die Ähre und das Oberste des Strohhalms zu feinstem Häckerling, mahlen das und backen davon ihr Brot, andere backen Kiefernrindenbrot.

Die Äcker, darauf man im Herbst Roggen gesät, standen ganz grün; der Winterroggen, welchen man im letzten Jahr ausgesät, war noch nicht geschnitten.

Die Garben werden nicht auf Reiter gesetzt, sondern jeweils zehn werden solcherart aneinandergelegt, daß die Ähren der einen Garbe die der anderen bedecken, also *inclinato erectae* stehen. Hernach werden sie in den Getreidedarren getrocknet, die hier ganz und gar wie Badstuben mit Steinöfen aussehen.

Die Riegel oder Aufhalter der Türen sind ganz unterschiedlich von denen, wie man sie in Småland findet, die am Boden befestigt sind und sich vor und zurück bewegen lassen; denn selbige sitzen just in der Türmitte und funktionieren durch Drehung.

Die Küchenhäuser haben hier gemauerte Kessel, um darin Pferdedung für das Vieh zu kochen, *item* um Wasser zu wärmen, womit man die Rentierflechte für das Vieh übergießt. Zuoberst wird Speck und Lachs geräuchert. Aber die Milch bekommt einen widerwärtigen Geschmack. Winters wird in den *pörten* gearbeitet; damit die Fensterluken geöffnet stehen können und dennoch Wärme ist, wird die Türe verschlossen; sie heizen, wenn das Wetter nicht trüb ist.

In Torneå nimmt man keinen Pflug, sondern alles Erdreich wird mit Spaten umgegraben. In Kemi ebenso, einzig die Roggenäcker werden mit diesem Pflug gepflügt.

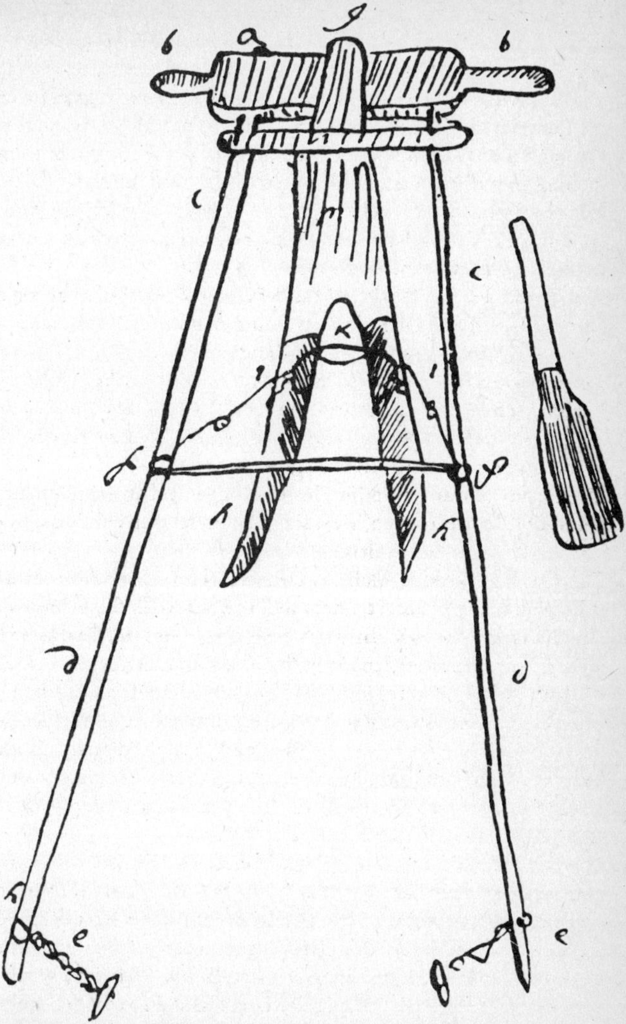

In Kemi wird für eine oder zwei Personen ein ganzes Gedeck aufgelegt, fünf à sechs Teller mit Löffeln, Servietten etc. *quia usus.* In den Gasthöfen freier Tisch.

In der Probstei zu Kemi fand ich *Salicaria foliis alternatis, gradualibus, floribus in alis singulis.*

Ich hatte gedacht, ein Stücklein in Österbotten zu reisen, allein da ich zum Gasthaus kam, erhielt ich weder Pferd noch Speise, denn sie verstanden mich nicht, wollten mich auch nicht verstehen, also reiste ich am 12. August von ... zurück[1].
Die Finnen in Österbotten sind fast wie die Lappen gekleidet und *conveniunt* also *cum iis.*
Conven.: 1. Mütze, 2. hellgraue Jacke, 3. Beinkleider, selbige bis in die Schuhe reichen, 4. *kängor*, 5. *cingulo cum cultro affixo,* 6. keine Knöpfe, sondern Hefteln.
Differunt: 1. *quod carent* den hohen Kragen, 2. *quod habent* ein Halstuch, 3. den Rock an der Vorderseite geöffnet, 4. Hemden, 5. einen Gürtel, an dem nicht mehr denn ein Messer hängt, einige Schlüssel an der Hinterseite, 6. die Binde um die Knie.
In der Kirche sah ich Finnen meist gegürtet mit einer zwei- à achtmal um den Leib gewickelten Stoffschärpe, welche schwarz vom Grau abstach.
Das Weibervolk hingegen ist mit gekauften Sachen bekleidet und ganz und gar von den Lappenweibern unterschiedlich.
Österbotten ist ein feuchtes Land mit vielen Mooren, Tümpeln und Sümpfen. Das Gras wächst hoch, kommt aber sehr schwer zu Heu, daher man auch zu Torneå Pferdedung kauft, welchen sie in ihren Küchenhäusern in eingemauerten Kesseln kochen und dem Vieh zu fressen geben.
Das Brot der Österbottninger in diesen teuren Zeiten war meist von Getreideähren, welche man klein wie Gerste zerschnitten und gemahlen.
Der Winterroggen, welchen man heute vor acht Tagen hatte ausgesät, stand bereits recht grün.
Kam gegen Abend wieder nach Torneå.
Dies 13. hörte ich in der Bauernkirche zu Torneå einem finnischen Gottesdienst zu. Sah auch, wie im Augenblick der Elevation ein Eheweib nach der Geburt wieder in den Schoß der Kirche aufgenommen wurde.
Unter den finnischen Mannsleuten sah ich, daß die meisten weißes Haar hatten[2], oder weißes, welches *per tempus fuscum* geworden, kein rotes, gar wenig schwarzes, meist borstig und ohne Locken.

[1] fehlt im Original
[2] L. meint damit wohl „weißblondes“.

Physiognomia et marum et foeminarum phlegmatica, träge, so auch der Körper, keine zarten Gesichtszüge, *decolor.*

Nicht der Kemifluß scheidet Västerbotten von Österbotten, sondern ein Flüßchen auf der westlichen Seite.

Renken fängt man hier auf wunderliche Weise. Die Renke geht dem Lachs gleich gegen den Strom, darum fischt man sie einzig an großen Wasserfällen, über die sie nicht hinüberkommen; haben einen kleinen Kescher, gehen mit nacktem Oberkörper in die stärkste Strömung, haben oft ein Seil um, und ein Mann, welcher an Land steht, hält es fest, damit man nicht vom Strom davongetrieben wird: so gehen sie hinaus und fischen.

Robben werden auf mancherlei Weise erlegt. Entweder mit dem Gewehr oder mit dem Netz. Das Netz ist aus Hanf, drei à vier Klafter weit, die Fäden wie Gänsekiele dick. Jede Masche *extensa* zwei Spannen lang. Keine Steine an der unteren Tennelseite des Netzes, mit länglichen Schwimmern oben. Vier à fünf Netze werden oft zusammengebunden, und am Ende ist ein großer Stein an einem Hanfseil befestigt, welcher das Netz hält.

Wenn die Robbe kommt — denn das Netz wird dort ausgelegt, wo sie ihren Aufenthalt hat (sie tut den Fischern großen Schaden, da sie die Fische frißt und die Netze zerreißt) — wenn sie also kommt und ins Netz geht, wird sie wild und verwickelt sich darin und verstrickt sich oft mit den Füßen.

An der Kirche auf dem Sandhügel wuchs *copiose Gr. spica triticea marit.,* dessen Blätter ganz unterschiedlich von allen übrigen und *speciosa* sind. Ich nahm einige Körner in die Hand, die groß wie Roggen waren, und mir kam der Gedanke, ob man dies nicht auf Sandboden aussäen sollte; wenn man es nur veredeln könnte, was wohl nicht zu schwer sein dürfte.

Commod.: 1. die unfruchtbaren Sandheiden, auf denen sonst nichts wächst, würden kultiviert werden, 2. *radix* ist *perennis,* was bei Getreide nicht der Fall ist und so nicht gesät zu werden braucht. Vielleicht, daß auch die Wurzel in Notzeiten taugen könnte.

Der lange Finne Daniel Cajanus zu Stockholm wurde in Österbotten als Sohn des Kapellan Cajanus geboren. Bei seiner Geburt war er nicht größer denn andre, war etwas kränklich, sonderlich in der Brust, bis zum zwölften bis fünfzehnten Jahr.

Man sagte mir, daß man winters aus dem Gebirge häufig den

Donner rollen hört. Im Torneågebirge kommt kalter Wind aus dem Süden und milder aus dem Norden, *quia mare.*

Der Lappen Kompaß ist:

1. Große Fichten, welche an der Südseite mehrere *ramos* haben, an der Nordseite keine.
2. Ameisenhaufen; an der Sonnenseite wächst Gras und *Vaccinia*, an der Nachtseite nichts.
3. Die Espe, *cortex* zottig gegen Norden, glatt gegen Süden.
4. Dürre Kiefern im Moor, *Usnea nigra a latere septentrionali excreta.* Danach können sie ihre Reise durch den wilden Wald tun, tue du ein gleiches.

Sobald sie sommers irgendein wildes Ren schießen, wird es in kalte Quellen gelegt, dann holen sie davon ein Stück ums andere.

Kalksteine von wunderlicher Beschaffenheit, welche in Kemi, Torneå und anderwärts längs der Küste gebrannt werden.

Dies 14. Silbererz aus Hiertat, im Kolleg. Metall. untersucht, enthält vierzig Prozent Blei, aber drei à vier Prozent Silber. Regnete ordentlich.

Dies 15. Bei der Fähre nach Torneå gab es *Spongia lacustris Newtonii.*

Dies 16. Fand ich *Artemisiam*, welche eine allzu wunderliche *flos* haben.

Dies 17. Reiste den Seeweg von Torneå nach Kalix. Es bliesen widrige Winde.

Auf den Holmen fanden wir *baccas Vaccinii et Rubi saxatilis* im Überfluß.

Item auf Korsholm ein *Behen, an quod in agris, cui partibus satis similis?* Wuchs am Strand im Geröll *calyx oblongus, folia angusta fr. 1 caps., erectus, ovalis, alias Behen similis.*

Oeconomia Angermannica

Die Bodenbeschaffenheit ist unterschiedlich, bald Lehm, bald Sand.

Immer nur die Hälfte der Ackerfläche wird bestellt, die andere Hälfte ruht, so daß das ganze Land ein Jahr Frucht trägt und ein Jahr brach liegt. Das Brachland wird den ganzen Sommer hindurch immer wieder umgepflügt, so daß nichts auf ihm wachsen und die Kraft herausziehen kann.

Gerste wird nur auf den regulären Ackerflächen angebaut, Roggen aber auch auf dem durch Brandrodung entstandenen Neuland, doch nicht sehr üppig.

Rüben und Roggen werden zusammen auf einer Fläche angebaut, und nicht wie anderswo das eine Jahr Rüben, das andere Jahr Roggen. Roggenbrot hat man nur für die Gäste.

Dies 18. *Salix foliis Oleae sativae* auf den Holmen am Ufer im Geröll.

Dies 19. Auf dem Markt von Kalix unterrichtete ich mich über das Handelswesen im Lande, das wohl in der ganzen Welt recht singulär dastehen dürfte, und ich konnte nicht herausfinden, wer hier den andern betrügt. Der Bürger meint den Bauern übers Ohr zu hauen, mir aber scheint, daß er selbst der Betrogene ist.

1. Man tauscht hier gewöhnlich Ware gegen Ware.
2. Der Händler fährt seine Waren meist zum Bauern aufs Land, wie weit vom Wege es auch sein mag, oder zum Markt.
3. Einem bürgerlichen Handelsmann kommt es darauf an, daß er möglichst viele Bauern zu *adhaerentes* macht, die ihm Ware in Kommission geben und seine Schuldner sind. Diese Bauern werden Schuldbauern genannt.
4. Der Vorteil der Bauern besteht darin, daß der Händler mit ihrer Ware auch ihre Steuerpflichten übernimmt, die er entweder bar aus eigenen Mitteln oder gegen Wechsel reguliert.
5. Wenn der Händler vom Bauern die Ware erhält, wird kein Preis ausgemacht, sondern der Händler verzeichnet in seinem Buch den Preis, den er in Stockholm erzielt hat, und schreibt dem Bauern ungefähr diesen Preis oder auch einen andern nach Gutdünken gut.
6. Auch erfährt der Bauer nie den Preis der Waren, die er selbst vom Händler bezieht, wie Salz, Tabak, Saatgut, Eisenwaren etc., ehe nicht die Jahresabrechnung gemacht wird, was jedoch keineswegs jedes Jahr geschieht.
7. Solange der Bauer ausschließlich bei einem Händler bezieht, hat er Kredit und bekommt auch Vorschuß in bar, falls er dessen bedarf, und dies selbst, wenn die Waren, die er dem Händler im Laufe des Jahres liefert, noch nicht einmal den Zinswert des Kredites erreichen, und wenn es tausend Taler wären. Aber wechselt er den Händler, muß er gleich alle Schulden bezahlen, oder er wird gepfändet.

8. Der Bauer bringt selbst niemals Waren in den Handel, und zum Händler bringt er Ware nur dann, wenn er zufällig oder aus anderen Gründen in die Stadt kommt, sonst besucht ihn stets der Händler auf seinem Hofe.
9. Als die Städte einst gegründet wurden, erhielt jede Stadt ein gewisses Handelsgebiet zugeteilt, in dem jeweils nur diese eine Stadt Handelsrecht hatte. Diese Privilegien der Städte sind dann durch königl. Verordnungen aufgehoben worden, damit überall freier Markt herrsche, wo Nachbarn und *exteri* handeln möchten. Aber hier oben ist es noch nicht so weit gekommen, teils weil dieses Landesgebiet so abgelegen ist, teils weil die Händler meinen, sie würden ruiniert sein, wenn hier der Geldhandel eingeführt würde.
10. So gibt es hier keine Freimärkte, sondern nur Steuererhebungstermine, auf denen Händler und Bauern sich treffen. Die Plätze, an denen diese Termine gehalten werden, heißen ‚Zusammenkunftsorte'. *Ut in* Kalix *dies* 19. Aug. *quotannis*, in Torneå Febr.
Incommoda.
Der Händler:
1. leiht so viel Geld aus, das dann gebunden ist, mit dem er sonst hätte arbeiten können.
2. muß die Waren zum Bauern schaffen und vom ‚Zusammenkunftsort' in die Stadt.
3. Dies führt oft dazu, daß viele Händler bis zu hunderttausend Taler Außenstände ...[1] haben, die meist nie hereinkommen.
Rustici:
1. machen mehr Schulden, als sie zurückzahlen können.
2. bekommen vom Händler den Preis diktiert.
3. können nicht dort kaufen, wo der günstigste Preis ist.
Die Landschaft Västerbotten ist in der Hauptsache nur an der Küste und längs den Flüssen besiedelt.
Chasma zeigte sich am 18. und 19. (Aug.), war auch schon vor acht Tagen zu sehen gewesen, so zeitig beginnt dies hier.
Die Ruderer bekamen vom starken Rudern Wasserblasen an den Händen und nahmen als ein *remedium specificum* Kochlöffel, die vom Umrühren in einem Topf, in dem man Fisch kochte, noch ganz heiß waren, und legten diese auf die Blasen, wovon sie fortgingen.

[1] zwei Wörter im Manuskript unleserlich

Dies 3. September stand ich dem kleinen Sohn des Herrn Seger Svanberg Gevatter, er wurde ebenfalls auf Seger getauft, war einen Tag vorher geboren worden oder auch zwischen *dies* 1 und 2.

Herr Svanberg sagte mir, daß auf dem Karvick, einem Berg in der Nähe von Vallivari, nordwärts, *Umbilicus Veneris* wüchse.

Dies 4. kam ich nach Björknäs, um die *Probierkunst* zu erlernen.

Dies 14. In kühlem und regnichtem Wetter reiste ich von Björknäs fort. Der Laubwald war von den kalten Nächten schon gelb geworden, *acifolia* standen in dunkelgrüner Farbe dazwischen, sie trotzten der Kälte. Der starke Sturm streute die welken Blätter über den Weg. Jeden Herbst kommt ein solcher Sturm, der trefflich all die reifen Samenkörner aussät. Die Berge waren sandig, und wo man sie abgebrannt hatte, lagen sie unter einer Decke von weißem Renmoos, das so dicht war, daß es sogar das Heidekraut überwucherte. Dieses Weißmoos ornierte *a lateribus viarum Muscus island. escul.* Teils war diese Straße aus rotbrauner Erde, welche ich schon in Lappland beschrieben. Man sagte, sie färbe besser als rote Farbe. Darauf erreichte ich Sangis und kam gegen Abend bis auf die Haut naß in Torneå an.

Dies 15. Ich sah hier, wie sie das Getreide lagern. Es gibt hier keine Scheunen, sondern Stangen, gegen die sie die Garben legen, und zwar so, daß die Ähren stets gegeneinander stehen. Diese Gestelle sind zwei à drei Ellen lang und ziemlich hoch. Ist das Getreide noch nicht ganz trocken, so wird nur eine Lage gelegt. Man trocknet es in Darren und drischt es am Fußboden. Aber ach, wie leicht mag da nicht das Feuer darüberkommen! Und wieviel geht dabei verloren?

Ich nahm hundert Taler Kupfermünze vom Herrn Probst in Carolinern entgegen.

Tanacetum und *Artemisia* wird aufgekocht, damit der *foetus* leicht durch *stolam* geht, das ist wunderbar wirksam für Weiber in Kindsnöten. Sie hocken sich über die aufsteigenden Dämpfe dieser Kräuter. Ich hatte in allen Häusern gesehen, wie sie *Tanacetum* trockneten, aber es gab keinen, der mir dessen Anwendung hätte sagen wollen.

Dies 16. reiste ich von Torneå ab.

Zwischen Kemi und Torneå sind acht Fähren. Der Fluß, der

Kemi am nächsten liegt (von dort eine halbe Meile) ist die Grenze zwischen Öster- und Västerbotten.
Kalkstein lag allerorten am Weg in Norrbotten, war *extra* gelb, *intra* weißlich.
Dies 17. Von der Poststation zu Kemi reiste ich in Regenwetter den ganzen Tag durch, kam gegen Abend zur Poststation Jö. Tiefland, viele Moore, wenig Berge, viele kleine Bächlein; obschon grasreich, so doch wenig urbar gemacht, der Wald zumeist aus Birke mit *acifoliis* durchmischt, diesem schmalblättrigen Immergrün, *Juniperus* in Hülle und Fülle, *licet item frutex.* Birke, *Salix, Populus pallescebat, Sorbus autem rufescebat, musci omnes.*
Die Bauern in ihren *pörten* oder Küchenhäusern: der Rauch stach ihnen in die Augen, ihre Augen rannen davon, trotzdem waren sie um die Wärme besorgter als um die Augen. Man gebraucht hier die gleichen Pflüge wie in Kemi.
Das Meer zeigte sich allerorts *a sinistris* durch den Wald. Überall, wo der Seesand von den Wellen ans Ufer gespült war, wuchs *Pisum caule tres angulo, radice alba, repente, perenne, folia crassa, alternatim pinnata.*
Bei Jö sah ich eine Wolfsfalle, war auf einem Berg gegraben, etwas vom Bauernhof ab, rundherum steckten ungespaltene Zaunlatten, *erecta* und *contigua, in centro* ein Pfahl, mit der Spitze in Erdhöhe, auf dem Pfahl ein Rad, auf dem Rad Bretter, welche es ganz und gar bedeckten, aber nicht darüber hinausstanden, so daß der Wolf, wenn er gleich auf das Rad springt, dennoch nicht weiter kann.
Die österbottnischen Bauern, wie sie in ihren Häusern Kinder der Finsternis sind, so sind sie es auch *extra, sc. impexi.* Große Hosen bis zu den Knöcheln, gänzlich weiß, ein Pelz, vorn an der Brust zusammengenäht, sehr streitsüchtig. In den Häusern roch es *nauseabundum* nach sauren Renken, gleich saurem Strömling, im Hause unordentlich, können nichts andres als finnisch sprechen.
Hier und da wuchs *Gr. marit. triticeum.*
Dies 18. reiste ich von Jö nach der Stadt Uleå.
Unterwegs stand die Saat überall auf den Äckern.
Bei der Haukipudasfähre brachen sie Steine. Obgleich diese aus Sand und andrem kleinen Gestein *coagulati* waren, waren sie doch so fest, daß sie als Mauerstein für Herdstellen gebraucht werden. Ich sah an einer Stelle im Sand, wo sich der

Fluß eingefressen hatte, daß das Bindemittel zu solchen Steinen nichts andres denn ein Eisenrost war.
Ordinari Steine waren gemeinhin sehr feinkörnig, brachen gerne auseinander, sahen aus, als enthielten sie ein wenig Eisen.
Item eine andre Art, rauh, rostig.
Ein paar Franzosen haben in die Kirche von Kukkaskiervi geschrieben.

Gallia nos genuit, Africam penetravimus omnem
et Gangem hausimus, nobis hic defuit orbis.

Die Stromschnellenkähne sind vier à fünf Klafter lang, breit ein Klafter in *medio.*
Renkennetze sind fünf Spannen hoch, lang, ganz feinmaschig, das Loch so weit, daß gerade zwei Finger durchgehen; wird an den Sandufern ausgelegt.
Ein andres Instrument, Renken zu fangen, setzt man in den brausenden Wasserfall, es sieht aus wie ein Kescher, doch nicht so tief, *altitudo* drei Ellen, *latitudo* zwei, *profunditas* eine. Es wird, gut an Pfählen befestigt, gegen die Strömung gesetzt. Wendet sich nun der Fisch *a lateribus* gegen den Wasserfall, wird er, weil es ihm unmöglich ist hindurchzukommen, zurückgeworfen, mitten in den Strom, wo er am reißendsten ist, also kann er sich nicht mehr herausarbeiten und *sic piscatur.*
Bei Uleå liegt ein Sauerbrunnen, noch nicht recht ausgenützt. Dem Geschmack nach schien er gut zu sein, liegt gleich bei der Stadt auf einem kleinen Holm, woselbst sich eine Sägemühle befindet.
In der Kirche stand *Messenii contrefait in natura,* da ist er auch begraben.
Die Kirche gehört zu den längsten Holzkirchen, die ich gesehen, aber die Höhe quadriert nicht mit der Länge. Die Stadt ist fast so groß wie Lund. Auf der Kanzel stand *Uleoburgensis* Wappen.
Dies 19. Nach beendigtem Gottesdienst begab ich mich auf den Weg.
Schlitten, vorn mit einem Querbrett, gegen das die Füße gesetzt werden, der Boden ist mit Holzsprossen gedeckt.
Die Weide von Limminge, die größer als die von Övertorneå und Rödbeck zusammen ist, fing jetzt an. Anfangs war sie

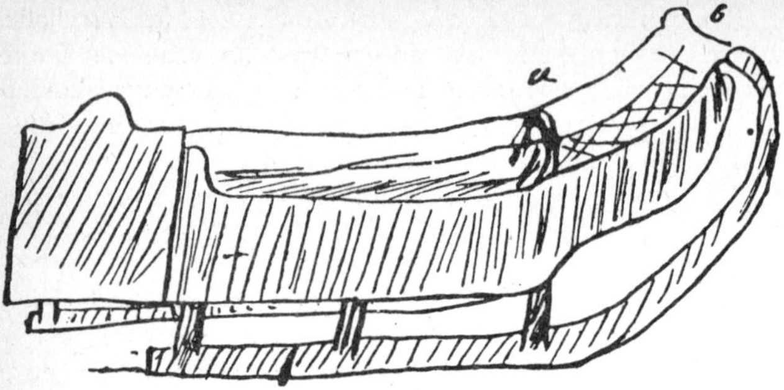

nichts als Sumpfland, voller Schachtelhalme, sonderlich aber *Arundo* in solcher Menge, daß sie einem Wald glich. *Cicutaria aquatica* wuchs im Überfluß am Wegrand. Ich frug, ob das Vieh hier häufig verende. *Respondent*: „Ja, wißt Ihr uns ein Mittel dagegen?" Sie hatten so vieles verloren. Den ganzen Weg wuchs auch *Ribes fr. rubro* auch *Lenticula et Lichenoides, a quo* Puder an den Bäumen.

Die Limmingeweide ist zwei Meilen lang. Bei Limmingedorf rechts. Die Viehweide nimmt den besten Teil ein, liegt trokkener und höher, ist aber von Rasenhöckern ziemlich verdorben. Würde sie in Dreifelderwirtschaft *more scanico* bestellt, erntete man trefflichen *avena.* Man sagte, das Land wäre hier leicht trockenzulegen, nur fürchtet man, das weiße Moos zu bekommen, wodurch alles wieder umsonst wäre.

Das Heu stand hier in tausend Stapeln, aber kein einziger war größer, als daß ihn nicht ein Pferd auf einmal hätte einfahren können. Hier fährt man niemals zweispännig, auch nicht mit Ochsen. *Item* wuchs hier *Iris aquatica.*

Dies 20. sah ich die Leute Milch seihen. Sie gossen sie durch festgepacktes Stroh.

Brahestad, eine kleine Stadt, zweimal so groß als Torneå, *peninsula,* liegt am Strand.

Karelien Toracka.

Im Spital von Kronby gibt es verschiedene *maniaci*; einige waren aus Eifersucht auf ihre Eheweiber verrückt geworden, ja, einer, der eine uralte zu Hause hatte, dachte nichts andres, als daß diese mit einem andren umginge. Vielleicht *impotentia,* vielleicht *compressio phantastica aliquid efficeret?*

In Kindsnöten gebrauchen sie hier *bittetran, id est* ein im

Frühling erlegter Seehund, den man nicht von der Eisscholle zu bergen vermochte, der aber später, als Aas, ans Land getrieben wurde; wird zur Tranbereitung genommen. Dieser Tran wird gesammelt, doch wird er nur vom gemeinen Volk und für Kühe gebraucht, weil er so stinkt.

Generell aber ist hier *Castorium* ein *sacra anchora,* um eine rasche Geburt herbeizuführen, ein andres auch Safran in Rotwein gekocht.

Gegen die Nachwehen einige Tropfen Blut vom *funiculo umbilicali,* ganz gleich, ob es nun *primipara* oder *postpara* ist.

Finnen, die einen Bären bezaubern wollen, sagte man mir, nehmen ein wenig von seinem Dreck, warm und frisch noch, mischen diesen mit dem der eigenen Kuh, und demzufolge soll nun der Bär die Kuh aufsuchen, wobei man ihn fängt. Dieses scheint mir nicht wunderlicher als unsre üblichen Sympathiemittelchen.

Dies 21. war ich in Alt-Karlebys Kirche am Aposteltag, sowie in der Schule, um mich zu introduzieren. Blieb in Kronby über Nacht.

Dies 22. Reiste an Jakobstad vorüber und kam gegen Abend nach Neu-Karleby, fast so groß wie Växjö. Alle Gassen sind an Stelle eines Steinpflasters mit Knüppeln belegt, einer Brücke gleich, sieht recht hübsch aus. Jakobstad ist ein außergewöhnlicher Hafen, da man gleich am Quai laden kann.

Am Strand lag viel Holz, das für Stockholm bestimmt war.

In allen Mühlen gab's Stampfen zu sechs bis sieben Äxten, den Bauern gehörig, welche in einem Trog Ähren zerhacken, die dann stets mit dem Korn mitgemahlen werden.

Der Rübkohl wird zum Winter hin getrocknet, dann aufgekocht und dem Vieh zu fressen gegeben.

Wann die Leute hier ausreiten, tragen sie immer ein Ränzel am Rücken.

Kam am Abend in Vasa an.

Dies 23. War in der Kirche von Vasa, sah das Schloß südwestlich der Stadt, sah die Schule etc., eine ziemlich schöne Stadt. Auch *sedes* des Landhauptmanns.

Außerhalb der Stadt, südöstlich, doch gleich bei der *moenia,* lag eine verlassene Kupfermine, deren Abbau man aber bei fünf à sechs Ellen Tiefe wieder aufgegeben hatte. Das Erz war glimmerartig, bleifarbig, der Sand daneben war lose *mica,* gleichsam verwittert. Ich glaube keinesfalls, daß es hier Kupfer

oder andre Metalle zu holen gibt, auch wurde ja diese Mine bald aufgegeben.
Rustici heic utuntur tres medicis, Bävergiellius, Biörngallius et Pallovinus.
Die Mädchen gehen stets barhäuptig in die Kirche.
Dies 24. Zwischen Neu-Karleby und Vasa wurden andre Pflüge verwendet, immer von einem Pferd gezogen, selten von einem Ochsen. Der Ochse zog wie ein Pferd und im gleichen Geschirr, ohne Quickgurt, doch lag ein gewöhnlicher Gurt über dem Rücken, einem Sattelgurt ähnlich, gegen den Widerrist gestemmt, damit nicht das Geschirr abrutsche, solches war aber nicht beim Pferd.

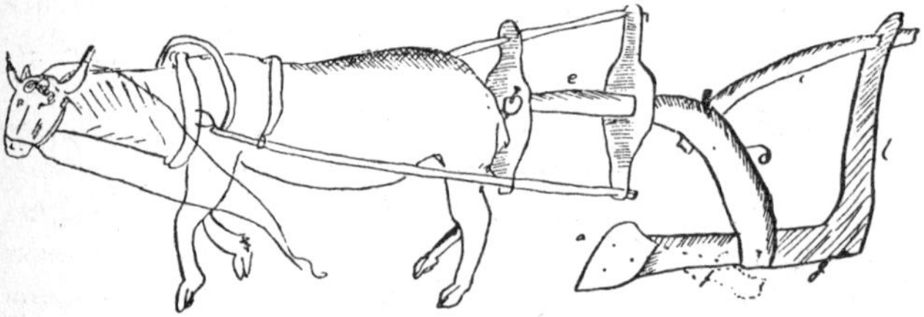

*Kängo*ähnliche Schuhe werden hier getragen, doch sind die Füße anders gearbeitet, die Sohle ungegerbt, behaart, das Oberleder aus Kalbsfell, gegerbt, zugeschnürt.
Hypericum, Scrophularia, Bidens (3 species Ribes copiosissime) zeigten sich erst heute.

Animalia
Fast alle fischen Ostseehering, soviel sie nur können, ihren Hausbedarf damit zu decken. Nur die Armen sind dazu nicht imstande. Die Leute, die im Frühling und Herbst nichts anderes zu tun haben, fischen zum Verkauf. Der Ostseehering laicht ungefähr vom 18. Mai bis zum 16. Juni und wird mit dem Netz gefangen, geht dann in die Fjorde, wo er mit einem Schleppnetz bis Petrus, *id est* der 29. Juni, gefangen wird, was man das große Heringsfischen nennt (das erstere wird Frühlingsfischen genannt. In Torneå hat man es mit dem Frühlingsfischen noch nicht versucht). Dann fischt man wieder auf den vorigen Fischplätzen von Petri bis Bartholomäi. Der Hering hat Rogen bzw. Milch den ganzen Sommer hindurch.

Bei Sauerhering wird eine Tonne so hoch geschätzt wie zwei andere. Ein Bauer nimmt für seinen Haushalt (ein Haushalt von zwölf Personen) eine halbe Tonne Salzhering, woraus er mit Rüben eine Suppe kocht, aber für den gleichen Haushalt eindreiviertel Tonnen Sauerhering, den man ißt, wie er aus der Tonne kommt. Denn der Bauer duldet niemals, daß man ihn kocht oder brät, weil er dann unergiebiger ist. Der Sauerhering liegt drei à vier Stunden, bevor er ausgenommen wird, zusammengepackt. Dann wird er ein wenig gewässert, aber nur so viel, daß noch Blut zurückbleibt (Salzhering wird so lange gewässert, bis alles Blut heraus ist, sonst säuert er). Den Sauerhering gibt man nun in ein Sieb und salzt ihn ein, und zwar geht anderthalb Liespfund Steinsalz auf eine Tonne Hering (aber auf Salzhering geht pro Tonne eine Vierteltonne Salz). Nachdem *strata super strata* gelegt worden ist, abwechselnd Salz und Hering, wird das ganze mit den Händen durchgearbeitet, bis ein Schaum über dem ganzen steht, und dann die nächste *strata* gelegt etc. Wenn der Salzhering gesalzen wird, bereitet man eine Salzlake so *saturatus*, daß der Hering schwimmt, wenn man ihn ins Faß legt, und man tut nicht mehr Heringe hinein, als daß man sie noch gut umrühren kann. Wenn etwas Hering aus der Lake herausragt, wird Salz darüber gestreut; dann alles vierundzwanzig Stunden stehengelassen und nun erst der Hering ausgenommen, und zwar derart, daß man mehrere Fische mit dem Bauch nach außen in die linke Hand nimmt und sie mit der rechten ausnimmt, wobei man den Fischkopf nach hinten knickt, so daß die Gedärme austreten. Bei all dem benutzt man kein Messer. Geschwind legt man den Hering in Binsenkörbe und salzt ihn *ut prius*. Wenn er so zwei Tage in Salz gestanden hat, wird er in neue Körbe gelegt, so daß alle Lake abrinnen kann. Schließlich kommt er in Viertelfässer, in denen er ohne weiteres Salzen verbleiben soll. Über dem untersten Ring bohrt man ein Loch in das Fäßchen, um weitere Lake abzulassen, denn wenn er auch noch so viele Male umgeschichtet worden ist, so tritt doch immer wieder neue Lake aus. Bliebe diese aber im Faß, würde der Hering sauer. Sauerhering hingegen wird in seiner Lake aufgehoben. Sauerhering ist am besten um Jakobi.
Im Sommer ißt man dreimal am Tag und hat dazu noch Frühstück. Vormittags und mittags ißt man immer Sauerhering, und zwar oft entgrätet zwischen Fladenbrot. Man nimmt

einen Bissen Fladenbrot mit Hering, danach Dickmilch ohne Sahne und dazwischen noch ein Stück Käse oder Brot mit Butter, aber Fleisch ißt man nicht dazu. An Gemüse ißt man Kohl, Erbsen und Rüben, Kohl meist sonntags, Erbsen einmal in der Woche. Wenn der Kohl ausgeht, zweimal Erbsen. Rüben meist morgens mit Salzhering, der erst am Ende des Kochvorganges zusammen mit etwas Mehl zu den Rüben hinzugegeben wird, damit er nicht zerkocht. Dazu trinkt man Dickmilch. Abends gibt es immer Gerstenbrei. Geht man morgens fort, ißt man Brot und Butter oder Käse und Brot, damit es schneller geht. Vom Mischbrot verzehrt man zu jeder Mahlzeit einen Viertellaib. Gutes Brot kommt nicht auf den Tisch, denn es ist nur für Gäste und große Feierlichkeiten bestimmt. Ansonsten gibt es noch Hartbrot, das so dünn wie Papier ist und immer in vier à sechs Lagen übereinander gegessen wird. Für die Gäste ist jederzeit Bier im Keller, sie selbst trinken Schwachbier. Im Sommer trinkt man stets Jumomilch.
Vom Geschlachteten behält der Bauer nur ein wenig Keule und ein paar Brust- und Schulterstücke, dazu vielleicht etwas Hammelfleisch für sich, alles andere verkauft er, so daß ihre Gerichte nur wenig Fleisch enthalten und dann womöglich nur fette Knochen, die zerschlagen werden. Füße und Kopf von Ziegen, Schweinen und Schafen werden getrocknet und nach Bedarf gekocht. Schmeckt zu Erbsen ganz gut, wenn etwas Salz dazukommt.
Man kocht Unterschenkelknochen mit dem Fuß und allem, sammelt das Fett, das oben darauf schwimmt, in Hörnern oder Gefäßen und benutzt es als zusätzliches Schmiermittel für ... (unleserliches Wort), Schnüre und Lederkittel. Die Knochen aber und Füße ißt man nicht. Aus den Kalbsfüßen und dem Kopf macht man Sülze.
Sie heizen mit Birkenholz, haben keine Talglichter und auch keine Kienspäne, weil diese bei den Finnen und Finnlappen doch nur blaken. Sie mähen ihr Heu mit Sensen wie in Uppland und behandeln das Getreide wie in Småland. In regenarmen trockenen Jahren trocknet es besser auf Reitern, in nassen besser auf Harfen. Das Heu wird ausgebreitet und gewendet und dann auf großen Leiterwagen eingefahren und locker gelagert. Hopfen dürfen sie für den Eigenbedarf anpflanzen und auch ein paar Pfund davon verkaufen.

Die Zaunlatten an den Zäunen stehen schräg und sind mit Tannenzweigen befestigt.
Die Milch wird in den Keller gestellt, die Gefäße hierfür sind länglich und aus Erlenholz, *hinc* mehr Rahm.
Zwischen Mittsommer und Jakobi wird die vom Käsen übrige Molke ein paar Stunden gekocht und nach Erkalten in ein Faß gegeben und darin für den Winter aufgehoben. Arme Bettelfrauen kaufen diese im Winter in kleinen Flaschen. Zu einem Maß Sauermilch gibt man ein Viertelmaß dieser Molke, das ganze schmeckt dann, durcheinandergemischt, wie Dickmilch.
Vollmilch wird oft in Fässern für den Winter aufgehoben. Sie wird so sauer, daß man sie pur nicht essen kann und deshalb vorher mit Milch mischt. Hat man keine Milch, so gibt man die Hälfte Wasser dazu, verwendet es als Tischtrunk, und mag es lieber als Schwachbier.
Die Ziegenbutter, die hier bisweilen hergestellt wird, schmeckt streng und ist weiß wie Renbutter.
Dies 25. Bei Sonnenaufgang machte ich mich von Vasa aus auf den Weg. Das Oberleder der Schuhe ist hier aus Robbenfell.
Die Kiefern im Walde werden oft an der Nordseite drei à dreieinhalb Ellen hoch und vier Finger breit abgeschält, so daß nicht selten die Bäume ganzer Gebiete gewissermaßen mit nackten Rücken dastehen. Man schält nur so wenig ab, damit die Bäume nicht sterben sollen, und läßt sie in diesem Zustande sechs à sieben Jahre stehen, bis man sie fällt. Der geschälte untere Teil und auch oft der obere Teil, den man jedoch häufiger noch liegen läßt, wird zu Brennholz in kleine Stücke gespalten.
Drei Meilen unterhalb Vasa fand ich zum erstenmal wieder *Solanum scandens.*
In der Stadt Vasa sah ich zum erstenmal *Cardiaca* und *Hyoscyamus.*
Am Strand wuchs *Salix oleaefolia cum baccis; vocabatur finnbär. Baccae* sitzen beim älteren Sprößling unterhalb der Blätter, *petioli 2 lineas longi.* An jedem Zweig *gradatim* zwei, drei à vier.
Dies 26. kam ich an Christina vorbei. Vorher aber, bei Nerpis, sah ich ein ganz großes Feld, guter Erdboden, nun aber vollkommen von Grashöckern überwachsen, daß das Vieh davon wenig oder gar nichts hatte. Diese Grashöcker standen fast

einer über dem andren, waren mit *Polytrichum* überwachsen, welches aber schon verwelkt und fast schwarz geworden war. Zwischen den Grashöckern war kaum so viel *spatium* übrig, daß das Vieh dazwischentreten konnte.
Allerorten in den Vorhäusern hingen Bärennetze, alle aus Seil gemacht, wie ein Daumen dick, aus Lindenbast, jede Masche so groß, daß sie ausgespannt drei Viertelellen betrug, *s.* jeder *latus ex* 4 *confluentibus* eineinhalb Viertelellen. Wohl mannshoch, wird einige hundert Faden breit auf Stöcken aufgehängt, schleift unten auf der Erde. In dieses Netz wird der Bär von allen gemeinsam getrieben.
Dies 27. Heute sah ich sie im Backtrog brauen, der Trog mit Malz stand auf dem Tisch mit dem *parte anteriori ubi* undicht, so daß an der einen Kante die Finger hineingesteckt werden konnten, und da rann es heraus.
Unterhalb von Christina sah ich zuerst *Lathyrus viciaeformis, Sisymbrium* Brunnenkresse, *Campanula persicifolia et Telephium.*
Dies 28. brachte ich den äußerst schweren Weg (Landstraße kann man ihn gar nicht nennen, denn er war dem zwischen Umeå und Granön vollkommen gleich) hinter mich, der von Lappfjärd bei Christina bis Hvisbofjärd bei Björneborg dauerte.
Bei Sastmola sah ich zum ersten Mal wieder *Acer* und *Filix foemina, ramosa.*
Zwischen Gjölbol und Hvisbofjärd führt der Weg unten am Meeresufer entlang. Hier war das Gras außerordentlich hoch, und dazwischen wuchsen allerlei interessante Pflanzen wie *Ribes insipida,* Teigbeere *incolis, copiosiss. (Opulus et Xylosteum* kommen hier wieder). NB der *frutex,* über den Herr Höjer referierte, wächst mit schwarzbraunen Beeren draußen auf den Holmen, mag sein, es war *Xylosteum,* weil seine Blätter denen der Traubenkirsche ähnlich waren. *Rubus saxatilis alp. copiosiss., Lupulus sativ.* wuchs *jucundo spectaculo* wild, schlang sich um Espen etc., recht hübsch, *Hepatica* mit *Cracca alis dentatis, floribus striatis* und *Orobus vernalis* traten auch zum ersten Male wieder auf. *Gramen panicul. panicula compressa in spicae formam,* womit man Tabakspfeifen durchputzt, wuchs hier *copiosissime ultra* meine Leibesgröße hinaus, *item Cyperus* im Moor mit einer Fülle an *Iris.*
Der größte Teil des Weges nach Kemi lag so nahe am Meer, daß man dieses fast die ganze Zeit durch den Wald sah.

Dies 29. war Michaelimesse, und ich reiste den ganzen Tag.
Wenn der Finne Bären schießt, springt er gleich nach dem Schuß zur Seite, denn der Bär rennt direkt auf den Rauch zu (so er nicht gleich zu Tode getroffen ist), und der Schütze entkommt auf diese Weise.
Die Bauern in den Schären weissagen aus dem Krähenflug das kommende Wetter, denn die Krähen, die das Moor lieben, fliegen abends immer dorthin, von wo am nächsten Morgen der Wind kommen wird, um dann nicht Gegenwind zu haben.
Der Friedhof von Ulvila ist voll mit Totenschädeln, ich zählte auf einem Haufen vierzig Stück. Die Kirche ist außerordentlich alt.
Als ich in eine *pörte* eintrat, war es drinnen so heiß, daß ich meinte, die Nase müsse mir abbrennen. Aber den Leuten gefiel's recht wohl, ja, die Buben sprangen in Pelzen auf den Dielen herum. Die Öfen sind hier wie die småländischen Badestubenöfen gebaut, aber oben drauf lagen *in muri forma* mannshohe Steine. Die Frauen spinnen das Garn auf dem nackten Oberschenkel und sind auch im übrigen nackt bis zum Nabel, ja oft ganz und gar unbekleidet.
Zwischen Hyvelä und Tutturu ist ein Fluß, durchgehend navigabel, es heißt, er wäre neun Faden tief. Hat eine Fähre. Von hier eine halbe Meile nach Süden, an der Landstraße zwischen zwei Brücken, war ein Sandhügel mit ziemlich feinem Sand.
Dies 30. kam ich in der Stadt Åbo an. Åbo ist so groß wie Örebro, schön gebaut, oft zerstört von den Feinden, oft abgebrannt, ja, was sonst sollte auch diesen *pörten* passieren? Ohne sie hätte solches nicht geschehen können.
Finnische *lura* wird nicht wie andre Getränke gekocht, sondern man wirft rote Steine hinein, anstatt es zu kochen, *hinc vis purgatoria analoga cum marte.*
Sciurus volans aus Tavastland, defekt.
Mus longus, labio inferiori albo jagt Vögel in den Bäumen, im Wasser, schlägt ihre Krallen ein(?), Gebiß vier *dentes prominentes.* Finnischer Nerz.
Ein Sauerbrunnen, eine Viertelmeile von der Stadt, von Tillands entdeckt, älter als Medevi. Läuft so stark, daß ein Bürger dieser Stadt eine Mühle bauen ließ und das Wasser dahinleitete, geht aber nicht sonderlich gut.

Vor der Stadt ist eine Mine, die Eisen enthält, hie und da mit etwas *pyrites* gemischt, und mit deren Ausnutzung kaum begonnen worden ist. Der Fels besteht aus *atra mica.*
Die Bibliothek hier ist miserabel, zwei Akademien, beide im selben Haus untergebracht.
Dies 5. Im Oktober. Ich reiste von hier ab, die Äcker in Finnland sind herrlich, sehen aus, wie die in Östergötland, ganz flache und große Felder.
Dies 6. gingen wir an Bord der Trajekte. Bei Brandö gab es rote *saxas,* ganz Åland nachher bestand aus dem gleichen roten Gestein, ja, ein ganzes Schloß wie Kastelholm, welches jetzt langsam verfällt, war aus diesen Steinen gebaut worden.
Die Frauenzimmer färben mit *Lichenoides saxatile, colore ad stercus humanum inclinante,* kochen das Moos mit Wasser und färben damit nur Wolle oder Strümpfe, ohne Alaun, einige setzen etwas Orelàn hinzu.
Dies 7. Abends bis Ålands Schloß gekommen, *copiose* Sanddorn am Weg.
Dies 8. reiste ich über das Ålandsmeer.
Dies 9. Vor Esbro, 1. eine Eisenhütte, die schon verschiedentlich beschrieben, 2. bei der Kirche standen Grabsteine aufgerichtet, 3. NB. Wacholder beim Hochofen und bei der Kirche auf kleinen Hügeln. Die Büsche sehen ganz wie Zypressen aus, wachsen dicht zusammengedrängt und hoch.
Dies 10. kam ich gegen ein Uhr nachmittags glücklich in Uppsala an.

Enti Entium
sit
Laus, Honor et Gloria
in Saeculis

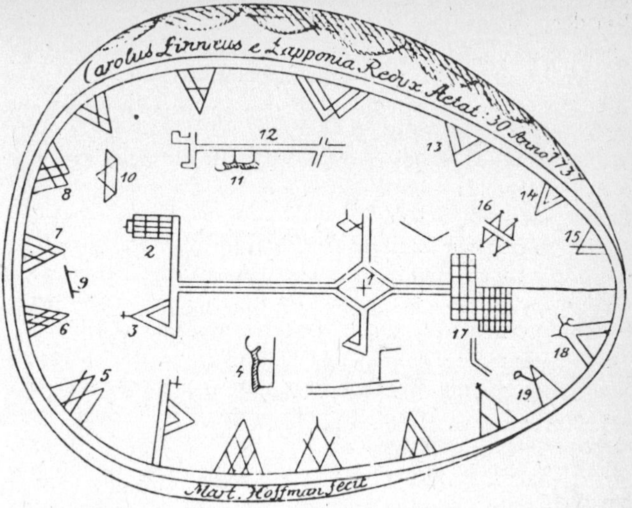

Zaubertrommel

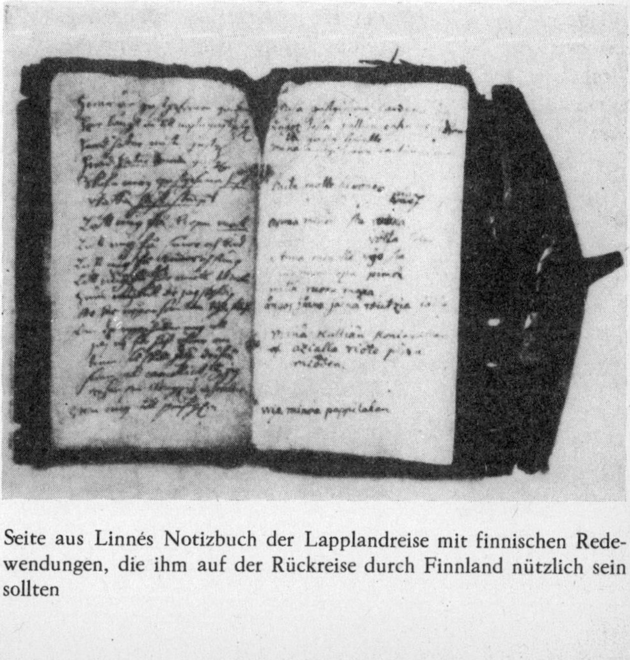

Seite aus Linnés Notizbuch der Lapplandreise mit finnischen Redewendungen, die ihm auf der Rückreise durch Finnland nützlich sein sollten

Carl Linné

Potest e casa vir magnus exire

1707 Mai 12—13, zwischen zwölf und ein Uhr in der Nacht, geboren in Råshult, Kirchspiel Stenbrohult, Småland. Vater, Komminister Nils Linnaeus, hernach Pastor *ibid.* Mutter, *primipara,* Christina Brodersonia.

1717 Trivialschule zu Wexiö, introduziert.

1724 *Gymnasium Wexionense,* dorthin versetzt.

1727 Akademie Lund, Student.

1728 Akademie Upsala, Student.

1730 und folgendes Jahr, *publice* gelesen in *Horto Upsaliensi, vicarius Rudbeckii.*

1732 die Reise nach Lappland auf Kosten *Societatis Upsaliensis.*

1733 die Probierkunst *privatim* gelesen, der erste in Upsala.

1734 dalekarlische Reise auf Kosten des Landshöfding Reuterholm.

1735 ausländische Reise angetreten: Dänemark, Deutschland, Holland, England, Frankreich. *Medicinae doctor* in Harderwyk, *d. 9. Calend. Julii.*

1736 Cliffords *botanicus.* England besucht — Rückkehr zu Clifford.

1737 viele Werke in Cliffords Museum herausgegeben.

1738 Leyden, bei Prof. v. Royen, richtet mit ihm *Hortum Leydensem* ein.

Kommt von Frankreich nach Schweden zurück.

1739 Pension, um *publice* über das Kabinett des Bergwerkskollegiums zu lesen, Mai 14.

Admiralitäts-Medicus am Stockholmer Lazarett, Mai 15.

Praeses primus Acad. Holmensis, und einer der sieben *fundatores.*

1741 *Professor publicus Upsaliensis, Maji 5.*

Öländische und Gottländische Reise auf Befehl der Stände.

1742 *Hortus Upsaliensis* aus der Verwüstung neu angelegt.
1743 *Museum Academicum,* von ihm zuerst angelegt.
1744 *Secretarius Societ. Upsaliensis.*
1746 westgotische Reise auf Befehl der Stände.
1747 Archiater, ohne es zu suchen, im Januar.
1749 skånische Reise auf Befehl der Stände.
1751 *Museum Reginae* beschrieben auf Drottningholm.
1753 *Museum Regis* beschrieben auf Ulriksdahl.
Ritter vom Nordstern, als der erste *literatus* im Reich.
1758 kauft sich Hammarby und Säfja, zehn volle Hemman.
1760 *praemium* der Russischen Akademie, erstes ausländisches für irgendeinen Schweden, hundert Dukaten.
1761 Edelmann, ernannt vom Könige, April 4.
1762 *Academiae Parisinae socius extraneus ordinarius: octumvir.* Erster Schwede; größte Ehre für *literati.*
1763 lebendiger Tee, der erste, der in Europa zu bekommen; blühte 1765 in Upsala.
1768 *museum proprium,* massiv gebaut zu Hammarby auf einem hohen Berge.

Stenbrohult ist ein Kirchort, belegen in Småland, in Cronobergs Län und Albo-Härad, gegen die skånische Grenze hinunter, in einer der anmutigsten Gegenden von ganz Schweden; denn es liegt dicht an dem ansehnlichen Möklen-See, der mit einer Bucht von einer Viertelmeile Länge bis an den Fuß der Kirche sich streckt. Ebene Getreidefelder umgeben die Kirche von allen Seiten, außer der westlichen, wo der Möklen sein klares Gewässer verbreitet. Eine Strecke weiter zeigt sich ein lieblicher Buchenwald im Süden, Taxås hohe Berge im Norden und Möklanäs den See hinüber im Westen. Hinwieder auf der östlichen Seite sind die Ackerbreiten von Norden mit Tangelwäldern, von Osten und Süden mit den angenehmsten Wiesen und reich belaubten Bäumen gekränzt.
Hier war Pfarrherr, im Anfange dieses Jahrhunderts, Samuel Brodersonius, ein sanfter und stiller Mann, welcher hieselbst, seit 1640, seine Voreltern gehabt hatte: seinen Vater Petrus Brodersonius und seinen Muttervater Nils Torgeri, welche vor ihm Pfarrer gewesen, so wie er wiederum seinen Sohn, seinen Eidam und seinen Tochtersohn hinter sich hatte, bis auf diesen Tag. Dieser Samuel Brodersonius hatte zur Ehe Maria Skee, Pastor Jöran Skees Tochter von Wisseltofta in Skåne. Er hatte mit ihr vier Kinder, Christina, Petrus, Maria und Göran.
Nicolaus Linnaeus war geboren im Jahre 1674. Sein Vater war Bauer und hieß Ingemar Bengtsson, wohnhaft in Småland zu Stegaryd im Kirchspiel Wittaryd; die Hausfrau desselben hieß Ingrid Ingemarsdotter und war Schwester des Pfarrherrn Sven Tiliander zu Pietteryd. Pastor Sven Tiliander nahm seinen Schwestersohn Nils zu sich und hielt ihn zur Schule mit seinen Söhnen, wo denn der Neffe das Vergnügen des Oheims an seinem Garten sahe und auch Geschmack an dieser Wissenschaft gewann. In der Folge mußte dieser Nils Linnaeus mit knappen Mitteln auf der Akademie zu Lund sich durchbringen, wo er einige Jahre blieb und sich dann in sein Stift Wexiö begab, um einen Dienst zu suchen. Der Bischof Cavallius, welcher vormals Nachbar und Freund mit Pastor

Samuel Brodersonius gewesen war, erwählte diesen Nils Linnaeus zum Adjunkt in Stenbrohult und gab ihm hernach im Jahre 1706 die Vollmacht als Kapellan; worauf der Komminister Nils Linnaeus des Pastor Brodersonius' älteste Tochter, Christina, zur Ehe begehrte und erhielt. Sie wohnten in der Kapellans-Wohnung Råshult, dicht bei der Kirche von Stenbrohult, wo des Komministers tägliche Freude war, einen schönen Garten anzulegen, während die Frau der Haushaltung vorstand. Er war von sehr sachter, ebener und gütiger Gemütsart; sie gewitzt, lebhaft und arbeitsam. Im Jahre 1707 wurde ihnen das erste Kind geboren, welches sie Carl nannten. Gleich darauf starb Pastor Samuel Brodersonius und der Komminister in Wexiö erhielt das erledigte Pastorat, starb aber, ohne es anzutreten, ebenfalls; worauf S. Majestät, welche sich damalen in Polen aufhielten, auf Verwenden des Königlichen Sekretärs Josia Cederhjelm dem Komminister Linnaeus die Vollmacht zum Pastorate ausfertigten. So wurde also Nicolaus Linnaeus Pastor zu Stenbrohult, nach seinem Schwiegervater, und blieb es ganzer vierzig Jahre von 1708 bis 1748. Das zweite Kind war Anna Maria, welche hernach die Frau des Probstes Gabriel Hök in Wirestad wurde; das dritte, Sophia Juliana, die Frau des Pastors Johan Collin zu Rylßby (gestorben 28. Juni 1771), das vierte, Samuel, welcher seinem Vater im Pastorate nachfolgte, und das fünfte, Emerentia, Frau des Häradvogtes Branting.

Carl Linnaeus war also der älteste Sohn und im Jahre 1707 geboren, in der Nacht vom $\frac{12.}{22}$ auf den $\frac{13.}{23.}$ Mai, um ein Uhr, gerade im schönsten Frühling, da der Kuckuck den Sommer ausrief, zwischen *menses frondescentiae* und *florescentiae.* Dieser annoch einzige Sohn seines Vaters wurde gleichsam im Garten auferzogen bei seinem Vater; denn der Vater legte, sobald er Pastor geworden, zu Stenbrohult einen der schönsten Gärten in der ganzen Landshauptmannschaft an, mit auserlesenen 6 Bäumen und den seltensten Blumen, und suchte darin, wenn er von Amtsverrichtungen frei war, seinen Zeitvertreib. Der junge Carl war kaum vier Jahre, als er einmal seinen Vater zu einer Kollation nach Möklanäs begleitete, in der schönsten Sommerszeit; und da die Gäste gegen Abend auf einer grünen Wiese sich ruheten, machte der Pastor seiner Gesellschaft bemerklich, wie jede Blume ihren eigenen Namen habe. führte mancherlei Merkwürdiges und Wunderbares von den Pflanzen

Råshult im 18. Jahrhundert
Gravüre nach einer Zeichnung von A. C. Wetterling

an und zeigte dabei die Wurzeln der *Succisa, Tormentilla, Orchides* und anderer. Das Kind sah mit herzlichem Vergnügen zu, und dies war gerade die Saite, die in seiner Seele am stärksten gespannt war. Von Stund an ließ der Junge dem Vater keine Ruhe, sondern fragte beständig nach dem Namen der Gewächse, weit mehr, als der Vater beantworten konnte. Aber nach Weise der Kinder vergaß er die Namen wieder, weshalb er auch einmal von seinem Vater hart angelassen wurde, welcher sagte, er würde ihm keine Pflanzennamen mehr nennen, wenn er sie immer wieder vergessen wollte; daher war des Knaben ganzes Sinnen und Denken von nun an, sich der Namen zu erinnern, damit er seines Hauptvergnügens nicht verlustig ginge.

1714 wurde Carl seinem ersten Informator, Johan Telander, anvertraut, der wenig geschickt war, Kinder zu erziehen.

1717 wurde Carl in die Trivialschule zu Wexiö gebracht, wo rohe Lehrmeister mit ebenso roher Methode den Kindern Lust zu den Wissenschaften machten, daß ihnen die Haare zu Berge stehen mußten.

1719 erhielt Carl einen andern Informator, Gabriel Hök, welcher nachmals sein Schwager wurde. Dieser handhabte den Knaben mit mehr Milde, vermochte aber nicht ihm Neigung zu den Studien einzupflanzen, vor welchen der Knabe das stärkste Grauen gefaßt hatte.

1722 ward Carl in die eigentlichen Klassen versetzt, entging also, nach der dort angenommenen Manier, dem Privatunterricht und erhielt mehr Gelegenheit, dem Buche zu entfliehen; denn des Knaben einziges Vergnügen war, unter den Blumen umherzugehen und die Pflanzen kennenzulernen; und da er jährlich mehrere Male von Stenbrohult nach Wexiö reiste, war er, durch Betrachtung der Blumen am Wege, imstande zu sagen, wo jede Pflanze wuchs, auf dieser ganzen Strecke von fünf Meilen.

1724 ward Carl von der untern Schule aufs Gymnasium versetzt, wodurch er noch mehr freie Hand bekam, sich den Studien zu entziehen, gegen welche er in früheren Jahren durch harte Behandlung so große Abneigung gefaßt hatte. Doch fürchtete er sich nicht vor allen Wissenschaften, obgleich die meisten hier nur darauf ausgingen, dienliche Predigersubjekte zu präparieren; denn so wie er immer unter den schlechtesten seiner Kameraden war unter *eloquentiae, metaphysices, mora-*

lium, Graecae et Hebraicae, samt *theologiae lectores,* so war er hingegen allezeit einer der Besten in den mathematischen und besonders den physikalischen Stunden. Der Bursche hatte sich verschiedene botanische Bücher verschafft, die er Tag und Nacht las, so daß er sie an den Fingern konnte, als das Rydaholmische Pflanzenbuch, Tillands „*Flora Aboënsis*", Palmbergs „*Serta Florea Suecana*", elende Wegweiser, wozu endlich Bromelii „*Chloris Gothica*" und Rudbeckii „*Hortus Upsaliensis*" kamen, obgleich diese letzteren für ihn ziemlich hochgelahrt erschienen. Mit einem Worte, der Knabe hatte eine innerliche Neigung zu einer Wissenschaft gefaßt, welche an diesem Orte und in dieser Zeit in Barbarei verborgen lag, indem keine andere Wissenschaften im Schwange gingen, als die zum Prediger machten, wozu auch die Eltern, besonders

Alchemische Zeichen in Linnés frühestem erhaltenen Manuskript, dem „*Kräuterbuch*" von 1725

die Mutter, ihren Sohn schon von der Wiege bestimmt hatten. Carl war inzwischen in einer nutzlosen Wissenschaft so weit gegangen, daß sowohl seine Lehrer als Kameraden ihn den kleinen *botanicus* nannten, obgleich seine Bücher und Meister seinem Triebe nicht entsprachen.

1726 machte der Vater einen Besuch in Wexiö, um sich nach seinem lieben Sohne zu erkundigen, da denn alle Lehrer nach ihrem Gewissen dem Vater nicht raten konnten, seinen Sohn länger zu den Büchern zu halten, sondern mit einhelliger Stimme dem Vater empfahlen, seinen Sohn beizeiten zu irgendeinem Handwerker, einem Tischler oder Schneider, zu tun, indem sie überzeugt wären, daß er bei den Büchern nichts ausrichten könnte. Dies war ein Donnerschlag für den Vater, der nach seinem schwachen Vermögen, nunmehr an die zwölf Jahre, an sein liebstes Kind, was er nur aufbringen können, gewandt hatte; und während er nun beschließen soll, an welches Handwerk er sein Kind zu stellen habe, geht er auch zu dem Provinzialarzt, Johan Rothman, welcher *physices lector* war, um sich wegen einer Unpäßlichkeit, woran er seit einigen Wochen gelitten, bei ihm Rats zu erholen. Indem er nun dem Doktor seine Krankheit berichtet, läßt er auch den Kummer mit einfließen, den ihm soeben sein liebstes Kind verursacht, an dem er, nach dem einhelligen Ausspruche der Lehrer, *oleum* und *operam* verloren. Doktor Rothman hingegen übernimmt es, beide Beschwerden zu heilen, und versichert den Vater heilig, daß unter allen dort studierenden Schülern keiner, auch nicht ein einziger sei, der so viel Hoffnung von sich gäbe als eben sein Carl. Aber dieses eine Zeugnis konnte bei dem Vater so viele andere nicht aufwiegen, bis Doktor Rothman sich äußerte, wenn der Vater den Sohn nicht unterhalten wollte, so wolle er ihn in sein Haus nehmen und für seine Rechnung beköstigen, ihm auch Unterricht erteilen, während des einen Jahres, welches noch rückständig sei, bis der Knabe mit seinen Kameraden zur Akademie ziehen würde. Auch müsse der Vater wissen, daß die Lektoren darin recht hätten, daß er niemals Prediger werden könnte; aber dagegen sei er versichert, daß Carl ein berühmter Doktor werden würde, der sich dereinst ebenso gut ernähren könnte als irgendein Prediger. Der Vater ward getröstet, und Doktor Rothman las dem Sohn das ganze darauffolgende Jahr *privatissime* die Physiologie, und als er nach gehaltenem *collegium* den jungen Menschen examinierte, fand er, daß er alles, was er vorgetragen, auf das genaueste gefaßt hatte. Endlich zum Schlusse zeigte Doktor Rothman dem Knaben, daß alles, was er in der Botanik gearbeitet, nichts sei, sondern daß man die Pflanzen, wie Tournefort gelehrt, nach den Blüten kennen müsse, und ließ Carl die *classes plantarum* in Valentini „*Historia plantarum*" abzeichnen, wo denn alles Denken des Knaben darauf ausging, jedwedes Gewächs, nach Tourneforts Weise, in seine Klasse bringen zu können.

Als er vor seiner Reise zur Akademie alle Gewächse, die in Stenbrohult wuchsen, ordnen wollte, kamen manche vor, die ihm genug zu schaffen machten: *Cornus herbacea, Lobelia Dortmanna, Elatine Hydropiper, Peplis Portula, Linum Radiola, Plantago monanthos, Isoëtes lacustris, Anthericum ossifragum, Aphanes arvensis, Trientalis europaea, Scheuchzeria palustris, Andromeda polifolia, Calla palustris, Stratiotes Aloides, Utricularia vulgaris,* welche noch nicht von den *botanicis* entwickelt waren.

1727. Nun war der Zeitpunkt da, daß der Jüngling mit seinen Kameraden zur Akademie reisen sollte. Der damalige *rector gymnasii,* Nils Krok, gab ihm ein *testimonium academicum* folgenden Inhalts: Die Jugend auf den Schulen könne mit jungen Stämmen in einer Baumschule verglichen werden, wo es sich zuweilen, wiewohl selten, ereigne, daß junge Bäume, obgleich man den größten Fleiß auf sie gewandt, nicht arten wollen, sondern durchaus Wildlingen gleichen, wenn sie aber in der Folge versetzt und umgepflanzt werden, ihre wilde Art verändern und schöne Bäume werden, die liebliche Früchte tragen. In welcher Absicht und keiner andern er auch nun diesen Jüngling zur Akademie absende, der vielleicht daselbst in ein Klima kommen könne, welches sein besseres Gedeihen begünstige.

Mit diesem Reisepaß verfügte sich Linnaeus zur Akademie in Lund, woselbst sein voriger Informator, der nunmehrige Magister Gabriel Hök, sich aufhielt, welcher, ohne jenes unangenehme Zeugnis vorzuweisen, seinen ehemaligen Schüler zum *rectorem magnificum* und zum *decanum* führte, ihn als seinen Diszipel bei der Akademie einschreiben ließ und ihm darauf in dem Hause Doktor Stobaei eine Wohnung verschaffte.

Doktor Kilian Stobaeus, in der Folge Professor und Archiater in Lund, nahm den jungen Menschen auf, fand aber nichts an ihm, das ihm gefallen konnte, außer allein, daß er gesonnen war, Medizin zu studieren, wovon er sich dadurch überzeugte, daß er bei diesem Studenten kein andres Buch als medizinische sah. Hier fand unser Student bei Stobaeum ein artiges Museum von allerhand Naturalien, als Steinen, Schnecken und Vögeln, auch Herbarien von eingelegten und eingeklebten Pflanzen, dergleichen er noch niemals gesehen. Dem jungen Manne gefiel diese Art, Pflanzen zu trocknen und in Herbarien einzukleben, unvergleichlich, und sein ganzes Geschäft wurde nun, alle Pflanzen, die um Lund herum wuchsen, einzulegen. Stobaeus war ein kränklicher Mann, einäugig, gekrümmt an dem einen Fuße, beständig geplagt von Migräne, Hypochondrie und Rückenschmerz; hatte aber sonst ein Genie ohnegleichen. Er hatte auch übernommen, *medicus* der Noblesse in Skåne zu sein, welche ihm mit Konsultationen keine Ruhe ließ; daher er einmal den Linnaeus herunterrief, ihm zu helfen, einen Brief zu schreiben und einem Kranken zu antworten; aber dessen unsaubere Hand im Schreiben wurde verwerflich gefunden, so daß der einzige Vorteil, den Linnaeus noch bei ihm erreichen konnte, darin bestand, seinen Vorlesungen über die Schnecken, welche er Matthia Benzelio und Retzio hielt, beiwohnen zu dürfen.

Mittlerweile hatte Doktor Stobaeus einen deutschen *studiosus medicinae,* namens Koulas, ins Haus genommen, welcher daselbst als Sohn lebte und Zugang zu des Doktors Bibliothek hatte. Linnaeus machte Bekanntschaft mit diesem Koulas und las ihm die Physiologie, so wie er sie vom Doktor Rothman gelernt hatte, wogegen ihm Koulas alle Nächte Bücher aus Stobaei Bibliothek lieh. Aber Stobaei alte Mutter, welche in der Nacht nicht schlafen konnte, sah alle Nächte das Licht in Linnaei Fenster brennen und warnte deswegen ihren Sohn vor dem Smålānder, der jede Nacht beim Licht einschliefe und das ganze Haus in Gefahr setze. Ein paar Tage darauf, als Linnaeus um zwei Uhr in der Nacht in voller Arbeit bei Stobaei Büchern sitzt, kommt Doktor Stobaeus sachte heraufgestiegen, mit strenger Miene, in der Meinung, den Linnaeus bei dem Licht eingeschlafen zu finden, und frägt, warum er nicht des Nachts schlafen könne, wenn andere Leute schliefen? Tritt darauf zum Tische und sieht da einen großen Haufen seiner Bücher aufgeschlagen liegen, frägt also, wann und wie er die Bücher bekommen? Da denn Linnaeus den

Zusammenhang der Sache berichten muß, worauf Stobaeus ihm befiehlt, sich sogleich ins Bette zu verfügen und des Nachts wie andere Leute zu schlafen. Am Morgen darauf ward Linnaeus heruntergerufen, um noch weiter wegen der Bücher verhört zu werden, da denn Doktor Stobaeus ihm den Schlüssel zur Bibliothek gab, daß er sich holen und wiederbringen konnte, was für Bücher er Lust hatte. Schickte auch Linnaeum in der Folge zu seinen Patienten und ließ ihn mehrenteils an seinem eignen Tische essen, mit der Versicherung, wenn Linnaeus so fortfahren würde, wie er angefangen, wolle er ihn zu seinem Erben machen, da er selbst keine Kinder hatte.
1728 in der Frühlingszeit war Linnaeus mit Herrn Matthias Benzelstjerna an einem heißen Tage nach Fågelsång gegangen, um zu botanisieren; in der starken Hitze Rock und Weste ab, und es stach ihn ein Wurm, *Furia infernalis* genannt, am rechten Arme, wovon der ganze Arm stocksteif anschwoll und Linnaeus das Bette hüten mußte. Die Entzündung nahm zu; Stobaeus hatte den Brunnentermin zu Helsingborg angesetzt, mußte also seinen Linnaeus in des Feldschers Händen zurücklassen, mit geringer Hoffnung seines Lebens, und reiste somit ab. Der Feldscher Snell machte eine große Öffnung vom Ellenbogen bis zur Schulter und heilte glücklich den Schaden, worauf Linnaeus, da er wiederhergestellt war, über Sommer nach Småland zu Hause reiste, um seine Eltern zu besuchen.
Während Linnaeus in Stenbrohult verweilte, sprach einmal Assessor Rothman ein, welcher Linnaeo vorstellte, wie die Akademie zu Lund zu seinem Zwecke, Medizin zu studieren, nicht dienlich sei, rühmte dagegen Upsala, wie dort *medicinae professores* seien: der gelehrte Roberg in der Medizin selbst und der große Rudbeck in der Botanik; auch sei dort eine stattliche Bibliothek und ein schöner akademischer Garten nebst vielen königlichen und magnatischen *stipendia*, ohne welche ein fähiger, aber armer *studiosus medicinae* nimmermehr fortkommen könne. Linnaeus war jung und bald beredet von einem Manne, der ihm soviel Gutes getan hatte. Die Eltern statteten ihren Sohn mit hundert Talern Silbermünze aus, ein für allemal, da sie ihm nachher nicht weiter beispringen könnten, und so reiste Linnaeus nach Upsala.
Als Linnaeus in Upsala angekommen war im Herbste 1728, gingen seine Gelder bald zu Ende, und keine Kondition, als

wodurch arme Jünglinge sich auf unsern Akademien durchzuhelfen pflegen, konnte ihm, einem *studiosus medicinae*, anvertraut werden, denn Medizin zu studieren war zu jener Zeit keine Ehre. Linnaeus mußte sich in Schulden setzen für die Speisung und hatte kein Geld, seine Schuhe besohlen zu lassen, sondern mußte auf dem bloßen Fuße gehen, mit etwas Papier, das er in den Schuh legte. Nun hätte er gewünscht, wieder zu seinem Gönner Stobaeus kommen zu dürfen, aber der lange Weg verwehrte es ihm, auch würde Doktor Stobaeus wohl von Herzen gezürnt haben, einen Jüngling wiederzusehen, zu dem er soviel Neigung gefaßt und der ihn ohne Rücksprache verlassen hatte. Aber

labor omnia vincit
improbus et duris urgens in rebus egestas.
Virgil.

1729 im Herbste saß Linnaeus in dem verfallenen akademischen Garten, um einige Blumen zu beschreiben, als ein ehrwürdiger Geistlicher in den Garten kam und ihn fragte, was er schriebe, ob er die Pflanzen kennte, ob er Botanik studiert hätte, wo er her sei und wie lange er hier wäre? Fragte

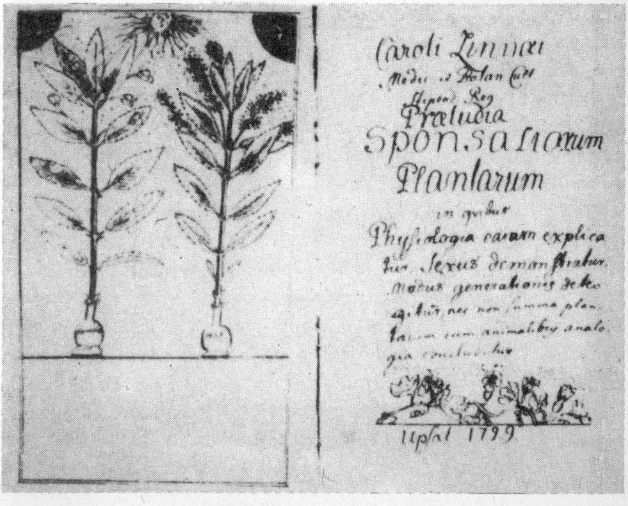

Titelblatt zu „*Praeludia Sponsaliarum Plantarum*", 1729 (Original in der Universitätsbibliothek Uppsala)

auch nach dem Namen einer Anzahl von Pflanzen, wo denn Linnaeus bei allen mit den Namen nach Tourneforts Methode antwortete; endlich fragte er auch, wieviele Pflanzen er eingelegt hätte? und Linnaeus antwortete, daß er mehr als sechshundert inländische hätte. Er bat darauf den jungen Mann, ihn nach Hause zu begleiten, und da er an die Wohnung des Doktor Celsii kam, ging er da hinein. Denn dieser Ehrenmann, der *Doctor theologiae* O. Celsius, der Vater, hatte sich ein paar Jahre in Stockholm in einem wichtigen kirchlichen Auftrage aufgehalten, und da er im Sinne hatte, eine *historiam de plantis biblicis* auszuarbeiten, so hatte er sich auch auf Botanik gelegt und mit allem Fleiße die wildwachsenden Kräuter aufgesucht. Linnaeus mußte sogleich sein Herbarium holen, wodurch Doktor Celsius noch mehr von seiner Einsicht in dieser Wissenschaft überzeugt ward. Nach Verlauf einiger Tage, da er des jungen Mannes Dürftigkeit sahe, gab er ihm ein Zimmer in seinem eigenen Hause und ließ ihn mehrenteils an seinem Tisch essen, unter welcher Zeit Linnaeus den Pflanzen, welche wild um Upsala wuchsen, fleißig nachspürte, immer in Gesellschaft mit Doktor Celsius war, wenn er reiste, und mit ihm die upsalischen Pflanzen in seiner Bibliothek bearbeitete. Diese Bibliothek war sehr ansehnlich, auch in der Botanik, und Linnaeus bekam dadurch die stärkste Gelegenheit, sich zu vervollkommnen.

Nils Rosén war in den Tagen vor Linnaei Ankunft Adjunkt in Upsala geworden und auf auswärtige Akademien verreist, um zu promovieren und sich in der Medizin völlig auszubilden, unter welcher Zeit ein gewisser Preutz sein *vicarius* war, welcher keinen Kredit bei den *medicinae studiosis* hatte, weswegen verschiedene anfingen, *privatissime* zu Linnaeus zu gehn, als Letström, Sohlberg und Professor Rudbecks Sohn, Johan Olof, wodurch sich Linnaeus Schuhe und andre Bekleidung verschaffte.

Petrus Arctaedius, in der Folge Artedi, war der einzige, welcher zu jener Zeit unter den *medicinae studiosis* in einigem Rufe der Fähigkeit stand. Er kam nach Upsala zurück, nachdem er zu Hause in Ångermanland gewesen war und seinem Vater die letzte Ehre erwiesen hatte. Mit ihm schloß Linnaeus eine vertrauliche Freundschaft, obgleich sie beide an Statur und Sinnesart ganz ungleich waren; denn Artedi war lang gewachsen, saumselig, ernsthaft; Linnaeus klein, wild, hastig,

lebhaft, Artedi liebte die Chemie, und besonders die Alchimie, ebensosehr wie Linnaeus die Gewächse. Artedi besaß freilich einige Einsicht in der Botanik, so wie Linnaeus in der Chemie.
Da aber diese Nebenbuhler sahen, daß sie einander nicht einholen konnten, verließ ein jeder des andern Fach. Darauf begannen beide zu gleicher Zeit mit Fischen und Insekten; doch da Linnaeus den Artedi in den Fischen nicht erreichen konnte, so verließ er sie völlig, ebenso wie Artedi die Insekten. Artedi bearbeitete die Amphibien, Linnaeus die Vögel. Es war zwischen ihnen eine beständige Eifersucht, heimlichzuhalten, was sie gefunden hatten, und konnten doch nie über drei Tage Stich halten, sondern mußten gegeneinander mit ihren Entdeckungen prahlen.
Die Professoren der Medizin waren damalen Rudbeck und Roberg. Rudbeck las über seine wohlgezeichneten Vögel und Roberg über Aristotelis *problemata* nach Cartesii Prinzipien. Man sah und hörte nichts von Anatomie noch Chemie, und Linnaeus hatte niemals eine botanische Vorlesung hören können, weder *publice* noch *privatim.*
Linnaeus las in den *Actis Lipsiensibus* eine Rezension von Vaillants Traktat: „*De Sexu Plantarum*“ und fand besonderen Gefallen daran, begann daher, sich die Blüten anzusehen, was denn *stamina* und Pistillen eigentlich für Dinge wären; und Artedi, der nunmehr die Botanik aufgab, behielt sich die *plantas umbellatas* vor, weil er darin eine neue Methode zu stiften gedachte, worauf Linnaeus auch in den Sinn nahm, eine neue Methode in Hinsicht aller Gewächse zu gründen, nachdem er die *stamina* und Pistillen so lange angesehen hatte, bis er gefunden, daß sie nicht minder verschiedenartig als die *petala* und die wesentlichsten Bestandteile der Blüte seien.
Aber mit Schluß des Jahres rückte der damalige Bibliothekar, Georg Wallin, mit seiner philologischen Disputation „*De Nuptiis Arborum*“ hervor, und da Linnaeus nicht Gelegenheit fand zu opponieren, schrieb er einige Bogen über den eigentlichen Zusammenhang des Geschlechtes der Pflanzen im botanischen Sinne und gab das Manuskript dem Doktor Celsius, von dem es weiter in die Hände des Professors Olof Rudbeck kam und ihm so gefiel, daß er wünschte, den jungen Mann, der es entworfen, kennenzulernen.
Im Jahr 1730 erhielt der hochbejahrte Olof Rudbeck Freiheit, seine öffentlichen Vorlesungen aufzugeben, wenn er nur einen

vicarius hielte. Der Vice-Adjunkt Preutz ward zuerst berufen, die Lektionen im Garten zu halten, aber bei Rudbecks Untersuchung hielt er nicht Maß; daher ward Linnaeus vorgeladen, von der Fakultät examiniert und mit Approbation angenommen; obgleich Professor Roberg es für gewagt ansah, einen noch nicht dreijährigen Studenten zum *docens* zu machen, ja ihm öffentliche Vorlesungen zu überlassen. Weil aber kein anderer zu haben war, blieb es dabei, daß Linnaeus im Garten lesen sollte, und er fing daher im Frühjahr 1730 seine öffentlichen botanischen Lektionen an, bekam eine Menge Kolleganten bei botanischen Exkursionen, und Rudbeck nahm ihn als Informator seiner Kinder aus der zweiten Ehe in sein Haus. Linnaeus ließ nun den ganzen Garten ändern, verschaffte sich aus andern Gärten und vom Lande die seltensten Blumen und pflanzte sie nach eigener Methode. Im vorhergehenden Jahre war die Gärtnerstelle erledigt gewesen, und Linnaeus hatte sie auf Professor Robergs Anraten gesucht, aber Professor Rudbeck schlug es ab und sagte, er hätte Größeres mit Linnaeus im Sinne, welches diesen nicht wenig verdroß; nun aber konnte er als *docens* dem neuen Gärtner befehlen, der seinen Anordnungen im Garten nachkommen mußte.
Linnaeus fing an, *excursiones botanicas* in Privatkollegien anzustellen und erhielt eine Menge Kolleganten, deren Beihülfe ihm Kleider verschaffte. Er hatte jetzt auch Gelegenheit, Professor Rudbecks schöne Bibliothek in der Botanik zu benutzen und seine unvergleichlich prächtig gezeichneten „*Schwedischen Vögel*" ununterbrochen durchzugehn. Nun wurden die Tage zur Arbeit mit den Diszipeln angewandt und die Nächte zur Ausarbeitung des neuen Systems und der Reformation, welche Linnaeus in der Botanik begonnen. Auch fing er an, seine „*Bibliotheca Botanica*", seine „*Classes Plantarum*", seine „*Critica Botanica*" und seine „*Genera Plantarum*" zu schreiben, so daß er keine Minute verschleuderte, solange er in Upsala sich aufhielt.
1731. Der *adjunctus medicinae,* Doktor Rosén, war kürzlich von seiner ausländischen Reise zurückgekommen, wo er sich in der Anatomie und Praxis habil gemacht hatte; und da kein *practicus* in Upsala war, ward er von allen angenommen. Er übernahm sogleich den anderen Teil, der zu Rudbecks Professur gehörte, die Anatomie *publice* zu lesen. Rudbecks siebzig Jahre gaben ihm Hoffnung, bald sein Nachfolger werden zu können,

und es war kein starker Mitbewerber zu vermuten, wenn nicht Linnaeus mittlerweile emporkommen dürfte. Dieser suchte, ebenfalls die Botanik *publice* lesen zu dürfen, welche Rudbeck dem Rosén nicht anvertrauen konnte, der sich nicht darauf gelegt hatte. Rosén suchte den Linnaeus zu vermögen, selbst von den Lektionen abzustehn, welches dieser auch getan hätte, wenn Rudbeck es zugelassen. Die Folge war, daß Linnaeus, als er kaum die Armut überwunden, sogleich dem Neide anheimfiel, dessen Spiele hier zu entwickeln ebenso weitläuftig als unnütz wäre. Mit einem Worte, die ungetreue Frau des Bibliothekars Norellius hielt sich jetzt in Rudbecks Hause auf, durch welche Linnaeus bei seiner Patronin verhaßt gemacht wurde, so daß er seines Bleibens dort nicht länger sah. Und da Rudbeck oft von den seltsamen Phänomenen und Pflanzen erzählte, die er auf seiner lappländischen Reise gesehen, so hatte Linnaeus eine große Neigung gefaßt, diese Länder zu besuchen. Der Sekretär bei der Wissenschafts-Sozietät in Upsala, Magister Andreas Celsius, drang darauf, daß Linnaeus nach Lappland reisen sollte, um so mehr, da es königlicher Befehl sei, einen aus der Sozietät dahin zu senden, weshalb auch in der Sozietät beschlossen ward, daß Linnaeus das nächste Jahr reisen sollte. Linnaeus nahm daher mit Schluß des Jahres Abschied von der Rudbeckschen Kondition und reiste hinunter nach seinem Geburtsort in Småland.

1732 reiste Linnaeus einige Tage nach Lund, um Stobaei Mineraliensammlung zu sehen, da er die Kenntnis in diesem Teile der Natur noch bei sich vermißte. Doch da die Sammlung meistens aus Petrifikaten bestand, fand er hier seine Rechnung nicht, sondern begab sich nach einem kurzen Verzuge in Lund nach Upsala zurück, von wo er den 13. Mai nach Lappland reiste, zu Pferde, ohne Impedimente und bloß, wie man geht und steht. Als er in Ångermanland von der Landstraße ab nach der hohen Grotte im Skulberge begleitet von zwei Bauern ging, wäre er auf ein Haar unglücklich geworden; denn der Bauer, welcher vor ihm hinaufkletterte, riß ein Felsenstück los, welches gerade auf die Stelle niederschlug, wo Linnaeus gestanden haben würde, wenn er nicht eine Handwendung vorher seinen Schritt nach dem Schritte des andern Bauern verändert hätte. Von Umeå ging Linnaeus den Fluß hinauf nach Lycksele; da aber die Frühlingsflut anfing allzu stark zu kommen, mußte er zu Fuße wandern, durch Wälder und

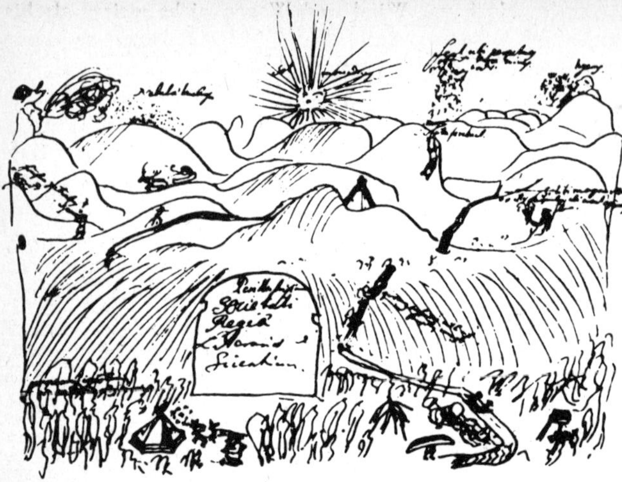

Titelblatt-Entwurf Linnés: Abenteuer in Lappland (im Besitz der Linnean Society, London)

Moräste, wo das Eis unter dem Wasser lag, und endlich Halt machen in dem Unglücksmoor, weil das Land um diese Zeit unmöglich bereist werden konnte. Deshalb mußte er zurück durch den Umeåfluß nach Umeå, von wo er sich nach Piteå und Luleå verfügte, wo er den Bergmeister Svanberg zur Begleitung erhielt, welcher nach Kiuriwari hin wollte. Man segelte also auf dem Luleåfluß, Haris vorbei, nach Jockmock, und setzte von da die Reise nach Quickjock fort, auf welcher Reise der Bergmeister Svanberg, welcher Vergnügen an der Unterhaltung seines Begleiters fand, sich erbot, ihn in kurzer Zeit die Probierkunst zu lehren, wenn er auf der Rückreise Calix besuchen wollte. Von Quickjock erhielt Linnaeus durch Veranstaltung der Pastorin Grot einen Dolmetscher, worauf er die Spitzberge bei Vallivari hinanstieg, wo er *solem inocciduum* sahe und auf den Gebirgen eine neue Welt von Pflanzen, die er mit der Ökonomie und den Sitten der Lappländer, nebst anderen Merkwürdigkeiten, genau beschrieb. Er setzte darauf die Reise über den ganzen Gebirgsrücken fort, immer zu Fuß, bis er in die Norwegische Finnmark hinunterkam, an das nördliche Meer, bei dem Torfjord, wo er nach Sallerön hinaussegelte, doch vor Wind und Wogen nicht weiter als bis Rörstads Kirche kommen konnte. Auf der Rückreise, da er eines Tages an der Nordseite der Gebirge hinansteigt, um Pflanzen und Steine zu suchen, schießt ein See-Finne nach ihm, trifft aber nicht, sondern macht sich aus dem Staube, als Linnaeus den Hirschfänger zieht. Von hier verfügte sich Linnaeus, nach einigen Ruhetagen, wieder über die Spitzberge zurück, nimmt aber seinen Weg mehr nordwärts nach der Seite von Kaitomma und kommt wieder herab über den Luleåstrom. Unterwegs, da er sich ein Floß gemacht hatte, um durch den Purkiaur-See, mitten in der Nacht nach Purkiaur[1] überzusegeln, war er wieder in Lebensgefahr, denn der Nebel benahm ihm die Aussicht, und Wind und Strom wirkten zusammen, ihn seitwärts zu ziehn, so daß er mit genauester Not dem Strudel entging. Als er nach Luleå zurückgekommen war, lernte er von dem Bergmeister Svanberg in Calix in zwei Tagen und einer Nacht die Probierkunst und ruhete sich nach einer so starken und langwierigen Abmattung bei dem Häradshöfding Höijer aus. Die Reise wurde durch Torneå fortgesetzt, und Linnaeus wollte nach den Torneå-Alpen, aber inzwischen kam ihm der Winter in den Wurf, daß er umkehren mußte, da er denn den östlichen Strandweg zurückreiste, durch Kiemi, Uleå, Carleby, Wasa, Björneborg, nach Åbo.

Nach achttägigem Aufenthalte begab sich Linnaeus über die Trajekte nach Åland, Grisselhamn und Upsala. Dergestalt war er in diesem Jahre über tausend Meilen gereist, und als er heimgekommen war, übergab er der Wissenschafts-Sozietät seinen Reisebericht und erhielt ihre Billigung, wie auch einhundertzwölf Taler Silbermünze, welche ihm die Reise gekostet.

Gleich hierauf suchte Linnaeus ein Stipendium, die Wredianischen Überschußmittel genannt, das er auch erhielt, besonders durch Professor Valraves günstige Vermittelung, wodurch er für das erste Jahr dreißig Platen genoß, weiterhin aber nichts; und sobald er auf Reisen gegangen war, ging er, auf Betrieb seiner Feinde, des Stipendiums wieder verlustig.

1733 fiel es dem Linnaeus ein, ein Kollegium über die Probierkunst zu halten, welche zuvor bei dieser Akademie nicht

[1] *Solus hyperboreas glacies Tanaimque nivalem arvaque Riphaeis numquam viduata pruinis*... Virgil.

Linné, etwa im Alter von 25 Jahren. Bleistiftzeichnung, vielleicht von seinem Lehrer Lars Roberg (Privatbesitz)

getrieben worden war, wo er einen jeden die Probierkunst für zwei Platen lehrte, wodurch er eine Menge Kolleganten erhielt.

Mennander, hernach Bischof in Åbo, war damals Student und half Linnaeo mit Geld aus, weil dieser ihm *historiam naturalem* las.

Rosén wurde immer aufmerksamer auf den steigenden Lin-

naeus, den er für einen immer gefährlicher werdenden Nebenbuhler ansah, darum begehrte er von ihm seine botanischen Manuskripte zu leihen, das Liebste, was Linnaeus damals besaß; und da dies nicht durch Lockungen zu erreichen war, ward es durch Drohungen erzwungen und ein Teil wirklich überliefert. Da aber Linnaeus erfuhr, daß eine Abschrift davon genommen wurde, vermochte keine Drohung mehr die andern Teile zu erpressen. Rosén hatte mittlerweile einen jungen Magister Gottskalk Wallerius zum Eleven angenommen, dem er nun bald ein Jahr die Medizin vorgetragen. Jetzt ward in Lund eine Adjunktur bei der Medizinischen Fakultät eingerichtet, welche Linnaeus, mit Professor Rudbecks rühmlicher Empfehlung, suchte. Nun war Rosén derzeit Brunnenarzt zu Wiksberg, und der Kanzler zu Lund, Graf Carl Gyllenborg, war Brunnengast daselbst. Daher konnte Linnaeus in keine Vergleichung mit Wallerius kommen, der auch die Adjunktur erhielt.
Am Schlusse des Jahres reiste Linnaeus in die Bergwerke, besah Norberg, Bitsberg, Afvestad, Garpenberg, die Stahlhütten und die Stadt Fahlun mit der Grube. Als er in Fahlun war, trug ihm der Landshauptmann Reuterholm an, eine Reise durch Dahlarne auf seine Kosten zu machen, auf eben die Weise, wie er durch Lappland gereist sei, welches Linnaeus annahm, es aber für eine Sache hielt, die bloß in den Wind gesprochen sei.
1734. Da Doktor Rosén mit des Erzbischofs Schwestertochter verheiratet war, hatte er sich eine Verordnung vom Kanzler Cronhjelm ausgewirkt, daß bei der Akademie zu Upsala nie ein *docens* in der Medizin, zum Nachteil des Adjunkts, angenommen werden sollte, wodurch dem Linnaeus die Hände gebunden wurden, der nichts als dies zu seinem Unterhalte hatte, so daß Rosén sich überzeugt hielt, daß Linnaeus total geschlagen sein würde. Aber die nächste Woche kamen Brief und Wechsel vom Landshöfding Reuterholm zur Fortsetzung der Reise durch Dahlarne an, wo denn Linnaeus sogleich fertig war und in Fahlun sieben muntere Jünglinge mit sich nahm, nämlich Näsman, Clewberg, Fahlstedt, Sohlberg, Emporelius, Hedenblad und Sandel. Mit dieser Begleitung reiste er durch Ost-Dahlarne und die Gebirge dortselbst, bis zu der Kupfergrube Rörås in Norwegen, und von dort wieder über das Gebirge durch West-Dahlarne nach Fahlun, wo er dem

Landshöfding sein Tagebuch über alles, was er auf der Reise beobachtet hatte, überreichte.
Johan Browallius, damals Hausprediger und Informator bei dem Landshöfding Reuterholm (in der Folge Professor und Bischof in Åbo) schloß mit Linnaeus eine besondere Freundschaft und hatte Lust, von ihm Probierkunst, Mineralogie, Botanik und anderes zu lernen; daher entschloß sich Linnaeus, in Fahlun Probierkunst zu lesen, wozu er die Probierkammer des Bergamtes benutzen durfte und hinreichende Zuhörer bekam. Linnaeus hatte nach seiner Rückkunft aus Lappland sich besonders auf die Mineralogie gelegt, weswegen er auch die Bergwerke besuchte, um ein System nach der Natur der Steine zu bilden, welche nirgends besser als eben da erlernt werden konnte. Er hatte auch nun sein System völlig zustande gebracht und las darüber, zu großem Vergnügen der Grubenbeamten. Mittlerweile schien sich Linnaeus zu Fahlun in eine neue Welt gekommen zu sein, wo alle ihn liebten und begünstigten und er auch eine ansehnliche medizinische Praxis bekam. Aber Browallius sahe kein Mittel für ihn, auf einen grünen Zweig zu kommen, wofern er nicht auswärts reisen und Doktor werden könnte, da er dann, wenn er zurückgekommen wäre, Freiheit hätte, sich niederzulassen, wo es ihm gefiele, und unfehlbar geborgen sein würde. Da aber hiezu Geld erforderlich wäre, so bliebe nichts anders übrig, als daß Linnaeus sich eine reiche Braut suchen müsse, welche erst ihn glücklich machen könnte, und er darauf sie. Die Sache gefiel dem Linnaeus in der Theorie, aber ungeachtet aller Vorschläge ward praktisch nichts ausgerichtet. Endlich tat er einen kühnen Schritt. Der *physicus urbis,* Doktor Johan Moraeus, ein reicher Mann nach seinem Stande, welcher die Fortschritte Linnaei mit Verwunderung und Neid ansah, war der beschwerlichen Praxis nachgerade müde; Linnaeus, wiewohl noch bloßer Student und ungeachtet, daß der Vater seine Kinder der Medizin fernhalten wollte, trat hervor, hielt bei demselben förmlich um seine älteste Tochter an, mit der er sich schon beredet hatte, und erhielt darauf ein rasches Ja, zu seiner eignen und andrer Verwunderung; doch stimmte die Mutter nicht bei.
1735 um Neujahr trat Linnaeus seine Reise ins Ausland an, in Gesellschaft des *studiosus medicinae* Claes Sohlberg. Sein treuer Kamerad, Artedi, war kurz vorher von Upsala nach

England abgegangen. Er besuchte seinen Geburtsort und fand seine Mutter nicht mehr, welche im vorigen Jahr am 6. Junius in ihrem 45. Jahre entschlafen war. Die Reise ging durch Helsingborg nach Helsingör, von wo er über Travemünde und Lübeck nach Hamburg absegelte, wo ihm von dem *juris* Lizentiaten Sprekelsen, dem Professor Kohl und Doktor Jaenisch viel Höflichkeit erzeigt wurde. Er vergnügte sich hier, die schönen Gärten zu besehen und was sonst merkwürdig war, wie auch unter andern Sachen das Museum des Bürgermeister Anderson und dessen Bruders Hydra mit sieben Köpfen. Er war der erste, welcher sah, daß dieses Mirakel nicht der Natur, sondern der Kunst angehörte, und wie dies bekannt wurde, war man der Meinung, daß der unerträgliche Preis, welcher auf ein solches Wunderwerk gesetzt war, bald in Nichts zerfallen würde; weshalb Linnaeus seine Abreise beschleunigen mußte, um der Rache der Gebrüder Anderson zu entgehen. Er ging daher in Altona zu Schiffe auf Amsterdam, und war auf der Reise in der größten Gefahr zur See.

In Amsterdam hielt er sich etwa acht Tage auf, um die Pracht und die Unkosten, welche hier verwendet waren, zu sehen, worauf er zu Wasser nach Harderwyk reiste, wo er tentiert und examiniert ward, „*Nova hypothesis febrium intermittentium causa*" disputierte und den 13. *Junius* promovierte. Nunmehr war sein Geld alle, dessen Summe, als er aus Schweden ging, sechshundert Taler Kupfermünze gewesen. Daher schloß sich Linnaeus an Claes Sohlberg an, weil er seinen Schwiegervater, dessen Denkungsart ihm bekannt war, nicht beschweren wollte. Die Reise ging von Harderwyk nach Amsterdam, wo Linnaeus den *professor botanices* Burman, besuchte, hernach über Haarlem nach Leyden, wo Linnaeus den Garten und den Professor van Royen sah.

Johan Fredric Gronovius, *medicinae doctor,* war der Wißbegierigste, den Linnaeus in Holland fand. Diesen besuchte Linnaeus, Gronovius besuchte ihn wieder, sah sein „*Systema Naturae*" in der Handschrift mit großer Verwunderung, erbot sich, dasselbe auf seine Kosten auflegen zu lassen, und der Druck wurde angefangen. Auf Gronovii Zureden besuchte Linnaeus den großen Boerhaave und erhielt nach achttägiger Ansuchung Erlaubnis, zu ihm zu kommen. Boerhaave zeigte seinen Garten außerhalb Leydens, mit allerhand Bäumen, welche das Klima vertragen konnten, und Linnaeus entfaltete

CAROLI LINNÆI, *SVECI*,

DOCTORIS MEDICINÆ,

SYSTEMA NATURÆ,

SIVE

REGNA TRIA NATURÆ

SYSTEMATICE PROPOSITA

PER

CLASSES, ORDINES,

GENERA, & SPECIES.

O JEHOVA! *Quam ampla sunt opera Tua!*
Quam ea omnia sapienter fecisti!
Quam plena est terra possessione tua!

Psalm. CIV. 24.

LUGDUNI BATAVORUM,

Apud THEODORUM HAAK MDCCXXXV.

Ex Typographia

JOANNIS WILHELMI DE GROOT

Titelblatt der Erstausgabe, Leiden 1735

seine Einsicht in der Botanik und der *historia litteraria botanices.* Boerhaave riet ihm daher, keineswegs Holland jetzt gleich zu verlassen, wie er vorhatte, sondern sich lieber in Holland niederzulassen und zu leben. Da aber Linnaeus dessenungeachtet bei dem Vorsatze blieb, über Amsterdam nach Schweden zurückzugehen, bat er ihn, Burmannum in Amsterdam zu grüßen. Den Tag darauf kam Linnaeus zu Burmannum, welcher ihm ein prächtiges Zimmer, Aufwartung und Kost an seinem eigenen Tische anbot, und Linnaeus nahm diese gute Gelegenheit bis auf das nächstkommende Jahr an. Mittlerweile gab Linnaeus seine „*Fundamenta Botanica*“ und seine „*Bibliotheca*“ in Amsterdam heraus, ergötzte sich an Burmanni Arbeit über die Ceylonschen Pflanzen und besuchte fleißig den *hortum medicum* in Amsterdam.

Linnaeus hatte kaum einige Monate diese Gelegenheit bei Burmanno benutzt, als der reiche Bankier, Georg Clifford, I. U. D., ihn besuchte und ihn einlud, seinen prächtigen Garten zu Hartecamp zu sehen, da er denn Burmannum überredete, ihm Linnaeum zu überlassen, den ihm Boerhaave wegen seiner großen Einsicht in der Botanik empfohlen. Also blieb Linnaeus bei Clifford, wo er leben konnte wie ein Prinz, den größten Garten unter seine Inspektion bekam, alle Pflanzen verschreiben durfte, die im Garten mangelten, und die Bücher kaufen, die in der Bibliothek fehlten. Er war auch nun imstande, in der Botanik fortzuarbeiten, da er alle Gelegenheit hatte, die er nur wünschen konnte. Er arbeitete auch Tag und Nacht darin und suchte allererst seine „*Flora Lapponica*“ unter die Presse zu bringen, welche auch in Amsterdam gedruckt wurde, durch Beförderung einer dasigen Gesellschaft, die mit Burmannus verbunden war, welche Linnaeus oft besuchte und welche die Tabellen vorschoß.

Inzwischen kam Artedi von London und traf Linnaeum in Leyden, gerade an einem Tage, wo dieser dorthin gereist war. Er klagte, daß sein Geld in London ausgegangen sei, daß er neue Kleider haben müßte und zu Büchern, zur Promotion und Rückreise Geld gebrauche, aber zu alle diesem keinen Zugang wisse. Linnaeus tröstete ihn, er sei jetzt nicht in Upsala unter Zwang und Verfolgung, und er wolle es so einrichten, daß alles gut werden sollte. Albertus Seba, der deutsche Apotheker in Amsterdam, hatte kurz vorher Linnaei Beihülfe zur Ausarbeitung des dritten Teils seines „*Thesaurus*“ verlangt. Aber Linnaeus, der eben zu Clifford gekommen war, konnte dies Anerbieten nicht annehmen, außerdem handelte der dritte Teil, welcher nun gedruckt werden sollte, von den Fischen, welche Linnaeus am wenigsten geliebt hatte. Darum nahm er den Artedi mit sich nach Amsterdam und empfahl ihn bei Seba als den größten Ichthyologen. Artedi übernahm die Arbeit gegen Zusicherung einer anständigen Vergeltung und befand

Frontispiz und Titelblatt der Erstausgabe, Amsterdam 1737

sich wohl in Amsterdam; verfertigte auch die Arbeit, so daß nur noch sechs Fische zurück waren, als er des Abends, da er von Seba nach Hause ging, in die Gracht fiel und jämmerlich ertrank. Sobald Linnaeus dies erfahren, fuhr er nach Amsterdam und suchte Artedis Manuskripte in der Ichthyologie zu retten. Da aber der Wirt eine Rechnung von mehr als zweihundert Gulden machte, suchte Linnaeus Sebam zu vermögen, die Manuskripte einzulösen, aber dieser gab bloß fünfzig Gulden zum Begräbnis, weswegen Linnaeus Clifford vermochte, die Handschriften zu lösen, die er weiterhin in Ordnung brachte.
1736 reiste Linnaeus auf Herrn Cliffords Kosten nach England, wo er nicht allein die Gärten in Chelsea und Oxford besah, sondern sich auch daraus die meisten seltenen Pflanzen verschaffte, welche eingekommen und noch unbeschrieben waren, sich auch mit den dortigen Gelehrten bekannt machte. In Oxford ward Linnaeus freundlich aufgenommen von Doktor Shaw, der in der Barbarei gereist war und sich für einen Schüler des Linnaeus rechnete, weil er mit so vielem Ver-

gnügen sein „*System*" gelesen. Der gelehrte Botanist Dillenius begegnete Linnaeo anfangs höhnisch, da er dessen „*Genera*", die er halb gedruckt aus Holland erhalten hatte, als gegen sich geschrieben ansah, in der Folge aber hielt er ihn einen ganzen Monat bei sich zurück, ohne ihn eine Stunde des Tages in Ruhe zu lassen, und entließ ihn endlich mit Tränen und Küssen, nachdem er ihm vorher bei ihm zu leben und zu sterben, da sein Professorslohn hinlänglich für beide sei, angeboten, sowie auch den Sherardischen „*Pinax*".

Linnaeus kam nach Holland zurück und bereicherte Cliffords Garten mit vielen lebenden Pflanzen und sein Herbarium durch viele getrocknete *specimina*. Seine „*Genera Plantarum*" wurden nun mit allem Fleiße in Leyden gedruckt, und Linnaeus ward am 3. Oktober 1736 zum Mitglied der Kaiserlichen Akademie der Wissenschaften, unter dem Beinamen Dioscorides der Zweite, ernannt.

Boerhaave suchte Linnaeum zu überreden, auf öffentliche Kosten nach dem *Caput bonae spei* und von dort nach den Kolonien von Amerika zu gehen, um den holländischen Gärten allerlei seltene und besondere Gewächse zu verschaffen, da er denn bewirken wollte, daß Linnaeus nicht allein Reisegeld, sondern auch bei seiner Rückkunft die Vollmacht als wirklicher Professor erhielte. Aber Linnaeus lehnte das Anerbieten ab, unter dem Vorwande, er könne die warmen Himmelstriche nicht vertragen, da er in den kalten aufgewachsen sei, obgleich er andre Gründe hatte, nämlich daß er zu Hause engagiert war.

1737. Linnaeus hatte mittlerweile Cliffords ansehnliches Herbarium in Ordnung gebracht, auch die Pflanzen im Garten vermehrt und geordnet. Nun blieb noch übrig, da Clifford ihm nicht allein jährlich ansehnliche Geldsummen gegeben, sondern ihn auch genährt und wie seinen eignen Sohn gehalten hatte, daß Linnaeus das große Werk „*Hortus Cliffortianus*" angriff und es nicht allein ausarbeitete und schrieb, sondern selbst die Korrekturen durchsah, und dies alles in dreiviertel Jahren, welches ein andrer nicht in mehreren Jahren nachmachen würde. Außerdem, während er den „*Hortum Cliffortianum*" ausarbeitete, belustigte er, wenn er von dieser Arbeit ermüdet war, sich mit der „*Critica Botanica*", die er in Leyden drucken ließ. Aber von aller dieser Arbeit ward er auch im Herbst des Jahres so ausgemergelt, daß er die holländische Luft nicht mehr vertragen konnte, obgleich er in allem Wohlstande lebte, den ein Sterblicher wünschen mag; denn er reiste nach Leyden herein, um Boerhaave zu hören, wenn es ihm beliebte, konnte durch Amsterdams Gassen mit zwei Paar Pferden fahren, sich in Amsterdam aufhalten, sobald er wollte, zu Hartecamp in dem schönen Garten wohnen, wenn er Vergnügen fand, und hatte dort alle Aufwartung von Koch und Bedienten und konnte diejenigen, die ihn besuchten, mit der glänzendsten Bewirtung jederzeit aufnehmen. Als nun Clifford sahe, daß Linnaeus ihn verlassen wollte, machte er ihm die Anerbietung zu bleiben, auf seine Kosten in Leyden zu leben, und Boerhaave zu hören, wann er Lust hätte, und sich nicht von ihm zu trennen, bis die botanische Professur in Utrecht, nach dem alten Serrurier, erledigt würde, da denn Linnaeus derselben sicher sein könne, und bis dahin wolle Clifford ihm Gehalt geben. Aber ungeachtet aller Erbietungen, ungeachtet alles Wohllebens und aller Ehre, welche Linnaeus genoß, da alle *botanici* ihn wie ein kleines Orakel aufsuchten, nahm er Abschied von Clifford; denn er sahe wohl, daß er nicht imstande sei, in einer so erwünschten Gelegenheit das starke Arbeiten zu unterlassen. Außerdem verlangte ihn zu Hause, und das holländische Klima ist für einen Schweden auf die Länge nicht gesund.

Linnaeus sagte Clifford *valet*, um nach Paris zu reisen. Er kam durch Leyden und sagte auch hier seinen Freunden und Bekannten *valet*. Professor van Royen wurde bestürzt, daß Linnaeus das Land verlassen wollte, und bot ihm alle erdenkliche Vorteile an, wenn er nur bloß ein halbes Jahr bei ihm bleiben wollte, um den akademischen Garten mit ihm in Ordnung zu bringen und ihm bei der Ausarbeitung desselben behülflich zu sein, auch ihm seine „*Fundamenta Botanica*" zu demonstrieren, wodurch seine Grundsätze bei einer so glänzenden Akademie öffentlich verbreitet und die Linnaeischen Namen, welche er im „*Horto Cliffortiano*" und seinen andern Schriften gegeben, in einem so berühmten Garten eingeführt werden würden. Linnaeus entschloß sich und blieb da, welches Clifford unendlich schmerzte, angesehen er ihm so große Vorteile geboten hatte. Linnaeus suchte sich bei Clifford zu entschuldigen, daß er aus keiner anderen Ursache geblieben, als um sich und seinen würdigen Herrn Clifford zu ehren. Der Leydensche Garten war nach Boerhaaves Methode eingerich-

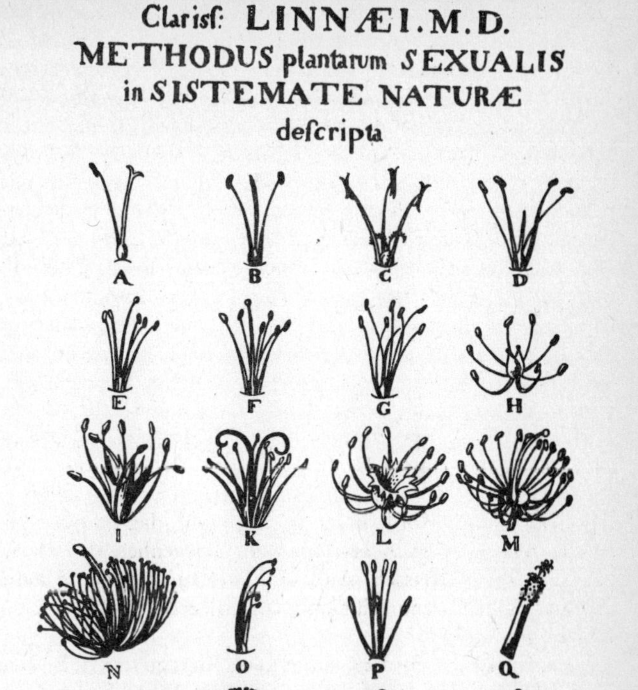

Die Geschlechtsteile der Pflanzen, gezeichnet von dem Pflanzenmaler G. D. Ehret. Abbildung in den „*Fundamenta Botanica*", Leiden 1736

tet, welche Professor van Royen gänzlich umzuwerfen und die Linnaeische anzunehmen beschlossen hatte; aber Linnaeus konnte nicht zugeben, daß derjenige gekränkt wurde, der ihm soviel Gutes getan, sondern da Boerhaaves Methode nicht bestehen konnte, half er van Royen eine eigne auszuarbeiten. Die Pflanzen in Leyden wurden nun von Linnaeus und van Royen gemustert. Sie erhielten neue Namen und wurden aufgestellt, und Linnaeus gewann van Royens gänzliches Vertrauen. Er war inzwischen fast jeden Tag bei seinem Gronovius und half ihm bei seiner „*Flora Virginica*", die beinahe zu einer Zeit mit dem „*Hortus Leydensis*" herauskam, welche beide die Linnaeischen Namen und Grundsätze angenommen hatten. Aber damit auch die Nächte nicht ungenutzt verstreichen sollten, gab Linnaeus hier seine „*Classes Plantarum*" und seines verstorbenen Kameraden Petri Artedii „*Ichthyologia*" in fünf Teilen heraus, zugleich „*Corollarium Generum*" und „*Methodum Sexualem*".

1738 war das Amt eines *medicus ordinarius* in Surinam vakant; Boerhaave sollte es besetzen und suchte Linnaeus dahin zu bringen, indem er ihm vorstellte, daß sein Vorgänger, als der einzige Arzt daselbst, innerhalb fünf Jahren einige Tonnen Goldes erworben hätte; und was für herrliche Pflanzen nicht in einem so schönen Klima gefunden würden? Da aber Linnaeus sich zurückzog, trug ihm Boerhaave auf, einen andern vorzuschlagen, weil keiner mit den jungen Ärzten, die zugleich Kenntnis in der Naturgeschichte besaßen, besser bekannt war. Er empfahl also Johann Bartsch aus Königsberg, seinen getreuen Freund, der von ihm nicht allein die Botanik, sondern auch besonders die Insektenkunde erlernt hatte. Dieser ward sogleich angenommen und reiste dasselbe Jahr nach Surinam ab, aber zu seinem Unglück.

Während Linnaeus in Leyden sich aufhielt, war ein Klub eingerichtet, dessen Mitglieder waren: Doktor J. Fr. Gronovius, Doktor van Swieten, Doktor C. Linnaeus; Joh. Lawson, ein gelehrter Schotte, der viel gereist war, Linnaei besonderer Freund, und der ihn oft fragte, ob er auch Geld gebrauche? und wenn er antwortete: nein! zog er oft sechzig, achtzig, hundert Gulden heraus und gab sie Linnaco, indem er sagte, er behalte selbst noch genug. Er besaß viel Verstand und liebte Linnaeum und Gronovium über die Maßen; Lieberkühn, ein großer, grober Preuße, der unvergleichliche Mikroskope hatte;

Joh. Kramer, ein liederlicher, zerlumpter Deutscher, ein Genie sondergleichen, alles zu behalten, was er lesen hörte, der auch *studiosus* in allen Fakultäten war; wie auch Joh. Bartsch, ein schlanker, hübscher, munterer, gelehrter und sittlicher Jüngling. Wenn diese beieinander zusammenkamen, lag es dem, der Wirt war, ob, etwas aus seinem Fache zu demonstrieren, z. B. Gronovius in der Botanik, van Swieten in der Praxis, Linnaeus in der Naturgeschichte, Lawson in der Geschichte und den Antiquitäten, Lieberkühn über mikroskopische, Kramer über chemische und Bartsch über physikalische Gegenstände.

Ehe Linnaeus von Leyden Abschied nahm, war schon der kranke Boerhaave von seiner *Hydrops thoracis,* auf welche eine starke Engbrüstigkeit folgte, so sehr ergriffen, daß er nicht mehr im Bette liegen konnte, sondern aufsitzen mußte, hatte auch lange vorher verboten, jemand zu ihm einzulassen. Linnaeus war auch der einzige, welcher hineinkommen durfte, um seines großen Lehrers Hand zu küssen, mit einem betrübten: *Vale!* da denn der schwache Greis noch soviel Kraft in seiner Hand hatte, daß er des Linnaeus Hand zu seinem Munde führte und sie hinwiederum küßte, indem er sagte: Ich habe meine Zeit und meine Jahre gelebt, auch getan, was ich vermocht und gekonnt habe. Gott spare dich, dem dies alles noch bevorsteht. Was die Welt von mir verlangte, hat sie erhalten; aber sie verlangt noch weit mehr von dir. Lebe wohl, mein lieber Linnaeus! Die Tränen gestatteten nicht mehr, und als Linnaeus in seine Wohnung zurückgekommen war, sandte ihm jener ein prächtiges Exemplar seiner „*Chemie*".

Auf diese Weise wurde die Zeit in Leyden bis zum Frühjahre hingebracht, da Linnaeus aus der Heimat Nachricht erhielt, daß einer seiner Freunde seine Liebste bei seinem Schwiegervater zu gewinnen suchte. Deshalb beschleunigte Linnaeus die Reise, verfiel aber in ein schweres kaltes Fieber, von dem er zwar durch van Swieten geheilt ward, aber einen Rückfall mit Cholera bekam, der ihm den Hals gebrochen hätte, wenn nicht Doktor van Swieten die äußerste Mühe angewandt. Endlich ward Linnaeus hergestellt und der beleidigte Clifford kam zur Stadt, ihn zu besuchen, mit der Bitte, ihn auf eine Nacht zu seinem Garten zu begleiten; stellte ihm auch die Gefahr vor, so ermattet, wie er wäre, zu reisen, und bot ihm sein voriges glückseliges *vivere* an, mit Pferden aus seinem Stalle, spazierenzufahren, wenn es ihm gefiele, auch einen Dukaten jeden

Tag, wenn er bei ihm bleiben wollte. Linnaeus verweilte einige Wochen und genoß so vieler Güte, sah aber nie einen gesunden Tag, bis er Holland *valet* gesagt und nach Brabant gekommen, wo sein Körper von Stund an gleichsam verneuet ward durch die Luft und von einer schweren Last erledigt.
Er passierte also Antwerpen, Tre Fontain, Mechelen, Brüssel, Mons, Valenciennes, Cambrai, Péronne, Roye, Pont à Pont, nach Paris. Als Linnaeus in Leyden von dem Professor van Royen Abschied nahm, gab ihm dieser an den Professor der Botanik in Paris einen Brief mit, welcher ihm hernach dort gezeigt ward und folgenden wörtlichen Inhalt hatte:
Viro clarissimo Antonio de Jussieu, Medico experientissimo, Botanices Professori celeberrimo et Academiae Regiae Scientiarum in Galliis Socio et Membro dignissimo, s. p. d. A. van Royen.
En Carolum Linnaeum, Scientiae Botanicae (si quem noverim) facile Principem, qui ni scriptis innotuerit, experimentis innotescat. Hic in plerisque Historiae Naturalis partibus versatissimus, hasce Tibi tradet litteras. Hunc vere doctum, eruditum et humanissimum Tibi tuaeque curae commendo, ut per Te, quantum potest fieri opportunitatem habeat omnia, quae ad hoc negotium spectant, perlustrandi, quidquid autem ei feceris beneficii, mihi, cum per aliquod tempus intimus fuit, factum reputabo. Vale. Fratremque cum Nob. D. du Fay meo nomine salvere jube. Dabam Leydae. die 7 Maji 1738.

Aus diesen und andern Umständen mehr kann man urteilen, was Linnaeus in Holland in der Zeit von drei Jahren ausgerichtet. Er hatte hier mehr geschrieben, mehr Neues entdeckt und die Botanik mehr reformiert, als irgend jemand vor ihm in einer ganzen Lebenszeit gekonnt; weswegen sich es auch begab, daß er in Cliffords Garten stets von den größten Botanikern besucht ward, da es sich verschiedene Male traf, daß Gronovius, van Royen, Burmannus, Serrurier, Andry, Lawson und andre ohne alle Verabredung bei ihm zusammentrafen. Linnaeus hatte das Vergnügen, als *discens* bei einer so großen Akademie, dort seine Prinzipien und Fundamente öffentlich lesen zu hören, wo denn die Studenten einander denjenigen zeigten, der die Theorie gebaut hatte. Ja, die Natur selbst begünstigte Linnaeum dadurch, daß sie durch seinen Fleiß und auf seine Veranstaltung die schöne *Musa* zum erstenmal in Holland blühen ließ, welche als ein Wunder von dem

Fig. 1 – Orang-Utan-Weibchen, Fig. 2 – Schimpansenmännchen
Abbildung aus der deutschen Ausgabe des Natur-Systems, herausgegeben von Ph. L. St. Müller, Nürnberg 1773. Tafel V des 1. Bandes: Von den säugenden Thieren (s. auch S. 216–217)

ganzen Lande besehen wurde, da auch die Vornehmsten und selbst Boerhaave nach Hartecamp kamen, um vom Linnaeo seine Demonstration dieser *Musa* zu fordern, die er auch in dem Traktat, den er unter dem Namen „*Musa Cliffortiana*" herausgab, der Nachwelt vorgelegt hat, nach welcher nunmehr jeder Garten ihre Blumen hat hervortreiben können. Bei Burmanno in Amsterdam war Linnaeus allezeit willkommen

unter den ceylonschen und afrikanischen Pflanzen; bei Gronovius in Leyden war Linnaeus gleichsam zu Hause, wo die virginischen Pflanzen gemustert wurden; bei van Royen erhielt er immer das Seltenste für den Cliffordschen Garten, und jeden Monat ungefähr wurden die Gärten in Amsterdam, Utrecht und Leyden, täglich aber der zu Hartecamp besucht. Nachdem Linnaeus dergestalt groß in Holland und reich an Kenntnis der Pflanzen geworden war, reiste er von Holland ab.
Sobald er nach Brabant kam, sah er sich aus einem schönen Garten auf eine magere Viehweide versetzt, wo die Menschen armselig und die Häuser elend waren. Die Stadt Antwerpen hatte alte und prächtige Häuser, doch meistenteils dürftige Einwohner. In Brüssel sah er die schönen Springbrunnen in den Straßen, das kostbare Arsenal und die jetzt hier residierende Schwester des Kaisers und den papistischen Gottesdienst, welcher hier im höchsten Flor war. Auf der westlichen Seite übersah er oft, von der Höhe eines Walles, diese ganze schöne Stadt. Auf der Ostseite war schon das Französische eingedrungen. Bei Mons wurde eine starke Visitation gehalten, wo niemand mit mehr als fünfzig Livres passieren durfte; aber Linnaeus kam doch mit einigen hundert Dukaten durch. Diese Stadt, wiewohl sie nicht groß war, hielt dennoch eilf Apotheker. In der Umgegend wurden Steinkohlen und Dachschiefer gebrochen. Bei Valenciennes wurde Linnaei Koffer versiegelt, weil er einen Haufen neue Bücher bei sich hatte; denn er hatte ein Exemplar von jedem Buche, das er in Holland drucken lassen, mitgenommen. Weiterhin ging es durch die flandrischen Felder, welche Skånes Ebenen glichen. Die Häuser waren meistenteils aus einer Steinart gebaut, die das Mittel zwischen Sandstein und Kreide hielt. In Cambrai sahe man, jedesmal wenn die Glocke schlug, zwei hölzerne Männer, die an die Glocke schlugen. Die Landstraße war mit einem Kalkstein gepflastert, der aus Letten oder auch *marmor primo.* erzeugt wird. *Syst. Nat.* 6. p 151. n. I.
Sobald Linnaeus in Paris angelangt war, wurde er von dem alten Professor Anton de Jussieu, welcher täglich mit medizinischer Praxis beschäftigt war, an seinen Bruder, *demonstratorem plantarum* Bernhard de Jussieu, überliefert. Hier ward es sein Geschäft, den schönen Garten zu untersuchen, die Herbarien der Gebrüder Jussieu, des Tournefort, Vaillant, Surian und anderer zu sehen, wie auch d'Isnards große Samm-

lung botanischer Bücher. Bernhard de Jussieu stellte Fahrten nach Fontainebleau und Burgundien an, in Gesellschaft mit La Serre, bloß um Linnaeus die schönsten Gewächse zu zeigen, die um Paris gefunden wurden, da denn Linnaeus freie Reise hatte, und Bernhard de Jussieu erzeigte ihm täglich Dienste, so daß er hier mit den beiden Jussieu, mit Reaumur, Obriet, des seligen Tourneforts Zeichner und Reisegefährten im Orient, mit La Serre, der Witwe Vaillant und der Mademoiselle Basseport, welche *pictrix regia in horto* war, Umgang pflog. Den 14. Juno hielt Linnaeus bei dem derzeitigen Präsidenten Du Fay um Erlaubnis an, die Akademie der Wissenschaften *pro hospite* zu besuchen, da ihm denn nach der Session angedeutet ward, ein wenig zu verziehen, worauf man ihm meldete, daß die Akademie ihn zum Korrespondenten angenommen. Du Fay schlug vor, ob nicht Linnaeus Lust hätte, Franzose zu werden, dafern ihn die Akademie zum *membrum* mit jährlicher Pension annähme; aber eine stärkere Neigung zog ihn zum Vaterlande.
Nachdem Linnaeus das Schloß Versailles, die Landschaft um Paris, die Bibliotheken, Museen, Herbarien und Reaumurs Sammlungen gesehen hatte, währenddessen er bei den beiden Jussieu meist täglich freies *vivere* hatte, dachte er auf die Heimreise, denn Linnaei Sache war es nicht, französische Sitten und ausländische Sprachen zu lernen, indem er dafür hielt, die Zeit sei in alle Wege zu kostbar, um sie bloß der Sprachen wegen im Auslande zu verreisen. Soviel ist gewiß, daß die Zeit Linnaei ihm nicht erlaubte, den Sprachen obzuliegen; aber es bleibt auch zu bemerken, daß sein Genie so durchaus nicht für Sprachen war, daß er weder Englisch noch Französisch noch Deutsch noch Lappländisch lernte, ja nicht einmal Holländisch, wiewohl er sich ganzer drei Jahre in Holland aufhielt; nichtsdestoweniger kam er allenthalben gut und glücklich durch. Nachdem Linnaeus solchergestalt das Merkwürdigste in Paris gesehen, reiste er nach Rouen und segelte von dort mit einem streichenden Winde und Sturm ins Kattegat, wo sich der Wind sogleich zum Sunde wandte und Linnaeus bei Helsingborg ans Land stieg. Von hier reiste er zum Besuche zu seinem hochbejahrten Vater in Stenbrohult, wo er sich einige Tage ausruhte und sich dann nach Fahlun begab, fand aber seinen vertrauten Freund, Johannem Browallium nicht mehr, der *physices professor* in Åbo geworden.

Seine Liebste wartete auf seine Heimkunft; er hielt nun förmliche Verlobung und reiste darauf nach Stockholm, um dort sein weiteres Glück zu suchen.
Stockholm empfing Linnaeum im Septembermonat 1738 wie einen Fremdling. Er beabsichtigte, sich hier als Arzt zu ernähren. Da er aber allen unbekannt war, wagte das Jahr hindurch keiner, sein teures Leben den Händen eines unversuchten Doktors anzuvertrauen, ja nicht einmal seinen Hund, daß er oft an seinem Fortkommen im Reiche zweifelte. Er, der allenthalben außerhalb Landes als ein *princeps botanicorum* geehrt ward, war daheim wie ein Klimius, als er aus der unterirdischen Welt kam, so daß Linnaeus, wenn er nicht verliebt gewesen, unfehlbar wieder abgereist wäre und Schweden verlassen hätte. Die einzige Anerkennung, die er von den Seinigen erfuhr, war, daß die Upsalische Wissenschafts-Sozietät, die nach Stockholm zu ihrem *praeses illustris*, dem Reichsrate Graf Bonde am 4. Oktober zusammenberufen war, ihn einhellig zum Mitgliede erwählte.
1739. Als Linnaeus sahe, daß er auf keine Weise einige medizinische Praxis erlangen konnte, fing er an, in den besuchtesten Speisehäusern sich einzufinden, woselbst er die jungen Kavaliere, die *in castris Veneris* verwundet waren, *abstemios* sitzen sahe. Er redete ihnen zu, guten Mutes zu sein und ein Viertel Rheinwein zu trinken, mit der Versicherung, er wolle sie in vierzehn Tagen kurieren, da denn endlich zweie, welche fruchtlos mediziniert hatten, ihr Leben in seine Hand setzten und sogleich kuriert wurden, worauf er in Monatszeit die meiste Jugend unter seiner Kur hatte. Dadurch begann sein Kredit zu steigen, so daß er schon im Monat März, bei den herrschenden Pocken und kalten Fiebern, die ansehnlichste Praxis hatte.
Linnaeus ward bekannt mit dem Kapitän Triewald, einem guten Kopfe, der sich schon durch Einführung der Experimentalphysik im Reiche allgemein beliebt gemacht hatte. Dieser Kapitän Triewald ging nun schwanger mit Errichtung einer Akademie der Wissenschaften für die Muttersprache in der Residenzstadt, welchen Plan er oft mit Baron Höpken und Doktor Linnaeus überlegte, sich auch mit dem um sein Vaterland so hochverdienten Jonas Ahlström verband. Diese kamen zusammen, entwarfen die Gesetze und gründeten die Akademie im Maimonat, warfen auch das Los um Platz und Ansehen

und endlich um die erste Präsidentschaft, da denn Linnaeus der erste *praeses* in der Akademie der Wissenschaften wurde. Mittlerweile stieg sein Kredit bei dem damaligen Reichstage.
Der Landmarschall, Graf Carl Gustaf Tessin, ließ Linnaeum zu sich rufen und fragte ihn, ob er etwas beim Reichstage zu suchen hätte, da er überzeugt wäre, daß die Reichsstände es sich zum Vergnügen schätzen würden, einen Schweden zu begünstigen, der sich außer Landes so sehr ausgezeichnet hätte. Als Linnaeus sagte, er habe nichts zu suchen, bat er ihn, sich noch bis zum künftigen Tage zu bedenken und dann wiederzukommen. Mittlerweile riet Kapitän Triewald Linnaeo, beim Bergkollegium um die jährlichen hundert Dukaten nachzusuchen, die er ehedem bezogen und die nun erledigt wären. Graf Tessin nahm das Gesuch an, den 14. Mai, und befahl ihm, zu Mittage zu ihm zu kommen. Inzwischen trägt er die Sache im Geheimen Ausschusse vor und wünscht mittags Linnaeo Glück, daß die Reichsstände sein Ansuchen bewilligt, wogegen ihm obliege, den Sommer über *publice* auf dem Ritterhause Botanik und im Winter über das Mineralkabinett des Bergkollegiums zu lesen.
Mittlerweile hatte Graf Tessin mit Admiral Ankarcrona geredet, daß er, da das Amt eines Admiralitäts-Arztes in Stockholm nach Doktor Bojie erledigt sei, Linnaeum dazu ernennen möchte; daher ließ Admiral Ankarcrona ihn holen, stellte ihm die Vakanz vor, auch wie ein solcher *botanicus* in den Baracken Gelegenheit haben könnte, die *simplicium vires* zu versuchen, und daß, wenn Linnaeus das Amt suchen wollte, er allein auf den Vorschlag kommen sollte, welches auch geschah, und ward Linnaeus am 3. Mai von Seiner Majestät zum Admiralitäts-Medicus ernannt, so daß er in einem Monat *publicus docens* auf dem Ritterhause mit Pension, *medicus* bei der Admiralität mit Lohn und erster *präses* der Akademie mit Distinktion wurde. Graf Tessin bot überdies dem Linnaeus in seinem Hause ein Zimmer an, welches er selbst bewohnt hatte, da er unverheiratet war, nebst freier Tafel, an der die Vornehmsten im Reichstage sich versammelten. Da nun auf diesem Reichstage die zwei Parteien, Hüte und Mützen, vornehmlich entstanden, ward Linnaeus allgemein von den Hüten scherzweise ihr Archiater genannt, wodurch seine Praxis unglaublich stieg, daß er allein sie ebenso groß hatte als die andern *medici* alle zusammen, und verdiente er nun und in der

Folge in Stockholm jährlich neuntausend Taler Kupfermünze.
Daher hielt Linneaus dafür, es sei nun Zeit, seiner Arbeit zu genießen, begehrt daher Hochzeit zu halten, welches auch geschieht, da er am 26. Junius 1739 auf seiner Schwiegereltern Gute Sweden, bei Fahlun, seine lang ersehnte Braut, Sara Elisabet Moraea, erlangt. Nach einer monatlichen Vergnügung in Fahlun reiste Linnaeus wieder nach Stockholm, um seiner übernommenen Geschäfte zu warten, und legte Schluß Septembers das Präsidium in der Wissenschafts-Akademie nieder, wo in den Statuten befohlen war, eine kleine Abschiedsrede zu halten. Aber Linnaeus hielt an deren Stelle eine förmliche Oration *„über die Merkwürdigkeiten der Insekten"*, zu allgemeinem Vergnügen, welchem Beispiele nachher alle *präsides* folgten, und die Rede ward auf Befehl der Akademie gedruckt.
1740 im Frühjahre starb Professor Olof Rudbeck, und auf den Vorschlag kamen Rosén, Linnaeus und Wallerius. Aber Graf Tessin, der in Paris Linnaeum hoch rühmen gehört hatte, empfahl ihn bei dem damaligen Kanzler Graf Carl Gyllenborg, und dieser glich die verschiedenen Ansprüche auf diese Art aus, daß Rosén die Vakanz erhalten sollte, und da Professor Roberg jetzt altershalber Abschied suche, solle Linnaeus ihm folgen und die beiden hernach die Professuren vertauschen, welches auch zwischen ihnen festgestellt ward, indem Graf Gyllenborg es billig fand, daß Rosén, welcher so lange bei der Akademie gedient, das erste bekommen müßte. Doch dieser Herr, man weiß nicht, aus welcher Ursache, änderte nachher seine Meinung und empfahl Linnaeum bei Seiner Majestät, so daß es auf der Spitze stand, ob nicht Rosén der Professur verlustig ginge. Doch es trat ein anderer Umstand ein, und er erhielt das erledigte Amt. Professor Roberg nahm darauf Abschied, und es wurden in Upsala alle möglichen Hindernisse erdacht, damit Linnaeus nicht die andre Professur erhalten möchte, worüber das ganze Jahr verstreicht und Doktor Gottsch. Wallerius mit einer öffentlichen Disputation hervortritt, um Linnaei Verdienste und Ruhm zu bestreiten, wo denn Professor Beronius, nachher Erzbischof, und Magister Klingenberg ihn vor der ganzen Akademie des Unfugs überführen. 1741 kam diese eifrige Verhandlung vor die damals versammelten Stände des Reichs, welche allgemein Doktor

Wallerii Verfahren mißbilligten, und das Konsistorium erhielt Befehl, den Vorschlag einzureichen, ohne weiter Linnaeum zu provozieren, der sowohl innerhalb als außerhalb Landes sich berühmt gemacht hätte. Da mittlerweile der Krieg zwischen Schweden und Rußland angeschürt war, fürchtete Linnaeus, daß er als Admiralitätsarzt nicht vermeiden könnte, auf die Flotte kommandiert zu werden. Es war ihm daher erwünscht, als die Reichsstände den Befehl gaben, er solle durch Öland, Gottland und Wästergötland reisen, um die dasigen Landesprodukte zu beschreiben. Zu gleicher Zeit erhielt er auch am 5. Mai 1741 die Vollmacht zur theoretischen und praktischen Professur in Upsala, nach Professor Roberg, worauf er sogleich sechs junge Leute, P. Adlerheim, J. Moraeus, H. J. Gahn, G. Dubois, Fr. Ziervogel und Sv. Wendt sich zugesellt, mit Ihnen nach Öland und Gottland reiset und die dort vorkommenden Merkwürdigkeiten aufzeichnet, die er danach 1745 in seiner *„Öländischen und Gottländischen Reise"* herausgibt.

Sobald er im Herbste von seiner Reise zurückkam, zog er nach Upsala, hielt dort seine Oration *„de Peregrinationibus intra Patriam"*, welche hernach 1742 in Upsala und 1743 in Leyden gedruckt wurde, und begann *publice* die *historia morborum* vor einem ansehnlichen Auditorium zu lesen.

Am Schluß des Jahres vertauschten er und Rosén die Professuren unter sich dergestalt, daß Rosén *praefecturam nosocomii,* die Anatomie, Physiologie, Ätiologie, Therapie und *praeparationes medicamentorum* nahm; Linnaeus hingegen *praefecturam horti academici, botanicam, materiam medicam, semioticem, diaetam* und *historiam naturalem,* welches auch vom *illustrissimo cancellario* bestätigt ward.

1742 reichte Linnaeus eine Remonstration über die Erhebung des akademischen Gartens aus seinem Verfalle bei der Akademie ein und zeigte die Unumgänglichkeit einer Orangerie, demzufolge denn verfügt ward, daß der Garten neu angelegt und eine vollkommene Orangerie erbaut, auch *domus praefecti* niedergerissen und neu aufgebaut werden sollte. Baron Carl Horleman lieferte einen vortrefflichen Entwurf für die Anlage des Gartens, welcher erweitert, durchgraben und geebnet ward; Teiche, Quartiere und Gänge wurden angelegt; das alte Steinhaus, welches von Olof Rudbeck, dem Vater, erbaut war, ohne alles Holz, mit Eisenpfosten und Eisenbalken, und

welches nun einem Eulenneste glich, ward wieder zur Wohnung für den Professor tauglich gemacht.
Den 21. Mai starb Professor Roberg, und Linnaeus, der sich bisher mit seiner Pension begnügt hatte, erhielt nun volles Lohn.

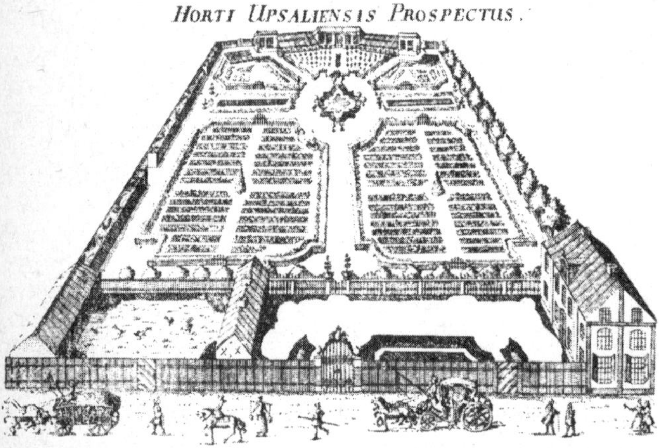

Der botanische Garten zu Uppsala nach der Reorganisation durch Linné, 1745

1743 wurde die Orangerie mit ihren beiden Flügeln fertig und der Garten mit vielen ausländischen Gewächsen ausgestattet, welche hernach jährlich durch die Sämereien vermehrt wurden, die Linnaei Freunde und sein allgemeiner Verkehr mit Ausländern ihm verschaffen konnten. Linnaeus las nun *publice* die Experimental-Diät mit Proben und Observationen; über welchen Gegenstand er mehr Erfahrungen auf seinen Reisen und durch Lektüre gesammelt hatte, als irgendein anderer Autor vor ihm besessen, weshalb auch sein Auditorium das größte war. Den 31. Mai ward Linnaeus zum Mitglied der Wissenschafts-Akademie in Montpellier ernannt.
1744 trieb Linnaeus die Botanik herrlich und arbeitete an notwendigen Büchern, ohne welche sein Fach nicht, wie es sich gehörte, steigen konnte, richtete auch den Garten nach seinem System ein. Er gab auch jetzt in Leyden seine Oration „*de Telluris habitabilis incremento*“ heraus, die er bei einer Promotion dort gehalten.

Als Seine Königliche Hoheit, Prinz Adolf Fredrik die Akademie besuchte und alle Professoren von dem Kanzler Graf Gyllenborg präsentiert wurden, wurden die Professoren Andreas Celsius und Carl Linnaeus als *lumina academiae* vorgestellt, wegen ihrer innerhalb und außerhalb Reiches bekannten Gelehrsamkeit. Und auch in demselben Jahr, da Ihre Königliche Hoheit vom Rektor und vier Professoren, unter welchen Linnaeus einer war, zu Ihrer Anherkunft beglückwünscht wurde, ward dem Linnaeus allein angedeutet, nach Ekholmssund zu folgen, um dort bei Ihrer Königlichen Hoheit eine Privataudienz zu haben.

Am 12. Oktober ward Linnaeus zum Sekretär bei der Königlichen Wissenschafts-Sozietät in Upsala angenommen, nach dem neulich verstorbenen berühmten Professor der Astronomie Andreas Celsius; und den 24. November ward er zum Inspektor der Småländischen Nation, nach eben jenem Professor Celsius, erwählt.

1745 hatte Linnaeus die Freude, in der Upsalischen Orangerie ein *museum rerum naturalium* errichten zu können, von den vielen seltenen Tieren, welche der Kanzler Graf Carl Gyllenborg geschenkt, und der großen Sammlung, welche Seine Königliche Hoheit zu verehren geruhet hatten. Dieses vermehrte Linnaeus täglich durch eigenen Fleiß und seiner Freunde Beistand, so daß es eins der herrlichsten ward.

In diesem Sommer reiset Linnaeus nach Fahlun, um seiner Frauen Erbe, nach ihres Vaters Tode, der am Schluß des vorigen Jahres entschlafen war, entgegenzunehmen. Läßt aber den größten Teil davon der Schwiegermutter.

Jetzt ließ Linnaeus zwei für seine Wissenschaft sehr dringende Bücher drucken: *„Floram" et „Faunam Suecicam"*, an welcher letztern er gegen fünfzehn Jahre gearbeitet hatte. Denn ohne diese *adminicula* konnte die Naturkunde nicht mit dem Feuer betrieben werden, welches dazu erfordert wird.

1746 anfangs Juni besuchten beide Königliche Hoheiten die Akademie und regalierten einen Haufen Professoren mit Goldmedaillen; da aber von den andern ein jeder die seinige erhielt, bekam Linnaeus zwei, zum Zeichen besondrer Gnade.

Gleich darauf nahm Linnaeus eine Reise nach Westergötland vor, über Örebro, Mariestad, Lidköping, Skara, Sköfde, Falköping, Borås, Alingsås, Götheborg, Bohus, Marstrand,

Uddevalla, Wennersborg, Åmål, Carlsstad, Philipstad und kam im Herbste zurück, um die Reisebeschreibung zu verfassen, die folgendes Jahr herausgegeben ward.

Als die Octroi der Ostindischen Kompagnie erneuert werden sollte, veranstaltete der Reichsrat Graf Tessin, daß die Kompagnie verbunden sein sollte, jährlich einen *historiae naturalis studiosus* frei nach China hin- und zurückreisen zu lassen, sintemal Magister Tärnström, welchen Linnaeus im vergangenen Jahre ausgeschickt hatte, kürzlich unglücklicherweise auf der Reise gestorben war.

Baron Horleman, Baron Höpken, Baron Palmstierna und Graf Ekeblad traten zusammen, um Linnaeum zu distinguieren und weiter aufzumuntern durch eine Medaille, welche sie schlagen ließen und dem Grafen Tessin dedizierten. Auf der einen Seite stand Linnaei Brustbild mit diesen Worten: *Carol. Linnaeus, M. D. Bot. Prof. Ups. Aet. 39;* und auf der andern Seite: *Carolo Gustavo Tessin et Immortalitati Effigiem Caroli Linnaei. Cl. Ekeblad, And. Höpken. N. Palmstierna et C. Horleman Dic. MDCCXLVI.*

1747 den 10. Januar geruhten Seine Majestät, ohne Ansuchung und ohne daß Linnaeus es sich hätte träumen lassen, ihn mit dem Titel und der Würde eines Archiaters zu beehren.

Den 14. Februar, als die Berlinische Akademie der Wissenschaften restauriert werden sollte und aus allen Reichen Europas Mitglieder gewählt wurden, war Linnaeus der einzige unter allen Schweden, der dazu ernannt ward.

Professor Hermannus in Leyden war im vorigen Jahrhunderte von den Holländern nach Ostindien geschickt worden, um in ihrem Ceylon alle dort wachsenden Pflanzen und Gewürze zu beschreiben. Er kam glücklich wieder, vollbrachte aber die Arbeit nicht, und nach seinem Tode verschwand sie für die gelehrte Welt, bis sie endlich in die Hände des Apothekers Günther in Kopenhagen fiel. Dieser bekam Lust, die Namen dieser getrockneten Pflanzen zu wissen, und schickte sie deswegen nach Holland, erhielt aber zur Antwort, daß kein Botanist imstande wäre, sie zu nennen, außer Linnaeus in Schweden; daher schickte er sie nach Upsala, und als Linnaeus Hermans Sammlung erkannte, freute er sich, diesen *thesaurus,* der bis jetzt verschwunden war, aus der Vergänglichkeit retten zu können. Er wandte also Tage und Nächte an die Herkules-Arbeit, so lang getrocknete Blumen zu examinieren, und schrieb seine „*Flora Zeylanica*“, welche in diesem Jahre gedruckt ward.

Der Justizkanzler Löwenhjelm reichte bei den Reichsständen einen Vorschlag ein, über den größeren Anbau der *historiae naturalis* und den Nutzen, welchen das Reich vom Linnaeus ziehen könnte; wie solches zu lesen ist in Lidbecks Disputation „*de Incrementis Sueciae*“.

Linnaeus hatte seit mehreren Jahren auf eine Reise nach Nordamerika gedrungen und zu diesem Zwecke für seinen Schüler Pehr Kalm um Stipendien und die Professur der Ökonomie in Åbo angehalten, und es wurde nun dieser Apostel nach Amerika abgesandt.

1748 gab Linnaeus „*Hortum Upsaliensem*“ heraus und die sechste Auflage seines „*Systema Naturae*“ mit essentiellen Charakteren, trieb also hier in Upsala die Naturkunde auf die höchste Spitze, so daß man behaupten konnte, daß in keinem Reiche Europas die Botanik mehr in Flor war. Denn wenn er jährlich des Sommers botanisierte, hatte er ein paar hundert *auditores,* welche Pflanzen und Insekten sammelten, Observationen anstellten, Vögel schossen, Protokoll führten. Und nachdem sie von morgens sieben bis abends neun Uhr mittwochs und sonnabends botanisiert hatten, kamen sie in die Stadt zurück mit Blumen auf den Hüten, begleiteten auch ihren Anführer mit Pauken und Waldhörnern durch die ganze Stadt bis zu dem Garten. Mehrere Ausländer sowohl als Herren aus Stockholm wohnten diesen Exkursionen bei. Aber auch gerade jetzt hatte die Wissenschaft ihren Gipfel erreicht.

Das Königliche Kanzleikollegium gab eine Verordnung heraus, daß kein Schwede außerhalb Landes sollte drucken oder verlegen lassen, bei Strafe von tausend Talern Silbermünze, welches einzig auf Linnaeum zielte, da kein anderer etwas außer Landes herausgab, und wurden ihm also Hände und Neigung gebunden. Er hätte beinahe verschworen, jemals wieder einen Traktat herauszugeben, es möchten denn einige Disputationen sein.

Linnaeus erhielt von Gmelin, welcher durch Sibirien reiste, ein Herbarium der meisten sibirischen Pflanzen, wie er dergleichen früherhin durch Gronovius von den virginischen erhalten hatte, und eins vom Professor Sauvages in Montpellier von allen dort wachsenden.

Um allen Teilen seiner Professur genugzutun, gab Linnaeus seine „*Materiam Medicam*“ heraus, welche unstreitig der größte Richtweg in dieser Wissenschaft ist.
Den 29. April 1749 trat Linnaeus eine Reise durch Skåne an, welche ihm auf dem letzten Reichstage von den Reichsständen anbefohlen war, sie ging über Christianstad, Cimbrishamn, Ystad, Skanör, Malmö, Lund, Landscrona, Helsingborg und Engelholm. Auf der Rückreise besuchte er seinen Geburtsort, wo sein Vater im vergangenen Jahr am 12. Mai 1748 das Zeitliche gesegnet hatte. Hier genoß er das Vergnügen, seinen einzigen Bruder in des Vaters Stelle gerückt zu sehen.
Nach der Rückkehr lag Linnaeus seinen akademischen Geschäften ob und übernahm gegen Schluß des Jahres das *rectoratum academicum,* welches schon während der Reise hätte an ihn kommen sollen.
1750 nahm Linnaeus fleißig das Rektorat und zugleich seine Privatvorlesungen wahr, da er durch viele Arbeit und Eintreten des Frühjahrs eine schmerzliche Gicht bekam, welche ihn, sobald er das Rektorat niedergelegt hatte, aufs Bette warf, mit geringer Hoffnung zum Leben. Doch ward er diesmal wieder hergestellt, dadurch daß er täglich einen Teller voll Walderdbeeren verzehrte.
Die Korrespondenten Linnaei hatten jährlich darauf gedrungen, daß er seine „*Philosophia Botanica*“ herausgeben möchte, damit man die Terminologie und die Prinzipien in einem Werke beisammen hätte. Linnaeus sah es auch für sehr notwendig an, nicht allein für die gelehrte Welt, sondern auch für seine Schüler; und so ward das Werk jetzt ausgefertigt.
Außerdem arbeitete Linnaeus seine „*Skånska Resa*“ aus, um sie gemeinnützig zu machen.
Endlich, da der Garten nunmehr zu einem ansehnlichen Reichtum an Pflanzen gestiegen war, so daß er mit den vorzüglichsten akademischen Gärten in Europa wetteifern konnte, vermochte Linnaeus die Akademie, einen Gehülfen zu bestellen, einen Orangerieknecht, und hundert Fuder Holz jährlich, außer den sonstigen zwanzig Tagelöhnern für das Jahr.
Linnaeus ward von der *Academia Scientiarum Tolosana* zum Mitgliede ihrer Sozietät ernannt.
Osbeck, welcher Linnaei Schüler in der Naturkunde war, ging in diesem Jahr als Prediger nach China, wozu Linnaeus viel

beitrug. Vergangenes Jahr, 1749, war Dr. Hasselquist auf Linnaei Anraten nach Ägypten gegangen, um darzutun, was seine Lehre in der Naturkunde ausrichten könne; 1749 reisten auch seine Schüler Montin nach Lappland, Hagström nach Jemtland. Jetzt, 1750, kamen Briefe von Hasselquist an, worin er über Geldnot klagte. Linnaeus schenkte ihm hundert Taler und schrieb an die Wissenschafts-Akademie, daß alle, welche Tugend und Wissenschaften liebten, kontribuieren sollten, worauf ihm alle Fakultäten in Upsala Stipendien gaben und viertausend Taler Silbermünze von wissenschaftliebenden Männern in Stockholm gesammelt wurden.

1750 ward Linnaeus von dem spanischen Minister im Namen des Königs ersucht, einen *botanicus* zu verschaffen, um Spanien zu durchreisen, wozu Linnaeus seinen besten damaligen Schüler, Löfling, ernannte, welcher im Frühling dieses Jahres abging; auf solche Weise schickte Linnaeus seine Apostel in die ganze Welt aus, nämlich:

Amerika	Kalm, *rediit* 1751
Asia	Osbeck (vor ihm Ternström) *rediit* 1752
Afrika	Hasselquist, *moritur Smyrnae* 1752
Europa *aust.*	Löfling *abiit* 1751
Europa *boreal.*	Montin, Hagström 1749
Europa Gotland	Bergius 1752 *impensis Tessin.*
Europa Wgothia	Tidstroem 1752 *cum Graf Tessin.*

1751 kam Kalm aus Kanada zurück, beladen mit einer großen und ansehnlichen Sammlung Pflanzen, von denen Linnaeus auch seinen Anteil von jeder Art erhielt. So vermehrte sich Linnaei ansehnliches Herbarium gewaltig, daß es nun mit den meisten in der Welt wetteiferte, nachdem er alles zusammengebracht hatte, was da wuchs in Schweden, Lappland, dem *Horto Cliffortiano, H. Leydensi, Oxoniensi, Chelseensi, Parisino;* außer allen Pflanzen von Virginien durch Gronovius, von Sibirien durch Gmelin, von Kamtschatka durch Demidoff, von Languedoc durch Sauvages, und was er aus dem Upsalischen Garten und von allen seinen Korrespondenten erhalten hatte. Und wiewohl Linnaeus gerade krank an Podagra war, als Kalm kam, stand er doch sogleich auf und fühlte keine Krankheit mehr, aus Vergnügen über die Pflanzen.

Georg Tycho Holm, ein Student, hernach Professor in Kopenhagen, der vom Könige von Dänemark geschickt worden war,

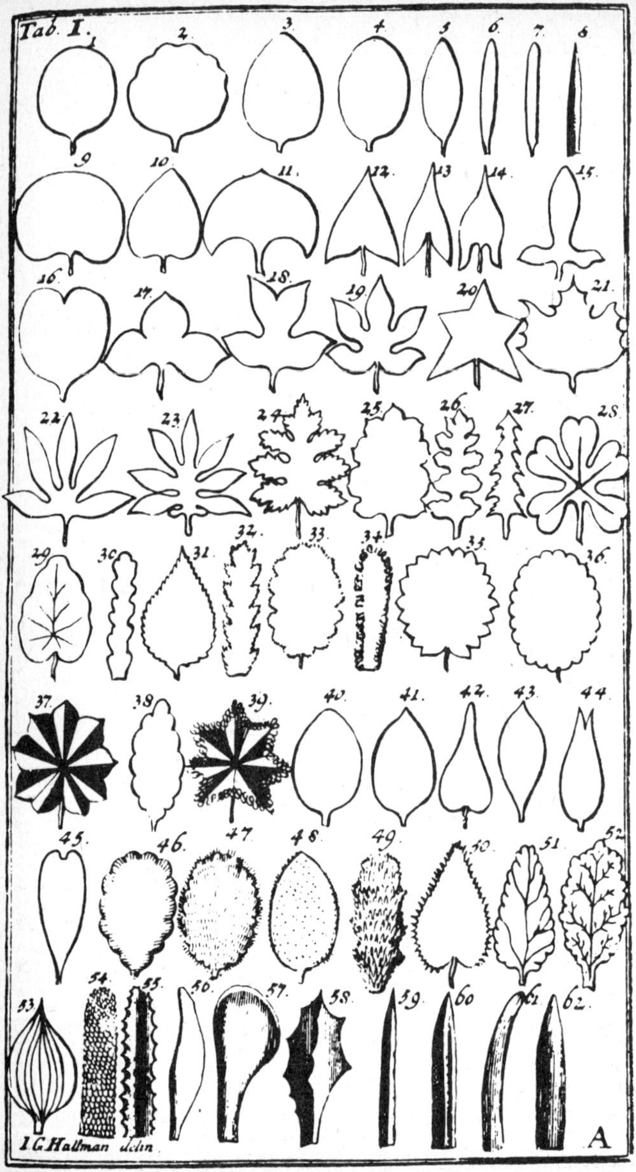

Abbildungen aus der „*Philosophia Botanica*", Stockholm 1751:

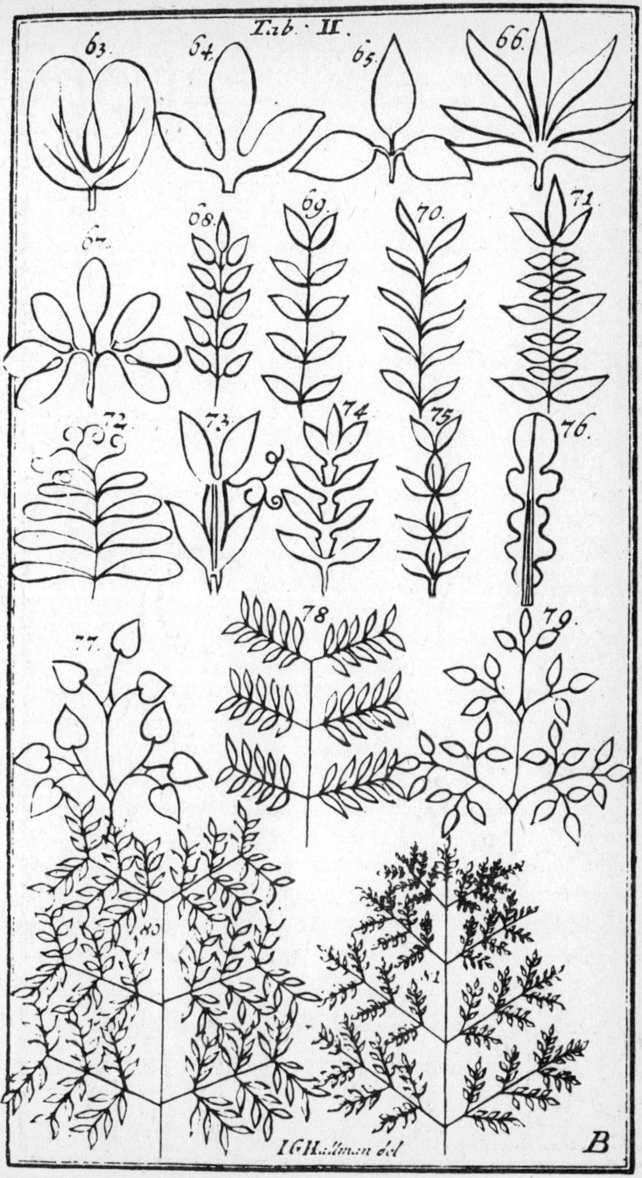

Tab. I — Folia simplicia; Tab. II — Folia composita

um bei Linnaeus die Botanik zu lernen, reiste nach einjährigem Unterrichte zurück und machte Linnaeo Freude und seiner Nation Ehre.
Löfling, in Spanien angelangt, korrespondierte fleißig mit Linnaeus, der durch seine Empfehlung die Reise veranlaßt hatte.
Hasselquist durchreiste in diesem Jahre *terra sancta* und erfreute Linnaeus und die gelehrte Welt durch seine Beobachtungen; alle diese waren Linnaei Schüler.
Ihre Majestät, die Königin, faßte Neigung zur Naturkunde und schaffte sich die stattlichsten Sammlungen von Konchylien und Insekten aus Indien an, so daß sie mit den größten in der Welt wetteiferten. Linnaeus erhielt Befehl, nach Drottningholm zu kommen, dies alles zu beschreiben, und war also genötigt, sich durch die Konchylien durchzuarbeiten, wo noch niemand einen wissenschaftlichen Weg gebahnt hatte, so daß er auch diesen Gang gehen mußte, der ihm nie in den Sinn gekommen war. Er hatte hier das Vergnügen, täglich mit einer so großen und herrlichen Königin und einem so milden Könige zu konversieren. Er mußte Hofmann werden, er, der es nie gedachte.
Nun begann Linnaeus ein größeres Werk, nämlich die „*Species Plantarum*" auszuarbeiten, nachdem er die „*Genera*" absolviert und damit den Grund gelegt hatte, daß er dem Zeitalter die Wissenschaft ebnen konnte, ein Werk, welches das größte in der Wissenschaft ist. Aber Linnaeus war zu dieser Zeit der einzige, welcher völlig zureichende Hülfsmittel hatte, da er ein so großes Herbarium besaß und so viele Gärten und Sammlungen anderer gesehen hatte, mit einem Worte, so viele Pflanzen als kein einziger in seiner Zeit. Durch ein solches Buch konnte ein jeder erfahren, was schon entdeckt oder neu war, wenn es vorkam, und wie es richtig benannt werden sollte, welches sonst nicht tunlich war. Während dieses Geschreibes, welches er in einem Jahr vollendete, empfand er zuerst das Entstehen der Steinpassion, unfehlbar vom Stillsitzen und dem Drücken des Unterleibes in der höhern *regione renum*.
1752 hatte Linnaeus die Herzenstrauer, daß einer seiner geliebten Schüler, Doktor Hasselquist, wegen großer Anstrengung in der *terra sancta* am 9. Februar zu Smyrna an der Lungensucht starb, wo alle seine Sammlungen und Ma-

nuskripte sequestriert wurden. Linnaeus verlor aber nicht den Mut. sondern empfahl Ihrer Majestät den Doktor Kähler zum Reiseanteil des Wredeschen Stipendiums, um, der Botanik wegen, nach dem *Cap.b.spei* zu gehen. Die Königin gab ihre Empfehlung, und Kähler erhielt das Stipendium. Aber die holländische Nation verweigerte es ihm, das *Cap.b.spei* zu besuchen, als der schwedische Minister in Haag darum ansuchte. Wer hätte das denken sollen vor fünfzig Jahren, als die Wissenschaften in Holland in solchem Flor standen, daß dieses Land nach Verlauf von fünfzig Jahren so hart werden könnte, einem andern zu verweigern, auf seine eigne Kosten zu reisen, um der ganzen Welt den Dienst zu leisten, die Wunder des Schöpfers zu enthüllen?

1753. Am Schluß des letzten und mit Anfang dieses Jahres ward Linnaeus wieder zu Hofe berufen, wo er Seiner Majestät eigene Naturaliensammlung auf Ulriksdahl und Graf Tessins Steinsammlung in Stockholm beschrieb; er erhielt auch zur Verehrung einen schönen Goldring, mit einem Rubin darin, von Ihrer Majestät, und vom Grafen Tessin eine goldene Uhr, nebst dem teuern Buche „*Rumphii Herbarium Amboinense*", hundert Platen an Wert. Aber die größte Freude war für Linnaeus, daß Ihre Majestät, Lovisa Ulrika, die unvergleichliche Königin, nach Linnaeus' einzigem Sohne fragte, wie er arte und ob er auch Lust zur Naturgeschichte habe? und da sie es hörte, versprach: er solle, wenn er erwachsen wäre, freie Reise auf ihre Kosten durch ganz Europa haben, welche hohe Gnade Linnaeum herzlich freute.

Doktor Hasselquists sämtliche Manuskripte und Kollektaneen waren für eine Schuld von vierzehntausend Talern in Smyrna sequestriert. Keiner wußte, wie man sie auslösen sollte. Archiater Bäck, Linnaei einziger und allervertrautester Freund, wagte es, Ihrer Königlichen Majestät den Antrag zu machen, welche sogleich die Schuld bezahlte und befahl, die Sammlungen kommen zu lassen. Ein großer Zug von dieser großen und weisen Fürstin. Beide Majestäten behielten Linnaeum den ganzen Tag in ihrer speziellen Gesellschaft, als wenn er zum Hause gehörte, da denn von nichts anderm geredet wurde als von Naturalien, denen die Obrigkeit gnädig Ohr und Auge lieh. Graf Tessin war auch für diese Wissenschaft eingenommen, besonders für Steine und Schnecken, und die Gräfin liebte die Botanik. So hatte also Linnaeus seine

Wissenschaft in Schweden aus dem Nichts auf den höchsten Gipfel erhoben, da sie von den Großen und selbst den königlichen Personen geliebt und angebaut wurde. So viel vermag der Fleiß.

Osbeck kam von China zurück und sandte sein ganzes Herbarium, bestehend aus mehr als sechshundert chinesischen Pflanzen, dem Linnaeus zum Geschenk.

Löflings Pflanzensendungen aus Spanien und Portugal stiegen zu gleicher Anzahl.

Vor ein paar Jahren hatte Gmelin Linnaeum alle sibirischen Pflanzen geschickt, Demidoff ihm alle Sammlungen Stellers gesandt und Sauvages sein ganzes Herbarium geschenkt, wozu noch kam, was Linnaeus selbst in Lappland, Schweden, Dänemark, Deutschland, Holland, England und Frankreich gesammelt, wie auch, was er von Kalm und Gronovius aus Nordamerika und von allen Botanikern aus ganz Europa erhalten hatte, so daß sein Herbarium eins der größten in der Welt geworden; weshalb er nun auch seine „*Species*" vollenden konnte.

Am 27. April ward Linnaeus zum Ritter des Königlichen Nordsternordens geschlagen, von Seiner Majestät eigener Hand, am gewöhnlichen Platz und Orte, eine Gnade, welche in Schweden nie zuvor irgendeinem Doktor, Archiater oder Professor geschehen war; ja, kein Kammerherr war noch, obgleich von adligem Stamme, mit diesem Sterne begnadigt worden. Die Umschrift war: *Famam extollere factis.*

Das „*Museum Tessinianum*" ward gedruckt, welches Linnaeus *fugitivis oculis* beschrieben und notiert hatte, als er in Stockholm war, und welches Seine Exzellenz selbst Linnaeo dediziert und dessen Medaille darüber gesetzt hatte, zu einem Zeichen der Achtung, die er für Linnaei Wissenschaft hegte.

Linnaeus gebrauchte in den Hundstagen, nach seiner Gewohnheit, anstatt des Sauberbrunnens die Erdbeerenkur und befand sich recht wohl dabei.

Doktor Kähler reiste nach Italien, wozu ihm Linnaeus das Wredische Stipendium, durch Ihrer Majestät Empfehlung bei Graf Ekeblad und des Linnaei, beim Konsistorium verschafft hatte.

Löfling erhielt Befehl vom Könige in Spanien, durch ganz Südamerika zu reisen und *specimina* zu sammeln für den spanischen Hof, den Premierminister, den König von Frank-

reich, die Königin von Schweden und Linnaeus. Ehre für Linnaeus, neben so großen Königen in Erwägung zu kommen, und auch, seine Apostel so weit in der Welt herumgeschickt zu haben.
Die „*Species Plantarum*“, eins der nützlichsten Werke und welches von der größten Erfahrung zeugt, woran auch Linnaeus alle Kräfte gewandt hatte, ward gegen den Herbst in zwei Bänden fertig. Aber unter dem beständigen Schreiben, Sitzen und Arbeiten ergreift ihn ein Schmerz in der rechten Seite, welcher den Grund zu seiner Krankheit, der Steinpassion, legt, von welcher er nie zuvor die mindeste Ungelegenheit empfunden hatte, die aber, Gott sei Dank! mit den Jahren und durch die Erdbeerenkur verschwand.
1754 den 7. April, drei Uhr nachmittags gab Linnaei Frau ihrem Manne den sechsten Erben und den zweiten Sohn, Johannes.
Die „*Genera Plantarum*“, woran Linnaeus die letzte Hand gelegt, erschienen nun in der fünften Auflage.
Das „*Museum Adolphi Friderici*“, welches Linnaeus bei seinem großen Könige geschrieben, wanderte nun unter die Presse.
1755. Die „*Flora Suecica*“ ward zum zweiten Male aufgelegt, sehr vermehrt an Arten und ökonomischen Bemerkungen, um den Nutzen unsrer einheimischen Pflanzen allgemein darzutun.
Da die Akademie der Wissenschaften in Stockholm zum ersten Male ihre Prämien aus der Sparrischen Donation verteilen sollte, nämlich zwei Goldmedaillen jährlich, jede zehn Dukaten an Wert, fiel die erste dem Linnaeus zu, welcher im vorigen Jahre bei der Akademie einen Vorschlag eingereicht hatte, die lappländischen Spitzberge fruchtbar und gemeinnützig zu machen. Denn da weder Wiese noch Acker dort angelegt werden kann, so nahm Linnaeus sich vor, die Gewächse durchzugehen, welche auf ausländischen Gebirgen und in gleichen Klimaten gefunden werden und in unsrer Haushaltung dienen können, welches auch das einzige Mittel wäre, obgleich man nie vorher daran gedacht.
Am 29. September kam der russische Minister nach Upsala, um Linnaeo den Einladungsbrief und das Diplom der Kaiserlichen Petropolitanischen Akademie, ihr Mitglied zu sein, zu überreichen.

CAROLI LINNÆI

S:Æ R:GIÆ M:TIS SVECIÆ ARCHIATRI; MEDIC. & BOTAN.
PROFESS. UPSAL; EQUITIS AUR. DE STELLA POLARI;
nec non ACAD. IMPER. MONSPEL. BEROL. TOLOS.
UPSAL. STOCKH. SOC. & PARIS. CORESP.

SPECIES PLANTARUM,

EXHIBENTES

PLANTAS RITE COGNITAS,

AD

GENERA RELATAS,

CUM

DIFFERENTIIS SPECIFICIS,
NOMINIBUS TRIVIALIBUS,
SYNONYMIS SELECTIS,
LOCIS NATALIBUS,

SECUNDUM

SYSTEMA SEXUALE

DIGESTAS.

TOMUS I.

Cum Privilegio S. R. M:tis Sueciæ & S. R. M:tis Polonicæ ac Electoris Saxon.

HOLMIÆ,
IMPENSIS LAURENTII SALVII.
1753.

Titelblatt der Erstausgabe, Band I, Stockholm 1753

Manetti, der gegen Linnaeus geschrieben, bereut es. Linnaeus wird Mitglied der Florentinischen Sozietät.

1756. Dieses ganze Jahr arbeitete Linnaeus an der zehnten Edition seines „*Systema Naturae*", um alle *species sibi cognitas animalium* darin aufzuführen.

Jun. 29. Da Oberstleutenant Dahlberg vor zwei Jahren nach Surinam reisen wollte, so vermochte ihn Linnaeus durch Freundesfreunde, Dan. Rolander mit sich zu nehmen, welcher im Linnaeischen Hause, seit Löflings Zeit, auferzogen und der Informator seines Sohnes war, der sich ganz auf die Insektenkunde gelegt hatte. Die vornehmeste Ursache war, weil Linnaeus lebende Cochenilletiere zu haben begehrte.

Rolander kam nun aus Surinam, schickte *cactus* mit Cochenillen in einem Topfe. Aber Linnaeus präsidierte, und der Gärtner nimmt die Pflanze heraus, putzt alle Unreinigkeit ab, folglich auch die Würmer, und setzt sie in einen andern Topf, so daß, obgleich die Würmer glücklich lebend ankamen, sie doch im Garten vergingen, ehe Linnaeus sie zu sehn bekam. Folglich verschwand alle Hoffnung, diese Tierchen, von denen er glaubte, daß sie mit Vorteil in der Orangerie gezogen werden könnten, jemals zu erlangen. Dies griff ihn so an, daß er einen der schwersten Paroxismen der Migräne erdulden mußte. (Rolander, dieser undankbare Schüler, gab Linnaeus nichts von allen seinen Sammlungen, im Gegenteil verleumdete er ihn allenthalben.)

November 20. nobiliert, nennt sich Linné.

1757 den 7. März. Mein kleiner Sohn, Johannis, welcher eben anfing, einige Worte zu sprechen, und noch nicht drei Jahr alt war, kriegte *tussim epidemice grassantem et in triteum cum aphtis degeneratam* und mußte nach achttägiger Krankheit in der Nacht zwischen zwölf und ein Uhr das Zeitliche segnen.

Juni 24. Linnaeus gab Hasselquists „*Reise*" heraus und erhielt sie fertig aus dem Druck.

Arbeitet das ganze Jahr über an der zehnten Edition des „*Systema Naturae*" und gibt es jetzt heraus.

Juli 29. erhielt ich die betrübliche Nachricht, daß Pehr Löfling in Amerika gestorben sei, der doch mein bester Schüler von allen war und während seiner Reisen so viel Merkwürdiges mitteilte. Als der König von Spanien von mir einen *botanicus* begehrte, wurde Hr. Löfling geschickt und war zwei Jahre in Spanien, sammelte und entdeckte und kommunizierte unendlich viel. Nachher ward er abgesandt, ganz Südamerika zu durchreisen, verfiel aber in doppeltes Tertianfieber und Wassersucht, starb.

Doktor Kähler kam aus Italien, Apulien usw. mit mancherlei Sammlungen zu Hause.

Begann die zehnte Edition von „*Systema Naturae*" herauszugeben, eine Sammlung von allem, was ich in der Welt gesehen, und ein Werk, das in der Naturgeschichte seinesgleichen nicht gehabt.

Novemb. 8. gegen acht Uhr abends wurde meine Tochter, Sophia, scheintot geboren, aber durch *insufflatoria medicina* in einer Viertelstunde zum Leben gebracht und tags darauf, am 9., getauft. Paten waren: *Rector magnificus* Carl Aurivillius, Landshöfding Lillienbergs Frau, welche das Kind hielt, und Frau Böttiger.

1758 März 3. kam von Seiner Exz. Gr. Tessin die schöne Goldmedaille an, die er zu meinem Andenken hat schlagen lassen, für den neulich herausgegebenen und ihm dedizierten ersten Teil vom „*Systema Naturae*". Auf der einen Seite dieser Medaille Linnaei Brustbild, wie auf der vorigen Schaumünze, und auf der anderen drei Kronen, von welchen die erste Tierköpfe enthält, die andere Blumen und die dritte Kristalle und Steine, welche alle ein Licht von oben bestrahlt, mit der Inschrift: *Illustrat.*[1]

Auch gab L. seines lieben Schülers, des seligen Löflings „*Iter Hispanicum*" heraus, damit doch irgendein Dokument von einem so würdigen Schüler vorhanden sein sollte.

Hammarby und Säfja für achtzigtausend Taler gekauft.

1759 im Januar ward mein einziger Sohn *demonstrator horti Upsaliensis.* Der zweite Teil vom „*Systema Naturae*", zehnte Edition, ward herausgegeben, sowie der vierte Teil der „*Amoenitates*".

Im Herbst-Termin war ich Rektor, da beide Majestäten und Prinz Gustaf, nebst der Prinzessin, in der Akademie waren und Linné vor ihnen perorierte. Waren sehr zufrieden mit der schwedischen Oration.

1760 erhielt ich eine Prämie von hundert Speziesdukaten, von

[1] Lappe hat hier drei Versionen eines Vorgangs, die bei Linné an verschiedenen Stellen standen bzw. wegen Wiederholung gestrichen waren, zusammengezogen.

der *Ac. Imper. Petropolit.* für *quaestionem* über *sexus plantarum.* Doktor Burmannus (nachher *Prof. Amstelodamens.*) und Schreber (nachher Professor) waren hier, mich zu hören.

1761 kam eine neue Edition der „*Fauna*" heraus; hielt den Russen Demidoff Vorlesungen, wofür sie mir dreitausendfünfhundert Taler gaben.

Dominus Kuhn kam von Amerika, um mich zu hören, und war hier bis *medium* 1763. Ward der erste Professor in Philadelphia.

Linnaeus lockte viele Ausländer her, welches früher ungewöhnlich war, nie war hier noch ein Amerikaner gewesen.

Im November 1761 erhielt ich Seiner Majestät eigenhändige Unterschrift über die Adelswürde, antidatiert 1757 den 7. April; ein neuer Beweis königlicher Gnade.

1762. Am Schlusse des Reichstages ward beschlossen, daß die, welche Seine Majestät zum adeligen Stande ernannt, anerkannt werden sollten. Mit ihnen ward also Linnaeus Edelmann, unter dem Namen Linné. Zum Wappen schlug er vor: die drei Felder der Natur, schwarz, grün und zuoberst rot, darüber liegend ein anatomiertes Ei und im Helme die *Linnaea.*

Linnés Wappen mit rankender Linnaea und dem Ei als der Urzelle allen Lebens. Die drei Felder bezeichnen die drei Naturreiche: das Pflanzenreich (grün), das Tierreich (rot), das Mineralreich (schwarz)

Aber Tilas, als Wappenzensor, veränderte es *in totum.*
Bei diesem Reichstage hatte man erfahren, daß Linnaeus die Kunst verstände, Perlen zu machen. Er ward hinberufen, entdeckte die ganze Kunst und erhielt dafür achtzehntausend Taler Kupfermünze von dem Kaufmann Bagge in Giötheborg, auch von Seiner Majestät die Erlaubnis, seinen Dienst auf irgendeinen seiner Zöglinge zu übertragen.
Linnaeus baute zu Hammarby, als er merkte, daß er schwach ward, damit die Kinder Behausung hätten.
Gab seine „*Species Plant.*" zum andermal heraus.
Die Französische Wissenschafts-Akademie hat die Freiheit, acht ausländische Mitglieder zu ernennen. Nach dem Ableben des großen Astronomen Bradley wurde am 8. Dezember auf den Archiater Linnaeus votiert. Diese Ehre wird unter den Gelehrten für die größte gerechnet und war nie vorher einem Schweden geworden. Den 11. Dezemb. 1762 wurden Mitglieder: Morgagni, Bernoulli, Euler, Macclesfield, Poleni, von Haller, van Swieten, Linnaeus.
1763 erhielt L. Dienstfreiheit und sein Sohn Vollmacht zur Professur, um Linnaei Verdienste willen, obgleich er erst einundzwanzig Jahre alt war. Doch stand der Vater dem Geschäfte vor, bis der Sohn imstande war, es selbst zu bestreiten. Dadurch wurde seine teure Bibliothek in der ganzen *historia naturalis* und seine unschätzbaren Mss. und *herbaria* gerettet, anderes zu geschweigen.
Tee erhielt endlich Linné lebendig aus China, woran er so viele Jahre gearbeitet und welchen er nie vorher hatte erlangen können, denn weder Samen noch Wurzeln lassen sich transportieren. L. hatte die Anweisung gegeben, den Samen, gerade wenn man aus China abreiste, in Erde zu legen und diese wie ein Mistbeet zu wässern. Dies geschah, und so segnete ihn Gott auch in diesem Stücke, daß er zuerst die Ehre hatte, Tee durch Ekeberg in Europa zu sehen und einzuführen. Er sah keine Sache für wichtiger an, als die Türe zu verschließen, wodurch alles Silber aus Europa fortgeht.
1764 den 3. Mai von einer tödlichen Pleuritis ergriffen, aus deren Klauen er mit genauer Not und durch Roséns treue Bemühungen entwischte. Er begab sich auf sein eben fertig gebautes Hammarby hinaus, um frische Luft zu schöpfen und hielt da
am 9. Julius seine Silberhochzeit und

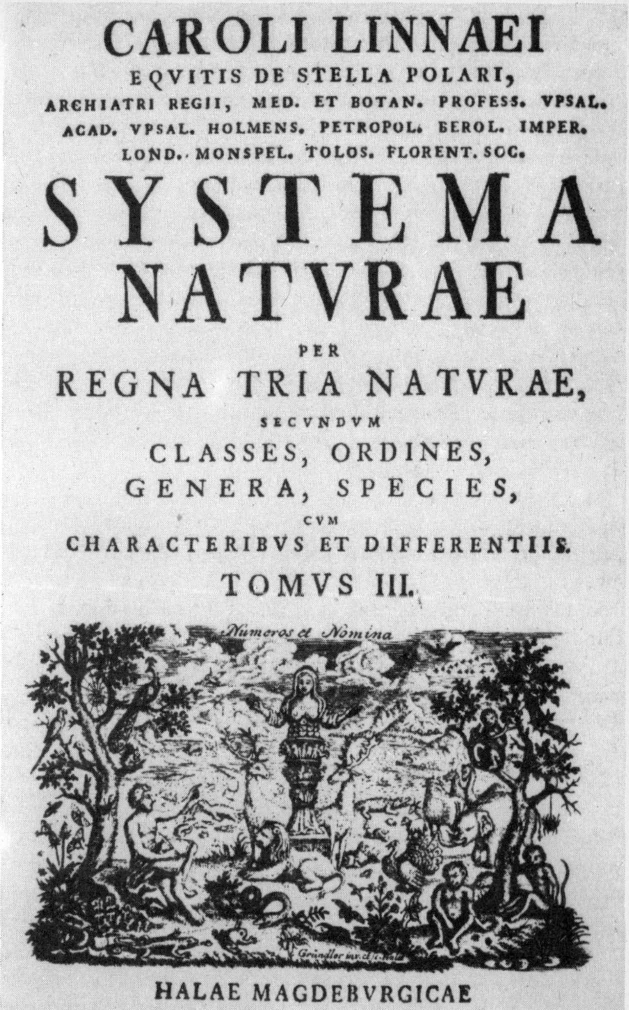

CAROLI LINNAEI
EQVITIS DE STELLA POLARI,
ARCHIATRI REGII, MED. ET BOTAN. PROFESS. VPSAL.
ACAD. VPSAL. HOLMENS. PETROPOL. BEROL. IMPER.
LOND. MONSPEL. TOLOS. FLORENT. SOC.

SYSTEMA
NATVRAE
PER
REGNA TRIA NATVRAE,
SECVNDVM
CLASSES, ORDINES,
GENERA, SPECIES,
CVM
CHARACTERIBVS ET DIFFERENTIIS.
TOMVS III.

HALAE MAGDEBVRGICAE
TYPIS ET SVMTIBVS IO. IAC. CVRT. MDCCLXX.

Titelblatt einer der lateinischen Ausgaben des „*Natur-Systems*" in Deutschland, Halle im Magdeburgischen 1770

am 12. Julius die Hochzeit seiner ältesten Tochter, Lisa Stina, mit dem Leutnant beim Upländischen Regiment Carl Fredr. Bergencrantz.
Die sechste Edition der „*Genera*“ ward viel vermehrt und verbessert herausgegeben.
Im September erfuhr L., daß sein kecker Schüler Forskåhl, welcher Professor in Kopenhagen geworden und nach Arabien gereist war, im vorigen Jahre daselbst gestorben sei; welches ihm sehr zu Herzen ging, da die Wissenschaft unendlich viel dadurch verlor. Freute ihn jedoch, als einziges Andenken von ihm gerettet zu haben, was alle Zeiten vergebens gesucht, die Auflösung, was für ein *genus Opobalsamum* sei, nämlich *Amyris.*
1765 an der zwölften oder letzten Edition des „*Systems*“ gearbeitet und den ganzen Herbst an dem „*Clavis Medicinae*“, welcher noch ein Menschenalter erfordern dürfte, ehe er von den Gelehrtesten verstanden wird.
1766 im Sommer berufen, zum letztenmal das Kabinett Ihrer K. M. zu Drottningholm zu rangieren.
Brachte den ersten Band des „*Systems*“ zustande, ein herrliches Werk.
Der König von Dänemark schenkte Linnaeo zwei kostbare Werke, näml. „*Flora Danica*“ und „*Mus. Conchyliorum*“.
Wurde von der Wissenschafts-Sozietät zu Drontheim zu ihrem ersten ausländischen Mitgliede berufen.
1767 zum Mitglied der ökonomischen Wissenschafts-Sozietät in Celle berufen.
Der zweite Band vom „*System*“ kommt heraus.
1768 den dritten Band des „*Systems*“ ausgearbeitet, dessen Einleitung, anderes zu geschweigen, nach jedem einzelnen Worte zu beherzigen ist.
1769. Baute sich auf seinem Landgute, auf einem hohen Berge neben dem Hofe, mit der herrlichsten Aussicht, ein Museum, worin er seine Herbarien, Zoophyten, Konchylien, Insekten und Mineralien hatte und wohin alle Wißbegierigen kamen, sie zu sehen. Sein Vorzimmer war mit gezeichneten Pflanzen aus Ost- und Westindien tapeziert und sein Schlafgemach mit gemalten Pflanzen sehr kostbar und herrlich, daß man schwerlich prächtigere und kostbarere Tapeten gesehn.
Erhielt eine unvergleichliche Sammlung von eingelegten Pflanzen, Zwiebeln und Samen, von dem Gouverneur Tulbagh

vom *Cap.b.spei,* und eine dergleichen, welche Hr. König eben daselbst und in Maderaspatam zusammengebracht hatte.
Erhält im Monat August Besuch von Fred.Baltimore, Baron von Irland, Professor von Marilandia, liest für ihn einen Tag, erhält eine goldene Dose, hundert Dukaten wert, und ein prächtiges Necessaire, zwölftausend Taler wert.
Seine Königl. Hoheit der Kronprinz, nun König Gustaf III., besuchte mich auf meinem Landgute und besah mein Kabinett.
1770 im Junius auf Drottningholm gewesen, um das Neue von Ihrer Mt. Kabinett zur ordnen.
Erhielt im Julio sechs Silbermünzen, meisterlich gearbeitet und vergoldet von Mylord Baltimore, und eine unvergleichliche goldene Dose.
Ward im September tödlich krank, aber endlich hergestellt.
1770 von der Sozietät sc. zu Philadelphia zum Mitgliede aufgenommen.
1771. Der König von Frankreich fragte selbst nach Linné. Der Reichsrat Carl Fr. Scheffer schrieb aus Paris den 25. Februar 1771 darüber folgendermaßen:
„Während meines Aufenthaltes in Versailles hat mich der König von Frankreich mehrere Male nach dem Hrn. Archiater gefragt und außer dem Wohlwollen, das er gegen des Hrn. Archiaters Person äußerte, sich auch sehr sorgfältig nach dem Zustande von des Hrn. Archiaters botanischem Garten erkundigt.
Seine Mt. hat eigenhändig Sämereien gesammelt, die Sie dem Hrn. Archiater wollen zukommen lassen, und indem es Ihr eigner Ausdruck war: Ich glaubte, daß solches dem Hrn. Arch. Freude machen würde, hat Sie mir aufgetragen, dieselben dem Hrn. Archiater zuzusenden." Es waren einhundertdreißig Arten. Dieser König schickte auch lebende Gewächse.
Las zwischen den Terminen in seinem *museo Hamarbyensi* acht Stunden des Tages für Ausländer.
Gab seine zweite „*Mantissa*" heraus.
Solander, Linnaei bester Schüler, von ihm nach London empfohlen, kam zurück, nach einer dreijährigen Reise um die Welt, mit Hrn. Banks.
Mitglied der Sozietät in Vlissingen, 1771 Sept. 10.
Mitglied der Sozietät in Rotterdam.
1772 *Rector postremo semestri;* sein drittes Rektorat. Kein Student ward verklagt, keiner hatte gespielt, keiner maskiert

Frontispiz und Titelblatt der deutschen Gesamtausgabe, Band III, Nürnberg 1773

Des

Ritters Carl von Linne'

Königlich Schwedischen Leibarztes ꝛc. ꝛc.

vollständiges

Natursystem

nach der

zwölften lateinischen Ausgabe

und nach Anleitung

des holländischen Houttuynischen Werks

mit einer ausführlichen

Erklärung

ausgefertiget

von

Philipp Ludwig Statius Müller

Prof. der Naturgeschichte zu Erlang und Mitglied der Röm. Kais. Akademie der Naturforscher ꝛc.

Erster Theil.

Von den

säugenden Thieren.

Mit 32. Kupfern.

Nürnberg

bey Gabriel Nicolaus Raspe, 1773.

gewesen; kein Lärm war verspürt worden, nie hatte man vorher von einem so stillen Termin gehört. Alle Nationen traten zusammen, deputierten ihre Kuratoren, mir Dank abzustatten, und begehrten durch sie, daß sie die Rektoratrede dürften drucken lassen.
Meine Schüler, die Doktoren Thunberg und Sparrman, kamen nach dem *Cap.b.spei* und schickten Sammlungen von dort.
Der undankbare Solander gab mir keine einzige Pflanze oder Insekt, von allem, was er auf der *insula australi nova* gesammelt hatte.
Forster ging nach *terram australem novam* und schickte mir seine ganze Sammlung *insecta canadensia:* er, den ich niemals gesehen.
Hill schenkte mir sein „*Systema Plantarum*" *folio imp.:* dreiundzwanzig *volumina*, achthundert Dukaten wert.
Die Oxfordische Akademie schenkte mir *novam editionem* „*Listeri Conchyliorum*".
John Miller sandte seine *botanical prints*, für mein „*System*" gemacht, mit den herrlichsten Figuren.
Novemb. 3 *membr. honorarium Colleg. Medic. Edinburgensis.* Nov. 3 1772.
Der König von England nahm in seinem Garten Kew Linnaei Methode an, so wie der König von Frankreich früherhin auf seinem Lustschloß.
1773 ward L. krank, anfangs an einer *Angina epidemica* und nachher an *dolore lumborum horrendo*, welcher endlich beim *dolore Ischiadico* stehenblieb.
Wurde als verordnetes Mitglied der Bibelversion berufen.
Erhält vom *Cap.b.spei* eine Menge Pflanzen von seinen Schülern Thunberg, Sparrman, Berlin.
Erhält einen Haufen Sämereien von *peregrinatores botanicos Sibiriae*, mit welchen er auf seinem Gute einem *hortum Sibiriacum* anlegt, um Gewächse nach Schweden zu ziehen, die unsere Gärten und unser Klima ertragen.
Wird Mitglied der *Acad. Scienc. Siena.*
Miller Joh. gibt nach Linnaei „*System*" Beispiele aller *ordines* heraus, mit den prächtigsten Figuren, die man je gesehen.
Die Prinzessin von Baden-Durlach gab Figuren über das ganze System Linnaei *plantae* heraus, mit einem Aufwande von neunzigtausend Dukaten, wie nie irgendein Regent vorher für die Wissenschaft gemacht. „*Icones Plant.omnium Linnaei Equitis.*"

L. legt auf seinem Gut einen Garten an, einzig mit achthundert sibirischen Gewächsen.
1774. Der Papst, welcher vormals Linnaei Schriften in seinen Ländern verboten hatte, ernennt einen neuen Professor, um sein System *publice* in Rom zu lesen.
Buffon, der im Botanischen Garten zu Paris, als Aufseher, wohnte und immer gegen mich geschrieben hatte, mußte nun die Gewächse nach meinem System rangieren, *nolens volens.*
So waren die Gewächse auch in Trianon beim König rangiert, auch in Kew beim König von England und in den meisten Gärten von Europa.
War in Stockholm zur Bibelkommission deputiert.
Die Wissenschafts-Akademie ließ Linnaei Porträt malen, um es in der Sammlung ihrer Begründer aufzustellen, sowie die Medaille, welche im Jahr vorher aus Wachs gemacht ward, beide sehr ähnlich.
Jedesmal, daß Linné in Stockholm sich aufhielt, solange er lebte, wohnte er bei seinem besten und treuesten Freunde, Archiater Bäck, wie bei seinem leiblichen Bruder.
War nach Stockholm, als Mitglied der Bibelkommission, gerufen, hielt sich aber nicht lange dort auf, sondern reiste zurück zu seinem Upsalischen Garten und zu seiner Wissenschaft.
Anfang Mai, als er *privatim* las, ward er von der ersten Todespost, der Asphyxie, ergriffen, so daß er weder vom Stuhle aufstehen noch sich bewegen oder den Kopf aufrecht erhalten konnte. Es wurde ziemlich wieder verwunden, aber spät; zwar gelindert, aber nie vollkommen geheilt.
Mutis sandte von Cartagena und Nova Granada eine Menge seltener eingelegter und auch gezeichneter Gewächse wie auch in Spiritus gesetzte Vögel etc.
Um Weihnachten schickte Seine Majst. vier Zweispänner mit Naturalien, nämlich Gewächse aus Surinam, alle mit Blüte und Frucht lebendig gesammelt und in Spiritus gelegt; an die zweihundert Stück. Linné erhielt gleichsam neues Leben, alles dieses während der Weihnachtszeit zu beschreiben und auseinanderzusetzen; eine kostbare Sammlung in drei Ochsenköpfen *spiritus vini.*
1775. Hr. Roslin, der von andern tausend Platen nahm, machte Linnés Porträt gratis und so vortrefflich, daß nichts ähnlicher sein kann; alle andre sind etwas unähnlich.

Linné. Ölgemälde von A. Roslin, 1775 (Königliche Akademie der Wissenschaften, Stockholm)

Am 12. August reiste Seine Mt. von Ekholmssund nach Upsala, bloß um Linné zu besuchen und keinen andern, blieb auch bei ihm den ganzen Nachmittag. In Stockholm gewesen.
Ward zum Mitgliede der Sozietät *pro Patria* angenommen.
Erhielt die größte Sammlung eingelegter Pflanzen, die er jemals bekommen, von Thunberg und Sparrman und von König aus Ostindien.
1776 gibt der König Linnaeo doppelten Lohn, vorher unerhört.
Der König korrespondiert eigenhändig mit Linné.

Linnaeus hinkt, kann kaum gehen, redet undeutlich, kann kaum schreiben.
Linnaeus begehrt vom Königе Abschied, aber der König will, daß er zur Ehre der Akademie bleibe, sintemal sie keiner so geehrt wie er; erhält daher doppeltes Lohn, wie auch zwei Höfe in Huggby für sich und seine Kinder.
Linnaeus erhält von der russischen Kaiserin, als ordentliches Mitglied der Russischen Wissenschafts-Akademie, eine Goldmedaille, zwanzig Dukaten wert, über den Frieden mit dem Türken.
Horrebow und Berger aus Dänemark und Grüno aus Hamburg kommen als Schüler an. Aber Linné ist so krank, daß er kaum mit ihnen reden kann; denn es war zu seiner Lähmung und Mattigkeit nun auch noch das Tertianfieber gestoßen.

Nachdem wir Linnaei Leben in der Kürze übersehen und nachdem wir seine Arbeiten haben erwähnen hören, wollen wir nun ebenso kurz betrachten, was er mit seiner Arbeit ausgerichtet.[1] Denn da heutzutage der Mißbrauch eingerissen ist, viel zu schreiben, so wollen wir erwägen, wie Linnaeus seine Bücher geschrieben; da wir den Unterschied finden werden, der zwischen einem Kompilator und einem Inventor ist; denn gegen hundert Kompilatoren wird kaum ein einziger Inventor geboren.
1. „*Systema Naturae*" war eins der ersten Werke, die Linnaeus in Druck gab, er suchte darin die meisten Werke des Schöpfers in einer regelmäßigen Kette aufzustellen und baute es auf so viele Forschungen, als Objekte zugänglich waren. Es geht wohl an, eine oder die andre merkwürdige Observation zu schreiben; aber zu einem solchen System wird mehr erfordert; denn wenn eine Observation fehlt, hängt die Kette nicht zusammen. Die zehnte Edition des „*Systems*" ist gleichsam ein neues Werk. Der erste Band von den Tieren scheint darzutun, daß Linnaeus größer in der Zoologie als in irgendeinem andern Teile war, obgleich die *botanici* ihn für den Meister erkannt haben.
Denn wenn man diesen Teil recht betrachtet, findet man alle *classes* und *ordines naturales* sowohl als *species* mit unglaublicher Sorgfalt gesammelt.

[1] Ab hier bis einschließlich des Absatzes „Linnaeus hatte eine ansehnliche Korrespondenz" (S. 230) Löflings Handschrift.

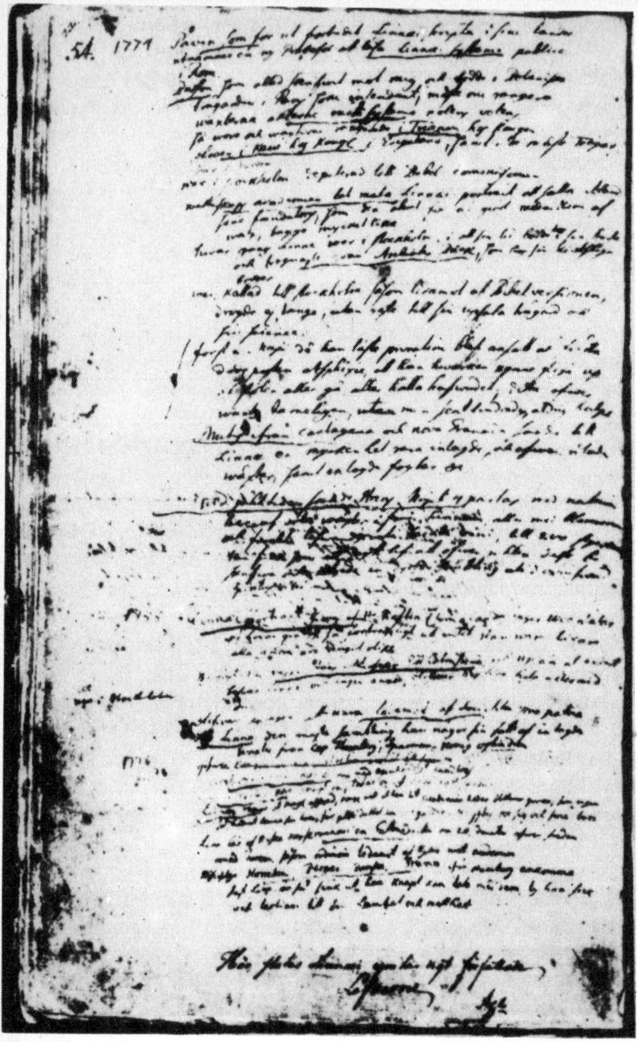

Letzte Seite der Lebensbeschreibung in Vita III

Die Synonyma wurden mit unendlicher Arbeit zusammengesucht. Insekten werden hier mehr beschrieben, als alle in der Welt vordem gesehen. Hier ist die erste reine Methode und der Grund für die Konchylien; vieles andre zu geschweigen.

Bei allen drei Teilen des „*Systems*" sind besonders die Vorreden merkwürdig, welche nie genug gelesen und erwogen werden können.

Im Steinreiche hatte keiner vor Linnaeus eine regelmäßige Methode gemacht, keiner *genera* und *species* getrennt, keiner die Kennzeichen der *genera* angegeben und keiner gewußt, daß alle Steine Varietäten wären, sondern sie für *distinctae species* gehalten. Linnaeus hat auch diese Rangordnung nach der Probierkunst und den Untersuchungen der Bergleute in den Bergwerken gestiftet. Dieselbe Methode ist hernach von andern öfters aufgewärmt, aber schwerlich verbessert. Denn was ist natürlicher, als daß die Steine entweder im Feuer flüssig werden oder in Kalk übergehen oder feuerfest sind, welche Linnaeus zuerst *apyri* nannte. Oder was findet sich mehr bei den Mineralien als Salz, Schwefel und Metall? Die Teilung in Metalle und Halbmetalle verrät die Unkunde der Systematiker in der Kunst. Die *concreta* und *petrificata* sind von Linnaeus so aufgestellt, daß nicht ein einziges *genus*, nicht einmal *hypothetice,* hinzugetan werden kann. Gehen wir zum *regnum vegetabile,* so werden wir dort noch größere Arbeit finden, nämlich eine ganz neue Einteilung nach *stamina* und Pistillen, den kleinsten Teilen in der Blüte, welche die *botanici* vor ihm nicht anzusehen gewürdigt hatten und die Linnaeus also aus eigner Forschung mußte angenommen haben, nachdem er überzeugt worden, daß sie das *sexum plantarum* ausmachten und das Wesentlichste am ganzen Gewächse wären. Aber hier wurde Arbeit erfordert, um jeder Blume von jedem *genus* und jeder *species* habhaft zu werden, ehe man eine solche Armee aufstellen konnte. Dies hätte allein einen mittelmäßigen Mann seine ganze Lebenszeit beschäftigen können. Was das Tierreich betrifft, so ist auch dort alles ebenso neu. Linnaeus ist der erste gewesen, welcher die Kennzeichen der vierfüßigen Tiere von den Zähnen hernahm und diese zuerst beschrieb, und die Kennzeichen der Vögel von dem Schnabel; beides gleich wesentliche Teile für diese beiden Tierarten. Niemand hat vor Linnaeus distinkte *genera* bei den Insekten aufgestellt und kaum bei den andern Tierklassen, außer Artedi bei den Fischen.

2. „*Fundamenta Botanica*" nahm wenig mehr als ein Bogen ein, als Linnaeus die ganze Botanik unter so viele Regeln gebracht, als Tage im Jahr sind. Aber es waren wenige, welche verstanden, was diese Perspektive sagen wollte, obgleich er am Schluß Konklusionen über alle Teile der Botanik und wie unvollkommen sie abgehandelt wäre, gesetzt hatte. Wenn man die Schriften der *botanicorum* vor Linnaei Zeit durchgeht, findet man nicht über sechzehn Regeln, und die schwach genug, welches daher kommt, daß die Wissenschaft nicht aphoristisch behandelt worden.

3. „*Bibliotheca Botanica*" zeigt, welche Kenntnis Linnaeus in der *historia litteraria* besaß, da er ausgemittelt hat, wer die Pflanzen in einer jeden Gegend und in jedem Garten beschrieben und welche Schriftsteller es in jedem Teile der Botanik gibt. Denn er hat dort alle Autoren systematisch aufgestellt, welches vor ihm oder nach ihm keiner getan.

4. „*Genera Plantarum*" sind eine Arbeit, welche niemand nachzumachen gewagt, alle Teile der Fruktifikation in den *specibus* so genau zu beschreiben und darnach Charaktere zu machen, so daß ein *genus,* welches noch nicht nach Linnaei Weise beschrieben worden, durchaus unvollkommen ist. Dieses eine Werk scheint ein ganzes Menschenleben erfordert zu haben. Die Botanisten klagten vordem, daß die Fruktifikation nicht hinlänglich wäre, die *genera* zu unterscheiden, sondern die *antecessores* mußten sich an die Blätter und *faciem plantae* halten, bis Linnaeus es ihnen anders zeigte; weshalb auch diese *genera* in der Folge von allen Botanisten angenommen sind, die etwas Hauptsächliches geleistet haben. Wenn Linnaeus nicht diese „*Genera*" geschrieben, so hätten die Neueren nicht mit so vielen neuen Methoden prahlen können; und sind diese *genera* so gestellt, daß keine Methode erfunden werden kann, für welche sie nicht zureichend sind.

5. „*Classes Plantarum*" sind ein kurzer Inbegriff aller Systeme, so daß der, welcher diese besitzt, die Arbeiten der vorhergehenden Autoren entbehren kann. Dazu hat Linnaeus sie so unter die „*Genera*" gestellt, daß sie leicht verstanden werden können, und bei jeder Methode gezeigt, was ein jeder in der Wissenschaft gut oder schlecht gemacht; auch durch diese Klassen zutage gelegt, wie man eine Pflanze auffinden

kann, wenn nicht nach einer Methode, doch nach einer andern.

6. „*Critica Botanica*" ist eine nicht minder hauptsächliche Arbeit, weil keiner vorher gewagt hatte, die Grenzen für die botanischen Namen auszustecken, welche daher schon zu einer barbarischen Sprache geworden, bis daß Linnaeus, *labore Herculeo*, den *Augiae stabulum* reinigte. Und wiewohl die Botanisten seiner Zeit es für ein *sacrilegium* hielten, ein *nomen genericum* zu vertauschen, so änderte Linnaeus doch mehr als die Hälfte und gab seine Gründe dazu an, so daß kein solider Botanist es zu tadeln gewagt hat. Aber mit den *nominibus specificis* ging Linnaeus noch weiter, da er zeigte, daß noch keine *differentia* von irgendeinem Botanisten richtig gemacht sei; wobei er zu erkennen gab, wie diese auf die rechte Art gebildet werden müßten, und solches selbst zuerst ins Werk richtete. Varietäten hatten die Botanisten vordem zu *species* gemacht und dadurch die ganze Wissenschaft verwirrt, bis Linnaeus durch hinreichende Kennzeichen Varietäten von *species* trennte.

7. „*Hortus Cliffortianus*", welchen Linnaeus in dreiviertel Jahren schrieb, wäre für einen andern eine hinlängliche Arbeit für zehn Jahre gewesen. Kein Garten ist noch vollkommener beschrieben als dieser, und keiner reicher an *species*, obgleich Linnaeus die Varietäten ausgemustert hatte. Keine Pflanze ward hier aufgenommen, ehe alle ihre *partes fructificationis* untersucht waren, und sie ward mit ihren richtigen Kennzeichen und ihrer *differentia specifica* angezeichnet; weshalb auch die Namen im „*Horto Cliffortiano*", wegen der richtigen und zureichenden Definitionen jeder Pflanze, von van Royen, Gronovius, Wachendorff, Guettard, Dalibard, Haller und mehreren angenommen wurden. Hier ward eine unendliche Menge afrikanischer und indianischer Gewächse zuerst unter ihre rechten *genera* gebracht; und in diesem Werke mußte jede Pflanze ihre Heimat und ihren Geburtsort bekennen, als den Grund ihrer Kultur, wonach man aber vorher in keinem *horto* gefragt hatte; der vielen seltenen Pflanzen zu geschweigen, die hier zuerst beschrieben sind.

8. „*Viridarium Cliffortianum*" ist bloß ein Kompendium vom „*Horto Cliffortiano*", um es bequem bei sich tragen zu können.

9. „*Musa Cliffortiana*" ist die erste vollkommne Beschreibung, welche die Botanisten von diesem seltenen Gewächse besessen;

und Linnaeus hat darin gezeigt, wie ein Gewächs, das vorher nie blühte, beständig dazu getrieben werden könne, dadurch daß man das Klima nachahmt.

10. „*Flora Suecica*" ist eine der vollkommensten „*Florae*", welche die Welt bis dahin gesehen. Denn nachdem Linnaeus mit Doktor Celsius in mehreren Jahren die schwedischen Pflanzen aufgespürt hatte, fand er, daß eine solche „*Flora*" für seine Schüler unentbehrlich sei, wenn die Naturkunde im Vaterlande emporkommen, mit dem Geschick betrieben werden, wie es sich gehört, und zu der Höhe gelangen sollte, die sie erreichen könnte; wofür Linnaeus nach seiner Heimkunft aus fremden Ländern die größte Sorge trug.

11. „*Flora Lapponica*" ist ein Werk, welches allgemeinen Beifall erhalten, wegen der vielen Observationen über Lapplands Beschaffenheit und Ökonomie, welche sich hie und da unter den Blumen vermerkt finden. In diesem Buche zeigt Linnaeus, daß gleichsam ein Teil der Schweizer Alpen innerhalb Schwedens Grenzen versetzt worden, mit vielen fremden Blumen, die im Reiche einheimisch sind. Er entdeckte hier verschiedene Gewächse, die kein Botanist vor ihm gesehen, als: *Diapensia, Andromeda quadrangularis, Azalea,* eine *Saxifraga* und eine *Pedicularis,* außer hundert andern sehr seltnen und den Botanisten minder bekannten.

12. „*Fauna Suecica*" ist ein Meisterstück, welches den vorhergehenden nichts nachgibt und worin Linnaeus nach sechzehnjähriger Sammlung über tausend in Schweden gefundene Insekten aufgestellt, mit ihren Beschreibungen und *differentiae* nach den *genera,* und was noch bewundernswürdiger ist, auch nach den *synonymis,* welches kein Autor vor ihm gewagt; ein Werk, wie es noch keine andre Nation außer Schweden aufweisen können. Dadurch gewann Linnaeus den Vorteil, daß er, bei seinen Exkursionen mit den Studierenden, sie mit gleicher Leichtigkeit Tiere, Vögel, Schlangen, Fische, Insekten und Würmer konnte kennen lehren und dadurch der Jugend Geschmack beibringen, des Schöpfers größte Werke in den kleinsten Dingen zu erkennen; womit er auch das ausrichtete, daß eben diese Jugend, welche vorher in ledigen Stunden sich müßig herumtrieb, in der Folge allgemein ihr Vergnügen daran fand, Insekten zu sammeln und ihre bewundernswürdigen Eigenschaften zu betrachten.

13., 14., 15. „*Iter Oelandicum, Gottlandicum, Westrogothicum,*

Scanicum". Diese „*Reisen*" sind die Praxis der Naturkunde, nachdem man vorher die Pflanzen aus der „*Flora*", die Tiere aus der „*Fauna*" und die Steine aus dem „*System*" kennengelernt. Hier sieht man, daß die ganze Ökonomie sich auf die Kenntnis der natürlichen Körper stützet. Wenn man alle Erfahrungen, die Linnaeus auf seinen Reisen gemacht hat, zusammenfaßt, so gewinnt man daraus eine begründete Ökonomie, welche man sonst in ausländischen Schriften gesucht hat, wo man eine ansehnliche Sammlung seltener Steine, Pflanzen und Tiere beschrieben findet, welche zuvor in Schweden nicht bekannt gewesen, zugleich mit vielen Untersuchungen in der Diät, Haushaltung, Physik und Pathologie, über die Beschaffenheit des Landes und die Sitten der Einwohner. Hätte man alle Provinzen in Schweden auf diese Weise durchstrichen, so würde Schweden unfehlbar ein schwedischer Plinius erwachsen, weit eher als den Römern. Ohne dergleichen Nachrichten über das Reich arbeiten die *oeconomici* umsonst, dem Lande aufzuhelfen. Kein Tag auf diesen Reisen, der Linnaeo nicht neue Erfahrungen brachte.

16. „*Hortus Upsaliensis*" legt den Fleiß und die ungesparte Mühe an den Tag, welche Linnaeus mit dem akademischen Garten gehabt, und zeigt, daß eine unendliche Menge indischer Gewächse an unsre nordische Kälte gewöhnt werden können. Er hat nicht allein diese Arbeit zum Dienste der Jugend entworfen, um die Namen und Kennzeichen leicht im Gedächtnis behalten zu können, sondern er hat auch bei jeder Pflanze die Wartung und Kultur angegeben. Je weiter ein Garten nach Norden liegt, desto größere Kunst wird erfordert, die Gewächse zu erhalten, und also bei uns die größte. Eine unglaubliche Korrespondenz hat Linnaeo Sämereien von den entlegensten Ländern, als von Sibirien, Kanada, dem *Caput bonae spei* und Indien verschafft.

17. „*Flora Zeylanica*" enthält die meisten indischen Pflanzen mit ihren *synonymis*, nach Geschlechtern und System gestellt, da sie zuvor niemals einer durchgreifenden Musterung unterworfen worden; dahingegen es nun, seit dies Buch herausgekommen, leichter ist, ein ostindisches Gewächs aufzufinden als ein schwedisches. Kein andrer als Linnaeus hätte mit einer so alten und verfallenen Pflanzensammlung fertig werden können.

18. „*Materia Medica*" ist ein kurzer Inbegriff einer weitläuftigen Erfahrung, wo Linnaeus alle die *requisita* durchgegangen ist,

Herrn Carl Linnäi,
Archiatri Regii & Medicinae Professoris Upsal.

Versuche
einer
Natur- Kunst- und Oeconomie
Historie,
von
einigen Schwedischen Provinzien,
nach eigener Untersuchung
zum Drucke befördert.

Mit Königl. Pohln. und Churfürstl. Sächs. allergnäd. Privilegio.

Leipzig und Stockholm,
bey Gottfried Kiesewetter, 1756.

Titelblatt der deutschen Ausgabe der Reise Linnés durch die schwedische Provinz Skåne, Leipzig und Stockholm 1756

die zu der Kenntnis unsrer *officinalia* gehören, so daß kein Buch von den *medicinae studiosi* weniger entbehrt werden kann. Denn so wichtig wie die Kenntnis der Krankheit ist, ist auch die Kenntnis des Medikaments. Hier wird also das Gewächs selbst, wovon das Medikament genommen wird, dargestellt, nach *genus* und Kennzeichen, seine Geschichte nach dem *synonymon selectum;* Heimat und Wachsstelle; Art und Zeitdauer; Name in den Apotheken; Eigenschaften nach Geruch und Geschmack; mehr oder minder allgemeiner Gebrauch; Kraft, auf den menschlichen Körper zu wirken; die Krankheiten, die es heilt; und endlich Präparate davon.

19. „*Philosophia Botanica*" fehlte der Botanik noch, um emporzukommen und zu ihrer rechten Höhe zu steigen. In diesem Buche hat Linnaeus nicht allein alle Teile der Gewächse genau distinguiert, sondern sie auch so genau definiert, daß man meinen sollte, man könne schwerlich weiter in dieser Wissenschaft kommen; wobei er zugleich gezeigt, wie Beschreibungen, Charaktere und andere Gesetze in der Botanik verstanden werden müssen. Hier wollen wir nun die Teile herrechnen, die Linné zuerst eingeführt hat, als: *corolla, spatha, nectarium, anthera, filamentum, germen, stigma, drupa, receptaculum, stipula, bractea, glandula, scapus, pedunculus,* mit dem ganzen *systema foliorum,* ja auf gewisse Weise auch *legumen, gluma, perianthеum, spina,* die er von andern getrennt hat. Die Termen in der botanischen Wissenschaft sind also in diesem Buche von ihrem Roste poliert und die Gesetze durch Exempel bestätigt worden, so daß ein besonderes Werk erfordert würde, bloß dieses Buch zu rezensieren.

20. „*Amoenitates Academicae*" sind eine Sammlung aller von Linnaeus vorher besonders herausgegebenen Disputationen, enthaltend allerhand kuriöse Argumente und in der Absicht gesammelt, daß sie nicht verloren gehen möchten. Zwei *vol.*

21. „*Species Plantarum*", zwei *vol.* In diesem Werke, welches L. immer selbst für sein größtes Meisterwerk hielt, hat er gezeigt, welche Einsicht er in der Botanik besaß, und schwerlich wird irgendeines in dieser Wissenschaft reicher an selbstuntersuchten Gewächsen sein. Denn es gibt viele, welche von dem reden, was sie nicht gesehen; aber L. redet von dem, was er gesehen und examiniert hat.

Linnaeus hatte eine sehr ansehnliche Korrespondenz, nicht allein mit allen Wißbegierigen im Reiche, sondern auch mit verschiedenen Ausländern, besonders mit den gelehrtesten und wißbegierigsten in Europa, welche weiter unten aufgeführt stehen. Dadurch bekam er nicht nur schnell zu wissen, was in Europa Neues entdeckt ward, sondern auch wirklichen Teil daran, indem die meisten Bücher, die herauskamen, ihm gratis geschenkt wurden. Außerdem erhielt er auf solche Weise jährlich Sämereien von allen Pflanzen für seinen Garten, obgleich viele auf dem Wege verdarben; denn sonst hätten drei Upsalische Gärten nicht hingereicht für so viele Gewächse, wovon jährlich zwischen ein- und zweitausend Arten gesäet wurden. Briefe und andre Sendungen von Doktor Gronovius in Leyden, Prof. Sauvages in Montpellier, Prof. Gmelin erst in Petersburg, hernach in Tübingen, und Rathgeb in Venedig, waren für ihn die gewöhnlichsten und liebsten, welche ihm immer etwas Neues brachten. Diese kostbare Sammlung von Briefen wäre wert, öffentlich bekanntgemacht zu werden, da sie eine Anzahl von vielen hundert enthält, in denen alles Merkwürdige abgehandelt wird, welches sich vom Jahr 1735 bis zu seinem Tode zugetragen. Es ist nur schade, daß er selbst keine Kopie von seinen eignen Briefen genommen, woran seine vielen Arbeiten ihn hinderten

Russia	*Krascheninnikow, Steph.*	*Prof. bot. et. hist. nat. Petropoli*
	Ammannus, Johan	*Profess. botanices Petropoli*
	Gmelin, Joh. Georg	*Prof. chem. et phys. Petropoli*
	Siegesbeck, Joh. Georg	*Prof. botanic. Petropol.*
	Müller, Ger. Frider.	*Prof. histor. Petropol.*
	Demidoff, Gregorius	*Nobilis ruthenus, Moschow*
	Mounsey	*Medicus exercitus*
Dania	*Buchwald, Balthasar*	*Profess. medicinae, Haffniae*
Germania	*Breynius, Joh. Phil.*	*Medicus urbis, Dantiscan.*
	Ludolff, D. Mich. Matth.	*Profess. botanices, Berolini*
	Gleditsch, Joh. Gottlib	*Profess. botanices, Berolin.*
	Burchard, E. Fr.	*Medicus, Rostockii*
	Jaenisch, Godofr. Jacob	*Medicus, Hamburgi*
	Sprekelsen, I. H.	*Juris licent. Senator, Hamburgi*
	Koblius, Joh. Petrus	*Professor, Hamburgi*
	Lesser, Fr. Christ.	*Theologus, Nordhusae*
	Büchner, And. Elias	*Prof. med. A.N.C., Praeses, Erfordae*

	Ludwig, D.C.G.	*Prof. medicinae, Lipsiae*
	Hebenstreit, Joh. E.	*Profess. medic. Lipsiae*
	Lange, Joh. Joach.	*Profess. Matthesius, Halae*
	Lehmannus, D.J.G.	*Dresdae*
	Weismannus, Joh. Frid.	*Profess. bot. Archiat. Erlangae*
	Erhardt, Baltas.	*Svevorum, Meningae*
	Brüchman, Fr. Ernest.	*Medicus, Wolffenbutt.*
	Haller, Albertus	*Prof. Bot. Archiater, Göttingae*
	Munchhausen L. B., Otto v.	
	Wagner, Petr. Christian	*Archiatr. Badenburgico Culmb. Baro.*
	Gesnerus, Joh. Albert	*Archiater, Wurtenb.*
Helvetia	*Gesnerus, Johan.*	
	Scheuchzerus, Johan.	*Profess. Matthes. Tiguri*
Italia	*Seguierius, Joh. Franc.*	*Juris consultus, Veronae*
	Donatus, Vitalianus	*Profess. botan. Taurini*
	Rathgeb, Joseph.	*Legatus Caesaris, Venetiis*
	Sagramoso	*Chevallier de Maltha.*
Gallia	*Jussiaeus, Anton*	*Profess. botanices, Parisiis*
	Jussiaeus, Bernhard	*Professor botan. Paris*
	Guettardus, Joh. tephan.	*Medicus Parisiensis, Parisiis*
	Robbe, Francisc.	*Religiosus, Parisiis*
	Chardon	*Medic. doct. Parisiis*
	Lemonnier, Christ. Guilielm.	*Paris.*
	Kast, Gl.	*Archiater, Lunevillae*
	Sauvages, Fransiscus	*Prof. bot. Montpeliae*
	Maynardus	*Profess. med. Tolosa.*
	Barrere, Petrus	*Profess. botan. Perpinii*
	Angervillaeus, Angerius	*Botanicus, Rotom.*
	Ludes	*Medicus, Cadomi*
Anglia	*Collinsonus, Petrus*	*Mercator curiosus, Londini*
	Mitchell, Joh.	*Medicus ex Virginia, Londini*
	Lawsonus, Jsacus schotus	*Medicus exercitus, Londini*
	Andrew, Johan.	*Medicinae doctor, Oxoniis*
	Dillenius, Joh. Jacob.	*Profess. botan. Oxonii*
	Sipthorp, Humphredus	*Profess. botan. Oxonii.*
	Donell, Jacobus	*Medicus Irlandiae, Cashel*
Belgium	*Boerhaave, Herman*	*Profess. medic. Leydae*
	Gronovius, Joh. Fredr.	*Senator urbis, Leydae*
	Royenus, Adrianus	*Profess. botan. Leydae*

	Swieten, Gerhardus	*Archiater Caesaris, Leydae et Viennae*
	Clifford, Georgius	*Juris cons. et mercator, Amsteled.*
	Burmannus, Johan.	*Profess. botan. Amsteled.*
	Roëll, G.	*Profess. anatom. Amsteled.*
	Wachendorff, E. J.	*Profess. botan. Ultrajecti*
	Gorterus, David	*Professor botan. Harderovici*
Frisia	*Moehring, P.H.G.*	*Medicus Frisorum, Jeverae*
Turcia	*Mackenzie, Mordacus*	*Medicus, Constantinopoli*
America	*Bartsch, Johannes*	*Medicus, Surinami*
	Logan, Jacobus	*Germanopol.*
	Clayton, Johannes	*Glocestriae*
	Barthram, John	*Colonus, Virginiae*
	Colden, Cadwallader	*Coldengham*
	Garden	*Medicus, Carolina.*

Linnaei persona

Das Porträt, welches vor der „*Philosophia Botanica*" 1751 steht, gehört zu den besten. Aber das, was die Wissenschafts-Akademie 1774 malen ließ, kann schwerlich verbessert werden.

Die Statur mittelmäßig groß, eher klein als hoch, weder mager noch fett, mit ziemlich muskulösen Gliedmaßen und starken Adern, schon von Kindheit an.

Der Kopf groß: *occipite gibbo, ad suturam lambdoideam transverse depresso. Pili in infantia nivei, dein fusci, in senio canescentes. Oculi brunnei, vivaces, acutissimi, visu eximio. Frons in senio rugosa. Verruca obliterata in bucca dextra et alia in nasi dextro latere. Dentes debiles, cariosi ab Odontalgia haereditaria in juventute.*

Animus promtus, mobilis ad iram et laetitiam et maerores, cito placabatur; hilaris in juventute, nec in senio torpidus; in rebus agendis promtissimus; incessu levis, agilis. Er war durchaus nicht zanksüchtig, und antwortete daher niemals denen, die gegen ihn schrieben. Er sagte: hab ich unrecht, so kann ich nie gewinnen; hab ich aber recht, so behalt ich recht, solange die Natur dauert.

Curas domesticas committebat uxori, ipse de naturae productis unice intentus; incepta opera ad finem perduxit, nec in itinere respexit; er war weder reich noch arm, aber furchtsam vor Schulden. Er schrieb seine Werke nicht *pro nostro*, sondern *pro honore*. Nie versäumte er eine Lektion; aber *consistorialia* behandelte er als *aliena*. Er ermunterte beständig seine *auditores*, seine Vorlesungen mit Freude und Vergnügen zu hören. Er besaß ein vortreffliches Gedächtnis bis ins sechzigste Jahr; dann fing er an, *nomina propria*, deren er mehr als irgendein anderer im Kopfe hatte, sehr zu vergessen. *A linguis addiscendis facile omnibus* war er in seinem ganzen Leben *alienus*.

Er konnte nicht gerne sich verstellen und heucheln; haßte in hohem Grade alles, was nach Hoffart roch; war nicht luxuriös, sondern lebte wie andre mäßiglich; er schlief im Winter von neun bis sieben, aber im Sommer von zehn bis drei.

Er schob nicht auf, was er verrichten sollte; schrieb alles auf, was er beobachtete, gleich auf der Stelle, und verließ sich niemals auf das Gedächtnis.

Er schrieb kurz und nervös, alles, was er ausarbeitete.

Er zeigte sich allenthalben als ein geborner *methodicus*.

Er sagte, er wolle lieber von Prisciano drei Schläge als einen von der Natur erhalten.

Er las auf der Erde Steine, Gewächse, Tiere wie in einem Buche.

Er war einer der stärksten Observatoren, die wir gehabt.

Deshalb war er auch *auctor* und nicht Kompilator.

Über seine Schlafkammertüre hatte er geschrieben: *Innocue vivito numen adest.*

Er hatte alle Zeit Ehrfurcht und Bewunderung vor seinem Schöpfer und suchte seine Wissenschaft auf ihren Urheber hinzuleiten. *Tu decus omne tuis, postquam te fata tulere.* Virgil.

Nachdem er 1750 durch das Podagra in des Todes Klauen gewesen und durch Walderdbeeren kuriert worden, aß er jeden Sommer, solange die Erdbeeren dauerten, soviel davon, als er vermochte und der Magen annehmen wollte; wodurch er nicht allein das Podagra völlig los wurde, sondern auch von den Erdbeeren mehr Nutzen hatte als andre von ihren Brunnenkuren, auch sogar den Skorbut überwand, der seit seinen jungen Jahren jeden Frühling ihm lästig fiel.

Gott selbst hat ihn geleitet mit seiner eigenen allmächtigen Hand.

Er hat ihn lassen aufsprießen aus geringfügiger Wurzel, ihn verpflanzt an einen fernen Ort herrlich, ihn emporschießen lassen zu einem ansehnlichen Baume.
Er hat ihm eine so brennende Neigung für die Wissenschaft eingeflößt, daß sie sein allergrößtes Vergnügen geworden;
— — gegeben, daß alle zu wünschenden Mittel zu seiner Zeit vorhanden waren, daß er seine Progressen gewinnen konnte;
— — ihn so geleitet, daß, was er wünschte und nicht erreichte, sein größter Vorteil geworden;
— — ihn annehmlich gemacht bei den *maecenates scientiarum*, ja bei den Höchsten im Reiche und im Königshause;
— — ihm einen vorteilhaften und ehrenvollen Dienst gegeben, gerade den, den er am meisten in der Welt sich gewünscht;
— — ihm die Frau gegeben, die er am meisten sich wünschte und welche den Haushalt führte, während er arbeitete;
— — ihm Kinder gegeben, die wohlgesittet und tugendlich waren;
— — ihm seinen Sohn zum Nachfolger im Dienste gegeben;
— — ihm verliehen das größte Herbarium in der Welt, seine höchste Freude;
— — ihm soviel Güter und sonstiges Eigentum verliehen, daß, wenn nichts übrig war, doch nichts mangelte;
— — ihn geehret mit Ehrentitel (Archiater)
Stern (Ritter)
Schild (Edelmann)
Namen in der gelehrten Welt,
— — ihn behütet vor Feuersbrunst;
— — sein Leben über sechzig Jahre bewahrt;
— — ihn lassen hineinlauschen in seine geheime Ratskammer;
— — ihm vergönnt, mehr seiner geschaffenen Werke zu sehn als irgendeinem Sterblichen vor ihm;
— — ihm die größte Einsicht in der Naturkunde verliehen, größer als irgendeiner gewonnen;
Der Herr ist mit ihm gewesen, wo er hingegangen ist und hat alle Feinde vor ihm ausgerottet, und hat ihm einen großen Namen gemacht, wie der Name der Großen auf Erden. 2.Sam.7.V.9 I.Chron. 17.V.8.
Keiner hat mit mehr Eifer sein Fach betrieben und mehr *auditores* bei der Akademie gehabt.
Kein Naturkundiger hat mehr Observationen in der Natur gemacht.

Keiner hat solidere Einsicht gehabt in allen drei Reichen der Natur zugleich als dieser.
Keiner ist größerer *botanicus* oder *zoologus* gewesen.
Keiner hat die *histor. natural. patriae* so gut ausgearbeitet: „*Floram*", „*Faunam*", „*Itinera*".
Keiner mehr Werke geschrieben, richtiger, ordentlicher, aus eigener Erfahrung.
Keiner eine ganze Wissenschaft so total reformiert und eine neue Epoche gemacht.
Keiner alle Produkte der Natur mit solcher Deutlichkeit rangiert.
Keiner so weitläuftig über die ganze Welt korrespondiert.
Keiner seine Schüler in so viele Weltgegenden ausgesandt.
Keiner seinen Namen den mehrsten Gewächsen, Insekten, ja der ganzen Natur eingeschrieben.
Keiner hat so viele Werke des Schöpfers gesehen und so genau.
Keiner ist über die ganze Welt berühmter geworden.
Keiner hat einen akademischen Garten mit so vielen Sämereien besäet.
Keiner so viele Tiere entdeckt, ja so viele als alle andre.
Keiner ein so großes Herbarium gesammelt.
Keiner ist Mitglied von mehr Wissenschafts-Sozietäten gewesen:

Stockholm 1739 *fundatorum unus, praeses primus*
Upsalia 1738, 4. Okt., *et per 20 annos secretarius*
Petersburg 1754, 23. Sept.
Berlin 1747, 14. Febr.
Der Kaiserlichen A. N:C 1736, 3. Okt., *Dioscorides secundus dictus*
Der Cellischen 1766, 19. Aug.
Der Berneischen
Londinensis
Anglican.oecon. 1762, 16. Juni
Edinburgensis. Colleg. med. Edinburg. membr. honorar. 1773
Tolosana
Monspeliensis 1743, 31. Mai
Parisina 1762, 11. Dez., *ordinar.octumvir*
Florentina 1759, 27. Dez.
Nidrosiensis. 1766 primus extraneorum

Der Philadelphischen 1770
Flissingensis 1771, 20. Aug.
Scienensis 1772
Roterodamensis 1771
Der Patriotischen Gesellschaft 1775

Kein Schwede ist vor ihm Ordentliches ausländisches Mitglied der Französischen Wissenschafts-Akademie gewesen. (Jetzt: die Mediziner Morgagni, Haller, Swieten, Linné.) Die größte Ehre für einen Gelehrten.

Er ist deshalb von allen *botanicis* als *princeps botanicorum* begrüßt worden; wie zu ersehen ist aus den Briefen der Botanisten an ihn, in welchen er von allen salutiert wird. (Bauhinus, Tournefort, Sherard, Dillenius, Linnaeus wurden sonst *principes sui aevi* genannt.)

Tu decus omne tuis, postquam te fata tulere. Virgil.

Junckerus, Profess. Halens. in Orat. ad. Dissert. Heisseni „De Insector. Noxa", 1757, ostendebat, Deum Adamo hoc negotium primo dedisse, ut res creatas cognosceret et denominaret.

Hanc cognitionem vero lapsu Adami iterum deperditam esse proponit, ut postea nemo inveniatur, qui tantam creatarum cognitionem habuerit, excepto Salomone, cujus tanta fuit cognitio, ut ipse S. Sanctus ejus in s. litteris mentionem facere non dubitaverit.

Post eum multos quidem fuisse dicit, qui ut justam harum cognitionem obtinerent, naturae studuere, omnes vero praejudiciis ducti a recta via aberasse, et Linnaeum esse unicum, cui tam amplam naturae cognitionem dedit Deus, quam ante eum nemini, ita ut hic non tantum longe plura naturalia ipse vidisset et examini subjecisset, quam ullus umquam ante eum, sed etiam naturalem eorum connexionem et affinitatem adeoque fines et oeconomiam naturae melius perspexisset, quam antecessorum ullus, simulque magis ad Dei ac naturae cognitionem viam monstrasset ac illi

Aequum ideo esse, ut gratiam hanc Divinam in illum collatam cum submissa Dei laude melius agnoscamus et veneremur, magisque ejus vestigia sequi studeamus, quam forte huc usque factum est.

Hudson in *„Florae Anglicanae" praefat. VI:*

At exortum est his diebus novum sidus, quod orbi botanico lucem affudit, ne in somniis quidem antea visam, quae partes plantarum minutissimasque non omnino observatas detexit.

Scopoli in „*Florae Carniolicae*" *praefatione:*
In dubiis rebus Linnaeo saepius fidem adhibui, et cur non crederem viro, quo nemo stirpium characteres adspexit propius, nemo majores in rei herbariae gratiam labores iniit, nemo denique mortalium, per plurima secula, tanta praestitit, quod unus ille princeps botanicorum, cujus eximia merita aeternumque nomen grata numquam non agnoscet posteritas, nullaque livoris macula dissipabit.
Stillingflet in *praefat. ad „Miscell. Tracts", p. XVIII:*
When we consider Linné in this light of a master, he must appear like Homer at the head of the Poets, Socrates at the head of Greek Moralists, and our Newton at the head of the Mathematical Philosophers.
Baltimore, L.B., *Marilandiae Dominus in „Gaudiis poeticis": Linnaeo optimo, sapienti, sagaci, totius Europae oraculo, ornamento regni Suecici.*
Suhm in „*Histor. Literar.*" *(Actis Nidrosiensibus inserta)* nennt unter denjenigen, welche von der gelehrten Welt gepriesen sind, bloß sechs Unsterbliche, als den größten Titel, der nur den Gelehrtesten zu geben ist, nämlich: Galilaeus, *Italus, astronomus;* Boerhaave, *Belga, medicus;* Newton, *Anglus, mathematicus;* Linné, *Suecus, naturae consultus;* Leibniz, *Germanus, philosophus;* Gram, *Danus, historicus.*
Scheffer, Carl Fr., Reichsrat. Paris 1771. Brief an Linné vom 25. Febr.:
Während meines Aufenthalts in Versailles hat der König von Frankreich mehrere Male nach dem Hrn. Archiater gefragt und außer dem Wohlwollen, das er gegen des Hrn. Archiaters Person äußerte, sich auch sehr sorgfältig nach dem Zustande von des Hrn. Archiaters botanischem Garten erkundigt.
Seine Mt. hat eigenhändig Sämereien gesammelt, die Sie dem Hrn. Archiater wollten zukommen lassen, ob, wie es Ihr eigener Ausdruck war, ich glaubte, daß solches dem Hrn. Arch. Freude machen würde; und nachdem ich dies mit der Überzeugung von des Hrn. Archiaters tiefer Erkenntlichkeit für solche Gewogenheit beantwortet habe, hat der König mir aufgetragen, dieselben dem Hrn. Archiater zuzusenden.
Marquis de Noailles, welcher, wie Hr. Archiater wissen, einen großen Garten hat, hat mich ebenfalls gebeten, dem Hrn. Archiater zu versichern, daß, wenn er ihm in irgendeiner Sache dienen könne, er sich solches für eine große Freude anrechnen würde.

Haller „*Biblioth. Bot.*“, *Vol. 2.p.244. Orditor epocham ultimam a Linnaeo:*
Linnaeus qui maximam in re herbaria conversionem molitus est, et qui omni pene integre suo fine est potitus, a natura ardente animo est instructus, acerrima imaginatione, ingenio systematico, opportunitatibus imprimis posteriore suae vitae parte usus copiosissimis, cum ex universo orbe undique ad eum certatim naturales thesauri affluerent, omnibus sui animi viribus, quas possidet maximas, in novam rei herbariae constitutionem incubuit; seque vivente et superstite placita sua a plerisque coaetaneis recepta vidit.
Haller „*De Studio Medico*“, *p.280 gravis autor, minime Linnaei amicus:*
Systemate Naturae primam innotuit celeberrimus Linnaeus, qui fortissimo consilio botanicen penitus eruere et ordinare de integro sibi sumsit. Hoc opere totam naturam in nova genera novasque classes redegit. In animalibus et mineralibus idem, quod in plantis, secutus consilium. Nova epocha ab eo tempore in botanicis numerari potest.
Rousseau J.J. (Extrakt aus „*Allmänna Tidningar*“ 1770 N. 152) aus Paris:
Grüßen Sie Hrn. Linné von mir *et mettez moi à genoux devant* und sagen Sie ihm, daß ich keinen größeren Menschen auf Erden kenne. In seinem Buche ist mehr Weisheit als in den allergrößten Folianten, und anstatt daß fast alle eure Bücher aus dem Norden mit allzu vieler Gelehrsamkeit überladen sind, so ist nicht ein Wort in diesem, das nicht notwendig wäre. Soviel Lob aus Hrn. Rousseaus Munde war unerwartet, da er sonst nicht viel spricht und sehr sparsam mit Lobeserhebungen ist; aber bei Hrn. Linnés Namen ward er ganz begeistert etc. Er sagte auch, Adanson und in Deutschland Cranzius hätten alles, was sie wüßten, von Hrn. Linnaeus gelernt und hernach seinen Ruhm zerrissen und verkleinert; sie wären undankbar gegen ihren Meister.
Amicus ad me scripsit verba Senecae de Augusto in Maecenatem, mutatus mutandis:
Tot habenti milia hominum unum reparare difficile erat. Caesae sunt legiones et protinus scriptae, fracta classis et intra paucos dies nova batabat, saevitum in opera publica ignibus, surrexerunt meliora con sumtis;
at tota vita Maecenatis (Linnaei) vacavit locus.

Die Botanik baute er von Grund auf an der Stelle der früheren, verfallenen, so daß, von seiner Zeit an zu rechnen, diese Wissenschaft ein ganz anderes Ansehen und eine ganz neue Epoche erhalten hat.

1. *Folia plantarum* definierte er zuerst mit festen Termen, wodurch alle *descriptiones plantarum* neue Art und neues Licht erhielten.
2. *Prolepsin plantarum* sah er zuerst, die seltenste Entdeckung in der Natur, die des Schöpfers eigenen Fußtritt offenbart.
3. *Metamorphosin plantarum* nahm er von neuem auf und bewies dadurch *fundamentum fructificationis.*
4. *Sexum plantarum,* welches in Zweifel gezogen ward, setzte er zuerst in helles Licht und zeigte *pollinis* Wirkung auf *humidum stigma.*
5. *Systema sexuale* baute er hierauf durch ein unsägliches Beobachten der *stamina* und Pistillen bei allen Gewächsen, welches man vorher verachtet hatte.
6. *Partes fructificationis plurimas* führte er zuerst mit ihren Namen in der Botanik ein, als *calycis, periantheum, involucrum, gluma, spatha* etc. *Corollam* und *nectaria, antheras, germen, stylum, stigma, siliquam* und *legumen, drupam, arillum* etc., *receptaculum,* nebst mehreren Worten; auch *stipulas* und *bracteas, scapum, pedunculum* und *petiolum.*
7. *Genera,* die man aus der Fruktifikation nicht hinlänglich definieren zu können glaubte, beschrieb er mit neuen Charakteren von nun an, *figura, situ proportione omnium partium fructificationis,* welche allgemein angenommen wurden, und er entdeckte doppelt so viele *genera,* als alle Autoren vorher gefunden hatten.
8. *Species plantarum* definierte er zuerst mit soliden *differentiis* und determinierte auch die meisten indianischen.
9. *Nomina trivialia* führte er zuerst in der ganzen *historia naturae* ein, zu einem neuen Licht und Kompendium.
10. *Varietates,* welche die Botanik überschwemmten, reduzierte er auf ihre *species.*
11. *Loca plantarum* fügte er den *species* bei, als Fundament für alle *cultura plantarum.*
12. *Stationes plantarum* untersuchte er, als Grundlage des Landbaus.

13. *Calendarium florae* arbeitete er zuerst aus, als Richtschnur für alle Verrichtungen in der *oeconomia privata,* und aus *vernatione arborum* bewies er die Saatzeit.
14. *Horologium florae* sah und beschrieb er zuerst.
15. *Somnum plantarum* entdeckte er zuerst.
16. *Plantas hybridas* wagte er zu proklamieren und gab der Nachwelt eine Hinweisung auf *specierum caussam.*
17. „*Pan*" und „*Pandoram Suecicam*" brachte sein Hirn hervor, als Arbeiten, die von allen Völkerschaften fortgesetzt werden sollten, weil sie ohne dieselben nie recht haushalten können.
18. Die Erzeugung der Steine verstand er besser als einer vor ihm, zeigte, daß die Kristalle durch Salz entstehen und daß *Silex* aus Kreta kommt, bestätigte das Abnehmen des Wassers und bewies der vier *terrarum ortum;* außerdem begründete er zuerst eine veritable Methode im Steinreiche *cum lapidifico calcareo.*
19. Tiere entdeckte er allein mehr als alle, die vor ihm gelebt hatten, und gab zuallererst ihre *characteres genericos* und *specificos* nach der natürlichsten Methode an. Der Insekten Kenntnis und Charaktere muß man ihm zuschreiben; zu geschweigen die artige Methode, die er zuerst erfand, die Fische zu erkennen und *a cardine conchylia* und *a scutis serpentes. Cetos ad mammalia, Nantes ad amphibia reduxit, et vermes ab insectis removit.*
20. In der Physiologie zeigte er *naturam medullaris substantiae vivam a creatione, multiplicatione infinitam;* daß sie niemals fökundiert werden kann, außer *adhuc matri adhaerens;* daß das Erzeugte *ad externa corporis* dem Vater, aber *medullare systema* der Mutter angehört; wie man *animalia composita* verstehen müsse; und daß *cerebrum* erzeugt werde aus *electrico per pulmones ingesto.*
21. In der Pathologie gab er die deutlichsten *characteres morborum* nach Sauvages' Prinzipien, aber viel verbessert; er erweckte die Idee von *glandularum infarctu caussa morborum doloroficorum;* er war der erste, welcher deutlich sah *febres oriri a medullari corroso, se expandente sub frigore, contrahente sub calore;* und er bewies *contagia ab exanthematibus vivis. Taeniam primus rite intellexit.*
22. In der Praxis führte er zuerst *Dulcamaram, Herbam Britannicam, Senegam, Spigeliam, Cynomorium, Conyzam, Linnaeam* bei den schwedischen Ärzten ein.

23. *Qualitates vegetabilium* entwickelte er zuerst, baute darauf *vires contrarias medicamentorum,* welches vorher dunkel war, zeigte ihren *modum agendi* und widerlegte den *practicos venenorum idaeam.*
24. Die Diät stellte er nach einer eignen Methode dar, gestützt auf Observationen und *casus,* und gab ihr die Form einer Experimentalphysik.
25. *Oeconomicos usus plantarum* setzte er nie beiseite, sondern sammelte sie mit größter Aufmerksamkeit unter seine *species,* welches vorher von den Naturkundigen nur selten in acht genommen war.
26. *Politiam naturae in oeconomia Divina* erweckte er und öffnete dadurch den Nachkommen einen Weg in das unermeßlichste neue Gebiet.
27. *Faunam* führte er zuerst in der Wissenschaft ein und suchte zuerst *septentrionis Scandinaviae naturalia* bis auf die allerkleinsten auf; zu geschweigen, daß er hier im Lande den ersten und größten *hortus botanicus* errichtete, da er vorher nicht des Nennens wert war, und daß er hier das erste Museum von *animalibus* in *spiritu vini* anlegte.

Florae Officiarii

General	*Linnaeus, Car.*	*Profess. Upsaliensis*
General-Major:	*Jussiaeus, Bernh.*	*Profess. Parisinus*
Obristen	*Hallerus, Alb.*	*Profess. Göttingensis*
	Gronovius, J. Fr.	*Senator, Leydensis*
	Royenus, Adr.	*Profess. Leydensis*
	Gesnerus	
Oberst-Leut.	*Burmannus, Joh.*	*Profess. Amsteled*
	Gleditschius, J. Gotlib	*Profess. Berolinens.*
	Moehringius, P.H.G.	*Medicus Jewerae Frisl.*
	Ludwig	*Profess. Lipsiensis*
	Guettard	*Med. Paris.*
Majore	*Gmelinus, Jo. Georg*	*Profess. Petropolit.*
	Sauvages, Francis.	*Profess. Monpeliens.*
	Lithorpius (Sibthorpius)	*Profess. Oxoniens.*
	Kalmius, Petr.	

Kapitäne	*Celsius, Olaus*	*Prof. Upsaliens.*
	Pontedera, Julius	*Profess. Padua*
	Seguier, Joh. Franc	*Juris cons. Veronensis*
	Breynius, I. Phil.	*Medicus Gedanensis*
	Gorter, David	*Professor Harderovicen.*
	Wachendorpius	*Profess. Ultrajectinus*
	Bergen, Car. Aug.	*Profess. Francf. viad.*
	Leche, Joh.	*Medicus, Gotoburg.*
Leutenante	*Martin, Johannes*	*Profess. Cantabrigiae*
	Barrerius, Petr.	*Prof. Perpiniens.*
	Wagner, Petr. Christ.	*Arch. Badenburgico-Culmbac.*
Fähnriche	*Millerus, Philip.*	*Hortulanus Chelseensis*
	Maynardus	*Professor Perpiniensis*
	Collinson, Petrus	*Mercator Londinensis*
	Ens, Abrah.	*Medicus Petropolitanus*
Rumormeister	*Heister, Laur.*	*Profess. Helmstadiensis*
Feldwebel	*Siegesbeck*	*Professor Petropolitanus*

Rede von den Merkwürdigkeiten an den Insekten[1]

vor der Königlichen Akademie der Wissenschaften
im *auditorio illustri,*
bei Niederlegung
der ersten Präsesstelle, den 3. Oktober 1739
gehalten von Carl Linnaeus.

> Frage doch das Vieh, das wird dichs lehren; und die Vögel unter dem Himmel, die werden dirs sagen. Oder rede mit der Erde, die wird dichs lehren; und die Fische im Meer werden dirs erzählen.
>
> Hiob XII 7.

Meine Herren!

1. Der allmächtige Schöpfer hat alles auf unserm Erdballe in einer so wunderbaren Ordnung eingerichtet, daß nicht ein einziges gefunden wird, das nicht des Beistandes eines andern zu seinem Unterhalte bedürfte. Der Erdball selbst mit seinen Steinen, Erzen und Sande bekommt seine Nahrung und seinen Unterhalt von den Elementen. Die Gewächse, Bäume, Kräuter, Gräser und Moose haben ihren Wachstum von dem Erdballe und die Tiere endlich von den Gewächsen. Diese werden am Ende alle wieder in ihre ersten Stoffe verwandelt, die Erde wird eine Nahrung für die Pflanzen, die Pflanzen für die Würmer, die Würmer für die Vögel und die Vögel oft für die Raubtiere: am Ende wird das Raubtier wieder von den Raubvögeln, die Raubvögel von den Würmern, die Würmer von den Kräutern, die Kräuter von der Erde verzehret: Ja, der Mensch, dem alles zu seiner Notdurft dienen muß, wird oft die Nahrung des Raubtieres, des Raubvogels, des Raubfisches, des Wurmes oder der Erde. So gehet alles in einem Kreise herum.

[1] Nach der dritten und letzten Ausgabe des Originals von 1752, welche sich von der ersten von 1739 dadurch unterscheidet, daß sie mit einigen wenigen Anmerkungen vermehrt und mit Nummern bei jedem Insekte nach der „*Fauna Suecica*" (Stockh. 1746) versehen ist.

Es ist also jedes Geschaffene nicht bloß um sein selbst willen, sondern fast mehr um andrer willen geschaffen. Tiger, Lüchse, Bären, Vielfraße, Füchse, Harmeline etc. etc. müssen ihre kostbaren Häute andern zum Nutzen hergeben. Die Hunde müssen den ganzen Tag aus, um Rehe oder Hasen zu jagen, damit der Mensch sie zu seiner Nahrung nutze: selbst haben sie den wenigsten Vorteil von ihrer Arbeit. Der Dachs treibt das Kaninchen aus seinem Loche zum Dienste des Menschen. Das Pferd, der Elefant, das Kamel müssen die schwersten Lasten tragen. Die Ochsen ziehen den Pflug. Die Kühe geben Milch. Das Schaf bringt Wolle hervor. Die Rentiere ziehen den Achian. Das Schwein und der Igel pflügen die Erde. Die Maulwürfe werfen die Erde auf, damit Gras und Kräuter sich leichter in ihr säen können. Die Falken fangen dem Menschen Vögel. Die Hühner ernähren uns mit Eiern. Die Hähne erwecken uns am frühen Morgen. Der Guckguck und die Lerche am Tage. Die Drossel des Morgens und Abends. Die Nachtigallen singen uns des Nachts vor. Die Pfauen glänzen mit ihren goldenen Federn, um unsre Augen zu ergötzen.

Die mehresten Vögel, als Störche, Kraniche, Reiger, Gänse, Schwäne, wilde Enten, Stare, Buchfinken, müssen jährlich im Frühlinge hier zu uns nach Norden ziehen und ihre Quartiere gegen den Herbst nach den südlichen Ländern hin verändern, damit sie mehrern Völkern in die Hände fallen.

Die Fische müssen von dem Grunde des sicheren Meeres alle Jahre nach den unsicheren Ufern fliehen, in die Flüsse hinaufsteigen und von einem Ufer zum andern nach Monaten und Tagen fahren, damit sie haufenweise von Tieren, Vögeln und uns gefangen werden mögen.

Die Brachvögel stellen sich bei Hunderten in Glieder auf den flachen Seen und treiben gleich einem Netze die Fische ans Ufer, damit sie daselbst leichter von uns gefangen werden mögen. Die Fischmewen müssen den ganzen Tag über dem Wasser fliegen, um anzuzeigen, wo der Fisch unter dem Wasser verborgen liege.

Die Surinamsche Fliege soll bei Nacht leuchten, damit wir von ihrem Lichte sehen mögen. Die Seidenwürmer spinnen so lange Fäden, daß wir damit gekleidet werden mögen. Die Bienen saugen mit so großer Mühe den Honig für unsere leckere Zunge zusammen.

Das Meer selbst muß durch Ebbe und Flut Haufen von

Schnecken, Austern und Hummern ans Ufer werfen, alles zum Dienste der Menschen und Tiere.

Ja, laßt uns Menschen zu uns selbst und unsrer eigenen Einrichtung gehen; bekommen wir nicht dasselbe zu sehen? Die Seeleute vertrauen mit vieler Gefahr ihr teuerstes Leben den brausenden Meereswellen, damit sie den Gewinn eines andern herbringen mögen. Die Soldaten opfern ihr Blut und Leben für die Freiheit und Wohlfahrt ihrer Landesleute auf. Die Befehlshaber bringen ihr ganzes Leben in andrer Dienste zu. Die Beherrscher entbehren ihre eigene Freiheit, Zeit, Vergnügen und Kräfte zum Besten des Volkes. Geizige sammeln, was ein andrer verschwenden soll. Eltern scharren mit Mühe zusammen, was die Kinder oft leicht verschleudern. Die Landleute pflügen, säen und ernten die Saat, wovon das wenigste in ihre eigene Speisekammer kommt.

Sic vos non vobis.

2. Hieraus sehen wir, meine Herren, wie in dieser von dem Schöpfer selbst gemachten Haushaltung der Welt jedes nicht bloß für sich selbst, sondern auch für andere geschaffen sei. Ein weiser Mann schließet hieraus auf die Pflicht, die uns die Natur selbst in unserm ganzen Wesen aufleget. Ein Starker muß also seine Stärke zu andrer Hülfe, ein Weiser seine Weisheit zu andrer Unterricht, ein Gelehrter seine Gelehrsamkeit zu andrer Belehrung anwenden. Folglich müssen die Kräfte, die der Schöpfer einem Weisen verliehen hat, nicht nur zu seinem eigenen, sondern mehr, ja am meisten zu andrer Dienste angewendet werden; dazu, seinem Nächsten zu dienen und ihn wie sich selbst zu lieben; sonst ist er des Vorzugs, den er bekommen hat, unwürdig; und kein Rechtschaffener, der ihn wider den Willen und die Einrichtung seines Schöpfers brauchet. Sobald diese Welt eine so wunderbare Ökonomie erhielte, daß jeder verpflichtet ward, andern zu dienen, war die natürliche Folge, daß mehrere zu einem und demselben Zwecke zusammenkamen und viele vereinte Kräfte dasjenige ausrichteten, was mehrere einzelne Kräfte nicht hervorbringen können.

Ein einziger Mensch würde schwerlich einen Kupferplaten zuwegebringen, wenn er den Berg aufbrechen, das Wasser ableiten, das Erz gewinnen, auffördern, rösten, saigern, wieder rösten, schmelzen, garmachen, hämmern, falzen, beschneiden und prägen sollte.

Ein einziger würde kaum ein Schloß oder ein Haus von Stein aufbauen, wenn er ganz allein den Grund legen die Keller ausgraben, den Leim anschaffen, die Ziegel streichen und brennen, den Kalch zubereiten, die Wände aufmauern, das Haus decken, die Einrichtung zimmern, die Fenster verfertigen und das Haus mit allem versehen sollte.

Einer allein würde niemals ein Kriegsschiff über das brausende Meer nach Ostindien hin steuern.

Ein einziger Soldat würde schwerlich Länder und Reiche erobern; einer allein nicht Länder und Reiche beherrschen, wenn er alles selbst regieren sollte; aber dieses tun nun mehrere mit vereinter Hand und Kraft mit leichter Mühe.

Eine Biene würde dem Menschen nicht so großen Nutzen mit dem Wachse und Honig schaffen als nun, da sie zusammen arbeiten. Ein Seidenwurm würde keine Kleidung geben; aber mehrere leicht.

So ist es auch mit allem in der ganzen Natur, in allen Künsten und Wissenschaften; wenn etwas Herrliches und Großes hervorgebracht werden soll, muß es mit vieler Hülfe geschehen. Wie viele Tausende müssen nicht arbeiten, um einen König mächtig, ein Land glücklich und eine Nation groß zu machen? Alle Wissenschaften sind mit dem Schweiße mehrerer ausgearbeitet, die doch auf das geschwindeste zustande gekommen wären, wenn mehrere Kräfte zugleich den Stein gewälzet hätten. Hieraus fließet das Gesetz in der Mechanik:

Vires unitae fortius agunt.

3. Ich habe also, meine Herren, bisher gezeigt, daß uns die Natur bestimmt hat, andern zu dienen, und zwar mit vereinten Kräften; nun muß ich auch zeigen, daß wir andern hauptsächlich mit demjenigen Teile dienen müssen, mit welchem wir die andern Tiere übertreffen und wodurch wir vor ihnen edler geworden sind. Kein Tier hat ein größeres Herz als der unerschrockene Löwe. Keines gespanntere Sehnen an den Gelenken der Hinterfüße als der Hase; keines weichere Füße als der feinfühlende Affe; keines zähere Adern als der zählebige Frosch und die Schlange; kein Vogel größere Augen als die im Dunkeln sehende Eule; keiner größere Ohren als der sehr genau hörende Uhu; keines einen größeren Magen als die gefräßige Spinne. So hat die Natur eine jede Gattung von Tieren mit größeren Organen versehen, der sie größere Gaben und Kräfte in gewissen Dingen geben wollte. Unter den vier-

füßigen Tieren hat keines ein größeres Gehirn bekommen als der Elefant; unter den Vögeln keiner als der Papagei; unter den Fischen keiner als der Wallfisch, den die Natur auch gleichsam schlauer gemacht hat. Doch hat keiner von diesen ein so großes Gehirn erhalten als der Mensch, in welchem wir beinahe den Sitz einer unsterblichen Seele vermuten, weil von dem Gehirne alle Nerven ausgehen, die wir nach Gefallen bewegen können. Laßt uns also unser Gehirn und unsere Vernunft, womit wir vor den andern hervorstechen und sie übertreffen, recht brauchen. Gott hat den Menschen nicht wie die Tiere gekleidet. Die Vernunft kleidet ihn doch und hat hunderterlei Pelze erfunden. Die Natur hat uns keine reißende Klauen und fräßige Zähne wie den Tigern gegeben; aber der Verstand hat uns Fleisch und Knochen besser als sie zerlegen gelehrt.

Wir haben nicht die Stärke des Elefanten bekommen, aber der Witz hat gelehrt, den stärksten zu bezähmen.

Wir haben keinen so schnellen Lauf als der Hase bekommen, aber unsre Gabe zu denken hat uns den schnellesten fangen gelehrt.

Wir haben keine Hände bekommen, um durch die Erde zu graben wie der Maulwurf, aber das Nachdenken hat uns gelehrt, durch harte Felsen zu graben.

Wir haben keine Floßfedern wie die Fische erhalten, doch hat uns unser Gehirn nach beiden Indien schwimmen gelehrt.

Wir haben keine Flügel wie die Vögel bekommen, doch hat unsre Erfindung uns gelehrt, den Vogel aus den Wolken herunterzuholen.

Wir haben keine so scharfen Augen wie der Luchs bekommen, aber unsre Denkkraft hat uns gelehrt, durch Fernröhre die Flecken in den Planeten und durch Vergrößerungsgläser die Adern in der Laus zu sehen.

Wir haben keine so brüllende Stimme wie der Löwe bekommen, aber doch gelernt, durch Sprachröhre, Glocken und Geschütz noch stärker zu donnern.

Wir bekamen kein Gehör wie das wilde Schwein, doch lernten wir durch das Hörrohr genauer hören. Ist also die Vernunft das Edelste, was Gott und die Natur dem Menschen gegeben hat, womit wir alle andre Geschöpfe so weit übertreffen, so müssen wir sie auch brauchen und veredeln.

Vivitur ingenio, cetera mortis erunt.

4. Die Vernunft ist es also, meine Herren, wodurch wir andern mit vereinten Kräften dienen müssen. Es frägt sich nun, worauf unsre Vernunft vornehmlich gerichtet werden müsse? Wir wollen annehmen, eine Welt sei so geschaffen und ausgeschmückt, wie unser Erdball es jetzt ist, und auf diese Welt werde ein Adam mit solchen Sinnen, als wir jetzt haben, und auch mit solcher Vernunft gesetzt, die nach den Sinnen schließet, so fällt in seine äußere Sinne nichts anders als Sterne, Elemente und Naturprodukte. Diese drei allein geben ihm alle seine Bedürfnisse und führen ihn zu dem hin, der alle Dinge so wunderbar eingerichtet hat. Unsere Vernunft muß also recht angewandt sein, wenn sie auf unsern Unterhalt und dann auf den, der ihn ausgegeben hat, gerichtet ist; denn wende ich mich zu den Sternen, worunter ich lebe, und betrachte sie als ein Sternkundiger: Ach, wie hoch hat nicht der allmächtige Gott seinen Sitz gesetzet, der so unzählige Sonnen und Erden regieret! Wende ich mich zu den Elementen, in welchen ich lebe, und erwäge sie als ein Naturkündiger: Ach, großer Gott, wie ist die Welt deiner Ehre voll! Wende ich mich zu den Erzeugnissen der Natur, von welchen ich lebe, und untersuche sie als ein Kenner des Stein-, Pflanzen- und Tierreichs, ach, wie sehe ich auf jedem Tritte den allweisenden Finger Gottes!

Diese drei Gegenstände sind es, wobei sich unsre Vernunft zum Dienste anderer mit vereinten Kräften wirksam erweisen muß. Diese müssen wir lernen und anwenden; denn hiedurch erlangen wir unsern Unterhalt und unsre Gesundheit; hiedurch lernen wir die Allweisheit und Allmacht des Schöpfers bewundern; hier bekommen wir das wahre Vergnügen für Geist und Sinne. Ich würde allzu weitläuftig werden, wenn ich es heute unternehmen wollte, von allem, was die Natur auf dem ganzen Erdboden vor Augen leget, zu reden; aber Ihre Gunst und Gewogenheit, meine Herren, wird es mir doch erlauben, einen Augenblick in den kleinen und schönen Hain hineinzugehen, in welchen die Natur die kleinsten Ungeziefer eingeschlossen hat; ich will mich geschwinde davon losreißen, damit ich Ihrer Geduld nicht mißfällig werde und Ihre Zeit nicht verderbe.

5. Hier in diesen kleinen und von uns verachteten Geschöpfen können wir die größten Meisterstücke der Natur antreffen. Diese so kleinen und fast wie nichts geachteten Tiere preisen,

obgleich mit stummem Munde, ihren allweisen Schöpfer höher als alle die andern Dinge. Der vorwitzige Mensch hat sie dennoch so sehr vergessen, daß keine Wissenschaft in der Welt so wenig bearbeitet ist, als die die Eigenschaften und Kenntnisse dieser Gattung lehret; ob diese kleinen Kriecher gleich mächtig gewesen wären, die Lister der Engelländer, die Swammerdamme der Holländer, die Frische der Deutschen und die Reaumure der Franzosen unter die Schar der Unsterblichen zu versetzen. Allein ob alle diese gleichsowohl als Aristoteles, Gesnerus, Aldrovandus, Schonevelde, Jonston, Jungen, Blanchard, Merret, Joblot, Columna, Levenhoek, Goedart, Meriana, Bradley, Hoefnagel, Albin, Valissner, Petiver, Willughbey, Rajus und viele andere so viel mit den Insekten umgegangen sind und sie so genau untersucht haben, so hat doch keiner von allen diese Gattung von den Vierfüßigen, den Vögeln, Fischen und Würmern durch ein gewisses Kennzeichen zu unterscheiden gewußt. Die Krebse sind unter die Fische gerechnet worden, die doch Insekten sind. Der *Hippocampus* ist ein Insekt genannt worden, der ein Fisch ist. Die *Medusae, Cochleae, Lumbrici,* ja alle *Zoophyta* und *Ostrocodermata* sind für Insekten gerechnet, die doch Gewürm oder *vermes* sind, bis ich im „*Systema Naturae*" ausrief, daß allein alle Insekten *antennas* hätten und daß ihr *sceleton* nichts andres wäre als ihre *epidermis* oder Haut, gar wunderbar mit Panzerhemden überall bedeckt, wodurch sie so große Stärke bekommen haben, daß sie vor äußerlichen Gewalttätigkeiten verwahret sind. Hätte ein Elefant im Verhältnis seiner Größe die Stärke, die ein Mistkäfer (349) hat, so würde er die größten Bäume wie Bohnenstängel über den Haufen werfen, ja Berge und Felsen fortstoßen.

6. Man betrachte hier die wunderbare Erziehung der Insekten, wie ungleich das Kind dem Jünglinge sei und beide wie ungleich den Eltern! Eine gar herrliche Metamorphose! Hier wird eine kriechende, sechzehnfüßige, haarige, Laub fressende, grüne Larve (*larva*) in eine hängende, der Füße beraubte, glatte, fastende, vergoldete Puppe (*propolis*) verwandelt. Diese in einen fliegenden, sechsfüßigen, rauchen, Honig saugenden, krummen Schmetterling (*Papilio*). Gibt es ein größeres Wunder in der Natur? Eine und dieselbe Person soll auf diesem Schauplatze der Natur mit so ungleicher Maske einhergehen. Wir geraten hierüber in Verwunderung: aber wenn wir es

genau besehen, so ist es nicht mehr Wunder, als daß das Küchlein aus seinem Eie ausgebrütet wird. Der einzige Unterschied ist, daß die drei Eierhäutchen der Jungen auf einmal bersten und abfallen, bei diesen aber nur eine nach der andern; denn wenn die äußerste Schale abfällt, ist es ein Wurm; wenn die zweite abfällt und die Haut zusammentrocknet; ist es eine Puppe; und endlich, wenn die dritte Schale abgefallen ist, ist es ein Schmetterling.

7. Wir sehen hier so viele hundert Arten und Familien, doch hat eine jede Gattung ihre eigene und wunderbare Physiologie, Anatomie und Ökonomie, wie immer die größten Tiere. Wann wird einmal die Zeit kommen, die den Menschen über alles dieses die Augen öffnet?

8. Wir bewundern die scharfen Augen der Lüchse und Schlangen und der Eulen, die im Dunkeln sehen; aber wenige sehen die acht Augen der Spinnen in einem Kopfe oder die Augen der Bremsen und Gottspferdchen, von denen jede viele kleine Augen in dem größeren Auge bei sich hat.

9. Wir können uns nicht satt an dem Hirsche mit seinen schönen ästigen Hörnern sehen und richten unsre Augen nicht einmal nach den großen, ästigen, glatten, hohlen Hörnern des Eichenwurmes (337), die so schön wie Korallen sind und die das Tier ausspannen und zusammendrücken kann, welches der Hirsch nie imstande ist. Das Horn des Mistkäfers (349) mit seinen Ästen, die wie ein Blatt in einem Buche zusammengelegt werden können, achten wir nicht der Mühe wert anzusehen. Wir bewundern des Steinbocks lange und der Gazelle vielgeringelte Hörner, aber wir sehen nicht nach den Hörnern des Zimmermanns (479), welche einige Mal länger als sein ganzer Körper sind, noch nach den Hörnern des Fettwurmes (596), welche aus Gelenken wie ein Perlenband bestehen. Wie wenige kennen wohl die Wasserlaus (1182), deren Hörner die wunderbarsten in der Natur sind; denn sie sind ästig wie Hände und ausgestreckt wie Arme, mit welchen das Geschöpf sich im Wasser hin und her wirft.

10. Des Elefanten großer und langer Rüssel ist für uns ein Wunder; aber des Kornwurmes (446) lange Schnauze, die steif wie ein Horn und an ihrer äußersten Spitze mit einem kleinen Munde versehen ist, wird nicht des Anschauens würdig gehalten. Alle, die in Westindien gewesen sind, wissen von einem vierfüßigen Tiere ohne Zähne (*Myrmecophaga*) zu reden, das

eine lange Zunge hat, mit welcher es Ameisen säuft und an sich holt: aber wenige wissen von der Zunge des Schmetterlings etwas zu sagen, die sich wie eine Stahlfelder zusammenwickelt, oder von der Zunge der Mücke (1116), die nicht nur wie eine Nadel stechen, sondern auch wie eine Pumpe saugen kann.

11. Des Löwen und Haifisches gräßliche und gefräßige Kiefer sehen wir mit Grausen an, aber nicht des Gottspferdchens (770) fleischlose und viele Gebisse, die unter seinen Mitbürgern fürchterlicher sind als des Löwen seine auf der Erde oder des Haifisches im Wasser; denn es fängt alle Insekten, die ihm vorbeifahren, und beißet ihre Beine wie das Pferd einen Halm ab. Wir bewundern die schnellen Füße der Hasen und Eichhörner, aber nicht den Luftsprung des Flohes, oder wie der Grashüpfer ins Kreuz springet, oder wie der Wasserspringer (684) trocknes Fußes auf dem Wasser tanzet, oder wie der Wasserbock (572) auf dem Wasser rundläuft, oder wie der Springkäfer (*Elater*) Kapriolen auf dem Rücken macht, oder wie die Abendmücke (*Phryganea*) über Sümpfe tanzet und springet, oder wie die Wandspinne (1237) horizontal von der Wand springet, die Fliege fänget und doch nicht perpendikulär zur Erde niederfällt, sondern horizontal wieder zur Wand zurückkommt.

12. Sehet des Schmetterlings (*papilio*) große, schöne, beblümte und bemalte Flügel, überall mit kleinen einzelnen Federn wie mit Schindeln belegt. Sie heben ihn hurtig in die Luft den ganzen Tag über. Er trotzet dem wunderbaren Fluge der Vögel und den schönsten Federn des Pfaues. Er hat vier Flügel, welches kein Vogel von dem Meister der Natur erlangt hat. Hat wohl je ein Vogel mit den Flügeln pfeifen gelernt wie die Mücke (1116), oder brummen wie die Hummel, oder schreien wie der Heuschreck (*Locusta 625*) auf dem Berge, der Heuspringer (*Acrigoneus* 622) im Walde, die *Cicada* (636) im Tale, der *Gryllotalpa* (619) in der Erde, das Heimchen (620) im Kamine? Welcher Vogel trägt seine Flügel so aufrecht wie der Schmetterling (*papilio*), so flach wie die große Mücke (*Tipula*), so niederhängend wie die Mottenvögel (*Phalaena*)? Wer hat ein so herrliches Futter für sich erhalten als die Spanische Fliege (*Cantharis*), oder so schön zusammengewickelte Flügel wie der Ohrwurm (*Forficula* 599)?

13. Wie gar wunderbar hat die Biene ihre Haushaltung eingerichtet: wie liebt eine Weisel (*Rex apum*) oder Weibchen so

viele Wasserbienen (*Fuci*) oder Männchen. Sie allein hat von ihrem Schöpfer das Privilegium erhalten, welches kein anderes Weib genießet, daß der Wille der Männer ihr unterworfen sein soll. Wie viele tausend Arbeitsbienen (*Apes*) oder Verschnittene ihr bedienen! Wie seltsam bauen sie nicht ihre Scheiben? Wie teilen sie nicht ihre sechseckigen Honigzellen so nett, daß kein Landmesser sie würde genauer ausrechnen können, und wie füllen sie nicht die Speisekammer für den Winter an?

14. Man betrachte die Wespe (989), wie sie ihren Wohnsitz mit einer lockeren Blase über der andern verschanzet und bloß mit einer kleinen Öffnung ganz unten versieht, wodurch nur eine einzige einkommen kann! Wie stellet sie nicht beim Eingange Wachen aus, daß kein Feind hineinkriechen möge.

15. Sehet der Ameisen (*Formica*) unverdrossene Arbeit: wie die Männchen sorgenfrei sich mit ihren Bräuten in den für sie bereiteten gewölbten Spaziergängen vergnügen, unterdes die Arbeitsameisen wie Sklaven den ganzen Tag arbeiten, Winterfutter und Bauholz nach Hause holen und Wickelkinder an die Sonne legen müssen; aber die Spielwoche währet nicht lange; denn sobald die Hochzeit vorbei ist, muß Vater und Mutter vor die Türe, da denn die verschnittenen Sklaven selbst haushalten, bis daß die Kinder erwachsen sind und anfangen, auf die Verlobung zu denken.

16. Man sehe die kleinen Blattläuse (*Aphides*) an, welche sich unter dem Schatten der Blätter begatten. Sollten Sie es wohl glauben, daß ihre Advokaten recht hätten, welche behaupten, daß, wenn die Mutter einmal von ihrem Manne befruchtet worden, dann die Tochter, die Tochterstochter, ja die Tochtertochterstöchter bis ins fünfte Glied von dem Umgange ihrer vierten Großmutter, ohne andere männliche Hülfe, gebären? Diese kleinsten Geschöpfe werfen die vornehmste Einteilung der Tiere der größten Naturhistoriker in *vivipara* und *ovipara* über den Haufen.

17. Aber man betrachte, wie wunderbar diese kleinen Geschöpfe ihre Nester bekommen. Einige von ihnen legen ihre Eier in das Eichenlaub. Die Eiche selbst muß einen großen, roten, dicken Gallapfel (947) hervorbringen, damit ihre Kinder nicht umkommen mögen. Andere legen ihre Eier in die Blätter oder Zweige der Espe, die dann eine rote Erbse (1150) oder Beutel (1355) zu des Kindes Wiege hervorbringen muß. Andre legen ihre Eier in die Knospen des Weidenbusches, da die

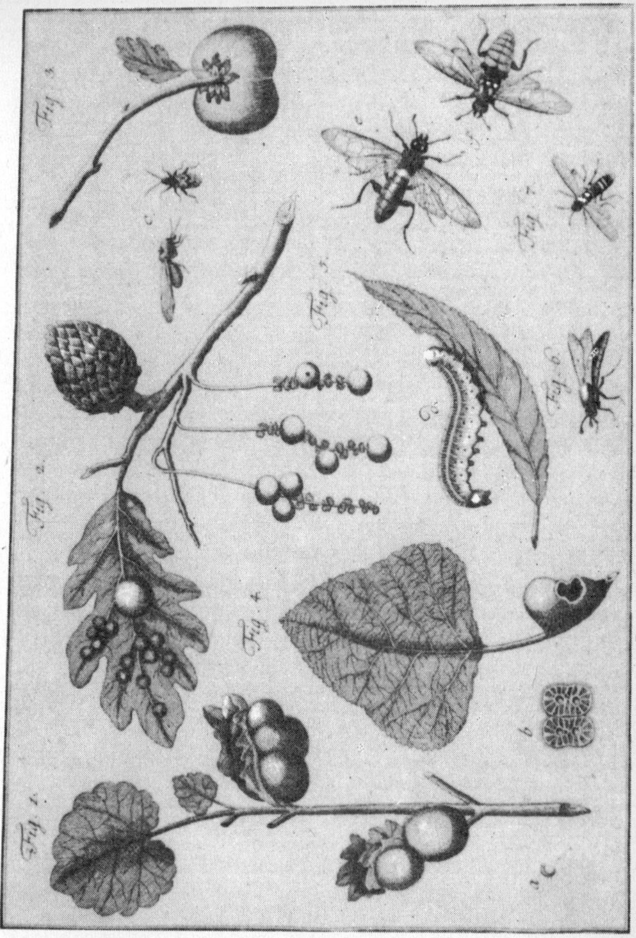

Kupferstich-Tafel aus der Nürnberger Ausgabe des *„Natur-Systems"*, 1775, Teil 5, Tab. 25

Weide selbst schöne große Rosen (491) wie ein Rosenbaum tragen muß. Andere auf die Zweige des Rosendornes, da der Dornbusch einen wollichten Schlafapfel (398) geben muß. Andere auf die Zweige des Wacholders, da der Wacholder Kicherkörner (*kik-korn*) oder *oret-korn* (1150) wie ein *triglochin* tragen muß. Andere auf die Zweige der Fichten, welche dann Erdbeeren (700) tragen müssen. Andere auf die *Glechoma* (486), die dann Nüsse (949) tragen soll. Andere auf die *Veronica* (12) oder *Cerastium* (379), die dann ihre Blätter (695) zusammenwickeln sollen. Andere auf den Pistazien- und Mastixbaum, die dann Schoten (1155) tragen müssen. Andere auf das *Hieracium* (637), da denn dieses Kraut eine kleine rauche Maus (350) hervorbringen muß. Andere endlich auf den Rücken der Raupen, woselbst die Jungen haufenweise aufwachsen und, anstatt der Schmetterlinge, in *Ichneumones* (952) verwandelt werden.

18. Man sehe die Rentierbremse (*Oestrum* 1025), eine rauche Fliege im Gebirge, wie sie den ganzen Tag über den Rentieren flieget, die dagegen über die Schneeberge fliehen, mit den Füßen stampfen, die Ohren aufrichten und sich beständig vor der kleinen in der Luft schwebenden Fliege in acht nehmen. Ihr einziger Gedanke und Bestreben ist, ein kleines Ei auf den Rücken des Rentieres fallen zu lassen, welches darin ausgebrütet wird, sich durch die Haut des Rentieres durchfrisset, den Winter über darin wohnet und das folgende Jahr ausflieget, da sie sich in das Gewand der Mutter kleidet. Ja, man sehe, wie die elende und scheue Kuh, mit eingezogenem Schwanze, wie ein Hirsch in vollem Sprunge rennet, bloß um einer kleinen Fliege willen, die sie weder stechen noch beißen kann (1024).

19. Fast alle vierfüßigen Tiere haben ihre eigenen Läuse. Die Vögel ihre (1157—1167), die Fische, ja die Insekten selbst (1198) oft ihre Läuse, alle auf verschiedene Art gebildet. Redi, der sie in seiner Abhandlung „*De animalculis viventibus in animalibus vivis*" abgezeichnet hat, kann Ihnen ganze Haufen davon weisen.

20. Die Bäume haben auch ihre eigenen Läuse (*Aphides*). Auf der Erle sehen wir ganze Zweige mit einer weißen Flocke oder Wolle bedeckt; aber wenn wir es genau betrachten, so sind es lauter Insekten (698) mit haarichten, zottichten, großen, weißen Schwänzen, mit welchen sie sich bedecken, damit die Vögel sie nicht auffressen mögen. In Engeland bekam ich einen Haufen rarer Bäume von Amerika. Als ich von da nach Holland segelte, fand ich auf dem einen Baume eine seltsame Laus (1162), dergleichen ich vorher niemals gesehen hatte. Ich verwahrete sie vor der Kälte und dem Winde. Sie ward mit dem Baume in Cliffords Orangerie gebracht und daselbst von mir

als eine Seltenheit verwahrt; aber nach einigen Wochen, und ohne daß ich das geringste davon wußte, hatte sie sich über das ganze Treibhaus ausgebreitet und beschmitzte nachher durch Übersendung des Baumes den Amsterdamer, Leydener und mehrere botanische Gärten.

21. Bücher und Bretter haben auch ihre eigenen Läuse (*Pediculus pulsatorius* 1168); wenn diese in ein wurmstichiges Brett oder Loch kommen, sitzen sie da und picken wie ein kleines Uhrwerk. Alte Weiber und Kinder, die es hören, meinen, es seien Heinzelmännchen oder Poltergeister.

22. Das Wasser hat auch seine Läuse (*Monoculus* 1182), welche sich oft unglaublich vermehren, daß das ganze Wasser rot wird, daher oft ganze Dorfschaften in Holland geglaubt haben, daß das Wasser durch ein Wunder in Blut verwandelt wäre.

23. Die Spinnen (*Araneus* 1219) tragen zum Teil ganze Säcke voll Eier auf ihren Rücken, wo die Eier, wie bei den Surinamischen Fröschen, ausgebrütet werden.

24. Man sehe die wunderbaren und großen Hände der Feldgrille (*Gryllotalpa* 619), wie geschwinde sie sich mit denselben Gänge in die Erde gräbt, lebhafter als irgendein Maulwurf oder Kaninchen.

25. Man betrachte die Mücken (*Culex*), die Tagfliegen (*Ephemera*), die Abendfliegen (*Phryganea*) und die Gottspferdchen (*Libellula*), wie sie den ganzen Tag über dem Wasser fliegen, um daselbst ihre Eier niederzulegen, welche, wenn sie im Wasser ausgebrütet sind, unter dem Wasser so lange leben müssen, bis sie Larven sind; aber sobald sie Flügel bekommen haben, ertrinken sie, wenn sie einmal ins Nasse herunterfallen.

26. Ferner die große Fliege (*Musca* 1184), wie sie unreines Wasser sucht und wie ihre Larve an einem langen Schwanze, der sich über der Fläche des Wassers hält, hänget, und wie sich die Larve daran, als an einem Spierchen, auf und nieder im Wasser ziehet. Er scheint zwar sehr los und schlüpfrig zu sein, aber es wäre doch leichter, ein Reuterpferd voneinander zu drücken als dieses so armselige Geschöpf.

27. Ferner die kleine *Cassida dermestoides* (384), wie sie den Kopf, die Hände und Füße zusammenzieht, bloß wenn jemand mit dem Finger auf sie zeiget, und sonst ist man kaum mit einer Tortur imstande, sie zu zwingen, den kleinsten Fuß zu bewegen.

28. Man sehe, wie die Schmeißfliegen (*Musca carnaria* 1102) ihre

Eier in das Fleisch legen, und wie unzählige Eier eine einzige Fliege leget. Aber man glaube ja nicht, daß es wahr sei, was heutiges Tages alle von den Würmern in dem menschlichen Körper (*Ascarides* 1269) behaupten; sie sagen uns, daß die Würmer im Magen aus den Eiern der Fliegen (1106) ausgebrütet werden. Nein, keineswegs; denn erstlich bringen unsre gemeinen Fliegen lebendige Jungen zur Welt und nicht Eier; dann würden sich die Würmer im Magen nicht vermehren können als von den mit den Speisen niedergeschluckten Eiern, denn kein Insekt kann begatten und gebären, ehe und bevor es seine Verwandlung durchgegangen und zu dem letzten Grade gekommen ist. Wie sollen Fliegen im Magen sich paaren und Junge zur Welt bringen? Und endlich sind die Würmer im Magen und in den Därmen keine Insekten, sondern *vermes*, eine ganz andere Gattung.

29. Betrachtet die kleine Mistfliege (1110), die wie Sonnenstäubchen über den Mistpfützen fliegt, wie sie sich unvermerkt in die Ritze des Käses hineinpraktisieret und da ihre Eier leget; und der betrogene Pöbel glaubt, daß die Maden (110) von dem Käse selbst durch eine abgöttische Schöpfung generiert sein, die er *generatio aequivoca* nennt.

30. Man sehe, wie verliebt die Gottspferdchen (771) sich paaren, und sage mir, ob die Venus bei irgendeiner Gattung ähnliche Ehegesetze verordnet habe. Ein verliebtes Männchen flieget und schwenket sich in der Luft hin und her mit seinem gespaltenen Sterze, der einer Zange ähnlich sieht. Sobald er seine Liebste gewahr wird, fällt er ihr mit dem Sterze um den Hals, sie folget gezwungen nach, wie eine Henne dem Hahn, und um ihn von sich zu stoßen, biegt sie den Sterz krumm unter sich an die Brust des Männchens (gerade da, wo die Venus seine Liebespfeile verborgen hat) und wird also mit Gewalt gleichsam ohne Gewalt überwunden.

31. Man sehe den Krebs (*Cancer* 1249), welcher einer der größesten Insekten (die Hummers mit gerechnet) ist, wie das Weibchen unzählige Eier in ihrem Leibe hat; aber nach einigen Tagen kommen alle Eier heraus und hängen unter ihrem Schwanze. Das Männchen hingegen hat zwei Liebespfeile, was kein vierfüßiges Geschöpf, kein Vogel oder Fisch bekommen hat. Man sehe, wie der Krebs, der Eremit genannt wird, leergelassene Schneckenhäuser aufsuchet, darein kriechet und sie bewohnet, damit sein hautloser Schwanz, um den ihm, wie

den Bären, bang ist, nicht von äußerlicher Gewalt beschädigt werden möge, und dieses gelehnte Haus, wie Diogenes sein Faß, mit sich fortwälzet. Man betrachte die unter dem großen Brustschilde befestigten Lungen des Krebses, seinen wunderbaren Mund mitten auf der Brust, gleich neben dem Magen, seine harten Augen, seinen wunderbaren Gang, seine großen Hände, seine jährliche Verjüngung, da er seine alte Haut und Schale auszieht, ja noch mehr, wenn er einen Arm oder einen Schenkel verloren hat, wie er einen neuen wieder bekömmt; aber man sei nicht gleich so voreilig, den ersten Glaubensartikel in der Naturkunde *(omne vivum ex ovo)* zu zernichten, obgleich sowohl die *Hydra* als der *Gordius* sich in hundert neue Tiere teilen lassen; sondern man stelle sich die Analogie von den Wurzeln der Gewächse vor.

32. Die kurzlebige Tagesfliege (*Ephemera* 754), wie sie lange Zeit unter dem Wasser als ein Wurm lebt; aber wenn sie zu einem fliegenden und vollkommenen Geschöpfe ausgebildet ist, nicht länger als einen Tag und eine Nacht lebt, in welcher Zeit sie sich vergnügen, paaren und der Eier entledigen muß.

33. Der Seewurm (*Phryganea*) bekleidet sich die Zeit über, die er sich bei den Fischen, seinen gefräßigen Feinden, aufhält, mit allerhand kleinen Stäubchen, Stacheln, Halmen oder Blättern, damit die Fische ihn nicht gewahr werden und ganz aufessen sollen. Daher würde einer, der ihn unter dem Wasser liegen sähe, ihn eher für einen verfaulten Ast als für eine lebendige Abendfliege halten.

34. Die grüne *Cassida* (377) und die kurzhalsige *Chrysomela* (425), wie sie sich ausputzen und mit ihrem eigenen Kote bedecken, damit sie von den Vögeln nicht gesehen werden mögen, ebenso wie die kleinen *Cicadae* (636) sich in einen Schaum einhüllen; aber haben Sie wohl jemals einen so närrisch ausgeputzet gesehen als die *Cimex curvirostris* (647), wenn sie mit allen den Lappereien, die sie nur hat bekommen können, ganz und gar bedeckt sitzet, daß sie die Kinder selbst schrecken kann, und um sich noch mehr zu verstellen, nimmt sie ungewöhnliche Schritte. Keine Spinne scheint in der Tat so scheußlich zu sein als diese; aber trocknet man ihr diesen Staub ab, so ist sie schön und angenehm.

35. Man betrachte die Motte (*Phalaena* 893) an der Tapete, wie sie mit einer kleinen Tüte von dem feinsten Haare der Kleider bedeckt ist, worin sie lebt und wohnet. Sobald dieser Wurm

seine Tüte fertig hat, ist er unterdessen größer geworden, als daß er darin Raum hätte, muß also seinen Holfter auf einer Seite aufschneiden und einen Flicken dreinsetzen. Er hat auch kaum diesen Keil völlig fertig, so ist er unterdessen wieder zu dick geworden, daß er den Holfter auf der andern Seite öffnen und flicken muß; so wird seine Arbeit täglich und stündlich vermehrt wie der Stein des Sisyphus. Legt man dem Wurme auch verschiedene Lappen von verschiedener Farbe vor, so wird sein Kleid so bunt wie ein Harlekinsrock.

36. Man sehe, wie eine Menge Fliegen ihre Eier in die Blätter der Saumelde (*Chenopodii subcutanea*) und andere legen, woselbst die Eier in den Blättern ausgebrütet werden, Würmer werden, zwischen der untern und obern Seite des Blattes kriechen, blasse Gänge darin machen, wie der Maulwurf in der Erde, ohne der Luft oder den Vögeln ausgesetzt zu sein. Eben die Bewandtnis hat es mit dem *Folium ambulans* der Indianer, welches die Alten verführte zu glauben, es würden in Indien Bäume gefunden, deren Blätter wie lebendige Tiere kröchen; denn die Würmer, so in diesen Blättern liegen, strecken die Füße nach der einen Seite aus, und also gehen sie bedeckt und eingeschlossen in dem Blatte.

37. Man betrachte die Orangerielaus (*Coccus* 722), welche noch künstlicher als die Wallfischlaus ist. Man bedenke, wie groß ihre Larve und wie klein das Geschöpf, so seltsam in der Bildung und Haushaltung, daß nichts wunderbarer ist.

38. Ferner den Ameisenlöwen (*Formicaleo* 733), wie er im Sande wohnt, ohne zu trinken, mit wenig Speise zufrieden; in den Sand gräbt er sich hinein, daß die Vögel ihn nicht verschlingen mögen; macht ein kleines, ganz gähes Loch, als wenn ein Ei darin niedergedrückt worden wäre, unter dessen Mittelpunkt dieser Wurm liegt. Wenn nun die Ameisen fortgehen und an den Rand dieses Loches kommen, so fallen sie, wie in eine Wolfsgrube, herunter und werden ihm zur Beute.

39. Sehet, wie der Fettwurm (*Meloe* 596) ein fettes Gliedwasser aus allen seinen Gelenken lässet, sobald ihn jemand bewegt.

40. Man betrachte die Weibchen des Leuchtwurmes (*Lampyris* 586), wie sie in den Sommernächten in den Büschen leuchten, brennend vor Liebe, ein Feuer, das nicht verzehrt, sondern nur ihren Männchen Anlaß gibt, Feuer zu entlehnen. Ich will nicht bis zur Surinamischen Leuchtfliege (*Laternaria* 643) weggehen, welche eine große Leuchte vor den Augen trägt, noch mir die

Mühe geben, den Vielfuß (*Scolopendra* 1261) dort aus der Erde aufzugraben, um zu sehen, wie er Funken von sich gibt, wie eine Katze, wenn man ihr im Dunkeln den Rücken streicht.

41. Man sehe, welche wunderbare Ehe die Natur unter den Bienen, Ameisen und Asseln (*Oniscus*) eingerichtet hat: wie viele Verschnittene, einige Männchen, wenige Weibchen! Kann wohl jemand begreifen, warum die Natur die Männchen bei den Leuchtwürmern und einigen Schmetterlingen mit Flügeln versehen hat, da es doch scheinen sollte, daß, wenn das gebärende Geschöpf fliegen könnte, sich die Gattung weiter hätte ausbreiten können.

42. Man denke, was für grausame Klauen der Krebs, der Skorpion, der Wasserskorpion (691) und die Skorpionsspinne (*Nepa* 1187) haben.

43. Was für schreckliche Sterze die Skorpionen, welche scheußliche Stacheln die Biene und Wespe, was der Wasserochs (*Dytisci*), der Indianische Vielfuß und viele Spinnen für abscheuliche Zähne haben und welcher greuliche Gift in ihnen verborgen liegt!

44. Man betrachte die wunderbaren Ruder der Wasserskorpionen (691), des Wasserochsen (564) und des Wasserruderers (688) und wie sie solche auf eine seltsame Art tragen, besonders wie der letztere auf dem Rücken schwimmet.

45. Des Seidenwurmes (832) lange Fäden und Gespinste und wie er sich selbst einbauet.

46. Der Spinne (*Aranea* 1215) künstliche Netze, ihre Residenz im Mittelpunkt des Netzes, damit sie die kleinste Fliege, die seine kleinsten Fäden berühret, fühlen möge, so wie man sich vorstellet, daß die Seele in dem Gehirne eines Körpers empfindet, wo die Nerven zusammengehen. Wie sie von der einen Wand des Hauses zu andern gehet, ohne die Decke oder den Boden zu berühren, ja wie sie in die Luft hinaufgeht, ohne Flügel, in die Wolken hinauf, über die höchsten Türme, aus unserm Gesichtspunkte steiget. Wie die *fila divae virginis* die Äcker im Frühjahre bedecken, die bloß von Spinnen gemacht sind. Wie mannigfaltig jeder Faden in dem Netze der Spinne ist; wie die Fäden zusammenbefestiget sind. Wie sie den ganzen Tag auf Beute lauret und die Beute einspinnet und wie sie selbst endlich, wenn sie von ihrem grausamsten Feinde, der Schlupfwespe (*Ichneumon*), gefangen wird, ohne alle Gnade sterben muß.

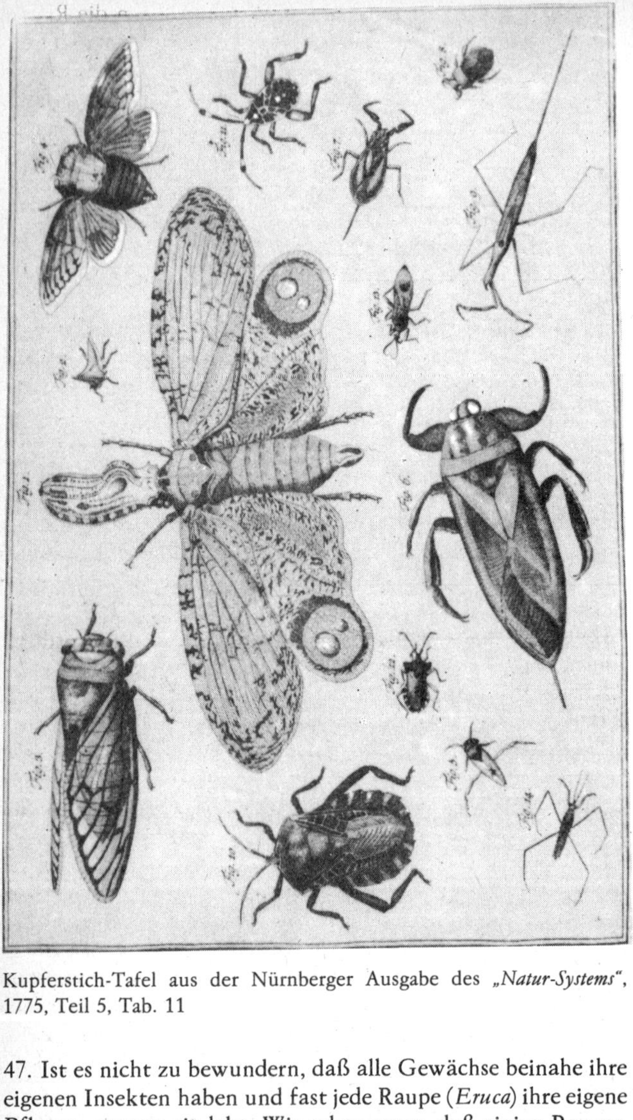

Kupferstich-Tafel aus der Nürnberger Ausgabe des *„Natur-Systems"*, 1775, Teil 5, Tab. 11

47. Ist es nicht zu bewundern, daß alle Gewächse beinahe ihre eigenen Insekten haben und fast jede Raupe (*Eruca*) ihre eigene Pflanze, wovon sie lebt. Wir sehen zwar, daß einige Raupen von mehrern Arten Kräutern leben, aber diese Arten scheinen

doch alle eine Kraft zu haben. Vielleicht können die Raupen uns auf solche Art die Kraft der Kräuter in der Arznei lehren.
48. Wer uns sagen könnte, wie Apulien von den Taranteln, Indien von den Skorpionen, Norrland von Mücken, Lappland von Rentierbremsen, die Dörfer von dem Heimchen, Finnland von den schwarzen Mehlkäfern, Paris von Wandläusen, die Kinder von den Kopfläusen, die Viehmägde von Flöhen, die Pferde von Bremsen, die Gärten von Erdflöhen, die fruchttragenden Bäume von Raupen, die Kleider von Motten etc. etc. befreiet werden könnten, wäre der nicht aller Ehre und Belohnung wert?
49. Nun ist es Zeit, gegen die schwarzen Mehlkäfer (*Blatta* 617) zu streiten, einen schädlichen räuberischen Troß, der sich vielleicht zuerst von Amerika und Surinam verschrieben hat, wo sie Kakerlaki genannt werden, von wo er sich nach Europa hinüber praktiziert, sich daselbst vermehrt hat und durch die Türkei, Rußland, Finnland gegangen ist; jetzt aber spürt man schon, daß er sich heimlich in Stockholm aufhält. Die schwarzen Diebe gehen nur bei Nacht auf den Raub aus, verzehren Schuhe, Kleider und Speise, besonders Brot, welches sie auffressen, ob sie gleich die Rinde ganz und unversehrt lassen.
Wenn ich Ihre Zeit und Geduld nicht mißbrauchte, würde ich Ihnen noch mehrere zeigen.
50. Man betrachte den Wurm (*Chamaeleo* 1029), der im Wasser lieget, ist er nicht zählebiger wie ein Ochse?
51. Lassen Sie sich von Malpigius den Seidenwurm (*Bombyx*) anatomieren, so werden Sie finden, wie große Wunder in ihm verborgen sind: doch mehr noch in den übrigen. Lassen Sie sich von Swammerdam die Laus zergliedern, er wird sie teilen, als ob er den größten Ochsen vor sich hätte, und Sie werden gestehen, daß es das Regelmäßigste ist, was man in der Welt gesehen hat. Lassen Sie sich von Reaumur die *Erucam processionariam* und der andern Insekten Aufzug und Haushaltung zeigen. Lassen Sie sich von Frisch die übrigen gemeinen Geschöpfe beschreiben. Gehen Sie die Musterrollen durch, die ich (nach eines jeden Insektes Geschlechte) in der „*Fauna Suecica*" von den von mir hier in meinem Vaterlande in sechzehn Jahren gefundenen Insekten errichtet habe.
52. Hier ist ein Feld für alle Neugierigen, welche Wunder und etwas Neues sehen wollen, das keiner vorher gesehen hat.

Dieser Teil ist uns von den Vorfahren wenig berühmt hinterlassen worden. Derjenige, der Lust, Neigung, Verstand und Munterkeit hat, versuche diesen Teil. Hier findet sich gewiß, was süßer ist als Honig, dauerhafter als Seide, roter als Cochenille; doch der die Hand hieran legt, muß Geduld, ein munteres Gemüt und vollkommen Unterhalt haben. Er muß lange Zeit und nicht zu eilig Beobachtungen machen.

53. Dieses sind die Heere Gottes, welche er aussendet, ein ungehorsames Volk zu züchtigen. Er hat jeder Nummer ihre gewisse Order gegeben, Böses oder Gutes auszuführen. Wenn es ihm gefällt, die Menschen heimzusuchen, segnet er bloß eine von diesen Gattungen, daß sie sich vermehren wie der Sand am Meere, gleich richten sie seinen Willen aus. Soll das Gras auf den Wiesen abgemähet werden, so kommen viele Legionen der *Phalaena* (*num.* 826), um dieses zu bewerkstelligen. Die grüne Saat auf dem Acker wird von der *Tipula* (1125) verderbet. Der *Curculio* (474) pflücket das Getreide aus den Ähren. Die Magazine werden von der *Phalaena* verheeret. Die Küchenkräuter werden von der *Mordella* (540) verzehret. Der Kohl vom *Papilio* (799). Die Spargelbetten von der *Chrysomela* (430). Die Hopfenwurzeln von der *Phalaena* (917). Die Blätter der Bäume von der *Melolontha* (345). Die Blüten der Früchte von der *Phalaena* (846). Das Fleisch in der Speisekammer wird vom *Dermestes* (360) verderbt. Der Dörrfisch von *Cassida* (379). Der Käse und das Mehl von *Acarus* (1195). Die Kleider von der *Phalaena* (892). Die Häuser vom *Dermestes* (366). Die Schiffswerft von der *Cantharis*; aber wer kann alles erzählen? Ja, der Allmächtige befiehlt den kleinsten *Sironibus* (1194), uns zu schlagen, daß nichts, vom Kopfe bis auf die Fußsohlen, ganz bleibt. Der Todesengel zu geschweigen, die uns mit Pest, Blattern, Fleckfiebern und andern ansteckenden Krankheiten schlagen.

Da die Zeit verflossen ist, meine Herren, so will ich schließen.

54. Dieses sind also die Werke Gottes, in deren Betrachtung wir uns üben sollen.

Diese Werke sind von der göttlichen Kunst und Macht, womit wir uns in unsern müßigen Stunden beschäftigen müssen.

Gott hat uns ja hier in diese Welt gesetzt, die auf so unendliche Art ausgeschmückt ist. Er, der uns Augen gegeben hat, solches zu sehen, hat uns auch damit befohlen, über das Gesehene nachzudenken.

Darf ich also sagen, daß derjenige die Gesetze Gottes verschmähet, der saget, daß diese Kenntnis unnötig sei, denn der uns geschaffen hat, hat sie auch erschaffen.
Laßt uns die Zeit, die andere mit Schmäusen, Spielen, Trinken und Plaudern verschwenden, dazu anwenden, bloß diese Gattungen anzusehen, so wird es uns nicht an Zeit mangeln. Wir haben kein kurzes Leben erhalten; aber wir haben es verkürzet.
Der Mensch ist auch deswegen geschaffen, daß er die Werke des Schöpfers schauen und, indem er das Geschöpf bewunderte, dadurch seinen Meister erkennen sollte, besonders hier, wo keine Wunder größer sind als die kleinsten.
55. Solche Wunder des Schöpfers und der Natur sind unzählig. Der ist am weisesten, der die meisten kennet: ihre Kenntnis führet uns zum Schöpfer, zu uns selbst, zu unsrer Nahrung und unserm Unterhalte. Nicht alle haben gleiche Geisteskräfte, gleiche Umstände, gleiche Zeit und Gelegenheit erhalten, nützliche Wissenschaften zu bearbeiten. Vieles wird täglich entdeckt, dessen Nutzen man nicht einsiehet. Viele Bäume werden dies Jahr gepflanzet, deren Früchte man in vielen Jahren nicht sammelt. Wer hätte geglaubt, als Camerarius den Versuch mit der Erzeugung der Pflanzen machte, daß auf demselben Grund die ganze Kräuterkunde einmal hätte gebauet werden sollen? Alexander der Große rühmte daher den alten abgelebten Greis, welcher Datteln pflanzte, um Palmbäume zu erzeugen, die bei seinen Lebzeiten keine Frucht tragen konnten, sondern bloß für die Nachkommen.

Endlich nach einem so langen Frieden: nachdem so viele herrliche Einrichtungen in unserm Vaterlande gemacht worden, nachdem unsre Nation angefangen hat, mit den vornehmsten Nationen in Witz und Gelehrsamkeit zu wetteifern, freue ich mich, die Zeit erlebt zu haben, wo ich meine eigenen Landsleute ihre Kräfte versuchen, eine Akademie, hauptsächlich zum Dienste ihrer eigenen Nation, gründen sehe. Ihr Name, meine Herren, die Sie diese Einrichtung zustande gebracht haben, wird und muß unsterblich werden. Sie haben sich tätig, unverdrossen, patriotisch und edelmütig bewiesen, da Sie ohne Vergeltung Ihre Talente, Ihre Arbeit und Zeit, bloß zum Dienste des Publikums, und der Nachwelt zum Muster, haben aufopfern wollen.

Sie haben, meine Herren, als Mitglieder der Akademie der Wissenschaften, mich zu Ihrem ersten Präsident angenommen und mir dadurch eine Ehre erwiesen, welche ich für die größte in meinem ganzen Leben erkenne. Sie haben mich gerne gelitten, sie haben mir diejenige Ehre und Folgsamkeit erwiesen, welche dieses wichtige Amt fordert. Sie haben mir mit Ihrem Rat und Ihren Überlegungen beigestanden: Sie haben durch Ihre Sorgfalt die Wohlfahrt der Akademie befördert. Sie haben sich fleißig und unverdrossen in den noch jungen Tagen der Akademie versammelt. Ihre Milde hat mir die ungewohnten Geschäfte, die mir die Akademie anvertraut hat, nicht zugerechnet. Ich bezeuge für alles dieses die Dankbarkeit, wozu ein aufrichtiges Herz sich verpflichtet fühlet, und lege nun hiemit die wichtige Stelle, der ich gerade vier Monate lang vorgestanden bin, nieder. Ich liefere hier ein Verzeichnis ab von allen Beschlüssen der Akademie, die unter meinem Vorsitze gefaßt sind, wie auch von allen denjenigen, die zu Mitgliedern angenommen worden und von den Observationen, welche eingekommen oder gebilligt worden sind. Ich trage alles dieses zufolge der Konstitutionen der Akademie dem Herrn Kapitäne Triewald, einem so würdigen Manne auf, den die Akademie zum Nachfolger und zweiten Präses berufen und ausersehen hat.

Anmerkung über die Tiere, von denen in Norwegen gesaget wird, daß sie aus den Wolken kommen

Der Bericht, der in Norwegen allgemein ist, daß es gewisse kleine Tiere daselbst gebe, die aus den Wolken regnen sollen, hat den gelehrten Wormius veranlasset, ein ganzes Buch darüber zu schreiben, und wie solches geschehen könne, durch wahrscheinliche Gründe zu beweisen; der Titel desselben ist: „*Olai Wormii Historia Animalis, quod in Noruegia e nubibus decidit et sata ac gramina, magno incolarum detrimento celerrime, depascitur.*“ *Hafniae 1653. 4.to p.66.* Seit seiner Zeit hat kein Naturkündiger der gelehrten Welt von dieses Tieres Natur deutlichern Unterricht zu geben vermocht. Ich habe also hiermit so viel Bericht davon geben wollen, als mir bekannt ist; zumal da mich so viele um dieses Tieres Eigenschaften gefraget, als ich mich in Holland, England und Frankreich aufgehalten, um meine Landsleute, die näher an den Gebirgen wohnen, dadurch aufzumuntern, daß sie genauer darauf Achtung geben.

Die Namen dieser Tiere sind:
Mus cauda abrupta, corpore fulvo nigro maculato.
Mus montanus. Scheff. Lappon. 346
Mus Noruagicus. Wormii monograph.6.
Mus Noruagicus, vulgo Leming.Worm.mus. 322. Rai.quadr.227
Lemmus.Ol. Magni Septentr.l.18.c.20.
Schwedische: Bergmaus, Zobelmaus, Rotmaus.
Nordische: Löming, Lömmer, Lömmel.
Lappländische: Lummick.
Gesneri, Scaligeri, Ziegleri, Jonstoni und anderer Benennungen zu geschweigen, da zumal dieser ihre Beschreibungen aus den obbenannten gezogen sind.

Diese Maus ist etwas kleiner als eine Ratte oder so groß als ein Maulwurf; von Farbe ist sie überall brandgelb oder etwas bräunlich, unter dem Bauche ziemlich hell; der Kopf ist nach vorne zu schwarz; über die Schultern und Lenden ist die Maus ebenfalls schwarz mit kleinen an den Seiten untergestreueten Flecken.

Der Schwanz ist sehr kurz, rauch, gelb mit schwarz vermischt;

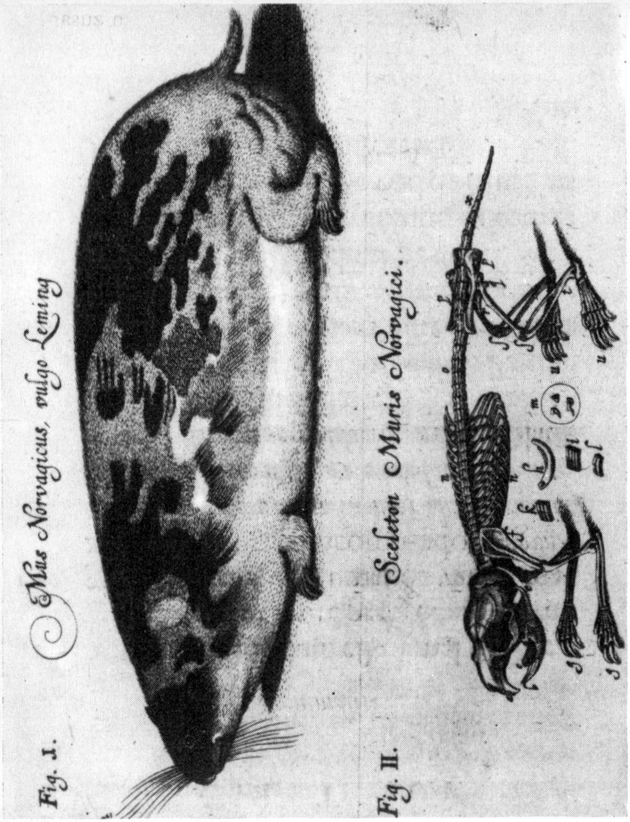

Der Lemming. Darstellung aus der *„Historia Animalis“* von O. Wormius, Kopenhagen 1653

die Gestalt des Kopfes ist gleich den andern Mäusen mit einem Bart. Sie hat an jedem Fuße fünf Klauen. Die Ohren sind ganz kurz. An Vorderzähnen haben sie zween oben und zween unten; keine Eckzähne; in jeder Kinnlade aber drei Backzähne.

Diese wohnen in den lappländischen Gebirgen und zwar sehr häufig. Wenn man da herumreiset, findet man selten einen Erdhaufen oder Hügel im Felde, in welchem nicht ein kleines Loch erscheinet, das eines Fingers oder halben Viertels tief,

aber so weit ist, daß man mit allen fünf Fingern zusammen in die Erde hineinkommen kann. Alle solche Löcher graben diese Tiere nach sich; doch findet man selten etliche darin.
Sie sind nicht sonderlich furchtsam, sondern bellen wie ein junger Hund, wenn man ihnen im Vorbeigehen etwas nahe kömmt; sie sind auch so keck, in den Stock zu beißen, wenn man nach ihnen stößt, und fliehen nicht gern fort.
Ich habe meistenteils fünf bis sechs Junge bei ihnen gefunden, ohnerachtet sie, wie andere Mäuse, acht Zitzen haben.
Ihre Speise ist Gras und Rentiermoos, wie ich in denen, die ich aufgeschnitten, gefunden habe; sie wiederkäuen zur Hälfte, wie andere Mäuse, doch nicht so vollkommen als das Hornvieh. Machen also dem Lappen keinen Schaden in seiner Hütte noch an seiner Speise und Hausgerät.
Nach dem Bericht der Lappländer laufen die Rentiere diesen Mäusen, wenn sie sie zu sehen bekommen, und zwar öfters, einen weiten Strich aus dem Wege nach und verschlucken dieselben; welches doch zu verwundern ist, weil dem Ansehen nach ihre Magen nicht so beschaffen sind, daß sie Fleisch fressen mögen.
Sonst findet man in den Klippen eine Art Füchse, die just von gleicher Art wie unsere, nur daß sie weiß von Farbe und ihre Bälge unter anderen Fuchsbälgen am wohlfeilsten sind, auch von dem Volke Berghunde genennet werden. Sie leben das ganze Jahr in den Gebirgen von kleinen Schneehühnern und von diesen Mäusen.
Der Lappländer Hunde, deren so viel als Volk in den Hütten sind (weil jeder Lappe seinen Hund hat, den er mit sich führt), leben größtenteils von diesen Mäusen, wenn sie mit den Rentieren auf die Weide gehen; doch fressen sie selten mehr als den Kopf davon.
Das Allermerkwürdigste bei diesen Tieren ist ihre Flucht; denn zu gewissen Zeiten, und öfters zwischen zehn und zwanzig Jahren, fliehen sie scharweise in solcher Menge fort, daß man darüber erstaunen muß; da sie denn eine nach den andern truppweise bei Tausenden so mannigfaltig ziehen, daß ihr Pfad ein paar Finger tief, ein oder zwei Viertel breit, auch zu beiden Seiten, auf etliche Ellen voneinander, andere dergleichen Pfade sind, die alle schnurgerade vor sich hingehen. Unter Weges fressen sie das Gras und die Wurzeln auf, die hervor ragen; und wie mir gesagt worden, werfen sie öfters

unter Weges und tragen ein Junges im Maule und das andere auf dem Rücken. Ihr Weg gehet von den Gebirgen; wo sie aber hinwollen, weiß ich nicht; doch gehen sie bei uns nach der See *(Sinum Bothnicum)* hinunter, wiewohl sie selten so weit kommen, sondern zerstreuet werden und größtenteils unter Weges vergehen und sterben.

Nicht weniger seltsam ist ihr Weg, der so gerade voraus liegen muß, daß sie denselben auf keinerlei Weise verlassen dürfen. Wenn ein Mensch in ihren Strich kömmt, so gehen sie nicht aus dem Wege, sondern versuchen demselben zwischen den Beinen durchzukommen oder setzen sich gegen ihn auf die Hinterfüße und beißen in den Stock, wenn man ihnen denselben entgegenhält.

Finden sie etwan einen Heuschober unter Weges, so gehen sie nicht daneben herum, sondern arbeiten sich mit Graben und Fressen ihren Weg gerade durch denselben hin. Liegt ihnen ein großer Stein im Wege, über welchen sie nicht kommen können, so machen sie einen halben Zirkel darum her, doch so, daß sie ihre gerade Linie wieder nehmen.

Wenn sie irgendeine See antreffen, sie mag so breit sein, als sie will, so suchen sie ihrem Striche nach darüber zu schwimmen, sollte es auch über den breitesten Durchmesser geschehen; dafern ihnen in der See ein Fahrzeug begegnet, so gehen sie ihm nicht aus dem Wege, sondern suchen sich in dasselbe hinaufzuarbeiten und werfen sich denn gerade gegenüber auf der anderen Seite wieder in die See. Wenn sie gegen einen brausenden Strom kommen, so scheuen sie sich nicht dafür, sondern gehen gerade vor sich hin, sollten sie auch alle ihr Leben darüber zusetzen.

Der gemeine Mann, der den Aufenthalt dieser Tiere nicht gewußt, hat geglaubt, daß sie vom Himmel heruntergeregnet wären. Andere, daß die Wolken dieselben mit sich von den Bergen genommen und sie solchergestalt herunter gekommen seien; welches dem Olaus Wormius viel Kopfzerbrechens gemacht, wie er dieses durch eine gleichmäßige Begebenheit bei den Fröschen und andern Tieren erklären möchte, welches doch kein Naturkündiger unserer Zeiten glauben kann. Es sind aber noch heutzutage einige in und um Lappland herum, die da glauben, daß die Wolken die Lappländer und Rentiere, so in den Gebirgen reisen, mit wegführen können und daß die Lappen deshalben, sobald sie sich von den Wolken umgeben

sehen, stille zu liegen genötiget sind, damit sie dieselben nicht mit sich fortführen mögen. Dieses aber hänget nicht also zusammen: Ich bin selbst mehr als einmal auf den höchsten Gebirgen und von den Wolken umgeben gewesen. Die Eisberge sind die höchsten unter allen und erstrecken sich längst denselben, öfters drei bis vier Meilen in der Breite hin, auf welchen kein grüner Fleck oder kahler Berg, sondern ein immerwährender Schnee zu sehen, der so hoch als der höchste Berg über der Erde lieget, der oben darauf überall Wellen wirft wie die Wellen auf dem Wasser. Dieser Schnee ist hart, so daß man unmöglich durchkommen kann, und fast wie Eis. Man siehet in demselben, wie in dem Eise, breite, durch den Winterfrost verursachte Borste: wo die Sonne den Schnee von den Seiten abschmelzet und das Wasser allmählich zusammenzurinnen anfängt, bis es endlich einen kleinen Bach verursachet, woraus in dem Schneegebirge ein Abgrund entstehet, der bleirecht oder breiter hinunter, öfters so tief als der Schnee selbst, auf fünfzehn bis dreißig Klafter gehet.
Wenn die Lappen am Horizont einen kleinen dunkeln Wolkenflecken gewahr werden, wissen sie voraus, daß sie, wo sie an einem bequemen Orte sind, stille halten oder ihren Weg dahin beschleunigen müssen, wo sie sich bequemlich lagern können. Die Wolke ziehet sich allmählich höher auf, wird immer größer und größer, bis sie den halben Horizont einnimmt, und führet einen Sturm mit sich, überziehet endlich Menschen und Tiere wie ein dicker Nebel; die nassen Teilchen setzen sich an alle Haare, und es wird so finster, daß man kaum die Hände, geschweige denn die Füße vor Augen sehen kann; und alles wird stille ohne Wind; ruft man aber, so kann derjenige, der etwan neun Ellen weit von einem ist, nichts hören. Wenn man nun in solchem Dunst gehet, da man den Schnee auf der Erde nicht erkennen kann, so ist es leicht, daß man in eine solche vom Wasser gemachte Kluft fallen und darin begraben werden kann; woher denn die Rede entstanden, daß die Wolke den Lappen samt dem Rentiere fortführet und von den Bergen herunterwirft. Sonst kann die Wolke so wenig etwas aufheben als ein Nebel; also auch nicht diese Mäuse, die, wie andere Tiere, in den Gebirgen gezeugt und aufgebracht werden, von dannen aber zu gewissen Jahren gleichsam kolonienweise herabkommen. In vorigen Zeiten, da diese Tiere das ganze Land in den Provinzien, die Lappland am nächsten liegen, unver-

mutet überschwemmeten, wurde das Volk darüber bestürzt, zumal sie dergleichen niemals gesehen, und bildete sich ein, daß es eine Strafe der Sünden wäre, die Gott unmittelbar über sie schickte, weswegen sie auch Bettage hielten, dergleichen auch vordem bei uns im Lima Kirchspiele geschehen, wie mich der dasige Priester berichtet. Die Gebete und Beschwörungen, welche die Päpstler vordem in Norwegen gebrauchet, beschreibet Wormius in obenerwähntem Werke.

Diese Mäuse tun zwar zur Sommerszeit einigen Schaden an Äckern und Wiesen, sonst aber nichts sonderlich leides; in den Häusern aber schaden sie ganz und gar nicht. Wenn diese Mäuse angezogen kommen, so versprechen sich die Nordländer einen guten Vorrat von Rauchwerk dabei voraus; denn die Bären, Füchse, Marder, Vielfraße, und Hermelinen folgen ihnen haufenweise nach, leben davon und werden also gefangen. Die Bälge sollten sehr schön, weich und zu Pelzwerke dienlich sein, wenn sie nicht so gebrechlich wären, daß sie kaum von dem Tiere abgestreifet werden können.

Was sonst von dem Gift dieser Mäuse gesaget wird, ist größtenteils, wo nicht gar, ein lauteres Märlein. Ein jeder Vernünftige kann finden, daß sie weder das Wasser noch die Luft mit einigem Gifte beschmitzen. Daß die Hunde nicht gern mehr als den Kopf davon fressen, beweiset nicht, daß sie giftig sind; denn die Katzen fressen auch nicht gern mehr als den Kopf von den Ratten; daraus aber folget nicht, daß die Ratten giftig sind: Ja, Varro berichtet, daß die Ratten vor Zeiten von den Italiänern gemästet und gegessen worden; Matthiolus saget, daß sie gut schmecken. So wird auch *Marmota* oder das Murmeltier geschlachtet, geräuchert und gegessen.

Cricetus, eine Art Mäuse in Thüringen, ist, wie Sebizius meldet, ein Leckerbißlein; die Eichhörner, die vom gleichen Geschlechte sind, werden auf dem Lande von den Bauern gegessen. Die Kaninchen, so mit den Mäusen Geschwisterkinder sind, werden von den Holländern, Engländern und Franzosen mit Lust verzehret, ohnerachtet solche insgemein den Deutschen und Schweden so schmackhaft nicht vorkommen. Der Hase, der in ebenso naher Verwandtschaft mit den Mäusen stehet, ist jedermann angenehm. Ich glaube, daß kein vierfüßiges Tier so giftig ist, daß es nicht gegessen werden könne, wovon die Chineser, die allerlei Tiere essen, zum Beweise dienen sollen. Ich kenne Waldlappen, die diese Felsenmäuse aus Not essen müssen: Jedoch ist zu wissen, daß gewisser Tiere Fleisch zu jedermänniglichs Gebrauche gesunder ist als das von andern, als erstlich *jumenta*, sodann *glires*, denn *armenta* und zuletzt *ferae.* Siehe mein „*Systema Naturae*“; und daß das Gesetz Mosis in der Wahl von Fleischspeisen seinen starken Grund in der Natur habe. Diesen Bericht habe ich aufgesetzet:

1. Dem Publico zu erkennen zu geben, wo diese Mäuse wohnen und ihren Bau haben, damit man solchergestalt hinfüro, woher dieselben kommen, wissen und nicht ferner glauben möge, daß sie in den Wolken gezeuget werden.

2. Damit ich meine Landsleute aufmuntern möge, auf diese Tiere besser achtzugeben und, wenn sie angezogen kommen, nach den Ursachen ihrer Reise genau nachzuforschen, die gewißlich ihre natürliche Ursachen hat, welche niemand besser als unsere Nordländer erforschen können; wie denn die ganze gelehrte Welt solches von uns erwartet, als bei denen dieselben allein gefunden werden.

Die Figur habe ich aus Wormio entlehnet, nachdem selbige ziemlich gut und ich zu keiner bessern raten können.

Die Meerkatze Diana

Das Geschlecht der Affen ist gewiß das weitläuftigste unter allen vierfüßigen Tieren, so daß man auch bei den Tieren sieht, daß die törichten die größte Menge ausmachen. Ihre Ähnlichkeit im Gesichte, Zähnen, Nägeln, Händen und innerem Baue mit dem Menschen, ihre Art zu sitzen, zuzugreifen, zu essen, zu drohen, zu lachen und zu liebkosen kommen mit dem Verfahren des Menschen so genau überein, daß wir oft darüber erstaunen, ja, die Naturkündiger haben noch bis itzo vergebens Merkmale gesucht, wodurch sich die Affen von dem Menschen vermittelst der äußerlichen Gestalt und des Baues des Körpers unterscheiden ließen, weil sich kein Kennzeichen an dem Menschen finden läßt, das man nicht auch bei einem Affen anträfe; dieserwegen haben die Naturforscher hier ihre eigenen in die Augen fallenden Gründe verlassen und zu den unsichtbaren Kennzeichen der Philosophen ihre Zuflucht nehmen müssen.
Der Aufzug der Affen, ihr närrisches Wesen, ihre List und ihre Nachahmung sind so unvergleichlich, daß wir, ohne alles selbst gesehen zu haben, oft die Zeugnisse der glaubwürdigsten Leute in Zweifel ziehen würden, wenn sie uns berichten, wie gewisse Familien derselben ihre Schildwache jede Nacht setzen, da sie in den Bäumen schlafen, um beizeiten zu melden, ob Tiger oder andere Feinde ihnen zu nahe kämen, und wenn diese schlafen, werden sie von denen, welche ihre Wohlfahrt ihrer Sorgfalt anvertrauet haben, am Leben gestraft.
Daß gewisse Affen jeden Tag, wenn die Sonne auf- und niedergeht, sich versammeln, sich in einen Kreis und einen in die Mitte setzen, wenn der zu singen anfängt, singen die andern nicht, sondern warten, bis er ihnen ein Zeichen mit der Hand gibt. Wiederum, daß andere Affen förmliche Kriege mit den Einwohnern führen, wo sie gegen sie verstoßen haben, und dergleichen mehr, das wäre allzu weitläuftig zu erzählen; ich will nur hierdurch meine aufmerksamen Landsleute ermuntern, nie die Beschreibung dieses Geschlechtes zu vergessen, wo sie dergleichen antreffen, zumal da alle Affen in der Wissenschaft so gut als unbeschrieben sind.

Man teilt insgemein die Affen in drei Gattungen, deren die erste diejenigen enthält, welche keinen Schwanz haben, und insbesondere Affen genannt werden; die zweite begreift diejenigen, die einen kurzen stumpfen Schwanz haben; ihr gemeiner Name ist Pavian.

Die dritte, die, welche einen langen Schwanz haben, und bei uns Meerkatzen heißen. Diese letztern sind von verschiedenen Arten; welche man darnach abteilen kann, daß einige einen Bart, andere keinen Bart haben.

Der Affe, den ich itzo beschreiben will, ist von der Meerkatzenart oder ein Affe mit langem Barte und Schwanze. Man kann ihn *Simia caudata barbata, fronte barbaque fastigiata* nennen oder eine Meerkatze mit langem Schwanze, gestutztem Barte und einem Toupee auf der Stirne. Ich nenne ihn sonst Diana, weil er einen weißen Mond auf der Stirne hat, wie sich die alten Dichter von ihrer Diana einbildeten.

Dieses Tier ist etwas größer als eine Katze. Die Grundfarbe ist außen überall schwarz, mit weißen Tüpfelchen, welches daher rühret, weil die Haare an den Spitzen weiß sind; aber mitten auf dem Rücken fängt eine dunkle Farbe an, die sich bis an den Schwanz, aber nicht auf die Seiten hinunter erstrecket. Die Haare am Innern der Schenkel, vom Schwanze an bis an den Bug der Knie, sind von roter Rostfarbe, welches aussieht, als wäre das Tier blutig.

Unterleib, Beine, Schwanz, Angesichte und Ohren sind schwarz.

Die Brust von den Ohren an, die Schläfe und der Bart, bis an die Biegung der Vorderfüße hinunter, sind weiß. Auf den Hinterschenkeln, vom Schwanze bis an das Knie, geht ein weißer Streifen, welcher an dem Tier etwas sonderbar Ungewöhnliches ist, aber doch einige Symmetrie gibt, wenn man den Affen von der Seite betrachtet.

Der Schwanz ist durchaus gleich dicke, mit kurzen Haaren, schwarz, und so lang als der Leib, am Ende stumpf, ohne Borsten, und kann von dem Affen bei dem Klettern nicht gebrauchet werden, Äste, Seile oder Leinen zu umfassen.

Das Angesichte ist um die Augen und die Nase nacket und schwarz wie an einem Mohren. Die Nase ist eingedrückt und zwischen den Augen etwas scharf oder eckicht. Die Augen sind graubraun; die Ohren sind rund, klein, schwarz und meistens nackend.

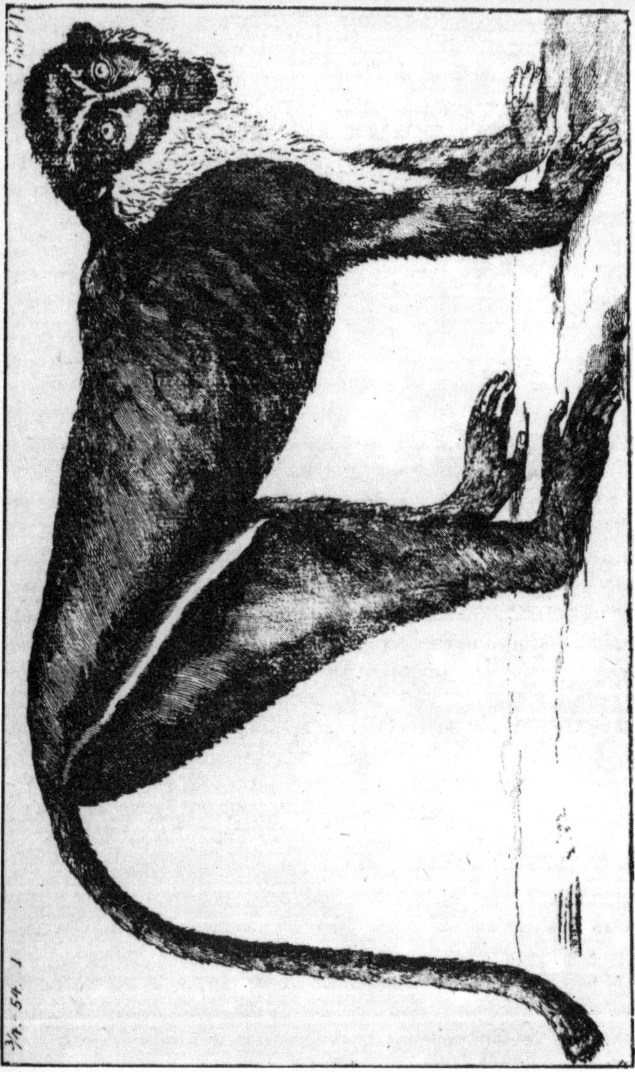

Meerkatze Diana. Gravüre zu Linnés Beschreibung in den Abhandlun
gen der Akademie auf das Jahr 1754

Die Fronte oder die Augenbraunen gehen mit längern, weißen, aufgerichteten und zurückgebogenen Haaren zusammen, völlig, wie die neumodischen Toupees, wodurch auf der Stirne ein weißer Mond vorgestellet wird, weil diese Haare an der Spitze weiß sind. Wenn er aber auf der Stirne ein Toupee nach der neuen Mode hat, so hat er auch am Kinne einen Bart nach der alten Mode. Dieser Bart befindet sich an einer fetteren Spitze des Kinnes, ist schmal, kurz und am Ende abgestutzet oder gleichsam quer abgeschnitten; er liegt auch mit seinen Haaren so gleich, als wäre er gekämmt. Aber darinnen hat der Bart etwas besonders, daß er an der Vorderseite schwarz wie das Gesichte ist, aber an der untern Seite ist er länger und ganz weiß, wie das Kinn, daher dieser Affe mit dem schwarzen Barte und der weißen Brust ein sonderbares Ansehen hat.
Die Zähne verhalten sich wie bei den Menschen und den andern Affen, nur mit dem Unterschiede, daß von den vier Vorderzähnen im obern Kinnbacken die beiden mittlern etwas größer und mehr heraussstehend, auch die Beißzähne von den Vorderzähnen etwas abgesondert sind.
Die Nägel sind einigermaßen wie Menschennägel beschaffen; doch etwas länglichter und an allen Fingern gleich.
Hände und Füße sind wie bei dem Menschen gebildet, schwarz und an der untern Seite ganz bloß, mit ihren Linien und Zeichen, die ich andern zu lesen überlasse, welche wahrsagen können.
Der Geburtsort dieses Affens ist Guinea, wie aus Marcgravens „*Historia Naturalis Brasilae*“ zu ersehen ist; dieses ist der einzige Schriftsteller, der, soviel ich weiß, diesen Affen gekannt hat: doch hat er ihn so unvollkommen vorgestellt, daß ich ihn nicht würde gekannt haben, wenn er nicht ein besonderes Merkmal angeführet hätte, das sich bei diesem Tiere zeiget, wenn es erzürnet wird. Seine Worte auf der 277. Seite sind folgende: „Man nennt ihn *Icongo exquima*, er ist mit dunkeln Haaren bedeckt, die über den ganzen Rücken rostfarben oder wie verbrannt sind; die weiße Farbe ist wie in Tüpfelchen über die schwarze gestreuet. Der Bauch ist weiß, und das Kinn unter dem Barte ist auch ganz weiß, und besteht der Bart aus zweenen Querfinger langen oder längern Haaren, die gleichsam gekämmt sind. Wenn das Tier zornig wird, sperrt es die Kinnbacken sehr weit auf und schlägt sie alsdenn einigemal hastig zusammen, den Menschen damit zu drohen; es springt

außerordentlich, frißt verschiedene Arten Früchte und darunter vornehmlich die Frucht von einem Baume, der Paco genannt wird." Mehr hat er nicht und fehlet selbst in seiner schlechten Abbildung; wo er einen Schwanz setzet, der sich zusammenrollet wie bei den Affen, denen der Schwanz zum Klettern behülflich ist.

Gewohnheiten

Das Tier frißt allerlei Salate und Pflanzen wie der Mensch, aber Früchte, Nüsse, Mandeln und Rosinen sind seine Lekkerbissen. Sonst nimmt es auch Eier, Blut, Kohl, Erbsen, Grütze, insbesondere aber Wurzeln von Möhren, Kohlwurzeln, Rüben und dergleichen.

Es trinkt oft und mehr, als ich noch einen Affen habe trinken sehen. Es beriechet alles, was es fressen will, ehe es solches kostet. Fleisch ist seine Speise nicht, und es wirft solches meistens weg.

Die Wärme liebt es sehr, und dieserwegen hat es auch in dem wärmsten Orangeriehause, da es im Winter im Upsalischen Garten seine Wohnung bekam, sein Nachtlager oben zuhöchst unter dem Dachfirst gesucht, wo es so warm ist als in einer Badstube; aber in die brennende Sonne will sich's nicht setzen, daher es sich auch im Sommer zu Mittage allezeit in den Schatten begibt. Wenn aber die Nächte des Sommers kalt sind, beklaget es sich und gibt allen Vorübergehenden durch sein Pfeifen zu erkennen, wie übel es sich befindet.

Es leget sich, sobald es dunkel wird, und schläft bis um sieben oder acht Uhr des Morgens, da es aufsteht, wenn es nicht eher ist beunruhiget worden, aber in dem Orangeriehause verläßt es seine Gesellschaft und springt zu seinem Nachtlager hinauf, sobald der letzte Laden zugeschlossen wird.

Bewegung macht es sich beständig, sooft Gelegenheit ist, es hüpfet, spielt, stößt Holzwerk, Stühle und alles, was aufgerichtet steht, um, laust sich selbst oder andere und ist selten ruhig, so daß es sich auch mißvergnügt bezeigt, wenn es nicht Gelegenheit hat, in Bewegung zu sein.

Alle Affen haben ihre monatliche Reinigung wie die Menschen, aber dieses Tier hat das Besondere, daß sich das äußerste Ende des Schwanzes jeden Monat einmal öffnet und einige Tage lang

Blut schwitzet, welches es ablecket, der Schwanz heilet wieder zu seiner Zeit.
Seine Gemütsart ist gütig, welches seine gütigen Augen genugsam anzeigen. Wie dieser Affe ein Weibchen ist, so verträgt er sich mit den Mannspersonen sehr wohl; aber nicht so gut mit den Weibespersonen; welches bei dem ganzen Affengeschlechte gemein ist. Besonders aber hat er die ihm bekannten Hausleute lieb und zumal kleine Knaben, mit denen er spielet, auf sie springt, ihre Taschen visitieret, sie laust und sich von ihnen klopfen und streicheln läßt; wenn sich aber Frauenzimmer einstellen, und besonders wenn zugleich Mannspersonen gegenwärtig sind, so hüpft er oft auf sie und beißet sie in die Arme oder Beine, doch haben seine Bisse nicht viel zu bedeuten, denn er beißt selten stark, sondern drücket nur, daß kaum ein kleiner blauer Fleck wird.
Sein größtes Vergnügen ist, alles umzuwerfen, was er sieht, und wenn man hundertmal einige Stühle vor ihn setzet, so springt er auf jeden und verläßt sie nicht eher, bis sie umgestoßen sind; dieserwegen kann man ihn nicht ungebunden im Hause lassen, denn er würde nichts, das nicht feste wäre, stehenlassen, sondern alles auf den Erdboden werfen. Wenn man ihm dünne Speise gibt, nimmt er sich nicht solange Zeit, dieselbe erstlich aufzuschlucken oder aufzulecken, ehe er den Teller oder das Gefäße umwürfe, sondern er schüttet alles sogleich auf die Erde und muß nachgehends die unreine Speise auflecken.
Wenn er Suppe genießt, die er teils schlürfet, teils säuft, so sucht er seinen Bart soviel als möglich ist, in acht zu nehmen, und wenn solcher benetzet wird, streicht er ihn am Grase oder mit den Armen rein.
Dieses Tier ist eines von den reinlichsten unter den Affen und leidet weder seine eigene noch andere Unreinigkeit an sich; ein Fehler, den die andern Affen selten zu vermeiden wissen oder lernen; daher macht denn dieses Tier diejenigen, die mit ihm hantieren, nicht schmutzig.
Sooft es jemand Fremdes oder Unbekanntes zu sehen bekömmt, grüßt es ihn, auf die Art, daß es die Unterlippe mit dem Barte niederbeuget, daß sich die weißen Zähne zeigen, und dabei ein paarmal mit dem Kopfe ihm sehr schnell zunickt.
Wenn es auf jemanden erzürnet wird, welches doch selten

geschieht, außer wenn es einem Bekannten auf dem Arme sitzt und ein anderer sich stellet, als wolle er ihn überfallen, denn da wird das Tier gleich zornig und zeiget seine Gemütsbeschaffenheit, wenn es grimmig ist, dadurch, daß es die Kinnbacken schnell bewegt, als ob es kauete, und die Zähne einigemal zusammenschlägt; darauf sperrt es das Maul so weit auf, als es kann, und hält den Rachen eine ganze Minute offen, mit hervorragenden Zähnen, als wollte es ihn verschlingen, auf welche Art es seinen Feind am meisten zu schrecken vermeint. Dieses Aufsperren des Mauls und Bewegen der Kinnbacken wiederholt es einigemal, und wenn es da seinen Feind erreicht, so beißt es ihn nach seinem Vermögen. Sonst ist es allezeit sanftmütig, lustig und unbeständig.

Es hat keine sonderliche Aussprache: das einzige, das es sprechen kann, ist das Wort „Grech“. Wenn jemand Bekanntes ihm laut zuruft: „Grech“, so antwortet es ihm sogleich: „Grech.“ Übrigens gibt es fast keinen Laut mehr von sich als daß es, wenn es hungrig oder furchtsam ist, pfeift und sich gleichsam etwas beklagt. Einen sonderbaren Laut habe ich ein paarmal von ihm gehört, wenn es erschrocken ist, er klingt ohngefähr: „Hoi“. Wenn die Pfauhenne über ihren Eiern sitzt, pflegt sie um zwölfe des Tages auf einige Minuten davonzufliegen, sich in der Erde zu baden, zu fressen und zu saufen, und wenn sie auffliegt, schreit sie erschrocken, als wäre ein Fuchs hinter ihr; wenn der Affe diesen ungewöhnlichen Ton höret, springt er wie ein Blitz, so hoch er kann, und schreit mit einer erschrockenen Stimme: „Hoi.“

Übrigens springt er leicht, spielt mit Hunden, vergnügt sich, ohne einige Wirkung zu beißen, Sachen, die frei stehen, umzustoßen, den Leuten, die ihm nahe stehen, die Hüte abzunehmen, und sich selbst oder andere zu lausen, welches allezeit der Affen angelegenstes Geschäfte ist.

Zwo neue Gattungen Tabak

Wenn man die mannigfaltigen Erfindungen der neuen Welt mit der Einfalt der alten vergleicht: so hat man Ursache, sich sehr zu freuen. Aber doch haben wir auch Verschiedenes mehr zum Schaden als zum Nutzen gelernet. Die Alten kannten weder Branntewein, Tee, Kaffee noch Spezereien, ja nicht einmal Zucker, welches itzo das vornehmste Gewürz bei allen Speisen ist und worauf in unsern Haushaltungen so viel gewandt wird, des Tabaks zu geschweigen, der sich weiter als einiges von den vorigen ausgebreitet hat, so daß itzo kaum eine Art von Leuten unter den gesitteten und unter den wilden Völkern ist, die nicht Tabak rauchten. Man kann nicht leugnen, daß Amerika die größte Erfindung ist, die jemals ist gemacht worden, unter allen aber, was man in dieser neuen Welt angetroffen hat, ist nichts in so allgemeinen Gebrauch gekommen als der Tabak, die eigene Frucht dieser neuen Welt. Als unsere Europäer zuerst nach Amerika kamen und die Leute daselbst Tabaksrauch in sich ziehen sahen, erstaunten sie vor Verwunderung. Jeder nahm Tabak mit sich nach Hause, als ein neues und treffliches Kraut, dem man eine übernatürliche Kraft zuschriebe, wodurch es auch in Europa die großen Ehrentitel *Herba Reginae, Sana Sancta* und andere erhielt, welche aus der Geschichte des Tabaks hinlänglich bekannt sind. Aber die Kunst, rauchen zu lernen, war nicht so leicht. Wir haben diese Geschicklichkeit dem unglücklichen Engländer Raphelengi zu danken, der solches in Virginien begriff und nach seiner Rückkunft, ohne mit seiner Kunst neidisch zu sein, viele Lehrlinge in London machte, besonders von der lehrbegierigen Jugend, von denen verschiedene, die des Studierens wegen nach Leyden reiseten, die Kunst da so glücklich ausbreiteten, daß die Holländer bald ebenso gut rauchten als die Indianer selbst, und von da hat sich die Kunst in alle Weltteile ausgebreitet.

Noch kannte man das Kraut nicht, sondern alle Tabaksblätter mußten aus Virginien geholet werden, bis der große Kräuterkenner Konrad Gesner, in der Schweiz, die erste

Pflanze zu Gesichte bekam. Er freuete sich so herzlich über ihre Gestalt, Geschmack und Geruch, daß er in seinen Briefen inniglich wünschet, ein so herrliches Gewächs möge zum Besten des menschlichen Geschlechtes durchgängig bekannt werden. Denn als er den Rauch von diesen Blättern vermittelst eines Trichters in sich zog, empfand er eine so seltsame Bewegung in dem Gehirne und den Empfindungswerkzeugen, daß er keine bequemen Worte, solche recht zu beschreiben, weiß. Itzo scheint es, als sei sein Wunsch ziemlich erfüllet worden.

Nicht nur die Kunst, den Tabak zu rauchen, sondern auch ihn recht zuzurichten, ist endlich in unser Vaterland gekommen, wiewohl etwas später als in die südlichen Länder Europens, aber sie ist doch bei uns ebenso hoch gestiegen als bei den Ausländern, wodurch itzo so viel Tabaksfabriken in unsern Städten angerichtet worden sind, daß sich eine ansehnliche Menge Einwohner nur davon erhält.

Aber die Kunst, es dahin zu bringen, daß der Tabak bei uns wächst, oder ein Kraut, dem wärmere Gegenden natürlich sind, an unsre kalten zu gewöhnen, ist zu unsern Zeiten erfunden worden. Durch fleißige Wartung hat man die Sache soweit gebracht, daß verschiedene bei uns nicht nur Tabak zu ihrer Bedürfnis erbauen, sondern auch solchen mit ansehnlichem Gewinste verkaufen können. Und wiewohl er viel Feld, Dünger und Zeit wegnimmt, die man nützlicher auf Getreide wenden könnte und wenigstens dem Landmanne nicht sollte zugelassen werden, so hat doch die Gewohnheit dieses Kraut so unentbehrlich gemacht, daß es nötig ist, seinen Bau auch bei uns aufzumuntern und zu treiben, wenn solches nur in der gehörigen Ordnung geschieht.

Wie der Menschen Witz immer auf Veränderung sinnet, so hat er auch bei Zubereitung des Tabaks ein ansehnliches Feld gefunden, seine Kunst zu weisen. Wir hatten vor ein paar Jahren jemanden, der uns türkischen Tabak säen lehrte, als welcher für manche Naturen viel besser schmeckend und angenehmer wäre.

Damit die Botanik auch bei uns für Einfälle und Genie nicht weniger dankbar wäre, so habe ich ebenfalls meinen Landsleuten zwo Arten ganz unbekannten Tabak mitteilen wollen, die neulich aus der andern Welt und aus Peru gekommen sind.

Herr Bernhard Jussieu, ein berühmter Kräuterkenner und Professor zu Paris, Mitglied unserer Akademie, sandte mir vor ein paar Jahren verschiedene Arten seltener Samen, die er von seinem Bruder, als derselbe sich in Peru aufgehalten, bekommen hatte. Darunter befanden sich auch einige Tabakssamen, die mit den andern im upsalischen Akademiegarten gesäet wurden, daselbst wuchsen, blüheten und viel Frucht gaben.

Unsere bisher bekannten Tabaksarten sind nur zweierlei: 1. Der westliche oder langblätterichte und gemeine Tabak, der itzo fleißig und sorgfältig gebauet wird; 2. der morgenländische rundblätterichte und wilde Tabak, der sich selbst aussäet, wenn er einmal in einen Garten gekommen ist. Beide sind itzo bei uns so durchgängig bekannt, sowohl aus Büchern als aus eigener Erfahrung, daß ich mich mit ihrer Abbildung nicht aufzuhalten brauche, sondern sogleich eine Vergleichung zwischen den beiden neuen und beiden alten Tabaksarten anstellen kann.

Nicotiana paniculata, die eine neue Art, ist vor diesem einzig und allein vom Pater Feuillé 1714 in seiner Reisebeschreibung von Lima und Peru, die er in französischer Sprache herausgegeben hat, abgezeichnet und beschrieben worden. Die Abzeichnung ist leidlich, doch nicht so zulänglich, daß jeder die Pflanze daraus kennen kann; daher habe ich für nötig gehalten, der Akademie eine vollkommenere mitzuteilen. 1. Taf.

Dieser Tabak hat viel Ähnlichkeit mit dem türkischen: denn die Blätter sind ebenfalls rundlicht, die Blumen haben eben die Farbe und sind ebenso stumpf; aber der Stengel, die Blätterstiele, die Blumenstiele und die Blumen selbst sind noch einmal so lang und schmal, so daß einige auf die Gedanken kommen möchten, als sei dieses nur eine Abänderung, die von dem Orte herrührete, wenn nicht besonders die Frucht eine ganz andere Gestalt hätte und wie ein Kegel spitzig wäre, eben wie bei dem gewöhnlichen amerikanischen Tabak. Dieser Tabak war gar nicht zärtlich, sondern nahm verlieb, unter freiem Himmel zu stehen, da er leicht wächst, blühet und unzählig viel Samen trägt. Soviel ich aus dem Geruche und Geschmacke beurteilen kann, kann ich nichts anders finden, als daß dieser Tabak milder und gelinder sein wird als aller anderer Tabak, so, daß wenn des Frauenzimmers zärtlicher Geschmack das Tabakrauchen zu lieben anfangen sollte, so

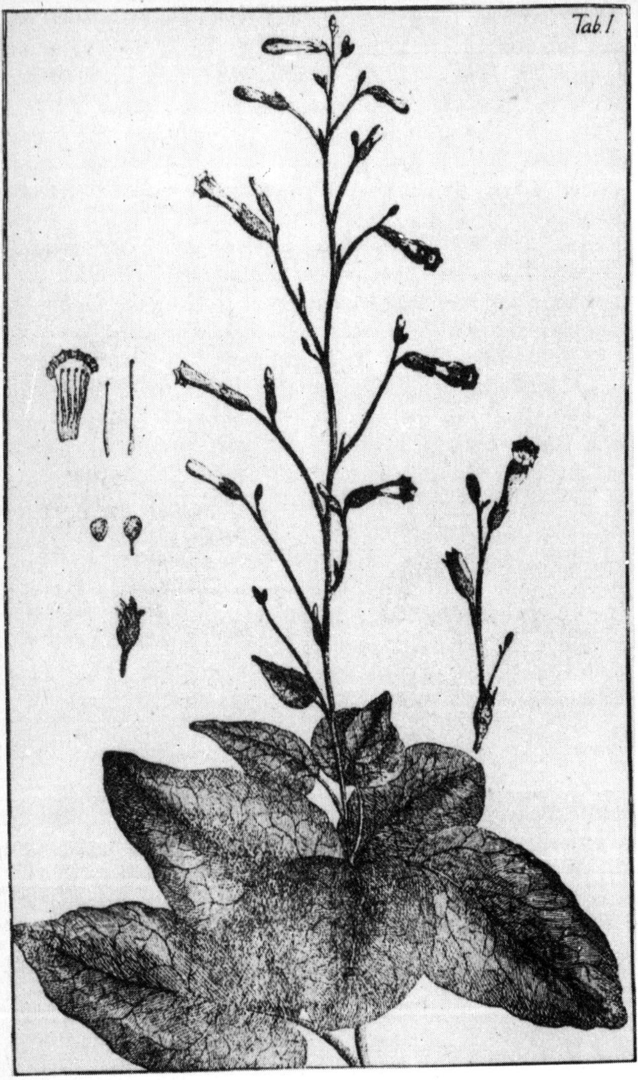

Tabakpflanze (Jungfern-Tabak) aus Linnés Beschreibung in den Abhandlungen der Akademie, 1753

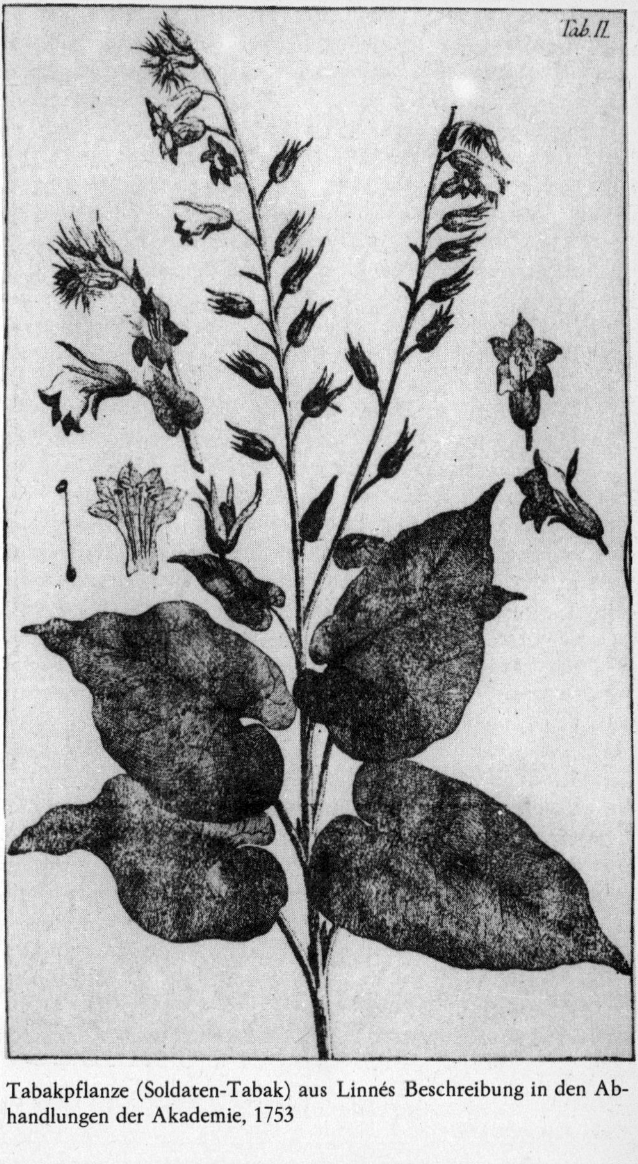

Tabakpflanze (Soldaten-Tabak) aus Linnés Beschreibung in den Abhandlungen der Akademie, 1753

glaube ich, dieser würde bei ihm die erste Stelle einnehmen, und ich nehme mir die Freiheit, nicht allein deswegen, sondern auch wegen seiner schmalen und spitzigen Gestalt, ihn Jungferntabak zu nennen.

Der andere neue Tabak, siehe die 2. Tafel, ist so neu, daß ich keinen Kräuterkenner weiß, der ihn zuvor gekannt hätte. Er hat eine etwas ähnliche Gestalt mit dem gemeinen amerikanischen, ist aber weit davon unterschieden. Das Blatt ist nicht länglicht (*lanceolatum*), wie bei dem amerikanischen, sondern völlig herzförmig (*cordatum*). Die Blumen wachsen nicht in Sträußern, sondern auf die Art, die ich *racemum secundum* nenne, eine nämlich nach der andern in einer Traube, da sich alle Blumen nach einer Seite wenden. *Calyx* oder der Kelch ist zwar in fünf Teile geteilet, wie bei anderem Tabake, aber die obere Abteilung ist noch einmal so groß als die andern, wodurch sich dieser Tabak leicht von dem andern unterscheiden läßt. *Corolla* oder die Blume hat zwar einigermaßen die Farbe wie bei dem amerikanischen Tabak, ist aber dunkeler und nicht regelmäßig wie bei dem amerikanischen, sondern seitwärts aufgesperret wie ein Helm; die Frucht ist spitzig. Eine weitere Beschreibung dieser beiden Tabaksarten ist in den „*Speciebus Plantarum*“, die itzo im Drucke sind, 180. S. zu lesen. Übrigens ist diese ganze Pflanze an Stengeln und Blättern mit zarten Haaren besetzt, die eine schleimige Feuchtigkeit aussondern, und, wo man sie angreift, klebet sie an den Fingern. Soviel ich aus den Gründen der Kräuterkenntnis und aus der Ähnlichkeit, welche die Natur bei allen andern Gewächsen beobachtet, urteilen kann: so schließe ich aus dem Geruche, Geschmacke, dem Schleime und der betrübten Farbe der Blume, daß er viel stärker sein muß als alle bisher bekannten Tabaksarten. Eine herrliche Erfindung für die Tabaksspinner, wodurch sie in Stand gesetzet werden, allerlei Verlangen zu befriedigen; denn wie einige nichts als schwache Liköre vertragen, so wollen andere nur die stärksten und höchst rektifizierten Geister haben. Man kann also diesen Tabak Soldatentabak (*Knekte-Tobak*) nennen, sowohl deswegen, weil seine Blumen einem Helme gleichen, als auch, weil er stärker ist und wie das Opium bei den türkischen Soldaten, wenn sie zu Felde gehen, dienen kann. Dieser Tabak erfordert mehr Aufsicht, wenn er bei uns zur Reife kommen soll; denn als ich ihn 1751 im Garten der upsalischen Akademie säete, konnte ich mit Not zwei oder drei Samenbehältnisse zur Reife bringen; aber 1752, da ein heißer Sommer war, bekam ich ihrer eine größere Menge mit völlig reifen Samen, da er denn auch in freier Luft sehr gut wuchs, daß ich nicht zweifele, dieser Tabak würde bei uns, wie der gemeine, fortkommen, vornehmlich, wenn er gleichfalls im Frühjahre in ein warmes Treibebeet gesäet und nachgehends in gute Erde gepflanzet würde.

Der Nutzen, den das gemeine Wesen vom Tabak hat, ist sonst bekannt genug; ein giftiges, einschläferndes und stinkendes Kraut, wird durch eine halbe Fäulnis, Menschenharn, das fleischichte Wesen der *Cassiae* und andere Heimlichkeiten zubereitet, gepresset und gibt alsdann verbrannt einen Rauch, der einem, der es nicht gewohnt ist, Schwindel, Kopfschmerzen, Brechen und Purgieren verursachet. Er ist, wie vieles andere, eine schätzbare Arznei, wenn er in gehöriger Menge gebrauchet wird. Die übrigen Wirkungen des Tabaks, zur Verwahrung vor ansteckenden Krankheiten, in feuchten Gegenden, in schlimmer Luft, bei Hunger und Not, sind alle bekannt. Wie ein giftiges, stinkendes und übelschmeckendes Gewächs mit seinem Rauche bei allen Völkern so gemein geworden ist, daß diejenigen, welche die Kunst recht gelernet haben, oft lieber Essen und Trinken entbehren als den Tabak, davon wage ich mich nicht etwas zu sagen, denn die Mode hat kein Gesetz.

Linné in Alltagskleidung. Zeichnung von J. E. Rehn, 1747

Anmerkungen über das Bier

Wasser ist sicherlich der natürlichste Trank, wie man bei allen Tieren siehet, und ohne Zweifel der erste, den die Menschen gebraucht haben. Milch wird vermutlich das andere Getränk gewesen sein, das die Menschen aus Not zu brauchen gelernet haben, wenn sie ihre Herden über die brennenden Sandwüsten der südlichen Länder zu weiden führeten. Wein, Noahs Erfindung, ist wohl bei seinem rechten Gebrauch ein vortreffliches Getränk: aber er greift auch des Menschen Körper ziemlich an. Alle diese erfrischen das Blut, aber Wasser besonders. Milch nähret mehr, und Wein muntert mehr auf; aber Wasser ist das vornehmste Getränke, das die Speisen am besten verbreitet und das Blut abkühlet. Das Wasser ist aber so mancherlei und von so vielerlei Gattungen als die Erdarten. Daher ist es an manchen Orten übelschmeckend und schädlich. Die Menschen haben daher gesucht, es wohlschmeckend und gesünder zu machen, indem sie allerlei Gewächse und Samen mit dem Wasser kocheten. Da aber ein solches Getränk nach einigen Tagen sauer wird und verdirbt, so hat man erfunden, diesem dadurch vorzukommen, daß man bittere Kräuter dazu gebrauchet und es gären ließe. So ist das Bier, wie man glaubt, zuerst in Ägypten aufgekommen, ob es wohl schon um Christi Geburt den Goten und Deutschen bekannt war.

Man macht Bier, wie jedermann weiß, aus Wasser, Malz, Hopfen und einem gärenden Wesen, deren jedes für sich betrachtet werden muß.

Das Wasser ist, nach Beschaffenheit des Landes und der Jahreszeit, von ungleicher Güte, und das ist die erste Ursache, warum sich zwischen Bier und Bier so ein großer Unterschied findet. Die, welche in bergichten Ländern wohnen, haben gemeiniglich besser Bier als die Leute näher an der See. Fast alle Brunnen in Stockholm werden von der Flut salzig, ja selbst der Ridderholmsfjord im Mälar, und obgleich das salzige Wasser bei der Ebbe zurückläuft, so möchte es doch wohl daher rühren, daß das Stockholmer Bier einen eigenen Geschmack bekommt, der kaum von ebendem Brauer und eben-

den Materialien an einer andern Stelle zu erhalten ist. Wer das Wasser zu Hamburg gesehen hat, wird auch die Ursache finden, warum das Hamburger Bier seinen eigenen Geschmack hat und wie sonst unschmackhaftes Wasser durchs Brauen kann erträglich werden.
Das Malz wird bei uns aus Gerste gemacht, bei wenigen aus Weizen, aber selten aus Hafer und am allerwenigsten aus Roggen, in Indien nur aus Reis.
Der Gebrauch des Hopfens ist ein seltsames Unternehmen, das den Alten nicht ist bekannt gewesen. Wer hätte wohl glauben sollen, daß dieses Gewächs zu dem süßen Tranke, der aus dem Malze gekocht wird, so unentbehrlich werden sollte? Er muß aber durch den Hopfen bitter werden, damit er sich länger hält. Indessen hat man nun durch die Erfahrung befunden, daß, so nahe auch der Hopfen mit dem Hanfe verwandt ist, doch des Hopfens harzige Teile viel weniger schaden, auch zum Getränke viel dienlicher sind als der Gagel, den man sonst in Schweden dazu brauchte, welcher viel Kopfschmerzen verursachte; ich sage nichts von Enzian, Bitterklee und Wermut, welche die Armen zuweilen statt des Hopfens brauchen.
Der Gäscht zum Gären ist meist einerlei, er macht das Bier gesunder und stärker. Er schlägt die gröbern Teile zu Boden, nachdem er sie lange durcharbeitet hat, macht solchergestalt das Getränke klärer und reiner, und verhütet, daß es nicht sauer wird; denn wer frisches Bier, das noch nicht gegoren hat, trinkt, wird bemerken, daß es ihm nicht lange darnach sauer aufstößt. Buttelbier, das im Gären ist gehemmet und in Bouteillen mit langen Hälsen, die man fest verstopft hat, gegossen worden, gibt viel Luft von sich, sprengt oft die Bouteillen und dehnt die Eingeweide aus, denen es sowohl, als den Nieren, schädlich ist. Man hat in London gesehen, daß ein Soldat, nachdem er von der Wache gekommen ist, eilig eine Bouteille Buttelbier ausgetrunken hat, aber gleich darauf von einer gefährlichen Kolik ist befallen worden, daran er den dritten Tag starb; als man ihn öffnete, waren die Gedärme ganz aufgeschwollen aus dem Bauche getreten. Das Gären ist eine mißliche Sache bei allem Biere, und es kommt viel darauf an, wie warm das Bier ist, wann das Gäscht hineingetan wird. Es wird heiß gegoren, wann das Gäscht in das Gebräude kommt, indem solches noch heiß ist. Davon wird das Bier sehr fein, klar und stark und behält den Schaum oder die Blume

länger im Becher, aber es verursacht Sodbrennen oder auch heftige Kopfschmerzen. Kalt gegoren wird das Bier, wenn man das Gäscht hineintut, nachdem es ganz kalt ist. Das wird nie gern recht klares Bier, und wenn man es in einem Gefäß ein wenig in ein warmes Zimmer setzt, so fängt es etwas zu gären an und setzt die Hefe zu Boden. Dieses verursacht weniger Kopfweh und treibt stark, aber die Hefen schadet dem Magen. Lau gegoren heißt, wenn der Gäscht da hineingetan wird, wenn das Bier so weit verkühlet ist, daß man am Finger, den man hineinsteckt, das Bier unten laulicht, aber oben mit einem kalten Ringe fühlet. Dieses wird das beste und gesundeste Bier.

Außer allem diesem muß Bier, was gut werden soll, auch aus gutem Malz gebrauet sein. Am Feuer gedörretes Malz gibt braunes und nicht so schmackhaftes Bier. Das Bier muß auch wohl gekocht haben, wenn es unserm Leibe wohl bekommen soll. Man muß es weder zu frisch noch bis auf die Neige trinken, damit die Hefen nicht den Magen beschweren und Durchlauf oder Kolik verursachen. Besonders müssen die, welche vom Steine oder Podagra geplagt werden, sich sehr dafür in acht nehmen; denn das frische Bier mit den Hefen verursacht viel Wind und dehnet die Eingeweide aus; wenn solche einmal zu sehr ausgedehnt sind, bekommen sie schwerlich ihre vorige Stärke wieder. Wer frisches oder ungegornes Bier trinkt und noch dazu etwas isset, das Blähungen verursacht, der wird eine unruhige Nacht haben. Außer Schweden legen viele ungelöschten Kalk ins Bier, welches davon bald klar wird; aber solch Getränk verursacht Skorbut, der oft in Wassersucht endigt oder auf andere Art tötet. Wer also für seine Gesundheit besorgt ist, der hüte sich vor Seewasser von der Flut, vor Salzwasser und vor Kalkwasser. Einige setzen eine Bouteille mit Branntewein in den Braukessel, in dem das Bier gärt, welches soviel heißt, als ihren Gästen den Verstand stehlen wollen. Sehr bitteres Bier dämpfet die Liebeslust, trocknet den Körper aus, macht ihn mager und bereitet ihn zur Wasser- und Windsucht. Zu starkes Bier macht den Körper feist und schwer, und am Ende auch schweren Odem. Sauer Bier macht Magensäure, Paußigkeit, Bleichsucht, Kolik und Milzsucht.

Hieraus erhellet, wieviel Wissenschaft, Erfahrung und Aufmerksamkeit erfordert wird, auch aus guten Materialien

gutes Bier zu machen; aber dadurch erhält man auch ein Getränk, das den Schweden viel dienlicher ist als aller andere, zumal den Leuten, die etwas starke Bewegung oder heftige Arbeit haben. Ein gutes Bier streitet mit dem Weine um den Vorzug, sowohl an Klarheit und Geschmacke, als auch am Nutzen zur Gesundheit, vornehmlich, wenn es etwas alt ist. Es verursacht nicht Podagra oder Stein, wie der Wein insgemein macht. Das Bittere im Bier stärket die Nieren und trägt solchergestalt viel dazu bei, daß sich der Stein nicht so leicht ansetzt. Gutes Bier erhitzt das Blut nicht, wie der Wein, und nähret vielmehr; daher sieht man, daß die, welche viel starkes Bier trinken, fett sind, wenn sie gleich wenig essen. Also macht das Bier den Leib fett, den der Wein auszehret. Der ungeheure Knabe, den man den kleinen Cajanus nannte, der sich zu Amsterdam aufhielt, war nur durch Bier fett geworden.
Das Bier legt auch keinen solchen Grund, wie der Wein, zur Lungensucht, Fiebern und andern schädlichen Verstopfungen. Aber daß das Bier, besonders von den Vornehmen, geschmähet wird, ist nicht des Bieres Schuld, sondern derer, die es trinken. Das Beste, im Überflusse gebraucht, ist schädlich, und Bier ist nicht das dienlichste Getränk für diejenigen, die nicht die nötige Bewegung haben, denn soviel es diesen schadet, soviel nützet es den andern, die in völliger und täglicher Arbeit sind. Auch taugt starkes Bier nicht in der heißesten Sommerzeit, im Winter hingegen wärmet es Reisende ansehnlich und mehr als anderes Getränke. Fetten, Pausichten, Skorbutischen ist es nicht dienlich, viel Bier zu trinken, dagegen bekommt es Magern und Ausgetrockneten wohl. Alle starke Getränke überflüssig gebraucht, schaden dem Leib und der Seele, wenn man aber einmal im Überfluß sündiget, so ist die Gefahr von gutem Bier geringer und leichter zu überwinden als von andern starken Getränken. Die, welche schwere Arbeit tun, müssen gut Bier haben, wenn sie es aushalten sollen, denn von Wasser, Tee und Kaffee werden sie ausgezehrt. Wer nichts anders als Wasser trinkt, ist allezeit mager, wenn er nicht dabei gute und nährende Speisen genießt. Stark Bier muß von denen behutsam gebraucht werden, die nicht auch einen so starken Körper haben, denn es macht alle Feuchtigkeit in uns zähe und nähret viel Schleim. Wer nach vieler Arbeit zur Ruhe kommt, täglich eine Kanne stark Bier trinkt und nachmittags schläft, ohne zu arbeiten, verkürzet sicherlich seine Lebenszeit.

Ausländische Biere dürfen nicht für schwedische Magen verschrieben werden; denn das hieße nach Wasser über die See gehen. Das englische Ale ist stark und von allerlei Gattung, deren durch Vermischungen, die oft schädlich sind, noch mehr werden. Die holländische Molle gibt mehr Schaum, aber nie den Geschmack wie unseres. Der Danziger Prüßing ist gut für die, die sich gestoßen oder geschlagen haben; aber ziemlich kräftig. Der Deutschen Garlei stopfet stark, und ihr gekräuterter Knisenach macht bald trunken. Die Braunschweiger Mumme dient in Mattigkeit und wider die Säure, läßt sich auch über die Linien führen; aber sie schadet den Nerven. Breyhahn macht mehr Wassersucht als einiges ander Bier. Fahlunisches Bier in Schweden übertrifft sie alle. Das finnische Luhra ist dick und fast milchfarbig, wird mit glühenden Steinen gekocht und kann also nicht gesund sein; doch ist dieses Getränk nun in Finnland fast unbekannt und wird nur zu Oesel und an einigen russischen Orten gebraucht. Ränebier in Gothland macht den, der davon trinkt, oft ganz blind, solange der Rausch währet, welches vom Lolch (*Lolium*) herkömmt, der da unter der Gerste wächst. Schafgarbe (*Millefolium*), welche die Lima-Bauern manchmal bei ihrem Bier brauchen, rühret das Blut auf und macht einen schweimlicht. Bitterbier wird mit Wermut zubereitet und kann destoweniger gesund sein, da die Kellermeister mit Wermut meistens verdorbenem Bier wieder helfen. Schifferbier, das lange auf der See ist geführet worden, ist durch die Bewegung meistens wohlschmeckender, feiner und gesünder geworden, als es war, da man es einnahm.

Des Menschen Leben und Gesundheit kommt so sehr auf das Getränk als auf die Speisen an; daher ist an der Braukunst sehr viel gelegen. Wie beschwerlich ist es nicht, an den Orten zu reisen, wo die Leute nicht gelernt haben zu brauen; bei jeder Abwechselung eines elenden Getränkes kömmt man in Gefahr einer neuen Krankheit. Oft sind Zutaten und Kosten für wohlschmeckendes und gesundes, für ekelhaftes und schädliches Bier einerlei, der ganze Unterschied besteht nur im Brauen. In unserem Vaterlande brauet man an einigen Orten besser Bier, als man leicht sonst irgendwo in Europa finden wird, und es wäre zu wünschen, daß die Kunst allgemein bekannt wäre. Es wäre der Mühe wert, daß jeder studierende Jüngling recht Brauen und Backen lernte; welche Künste für eine Nation sehr wichtig und bald gelernt sind: dadurch würde sich die Wissenschaft bald über das ganze Land zum Vorteile der Einwohner ausbreiten.

Almanach
För Året
Efter wår Frälsares Christi Födelse,
1749.
Til STOCKHOLMS Horizont,
Belägen 59 grad. 20 min. Norr om Æquatoren
och 1½ tids min. Öster om Upsala Observatorium.
Utgifwen
Efter Hans Kongl. Maj:ts nådigste stadgande
Af Des Wetenskaps Academie.
Stockholm, tryckt hos LARS SALVIUS.
Exemplaret säljes häftat och skurit för 6 öre Kopp:mt.

Titelblatt des Almanachs der Königlich Schwedischen Akademie der Wissenschaften auf das Jahr 1749, in dem der Bier-Traktat erstmals veröffentlicht wurde

ANHANG

Nachwort

Rousseau äußert gegenüber dem Schweden Björnståhl 1770, in Linnés „*Philosophia Botanica*" sei mehr Weisheit enthalten als in den größten Folianten über Moral.

Goethe charakterisiert Linnés Bedeutung für sich in einem Brief an Zelter 1816, indem er ihn neben Shakespeare und Spinoza stellt.

Strindberg sieht in Linné 1905 in seinen „*Blumenmalereien*" einen Poeten, der sich den Naturwissenschaften widmete, nachdem sein Zeitgenosse und Dichterkollege Oscar Levertin in Linné kurz zuvor einen Naturforscher entdeckt hatte, der auch ein Dichter war.

Der sowjetische Dichter Ossip Mandelstam malt in seiner Skizze „*Lamarck und Linné*" von Linné das Bild eines Schaustellers, der dem Publikum seinen Jahrmarktszoo in den farbigsten Worten anpreist.

Das ist ein Interesse der Dichter an Linné über drei Jahrhunderte.

Was wissen wir heute, was weiß die Allgemeinheit über Linné? Daß er der große Systematiker unter den Naturwissenschaftlern ist, der die Gegenstände der drei Naturreiche, des Stein-, Pflanzen- und Tierreichs in seinem „*Systema Naturae*", seinem Lebenswerk, das zu seinen Lebzeiten dreizehn Auflagen erlebte, in eine übersichtliche Ordnung gebracht hat? Daß es auch eine Systematik der Krankheiten von ihm gibt oder der Arzneimittel oder eine Enzyklopädie der botanischen Wissenschaften, eben die von Rousseau erwähnte „*Philosophia Botanica*"? Daß er aber nicht ausschließlich Systematiken verfaßt hat, sondern auch Beschreibungen seiner Reisen durch sein Vaterland Schweden, zahlreiche Abhandlungen über naturwissenschaftliche Gegenstände, daß er hinreißende Reden gehalten, offenherzige und drastische Briefe geschrieben hat? Oder daß er der eigentliche Erfinder des hundertgradigen Thermometers ist, das fälschlicherweise Celsius zugeschrieben wird? Oder ist er nicht vielmehr für uns eine bloße Formel, die wir in der Schule gelernt haben: Linné, der Begründer des Sexualsystems in der Botanik; Linné, der Erfinder der binären Nomenklatur? Eine Formel oder gar ein Code, der sich nur dem Eingeweihten erschließt, weniger noch als der „trockene Systematiker“, als welcher er, wie Strindberg 1907 in seinem *„Blaubuch“* sagt, seit einem Menschenalter verketzert worden sei? Strindberg denkt dabei daran, daß Linné nach seinem Tode fast ausschließlich in die Hände der engeren Fachwissenschaft geraten ist. Er prophezeit Linné aber Auferstehung. Und er meint damit eine Auferstehung für die Allgemeinheit.

Wie wir gesehen haben, ist Linné weder für Rousseau noch für Goethe ein „trockener Systematiker“ gewesen. Rousseau äußert sich noch einmal an anderer Stelle über die *„Philosophia Botanica“*, in einem Brief an Linné von 1771: „Allein mit der Natur und mit Ihnen verbringe ich auf meinen ländlichen Spaziergängen köstliche Stunden, und ich ziehe aus Ihrer ‚Philosophia Botanica‘ mehr Profit als aus allen anderen Moralbüchern.“ Und Goethe schreibt in dem erwähnten Brief an Zelter: „Dieser Tage habe ich wieder Linné gelesen und bin über diesen außerordentlichen Mann erschrocken. Ich habe unendlich viel von ihm gelernt, nur nicht Botanik. Außer Shakespeare und Spinoza wüßte ich nicht, daß irgendein Abgeschiedener solche Wirkung auf mich getan.“

Die *„Philosophia Botanica“* gilt heute in der botanischen Geschichtsschreibung als eins der ersten Lehrbücher der Botanik überhaupt, ist aber genauer als eine Enzyklopädie des gesamten botanischen Wissens bis zu Linnés Zeit charakterisiert. In Goethes Bibliothek fanden sich acht Linné-Bücher, ausschließlich botanische Systematiken, darunter auch die *„Philosophia Botanica“*.

Nun ist es nicht merkwürdig, wenn zwei Dichter, die sich mit der Botanik befassen, Werke eines Botanikers schätzen. So wie Goethe über die Urpflanze nachdachte und seine Vorstellung von der Metamorphose der Pflanzen entwickelte, schrieb Rousseau seine Briefe über die Anfangsgründe der Beschäftigung mit der Botanik. Merkwürdig ist, daß der eine ein botanisches Lehrbuch nicht als solches, sondern als Moralbuch preist und daß der andere betont, er habe aus den botanischen Büchern unendlich viel, nur nichts über Botanik gelernt.

Es ist bekannt, daß Goethe sich in seinen Überlegungen über die Urpflanze bei Linné nicht unterstützt fand, denn Linné

behauptete noch in seiner „*Philosophia Botanica*" (1751), alle auf der Erde vorkommenden Arten seien von Anbeginn vorhanden gewesen, so wie das unendliche Wesen sie geschaffen habe. Linnés Auffassung von der Entstehung der Arten durchläuft zwar eine Entwicklung — er sagt später, Gott habe nicht alle Arten, sondern alle Gattungen geschaffen, dann schränkt er den Schöpfungsakt noch weiter ein auf die Familien und anerkennt schließlich nur ein dynamisches Prinzip (*principium vegetabile*), aber seine Vorstellungen haben mit denen Goethes, die auf eine Stammesgeschichte der Pflanzen zielen, wenig gemein, wie A. Hansen 1907 in seinem Buch „*Goethes Metamorphose der Pflanzen*" abhandelt. Hansen kann als Beispiel gelten, mit welcher Leidenschaft auch in der Fachwissenschaft für und wider Linné gestritten wird. Er wirft Linné geradezu mit Haßgefühlen im Herzen seine Autorität als Botaniker vor, die Goethes Entdeckung lange Zeit für die Wissenschaft uninteressant gemacht habe.
Strindberg, der Linné kommende Popularität voraussagt, damit freilich mehr an seine nichtsystematischen Schriften denkt, denn er sagt im „*Blaubuch*": „Wer ihn den trockenen Systematiker nennt, hat den Meister nicht gefunden, wo man ihn suchen soll: in seinen herrlichen Reisen, seinen Reden, Briefen und gewissen Abhandlungen", wertet damit Linné als Systematiker keineswegs ab. In seinen „*Blumenmalereien*" nennt er ihn einen Dichter der Klassen und stellt ihn uns als eine Art Magier vor, der zu Hause in Uppsala sitzt und jede Pflanze, die aus irgendeinem Winkel der Erde zu ihm kommt, dazu bringt, in einer der von ihm gefundenen Klassen unterzukriechen. Worauf er zielt, ist, die magische Anziehungskraft Linnéscher Systeme und ihre scheinbar unerklärliche Ausstrahlung zu bezeichnen.
Unter dem Dichten der Klassen, wie er es ausdrückt, versteht Strindberg in erster Linie den Vorgang der poetischen Verdichtung des Stoffes, aber auch, daß Linnés Pflanzensystem ein künstliches, gleichsam erdichtetes Ordnungsprinzip zugrunde liegt. Tatsächlich tobte zu Linnés Zeit der Kampf um die sogenannten natürlichen oder künstlichen Systeme. Linnés großer Freund und Widersacher Albrecht von Haller, der das Praktikable der Linnéschen Sexualmethode erkannte und durchaus anerkannte, sah dennoch mit Schrecken, mit welcher Geschwindigkeit sich diese „künstliche" (d. h. nicht

auf äußerliche Ähnlichkeit achtende) Methode über die gesamte europäische Wissenschaft ausbreitete.
Linné, der den Kampf mit Haller, den er hoch schätzte, fürchtete, schrieb ihm in einem Brief, der als Programmschrift über die Sinnlosigkeit von Gelehrtenkriegen gelten kann, er sei der erste, der ein natürliches System begrüßen und auf sein künstliches verzichten wolle, wenn Haller eins vorzuschlagen hätte. Was er aber eigentlich über diese Frage dachte, läßt sich in der Einleitung zu den „*Gattungen der Pflanzen*" (Gotha 1775) nachlesen: „... ich lache über alle bisher für natürlich ausgeschriene Methoden, und ich nehme es auf mich zu beweisen, wenn man es verlangt, daß keine, auch nicht eine Klasse, in jedem Systeme natürlich sei."
Wer hätte gedacht, daß einem aus einem wissenschaftlichen Namenregister Gelächter entgegenschallt? Linné schreibt ja auch an Haller: „Und der ganze wichtige, ernsthafte Kampf — was wäre er nach einem halben Jahrhundert in den Augen der Nachkommen? — Ein Märchen, eine Possen-Geschichte."
Nur wer Linnés Systematiken nicht kennt oder in ihnen nur eine Ansammlung von Namen und Begriffen sieht, kann sie für trocken halten. Linné hat in allen seinen Werken, auch in den Systematiken, nicht nur seine Ansichten zu wissenschaftlichen Problemen dargelegt, sondern jeder Satz zur Sache selbst ist gleichzeitig ein Satz über menschliches Verhalten, menschliches Tun und Denken, menschliche Torheit. Linné ist Moralist, aber ohne den Hang zum Moralisieren, wie er etwa Hallers Zivilisationsklage in dessen großem Alpengedicht eigen ist. Wir brauchen nur an seine Abhandlungen über den Tabak oder die Meerkatze Diana zu denken, um das bestätigt zu finden. Linné spricht über die Schädlichkeit des Tabakrauchens und zieht gleichsam genüßlerisch an seiner Pfeife. Er macht sich über das Menschengeschlecht lustig, das gern etwas Besseres als das Affengeschlecht wäre. Dabei nimmt er sich selbst nicht aus, wenn er in einer seiner Systematiken einmal erklärt, daß das Ordnen der Natur (das doch seine liebste Beschäftigung war) letzten Endes ein absurdes Unternehmen sei. Es ist überliefert, daß Linnés Vorlesungen stets gut besucht waren und daß das Auditorium sich oft vor Lachen bog. Linné war ein fröhlicher Mensch, der gern laut lachte. Es gibt die schöne Beschreibung von seinem deutschen Schüler Fa-

bricius, der den häuslichen Linné schildert. Danach wurde oft abends in einem Bauernhause zu einer miserablen Musik getanzt, bei welcher Gelegenheit Linné meistens rauchend den Tanzenden zuschaute, selbst gelegentlich einen „polnischen Tanz" riskierte und es liebte, wenn seine Gäste laut und ausgelassen waren. „Sonst fürchtete er, wir wären nicht vergnügt", schreibt Fabricius.

Hier ist eine der Quellen der „unerklärlichen" Ausstrahlungskraft Linnéscher Arbeiten zu suchen, es ist Gelassenheit gegenüber menschlichen Schwächen, ja Übermut angesichts menschlich-begrenzter Anstrengung (in Relation zu der unendlichen Schöpferkraft Gottes), eine existentielle Heiterkeit und naive Fröhlichkeit. Man ist versucht, ihn einen Mozart der Naturwissenschaft zu nennen. Und in der Tat, seine Systeme haben etwas von der Durchsichtigkeit Mozartscher Musik, seine Namen und Begriffe sind von größter Einfachheit und Klarheit. Es gibt keinen Gegner Linnés, der das nicht einräumte.

Die *„Philosophia Botanica"* kann man als Kunstwerk bezeichnen, als eine Systemdichtung im Strindbergschen Sinne, keine über Wissenschaft, sondern eine aus Wissenschaft. Es gibt keinen botanischen Autor, kein Land, keine historische Epoche, keinen botanischen Bereich, kein Grenzgebiet der Botanik, kein botanisches Werk, ob Lehrbuch, Systematik oder Einzeluntersuchung, keinen botanischen Begriff, keine Benennung eines Pflanzenteils, die hier ohne jeden darstellenden Text nicht einen Platz in einem kunstvoll gebauten Gedankengebäude erhielten. Die *„Philosophia Botanica"* ist ein Musterbeispiel knappster, dabei lebendigster Beschreibung und genauester, anschaulichster Benennung. Von Rousseau stammt denn auch die Bemerkung, es gebe nicht ein Wort darin, das entbehrlich wäre.

Wie verträgt sich nun aber diese Schreibart, in der kein Wort entbehrlich ist und auf die Goethes Worte über seine Linné-Lektüre im allgemeinen, an Frau von Stein gerichtet, zuzutreffen scheinen: Linné eigne sich weniger zum Lesen als vielmehr zum Rekapitulieren, mit der Mandelstamschen Behauptung von Linnés marktschreierischer Beredsamkeit? Beide Parteien haben dabei Linnés Systematiken vor Augen, Mandelstam ausgesprochenermaßen das *„Systema Naturae"*. Schließen nicht die Auffassungen einander aus? Beiden Sichten liegt zunächst Linnés Verhalten als Wissenschaftsreformator zugrunde, als eines Mannes, der eine Mission zu erfüllen hat. Diese Mission bestand darin, die von ihm geliebte Naturkunde zu einer geachteten und gleichberechtigten Wissenschaft unter anderen hochgeschätzten Wissenschaften wie der Mathematik, der Physik und der Philosophie zu machen. Er ist deshalb daran interessiert, so viele wie möglich für diese Wissenschaft zu gewinnen, wozu er sich unter anderen der zahlreichen offenen Fragen bedient, die zu beantworten er seine Schüler und die Nachwelt herausfordert. In allen seinen Schriften „rekapituliert" Linné den Wissensstand in der jeweiligen Disziplin, erwägt er, was andere vor ihm gedacht, welche Wege und Irrwege sie gegangen sind, und hält nicht hinter dem Berge mit dem, was er weiß oder vermutet. Man denke nur an den Bericht über die Lemminge. Er schämt sich dabei seiner Irrtümer nicht, sondern legt sie offen dar, hält sie für eine wichtige Produktivkraft der Wissenschaft. Während es diese offenen Denkwege sind, dieses Hin- und Herdenken, wie es ein moderner schwedischer Forscher genannt hat, die Goethe und auch Rousseau die Beschäftigung mit Linné so angenehm erscheinen ließen, geht es Mandelstam weniger um Linné als Weisheitslehrer und um seine Methoden, inhaltliche Probleme anzugehen, als vielmehr um den Linnéschen Gestus, den Gestus des leidenschaftlichen Wissenschaftsdemonstrators, wie er sich in einer suggestiven und volkstümlichen Sprache und Bildwelt offenbart.

Was Rousseau und Goethe an Linné so produktiv erscheint, dieses Denken sich widersprechender Gedanken, hat den Wissenschaftsforschern die Arbeit nicht wenig erschwert. So gibt es eine Reihe von Streitpunkten in der Linné-Forschung, die hier nur angedeutet werden sollen, da eine reichhaltige Literatur darüber zur Verfügung steht. Der Streit geht darum, ob Linné am Ende einer alten oder am Beginn einer neuen Zeit stehe, ob er *nur* als Naturforscher oder *auch* als Naturphilosoph anzusehen sei, ob man ihn einen Naturtheologen nennen solle, inwieweit er sich außer mit den alten Autoren — Aristoteles, Seneca, Plinius und der Bibel, die er am meisten in seinen Schriften zitiert — mit den naturwissenschaftlichen und philosophischen Anschauungen seiner Zeit auseinandergesetzt habe: mit Descartes, Newton, Spinoza, Leibniz,

Wolff. Ob er ein typischer Vertreter der Aufklärung sei oder nicht. Ob er als ein Vorläufer der Evolutionstheorie zu betrachten sei oder nicht.

Die neueste schwedische Forschung stellt fest, daß Linné, was das letztere angeht, ante portas stehengeblieben sei, wobei nicht völlig geklärt ist, ob zwangsläufig auf Grund seiner Anerkennung des biblischen Schöpfungsgedankens oder bewußt, weil er sich nicht auf einen Streit mit der Kirche einlassen wollte. Es gibt Äußerungen von ihm, die das letztere glauben lassen. Zum Beispiel auf dem Gebiet der Gesteinsbildung, wo er sagt, „er würde die Erde sogar für älter gehalten haben als die Chinesen, wenn es die Heilige Schrift zugelassen hätte". In Johann Beckmanns Tagebuch seiner schwedischen Reise von 1765, in dem Beckmann seine Gespräche mit Linné wiedergibt, wird nur zu deutlich, daß er den Streit mit der Kirche absichtlich vermied. Er diskutiert mit Beckmann über die Seele der Tiere und kommt zu dem Schluß, den er in der 12. Auflage des „*Natur-Systems*", in der er zum erstenmal seine Ansicht von der Seele der Tiere im Gegensatz zu Leibniz und Locke formuliert, n i c h t mitteilt, nämlich, daß die Seele mit dem Körper vergehe, also sterblich sei. Damit steht Linné im offenen Gegensatz zur Kirche, und er bittet Beckmann, nie mit den Theologen über diesen Gegenstand zu streiten, sie kennten die Natur zu wenig, würden sich auch nie ändern, sondern nur einen Haß auf die Naturhistorie fassen.

Trotz dieser ketzerisch scheinenden Äußerungen ist nicht daran zu zweifeln, daß Linné als Naturwissenschaftler seine Aufgabe darin sah, die Natur als Kunstwerk eines großen Schöpfers zu preisen, zu beschreiben, zu erforschen und zu erklären, ebenso wie Newton, und auch nicht daran, daß die Existenz Gottes für ihn unumstößlich feststand. Friedrich Engels zieht in seiner „*Dialektik der Natur*" gleichsam das Resümee, indem er sagt: „So hoch die Naturwissenschaft der ersten Hälfte des 18. Jahrhunderts über dem griechischen Altertum stand an Kenntnis und selbst an Sichtung des Stoffes, so tief stand sie unter ihm in der ideellen Bewältigung desselben, in der allgemeinen Naturanschauung." Der Prozeß der Emanzipation der Naturwissenschaft, der mit Kopernikus begonnen hatte, war in vollem Gange: „Die Wissenschaft stak noch tief in der Theologie." Engels charakterisiert Linnés Stellung in der Geschichte der Wissenschaft speziell als die eines großen Sammlers und ersten Sichters eines ungeheuren botanischen und zoologischen Stoffes, der durch ihn einer mechanischen Ordnung unterworfen würde. Wie Newton in der Mathematik führe Linné in der Biologie ein altes Wissenschaftszeitalter zu Ende und schaffe dabei die notwendigen Grundlagen für ein neues. Wie wichtig Linnés Systematisierungs- und Benennungsarbeit war, beweist, daß sie nicht allein in der eigenen Wissenschaftsdisziplin eine schnelle und weite Verbreitung fand. Johann Beckmann, sein Schüler und später Professor der Philosophie und Ökonomie in Göttingen, beispielsweise nahm nach Linnés Vorbild eine systematische Ordnung der Handwerke vor („*Natürliche Ordnungen der Handwerke und Künste*") und empfing von ihm entscheidende Anregungen zu einer technologischen Betrachtungsweise. Beckmann gilt heute als der Begründer der Technologie (der Begriff geht auf ihn zurück), das heißt, er schuf die Grundlagen zu einer neuen Wissenschaft, der von der Produktion. Bei dem entscheidenden Interesse gerade an dieser Seite der Linnéschen Arbeit fehlt auch das Buffoelement nicht. So gibt es die Satire des Österreichers Ignaz von Born, genannt „*Monachologie*", eine Systematik des Mönchtums nach den Prinzipien Linnés, die in viele Sprachen übersetzt und bis zum Ende des 19. Jahrhunderts immer wieder aufgelegt wurde.

Relativ jung gegenüber der Wissenschaftsforschung hinsichtlich Linnés Werk ist die Sprach- und Stilforschung. Sie setzte erst 1907 mit der Feier seines 200. Geburtstages ein. Mit ihr wird auch Mandelstams Auffassung von Linné als Schausteller der Boden bereitet. Mandelstam zwingt dabei Linnés Missionsdenken, seine Demonstrationslust und Gastgeberfunktion in der Natur in ein Bild. So heißt es bei ihm: „Wenn ich die wichtigsten Werke des schwedischen Naturforschers der Beredsamkeit eines Jahrmarktschwätzers vergleiche, will ich Linné nicht herabsetzen. Ich will nur daran erinnern, daß der Naturforscher ein professioneller Erzähler ist, der Vorzeiger neuer interessanter Arten.

Die kolorierten Tierbilder aus Linnés ‚*Systema Naturae*' hätten neben den Bildern vom Siebenjährigen Krieg und dem Öldruck des Verlorenen Sohnes hängen können.

Linné malte seine Affen in den zartesten Kolonialfarben. Er tauchte seinen Pinsel in chinesische Lacke, malte mit braunem und schwarzem Pfeffer, mit Safran, Olive, Kirschsaft. Dabei tat er seine Arbeit flink und fröhlich wie ein Barbier, der den Bürgermeister rasiert, oder wie eine holländische Hausfrau, die den Kaffee in einer riesigen Mühle zwischen den Beinen mahlt.

Hinreißend ist die Kolumbusbuntheit des Linnéschen Affenzwingers. Da verteilt Adam Belobigungsurkunden an die Säugetiere und hat sich einen Zauberer aus Bagdad und einen Mönch aus China zu Gehilfen erbeten."

Mandelstam kommt mit seiner Linné-Beschreibung auf ein Problem, das die Forschung bisher nicht behandelt hat, nämlich das des speziellen Schauwerts Linnéscher Sprache, die nicht schlechthin anschaulich ist und sich nicht schlechthin durch Bilderreichtum auszeichnet, sondern mit deren Hilfe eine Schaubühne gebaut, die Welt bzw. die Natur in eine Szene verwandelt wird. Freilich eher in dem von Mandelstam angedeuteten Sinne dramatischer Gemälde, die vor den Augen des Zuschauers erst durch die Worte des Erklärers zu agieren beginnen, oder im Sinne sogenannter „lebender Bilder", die ganz dem Willen des Arrangeurs gehorchen.

Das läßt sich an der Andromeda-Szene in der *„Lappländischen Reise"* nachprüfen, wo Linné, als er einer Blume einen Namen geben will, nicht nur eine Geschichte aus der griechischen Mythologie einfällt, sondern er die Geschichte gleichsam auf kleiner Bühne nachspielt.

Die Worte Theater oder Szene gebraucht Linné selbst häufig. In seiner Rede *„Deliciae Naturae"* baut er bewußt eine große Naturbühne auf. Mit drei ineinandergeschachtelten Tempeln — im größten mit schwarzen Wänden residiert Pluto, im mittleren, mit grünen Wänden, Flora, im innersten, mit roten Wänden, Pan — umschließt er die ganze Natur. Jeder Naturgegenstand wird belebt und erhält seine Aufgabe im Daseinskampf. So sehen wir beispielsweise einen Leichenzug an uns vorüberziehen, dessen Gefolge aus allen Arten von aasfressenden Insekten besteht. Ihrem Charakter nach ist die Szene mit der ihr innewohnenden Fabulierfreude, Schaulust und naiven Feierlichkeit den Darstellungen auf den Volksbilderbögen verwandt. Ebenfalls in *„Deliciae Naturae"* findet sich eine Szene beschrieben, in der eine Schmeißfliege bei einer Küchenmagd anfragt, ob dies Stück Fleisch noch als Eßware oder schon als Aas zu betrachten sei, das dann ihr gebühre.

Oscar Levertin hat im Zusammenhang mit Linnés Sprache auf Herders Ansichten über die alttestamentarische Naturdichtung aufmerksam gemacht. Unter anderem rühmt Herder an den alten Naturdichtern auch, daß sie es fertiggebracht hätten, die Welt zu einem Haus zu verengen und alles mit Haß und Liebe zu beseelen. In dem Fragment „*Sponsalia Plantarum eller Blomster Fägnad*" entrollt Linné im Sinne Herders ein Panorama der Leidenschaften, in dem er die Macht der Venus darstellt. Es heißt da: „Venus, du hast mehr getan als alle anderen Götter und Göttinnen. Wenn Mars Tausende zu Boden geworfen hat, hast du Zehntausende erhoben; du hast weit mehr Festungen bombardiert, als er es je vermocht, du bist der Grund zu den meisten Märchen, Klatschgeschichten, Tragödien und Komödien."

Linné kennt aber noch eine andere Art Schauspiel, dem nicht die gleichen harmonischen Vorstellungen zugrunde liegen — harmonisch trotz der Leidenschaftlichkeit des Kampfes ums Dasein, der als notwendige Erscheinung einer Gleichgewichtserhaltung in der Natur begriffen wird —, das Schauspiel, das sich auf der menschlichen Historienbühne abspielt. Da blicken wir in den Mäzenatentempel, wo Genies von der Menge niedergetrampelt werden, eine Szene, die Linné in einem Brief an einen seiner Gönner aufbaut. Und in seiner „*Nemesis Divina*", einer Sammlung von Lebensregeln (zum Teil in Gedichtform) und Vergeltungsgeschichten, durch die er seine Lebenserfahrungen an seinen Sohn weitergeben wollte, erleben wir eine Gerichtsszene, in der sich das Glück, das angeklagt ist, seine Güter so ungleich zu verteilen, vor Jupiter rechtfertigt und an Beispielen demonstriert, wie Neid und Habgier jedes seiner Geschenke besudeln und die Menschen ins Unglück stürzen.

Beide Szenen erinnern an eine Schilderung in Senecas Abhandlung „*De vita beata*" (Über das glückliche Leben). Hier wird eine Menschenmenge vorgeführt, die sich in ihrem Streben nach Erfolg, Ruhm und Reichtum drängt und niedertritt, wobei keiner fällt, ohne einen anderen mit sich zu reißen. Von Seneca stammt auch die Vorstellung von den zwei Gesellschaften, der großen, allgemeinen, die Götter und Menschen umfaßt, und der anderen, „in der die Umstände uns ließen geboren werden", wie sie uns in den verschiedenen Lebensbühnen Linnés, der Naturbühne und der Historienbühne, wiederbegegnen.

Die „*Nemesis Divina*" ist noch in einem anderen Zusammenhang interessant: Sie liefert den Beweis dafür, daß Linné nicht so ruhmsüchtig und eitel war, wie gern behauptet wird. In ihr hält Linné seinem Sohn ein gottesfürchtiges Leben vor Augen, und zu den Verhaltensweisen, die ihm am meisten verhaßt sind, zählt er Hoffart und Geltungssucht. Aber auch wer seine Autobiographie, die als beliebtestes Beweisstück für die Eitelkeitsthese fungiert, unvoreingenommen liest, wird finden, wie sehr sich Linné in Gottes Hand sah und von einem wie starken Sendungsbewußtsein er erfüllt war. Er wird das übertrieben scheinende Selbstlob als Abrechnung vor Gott begreifen. Der Ruhm seiner Wissenschaft war für ihn gleichzeitig der Ruhm Gottes, vor dem er sich als Auserwählter empfand. An mehreren Stellen, im „*Natur-System*" und in „*Deliciae Naturae*", spricht er davon, daß er Gott auf den Rücken gesehen habe. Dieser Vorgang des Gott-auf-den Rücken-Sehens wird in der Bibel als besonderer Vertrauensbeweis Gottes gegenüber dem von ihm als Gesetzgeber seines Volkes auserwählten Moses geschildert. Linné gebraucht den Satz gleichsam als Vertrauensformel. Auch er betrachtet sich als von Gott zum Gesetzgeber auserwählt, zum Gesetzgeber in der Naturwissenschaft. Die „*Nemesis Divina*", in der die Furcht vor der göttlichen Gerechtigkeit zum Ausdruck kommt, beweist, wie unvereinbar Eitelkeit und Ruhmsucht mit dem Gedanken der Auserwähltheit ist.
Freilich wird Linnés Missionsdenken nicht allein aus religiösen Quellen gespeist, und sein Selbstbewußtsein ist nicht allein das eines bewußten Gottesgeschöpfes; er kennt auch seinen Wert als Wissenschaftler und weiß seine Leistung in der damaligen Wissenschaft genau zu bestimmen. Sein persönliches Selbstbewußtsein wird darüber hinaus getragen von dem seiner Klasse, die Träger der fortgeschrittensten Ideen der Zeit, der Aufklärung, ist. Engels spricht in seiner „*Dialektik der Natur*" von den Riesenschritten, die die Wissenschaft vorantat. „Es war", sagt er, „als sollte der Welt bewiesen werden, daß von jetzt an für das höchste Produkt der organischen Materie, den menschlichen Geist, das umgekehrte Bewegungsgesetz gelte wie für den anorganischen Stoff."

Linné gilt heute als einer der bedeutendsten schwedischen Prosaschriftsteller des 18. Jahrhunderts. Die große schwedische Literaturgeschichte widmet ihm über vierzig Seiten, ebenso viele wie seinem berühmten Zeitgenossen, dem Poeten Carl Michael Bellman. Dennoch konnte sich bis heute die Sage von Linnés geringem Sprachinteresse halten, mit der erst in allerjüngster Zeit der Stilforscher Sixten Belfrage in seinem Aufsatz „*Dedikationen i Linnes Skånska resa*“ aufgeräumt hat. Durch den Vergleich mehrerer Textfassungen der Widmung zur „*Skånska resa*“ konnte er nachweisen, welche stilistischen Anstrengungen Linné vor der Drucklegung seiner Arbeiten unternommen hat, und er nennt Beispiele, die belegen, daß das nicht nur hier der Fall war.

Es mag paradox klingen, wenn die Behauptungen vom geringen Sprachinteresse Linnés ausgerechnet aus einer Fülle Linnescher Äußerungen über die Sprache abgeleitet wurden.

In den „*Gattungen der Pflanzen*“ heißt es: „Ich habe meine Gedanken so kurz als möglich ausgedrückt, ich habe mich mehr um nachdrückliche als prächtige Worte und den rednerischen Ausdruck des Lateins gemüht“;

in seiner ersten botanischen Vorlesung: „Eine einfältige Wissenschaft bedarf eines einfältigen Dolmetschers, erwartet keine zierliche Rede von mir, den weder Gott, Natur noch Kunst zum Orator gemacht hat“;

in der „*Öländska resa*“: „Ich habe die Dinge ganz kurz vorgebracht, ohne großes Räsonieren und viele Reflexionen, da die *data* stets für sich selbst sprechen, sofern sie richtig sind“;

im Vorwort zur „*Öländska och Gotländska resa*“: „Die Schreibart ist sehr einfältig, wofür ich von vielen Plinii Nachtigallen hart angefaßt werden dürfte. Die Sprache ziert eine Wissenschaft wie die Kleider den Leib; derjenige, der die Kleider nicht selbst ehrt, muß sich von ihnen ehren lassen. Wenn bei anderen Völkerschaften allein die *eloquentiae doctores* hätten schreiben dürfen, wüßte die Welt heute weniger.“

Diese Sammlung von Aussprüchen macht deutlich, wogegen sich Linnés Angriff richtet: gegen die Eloquenz, was bei ihm Sprachprunk und aufgeblasenes Wissen an Stelle von sachgerechter und kurzer Benennung des Gegenstandes heißt. Man denkt an Rousseaus Worte an Björnståhl: „Sonst sind alle eure Bücher aus dem Norden mit zu vieler Gelehrsamkeit überladen, aber in diesem (der „*Phil. Bot.*“, S. M.) ist nicht ein entbehrliches Wort.“

Auch als Systematiker hatte Linné eine gewaltige Spracharbeit zu leisten. Jedem Tier und jeder Pflanze hat er einen Namen gegeben. Eine ganze Reihe von Tieren und Pflanzen, die ihm von allen Enden der Welt zugeschickt wurden, waren noch unbenannt. Doch auch die schon beschriebenen Arten, bei denen er sich auf vorhandene Namen stützen konnte, verursachten ihm viel Kopfzerbrechen. Man kann das ermessen, wenn man sein Urteil über die botanische Sprache seiner Zeit vernimmt, das sich in seiner „*Critica Botanica*" findet. Er sagt dort: „Sie (die Sprache, S. M.) gleicht einem Chaos, dessen Mutter die Dummheit, dessen Vater die Observanz und dessen Ernährerin das Vorurteil ist." An anderer Stelle schreibt er, wieviel Schweiß es ihn gekostet habe, immer den treffenden Namen für die entsprechende Art zu finden, und zu Beckmann sagt er einmal, er würde viele Namen noch verbessert haben, wenn er nicht den Zorn seiner Zeitgenossen zu fürchten hätte.

Ein Beispiel Linnéscher Namensgebung haben wir mit der Andromeda in der „*Lappländischen Reise*" vor uns. Es zeigt gleichzeitig, welche Rolle die griechische Mythologie bei der Namensgebung gespielt hat. Ein sehr beeindruckendes Beispiel einer Namensbegründung liefert Linné in einem Brief an seinen Lehrer Rudbeck, nach dem er die Pflanze „Rudbeckia" benannt hat. Er entwickelt da ausführlich den Gedanken, daß der Name desjenigen, der in einer Pflanze lebendig sei, den Namen großer Könige und Feldherrn überdaure, der, auf Ruhmessäulen zu lesen, mit diesen vergehe.

Einem so bewußten Sprachschöpfer geringes Sprachinteresse nachzusagen, mutet, wie gesagt, eigenartig an. Es erklärt sich jedoch teilweise aus den verschiedenartigsten Verwechslungen: Mangelndes Interesse an Fremdsprachen — man mißt die ältere Zeit, wo Latein als Wissenschaftssprache ausreichte, an der neueren. Spontanes, naives Verhältnis zur Sprache — man verwechselt den unmittelbaren Eindruck mit dem unmittelbaren Ausdruck, wie Belfrage es nennt, oder anders, man erliegt dem Anschein des Improvisatorischen, bedenkt nicht, daß Linné ihn bewußt gefördert haben könnte. Den Stolz auf seine einfache, aber zutreffende Sprache münzt man um in Bedauern, daß er der schönen Rede nicht mächtig sei.

Vor dem Hintergrund des die Literatur beherrschenden fran-

zösisch-klassizistischen Stils im Schweden des 18. Jahrhunderts muß die Sprache Linnés aber auch tatsächlich einfältig und sein Stil kunstlos gewirkt haben, denn sonst wäre Linné nicht erst so spät als bedeutender Prosaautor seiner Zeit erkannt worden und hätte die Sprach- und Stilforschung sich nicht erst so spät mit seinem Werk zu beschäftigen begonnen.
Inzwischen ist auf diesem Gebiet viel gearbeitet worden. Es gibt Untersuchungen über den Dialekteinschlag in der Sprache Linnés (der småländische Dialekt tritt gerade im Lapplandtagebuch stark hervor); über Rhythmus und Bilderreichtum seiner Sprache und die spezifische Art seiner Bilder: naturbezogene, häusliche, erotische, militärische; über seine Vorliebe für Redewendungen, Sprichwörter und Fabeln (damals waren z. B. die Fabeln von Lafontaine weit verbreitet) und für den Gebrauch von Parallelismen, die seine enge Beziehung zur Sprache des Alten Testaments bezeugen (in diesem Zusammenhang ist auch Levertins Beschreibung Linnés als eines Hymnenverfassers zu sehen); über den Predigtaufbau seiner Reden, z. B. der Insektenrede, die unter anderem als Frucht der Kenntnis der Predigten Pontoppidans, Arndts und Scrivers gewertet wird, pietistischer Prediger, die Gott durch das Wunder Natur und nicht auf abstrakte Weise zu erklären versuchten; über Linnés Humor, eine Untersuchung, die ihn in die Nähe des norwegisch-dänischen Komödiendichters Ludvig Holberg stellt und des Schilderers des schwedischen Volkslebens Otto Dalin, des Herausgebers der damals berühmtesten schwedischen Wochenschrift *„Den svenska Argus“*.

So wie Strindberg es vorausgesagt hat, ist es gekommen: Linné hat seine Auferstehung erlebt oder, wie er es an anderer Stelle ausgedrückt hat, er ist sich selbst nachgefolgt. Und es ist, wie oben erwähnt, eine Nachfolge für die Allgemeinheit geworden. Tatsächlich sind es seine populären, nichtsystematischen Schriften, auf die Strindberg verwiesen hat, die immer wieder verlegt wurden. Die verlegerische Arbeit in dieser Richtung, die, noch zaghaft, 1907 begann, nahm besonders Ende der fünfziger, Anfang der sechziger Jahre in Schweden einen bemerkenswerten Umfang an.
Im Jahre seines 250. Geburtstags, 1957, wurde Linné dazu vom Weltfriedensrat als einer derjenigen Wissenschaftler aus-

gewählt, die sich um das friedliche Zusammenleben der Menschen verdient gemacht haben, und auf der ganzen Welt gefeiert.

Es fällt auf, daß immer wieder eine Trennung zutage tritt zwischen den systematischen und den nichtsystematischen Schriften Linnés. Die Trennung ergibt sich außer aus dem unterschiedlichen Gegenstand, der behandelt wird, aus der Sprache. Sind die systematischen Werke, wie „*Systema Naturae*", „*Genera Plantarum*", „*Species Plantarum*", „*Flora Suecica*", „*Fauna Suecica*" usw. in lateinischer Sprache geschrieben, so sind die „*Reisen*" und eine Reihe seiner akademischen Abhandlungen in schwedischer geschrieben — unter anderem alle Stücke unserer Auswahl. Es gehörte mit zur Aufgabenstellung der neugegründeten Akademie der Wissenschaften, deren erster Präsident Linné war, die Wissenschaft nicht nur zum Nutzen der Allgemeinheit zu betreiben, sondern auch die in ihr und durch sie erworbenen Erkenntnisse der Allgemeinheit zugänglich zu machen. Wenn man dabei auch an die Schichten dachte, die kein Latein konnten, hieß das, sich seiner Muttersprache zu bedienen.

Das Ziel von Linnés Reisen — und das kann man an der „*Lappländischen Reise*" ablesen, war es nicht nur, Naturalien zu sammeln, um sie später zu katalogisieren. Linné beschrieb auch die Lebensweise der Menschen, teilte ihre Erfahrungen im Ackerbau mit, in der Viehzucht, im Behandeln von Krankheiten, im Hausbau, in der Herstellung der Kleidung, im Verwenden von Färbestoffen usw. Es lag ihm daran, das Interesse der Menschen füreinander zu wecken, damit sie sich besser kennenlernten und einen Erfahrungsaustausch in Gang setzten, der ihr Leben erleichtern konnte. Dabei reicht es nicht aus, die Bestrebungen Linnés allein unter humanistischem Aspekt zu betrachten, sie sind ganz stark auch Ausdruck nationalökonomischer Überlegungen, die keineswegs akademischen Charakter trugen, sondern auf praktische Anwendbarkeit aus waren. Es ist auffällig, einen wie breiten Raum sie in seinem Werk einnehmen. Sie dienten deutlich dem Ziel, Schweden als europäische Wirtschaftsmacht zu erschließen, das als militärisch-politische Großmacht bei Poltawa gerade eine große Niederlage erlitten hatte. (Interessant in dem Zusammenhang ist vielleicht noch, daß gerade die russischen Schüler Linnés seinen ökonomischen Überlegungen besondere

Aufmerksamkeit schenkten. Einige von ihnen finden wir später bezeichnenderweise als Mitglieder der Freien Ökonomischen Gesellschaft Rußlands wieder.)
Auf dem Gebiet des Gesundheitswesens hat Linné als Volksaufklärer eine große Rolle gespielt. Wir lesen in seiner „*Diaeta Naturalis*", einem Buch darüber, wie man gesund lebt, das in schwedischer Sprache geschrieben ist, allerdings zu seinen Lebzeiten nicht veröffentlich wurde, daß er es für „ungelehrtes Volk" geschrieben habe.
So ist Linnés eigene Nachfolge für die Allgemeinheit von zwiefacher Art: es ist seine Entdeckung als Dichter und seine Wiederentdeckung als Volksaufklärer und Nationalökonom.

Nun gilt das Gesagte in erster Linie für Schweden. Unsere heutige Kenntnis Linnés erweist sich, wie gesagt, als mager. Das war nicht immer so. Erst nach dem ersten Viertel des 19. Jahrhunderts, mit Erscheinen seiner Autobiographie (1826), der letzten nichtfachspezifischen Schrift im deutschen Sprachraum, verblaßte das Bewußtsein einer faszinierenden Welt, die Linné hieß. Vorher, im 18. Jahrhundert, konnte sich der interessierte deutsche Leser, ob Fachmann oder Laie, ein ziemlich vollständiges Bild von Linné machen. Es gab eine große Menge von Werk- und Einzelveröffentlichungen aus allen Tätigkeitsbereichen Linnés, sowohl in lateinischer Sprache als auch in deutscher Übersetzung. Besonders die deutschen Schüler Linnés, die ihn persönlich kennengelernt hatten, sorgten dafür, daß keine Seite seiner Persönlichkeit unbeachtet blieb, was außer an ihrer vielseitigen Editionstätigkeit an einer Fülle biographischer Mitteilungen aus ihrer Feder in den verschiedensten populären Fachzeitschriften ablesbar ist.
Nach der erwähnten Ausgabe der Autobiographie in der Übersetzung von Karl Lappe gab es hundert Jahre lang keine populären deutschen Linné-Ausgaben mehr. Damit begann erst im 20. Jahrhundert wieder der Entomologe und Ethnograph, der Linné-Forscher und Bibliophile Felix Bryk mit seinen eigenwilligen, oft kleinen, eine bestimmte Seite Linnéscher Arbeits- und Denkweise beleuchtenden Editionen. Als Beispiele seien hier genannt: eine Sammlung von Jugendschriften Linnés mit autobiographischem Inhalt (1919), die Publikation von Linnés anonymen Rezensionen eigener Werke (1922), eine Sammlung der entomologischen Schriften Linnés (1924),

die Ausgabe der Randbemerkungen Linnés zu den Insektenzeichnungen der Maria Sibylla Merian (1920), ein Band mit Linné-Karikaturen (1924). Die Brykschen Editionen haben freilich durch ihren bibliophilen Charakter kaum eine breitere Öffentlichkeit erreicht.
Erst die Veröffentlichung der „*Lappländischen Reise*“ im Insel Verlag Frankfurt am Main 1964, die damit das erstemal in deutscher Sprache erschien, war wieder für ein größeres Publikum bestimmt. Die von uns vorgelegte Auswahl ist eine *Wiederbegegnung* mit Linné nach langer Zeit; es gäbe darüber hinaus noch manches zu entdecken.

Eine Bemerkung noch zu den in diesem Buch versammelten Übersetzungen. Linnés Sprache, das Schwedische, wirkt, heute gelesen, verblüffend modern. Sie in das heutige Deutsch zu übertragen und dadurch ihre Modernität sichtbar zu machen, ist verlockend. Und die glückliche Übersetzung der „*Lappländischen Reise*“ durch den österreichischen Dichter Artmann ist ein überzeugender Beweis dafür. Bei der Autobiographie und den anderen Stücken haben wir dennoch die alten Übersetzungen gewählt. Einmal weil sie ihren eigenen Reiz haben, dann aber auch, weil auf diese Weise ausschließlich deutsche Erstübersetzungen, ob nun aus dem achtzehnten, neunzehnten oder zwanzigsten Jahrhundert, in einer Ausgabe vereint werden konnten. Außer dem Übersetzer Karl Lappe, der den etwas flüchtig geschriebenen zweiten Teil der Autobiographie dem ersten Teil stilistisch anzugleichen versuchte (siehe die Anmerkungen zur Autobiographie), sind die übrigen Übersetzer Linné bewundernswürdig genau gefolgt. Daß das nicht so sein mußte, beweist eine zweite deutsche Übersetzung der Insekten-Rede, die etwa parallel zur ersten im 18. Jahrhundert entstand und in der der Übersetzer bemüht war, den Poeten Linné aus dem Text zu treiben und den Wissenschaftler gleichsam rein herauszupräparieren. Ein Experiment, das total mißglückte. Die Übersetzung erweist sich nicht nur als farblos, sondern als Fälschung, formal und inhaltlich. Dennoch ist sie sehr aufschlußreich. Sie berührt nämlich ein wichtiges, bisher wenig untersuchtes, nicht leicht zu fassendes Problem, das der Grenze (oder der fließenden Grenzen) zwischen Metapher und wissenschaftlich exaktem Begriff bei Linné. Der mißglückte Versuch, die poetische und die Wissenschaftssprache zu trennen, zeigt, wie stark die Metapher gerade in dieser Rede ist. Das ist auch ganz natürlich und verträgt sich mit dem Anliegen des Redners, der ja keine wissenschaftliche Vorlesung hält. Viel gravierender ist das Problem in seinen Vorreden zu den Systematiken und in seinen wissenschaftlichen Abhandlungen. Umgekehrt hat Artmann in seiner Übersetzung dem Poeten ein wenig nachgeholfen. Da er dabei den Wissenschaftler nicht angetastet hat, ist es dem Text bekommen, ja hat den Glanz der Sprache noch erhöht.

Zum Schluß möchte ich mich bei meinen fachlichen Ratgebern, die mich bei der Erarbeitung der Anmerkungen bereitwillig und uneigennützig unterstützt haben, herzlich bedanken: bei Herrn Professor Dr. W. Eichler, Frau Dr. U. Göllner, Herrn Dr. E.-H. Gruner, Herrn Dr. K. K. Günther, Herrn Dr. H. J. Hannemann, Herrn Dr. F. Hieke, Frau Dr. I. Jahn, Herrn Dr. E. Königsmann, Herrn Dr. M. Moritz, Herrn Dr. H. Schumann, Herrn Dr. G. Train vom Museum für Naturkunde Berlin, bei Herrn Dr. W. Grummt vom Tierpark Berlin, Herrn Dr. G. Friese vom Institut für Pflanzenschutzforschung Eberswalde, Herrn Dr. G. Wagner von der Humboldt-Universität Berlin, Herrn Dr. R. Gaedeke von der Martin-Luther-Universität Halle-Wittenberg und bei Herrn Dr. W. Pfeifer von der Akademie der Wissenschaften der DDR Berlin. Mein ganz besonderer Dank gilt Herrn Dr. D. Lau vom Tierpark Berlin und Herrn Dr. G. Natho vom Museum für Naturkunde Berlin-Baumschulenweg und der Lektorin des Reclam-Verlages Frau E. Pradel. Für die gründliche Lektüre der ersten Auflage dieses Buches und ihre wertvollen Hinweise zur Verbesserung möchte ich insbesondere Frau Dr. U. Treu und Herrn Dr. K. Treu und Herrn Dr. G. Wagner, aber auch allen anderen Helfern und Freunden Linnés meinen herzlichen Dank sagen.

Dem aufmerksamen Leser der 3. Auflage, Herrn Th. Katz aus Stockholm, danke ich sehr für seine Korrekturen.

Sieglinde Mierau

PS: 1977 schrieb ich in meinem Nachwort, es gäbe noch manches zu entdecken. Das kann ich 1991 genauso sagen. Inzwischen ist aber doch ein Linnéscher Schatz gehoben worden, die *„Nemesis Divina"*, erschienen 1981 im Carl Hanser Verlag München/Wien.

Anmerkungen

Frontispiz: Linné in Lappentracht (mit Zaubertrommel). Ölgemälde von M. Hoffmann, 1737. (Original im Linné-Museum Uppsala.)
Am Gürtel hängen folgende Gegenstände (von rechts nach links): ein Beutel für Gewehrkugeln (?), ein Ring mit einem Paar Lappenhandschuhen, ein unbestimmbarer Gegenstand, ein Beutel, verziert mit Zinndrahtstickerei, vermutlich für das Feuerzeug, ein Tabaksbeutel, ebenfalls mit Stickerei aus Zinndraht, ein Runenkalender, mehrteilig, zum Aufklappen, der obere Deckel ist hochgestellt, ein Messer. In der rechten Hand hält er die Linnaea borealis (Moosglöckchen).

Lappländische Reise

Die „*Lappländische Reise*", Kombination Linnés aus seinem Reisetagebuch und dem schriftlichen Reisebericht an seinen Auftraggeber, die Königliche Wissenschaftssozietät in Uppsala, der er den Titel „*Iter Lapponicum 1732*" gegeben hat, ist nie zu seinen Lebzeiten erschienen.
Der Grund ist vermutlich, daß er die verstreuten Notizen des Tagebuchs ordnen und ein Lapplandbuch schreiben wollte. In der Bibliothek der Linnean Society in London sind Vorarbeiten in diesem Sinne zu finden: 314 Auszüge aus dem Tagebuch nach Stichworten: Hochgebirge, Klima, Säugetiere, Vögel, Fische, Insekten, Pflanzen, Aussehen der Lappen, Wohnungen, Kleider usw. und ein Fragment „*Om Lappland och lapparne*" (Über Lappland und die Lappen), in dem er einleitend ein Panorama des Sittenverfalls in den europäischen Zivilisationen entwirft, von dem sich die Lebensweise der Lappen vorteilhaft abhebt.
Einzig in seiner „*Flora Lapponica*" (1745) und in seinem Reisebericht in den „*Hamburgischen Berichten*" (1735) hat er einiges über seine Beobachtungen in Lappland veröffentlicht; er geht da über die reine Beschreibung der Pflanzenwelt hinaus. (Auf die dort mitgeteilten Fakten greift Dietrich Heinrich Stöver u. a. zurück, der 1792 erstmals in Deutschland in seinem Buch über Linné ausführlich von der lappländischen Reise berichtet).
Die „*Lappländische Reise*" wurde das erstemal 1811 in London in englischer Sprache unter dem Titel „*Lachesis Lapponica*" veröffentlicht. Die Übersetzung war unvollständig und fehlerhaft, da sie von einem

Nichtsachverständigen, einem jungen schwedischen Kaufmann, angefertigt worden war, auf den auch die Änderung des Titels zurückgeht.
Die erste originalsprachige (schwedische) Ausgabe stammt von dem Linnéforscher Ewald Ährling aus dem Jahre 1889 (111 Jahre nach Linnés Tod). Die von Ährling vorgenommene Modernisierung des Textes war nach 1900 schon wieder veraltet, so daß die Königliche Akademie der Wissenschaften in Stockholm 1907, anläßlich des 200. Geburtstages von Linné, eine neue kritische Ausgabe der *„Lappländischen Reise"* beschloß. Der Herausgeber, Theodor Magnus Fries, stellte den ursprünglichen Text mit sehr vorsichtigen Änderungen wieder her. Er setzte die im Tagebuch fehlenden Satzzeichen, hielt die Großschreibung nach dem Punkt ein, verbesserte aber z. B. nicht die grammatischen oder orthographischen Fehler. Von ihm stammen auch die heute gängigen lateinischen Namen der von Linné genannten Pflanzen und Tiere in den Anmerkungen, die 1957 in der schwedischen Ausgabe von Magnus von Platen und Carl Otto von Sydow vollständig aufgeführt sind.
Diese lateinischen Namen, in unseren Anmerkungen in runden Klammern, ersetzen in der Regel eine ganze lateinische Phrase im Linnéschen Text, eine Folge der Entwicklung der botanischen Namensgebung. Linné ist ja gerade der Begründer der binären oder binominalen Nomenklatur: An Stelle der früher üblichen langatmigen Aufzählung der besonderen Merkmale einer Pflanze (Phrase) führte er das Prinzip des zweifachen (lateinischen) Namens ein: des Gattungs- und des Artnamens.
In deutscher Sprache wurde die *„Lappländische Reise"* zuerst 1964 im Insel Verlag Frankfurt (M.) herausgegeben. Wir drucken diese Übersetzung ab; unsere Anmerkungen wurden gegenüber dem Anmerkungsteil der Insel-Ausgabe, auf dem sie beruhen, erweitert und verbessert. Der Text ist gegenüber der Friesschen Ausgabe gekürzt. Man hat sich noch etwa zwanzig bis dreißig Seiten meist ausführlicher Beschreibungen (in der Regel in lateinischer Sprache) von Pflanzen, Tieren, Gerätschaften, Kleidungsstücken und Ähnlichem sowie die dazugehörigen Zeichnungen vorzustellen. In unserer Ausgabe sind etwa ein Achtel der Zeichnungen Linnés enthalten.
Linnés *„Lappländische Reise"* ist das erste Lapplandbuch eines Naturforschers, der das Land selbst bereist hat. Johannes Gerhard Scheffer stützte sich in seinem damals berühmten Buch *„Lapponia illustrata"* (Frankfurt/M., 1674) lediglich auf Berichte von Staatsbeamten aus dem Norden.
Zwar war schon vor Linné, 1695, eine naturwissenschaftliche Expedition in Lappland gewesen, der auch sein Lehrer und Gönner Olof Rudbeck d. J. angehört hatte. Die Expedition sollte — im Auftrage Carls XI. — untersuchen, ob in Lappland tatsächlich einen Teil des Sommers hindurch die Sonne auch bei Nacht nicht unterginge oder ob das nur eine Sage sei, und dabei andere Kenntnisse über das Land

sammeln. Aber das Material von der Reise wurde 1702 bei dem großen Brand von Uppsala fast vollständig vernichtet.

O Ens Entium miserere mei!

7 *O Ens Entium miserere mei:* o Wesen aller Wesen, erbarme dich meiner
regna naturae: Reiche der Natur
„Ornithologie", „Flora Uplandica" und „Characteres generici": von Linné in seiner Studentenzeit verfaßte Manuskripte
mensurae: Maße, Meßkerben (Zollstock)
dies: Tag
am 12. Mai 1723: nach dem Gregorianischen Kalender am 22. Mai; in Schweden wurde der Greg. Kalender erst 1753 eingeführt.
omnia vere vigent...: alles regt sich und blüht zur Zeit des Frühlings, und die Erde erglüht unter dem betörenden Zauber der Venus
8 *Byssus flos-aquae:* gelber Überzug, der von einer planktischen Blaualge, Byssus flos-aquae L., herrührt, die „Wasserblüten" bildet
ossicula auditus...: die kleinen Knochen sind das Maß in der Jugend
Lichenoides terrestre...: Schnee, Moosflechte (Cetraria nivalis/ L./Ach.)
Taraxacum: Löwenzahn
Pilosella: Kleines Habichtskraut (Hieracium pilosella L.)
folia calycis reflexa: die zurückgebogenen Kelchblätter
Draba caule nudo...: Hungerblümchen mit nacktem Stengel, eine Handbreit lang (Erophila verna/L./Chevall.)
Moysotidem, Viola arv. ...: Sumpf-Vergißmeinnicht (Myosotis palustris/L./L.), Feld-Stiefmütterchen (Viola arvensis Murr.), Hundsveilchen (Viola canina L.), Acker-Hellerkraut (Thlaspi arvense L.), Acker-Steinsame (Lithospermum arvense L.), Frühlings-Segge (Carex caryophyllea Latourr.), Gemeine Hainsimse (Luzula campestris/L. DC.), Weide, Wiesenprimel (Primula veris L.), obwohl sie weder hier noch anderswo die erste des Frühlings ist, Sumpf-Dotterblume (Caltha palustris L.)
ecce suum tirile...: horch, wie eifrig sie ihr Tirile, Tirile singt. Aus einem Distichon des klassischen Philologen Friedrich Taubmann (1564—1612), Professor zu Wittenberg.
9 *Pinus plicata:* verformte Kiefer, Krüppelkiefer (Pinus sylvestris D.)
Erica, Muscus pariet: coralloides: Heidekraut (Calluna vulgaris/L./ Hull.), korallenähnliche Flechten: wahrscheinlich Schrebers Astmoos Pleurozium Schreberi/Willd./Mitt.) oder Becherflechte (Cladonia/Hill./W.)
zwei digitorum crassitie: zwei Finger stark
compressi und erecti: gedrungen und aufrecht
lapis marmoreus polyzonicus: vielstreifiger Marmorstein

prismata crystallina . . .: Kristallprismen . . . zart . . . durchsichtig . . . bräunlich getönt

10 *Chrysosplenium:* Wechselblättriges Milzkraut (Chrysosplenium alternifolium L.)
foliis auriculatis: mit geöhrten Blättern
folia . . .: die Blätter sind ganz verschieden
stamina in quadraturam: im Quadrat stehende Staubblätter
pistilla: Stempel
Saxifragas: Steinbrecharten
Campaniformes: glockenblumenartige Pflanzen
Alnus: Schwarzerle (Alnus glutinosa/L./Gaertn.)
Taxus: Eibe (Taxus baccata L.)
Anemonoides: anemonenartige (Kräuter): gemeint ist das Buschwindröschen (Anemone nemorosa L.)
Hepatica, Oxys: Leberblümchen (Hepatica nobilis Mill.), Wald-Sauerklee (Oxalis acetosella L.)

11 *Muscus:* schwefelig-grünes Moos: Gemeines Quellmoos (Philonotis fontana /L./Brid.)

12 *Rudbecks Charon:* Anspielung Rudbecks d. J. auf einen alten Fährmann bei Älvkarleby in seiner Schrift „*Nora Samolad*"
pro basi: als Grund
Pulsatilla apii folio: sellerieblättrige Kuhschelle: Frühlings-Kuhschelle (Pulsatilla vernalis /L./Mill.)
Salyces . . . Pyrolae: Weiden . . . Wintergrünarten
strata supra strata: Schicht über Schicht
polyzonicae: vielstreifig

Gestricia

13 *Salix rosea:* Rosenweide: durch den Stich von Gallmücken entstandene Weidengallen
item: gleichfalls, ebenso
per totam Helsingiam . . .: in ganz Hälsingland . . .
saxa rubra: rote Felssteine
globosae: kugelförmige, runde
ovato accuminatae: oval spitzige
dehiscentes squamis reflexis: sich mit nach hinten gebogenen Schuppen öffnend

14 *Gale . . . cuius amenta . . .:* Gagelstrauch (Myrica gale L.) . . ., dessen Wurzeln sich in die feinsten Verästelungen gliedern
Betula nana: Zwergbirke (Betula nana L.)
Lycopodia: sabinae, cupressi . . .: Bärlapp-Arten: Gemeiner Flachbärlapp (Diphasium complanatum/L./Rothm.), Sprossender Bärlapp (Lycopodium annotinum L.), Tannen-Teufelsklaue (Huperzia selago/L./C.F.P. Martius), Keulen-Bärlapp (Lycopodium clavatum L.)

Campanula serpyllifolia: schlangenblättrige Glockenblume: Moosglöckchen (Linnaea borealis L.)
sarmenta: Schößlinge
valvulae, apicibus tamen ...: wie Schoten, deren äußerste Spitzen dennoch geöffnet sind
vermiculum fulvum ...: einen kleinen gelben Wurm, eine weißlich kleine Puppe einer Gallmücke
Ulmus vulgaris: Berg-Ulme (Ulmus glabra Huds.em.Moss.)
plantae apicibus cornutis: Pflanzen mit zwei hornartigen Staubblattanhängseln: Heidekrautgewächse (Ericaceae)
Erica in sylvis und Daphne ...: Heidekraut in den Wäldern und Rosmarinheide [oder Polei-Gränke] in den Sümpfen (Calluna vulgaris/L./Hull, [Andromeda polifolia L.])
15 *Myrtillus, Vitis idaea ...:* Heidelbeere (Vaccinium myrtillus L.), Kronsbeere (Vaccinium vitis-idaea L.), Echte Bärentraube (Arctostaphylos uva-ursi/L./Spreng.), Sumpf-Porst (Ledum palustre L.)
Erithacus, Tetrao ...: Rotschwänzchen, Birkhuhn, Bergfink
Muscus esculentus: Islandflechte (Cetraria islandica/L./Ach.); wird in Jahren mit Mißernte als Futtermittel verwendet, daher *esculentus:* eßbar

Helsingia

15 *Specula mariae:* Marienglas (zu Linnés Zeit Glimmer)
roter Byssus: Veilchenstein, ein rötlicher Felsbelag, eine Grünalge (Trentepohlia jolithus/L./Wallr.)
16 *rivulus:* Flüßchen
Avis Lumme Worm.: nach Olaus Worm, der diesen Vogel, den Prachttaucher (Gavia arctica), beschrieb.
vide suo loco: siehe an entsprechender Stelle
inhabitabiles: unbewohnbaren
ratione ab ovo in ovo ...: wenn man — unter der Annahme direkter Abstammung — die Armut der Israeliten, die Leibesgröße der Amoniter oder die Körperbildung der Lappen betrachtet usw.
17 *Pyrites tessalutos:* mosaikartigen Schwefelkies
arena nigra: schwarzer Sand
quod notabile: was zu bemerken ist
lapis molaris: Mühlstein
retipora: Korallenkruste
insectum semicoleoptratum: käferartiges Insekt
18 *stratum:* Schicht
palmus s. spithama ...: eine oder zwei Handbreit, violetter Ton zwei Handbreit, schließlich unfruchtbarer Sand
conchae leves: glatte Muschelschalen

Hepatica flore purpureo . . .: die anderswo ganz seltene Leberblume mit purpurfarbener Blüte (Hepatica nobilis Mill.)
colorata terra . . .: farbige Erde die Farbe der Blume
in diametro: im Durchmesser
Rubus fragariae folio . . .: erdbeerblättrige Brombeere: Akerbeere (Rubus arcticus L.), Rote Lichtnelke (Silene dioica (L./Clairv.) . . . Acker-Schmalwand (Arabidopsis thaliana/L./Heynh.)

Medelpadia

19 *Myrtillus baccis nigris:* Heidelbeere (Vaccinium myrtillus L.)
Aconitum hirsutum . . .: rauhhaariger Eisenhut mit schmalem Helm: Nordischer Eisenhut oder Nord. Sturmhut (Aconitum septentrionale Koelle)
nullo docente: ohne Lehrer
secundum relationem incolarum: nach Vorstellung der Einwohner
20 *Fumaria bulbosa minima . . .:* kleiner knolliger Erdrauch: Mittlerer Lerchensporn (Corydalis intermedia (L./Mérat), Moschuskraut (Adoxa moschatellina L.), Moosglöckchen (Linnaea borealis L.)
Sphagnum ramosum, capsulis . . .: verzweigtes Torfmoos, mit runden Kapseln, langen, aufrecht stehenden Blattstielen
mixtura varia: ein verschiedenartiges Gemisch
musci: Moose
exhalationes terrae: Ausdünstungen der Erde
stercora Leporis: Hasennorpel
colore Scolopacis . . .: waldschnepfenfarbig mit schwarzen Ohren, von denen ein schwarzer Strich zum Schnabel läuft
21 *vigetus, undique plumis . . .:* kräftig, von ganz weichen, weißlichen, wolligen, langen Daunenfedern umkleidet
ovum urinosum: Jauche-Ei
experimento vulgi: gewöhnlicher Erfahrung nach
ne aliis mecum . . .: um nicht meinen Ekel bei anderen hervorzurufen
scatere vermiculis: von Maden wimmeln
rostrum eorum war nigrum . . .: ihr Schnabel war schwarz, die Wachshaut schwarz
globosum und magnitudine . . .: rund und von der Größe eines Truthenneneis
variis herbis repleta: voll mit allerlei Kräutern
Violas tricolores: dreifarbige Veilchen: Wildes Stiefmütterchen (Viola tricolor L.)
colore albo . . .: weiß . . . weiß und blau . . . blaugelb auf dem oberen Blütenblatt, an den Seiten und unten blau, andere auf dem oberen Blütenblatt blau und gelb, auf den seitlichen blau und gelb, auf den untersten blau

sufficiens aqua...: hinreichend Wasser vorhanden ist
squamae: Schuppen

22 *copiose Violam aquaticam...:* eine Menge Moorveilchen mit weißen Blüten: Sibirisches Veilchen (Viola epipsila Ledeb.)
sylvestri: Waldveilchen
labium impar...: das unpaare bzw. oberste Blütenkronblatt
petala lateralia: seitlichen Blütenblätter
Viola palustris: Sumpfveilchen (Viola palustris L.)
pyrites: Schwefelkies

23 *credulum vulgus:* leichtgläubiges Volk
coarctatum: gewölbt
fungos... spongiis... forma...: Pilze ... Schwämmen gleichend. Formlos in der Gestalt. Die Masse... von einem gekochten Birkenpilz
vitrum muscoviticum: glasähnlicher Muskovit (helle Glimmervarietät)
Napellus: wohl Nordischer Sturmhut (Aconitum septentrionale Koelle)

Angermannia

24 *Chrysomelas:* Blattkäfer
Betula et Alnus alba: Birke und Grau-Erle (Alnus incana/ L./Moench).
acifoliis, Pinus et Abietes: Nadelhölzer, Kiefern und Tannen
Vaccinia nigra: Heidelberre (Vaccinium myrtillus L.) mit Heidekraut (Calluna vulgaris L.)
Betulas plicatas: ... Birken mit Hexenbesen
nescio: ich weiß nicht
sinus maris: Meerbusen, Fjord

25 *corticem interaneum Betuale ...:* innere Birkenrinde
nota maxime principalis...: für die Art typische Kennzeichen
rudimenta eorum: Ansätze von ihnen
flores pleni, in excessu: gefüllte Blumen, im Übermaß
Alnus folio oblongo: langblättrige Erle: Grau-Erle (Alnus incana/ L./Moench)
Rubus fragariae folio: erdbeerblättrige Brombeere: Akerbeere (Rubus arcticus L.)
Rubus humilis, folio ...: niedrige erdbeerblättrige Brombeere (mit roten Blüten) ... mit roten Früchten
exacte quoad structuram: genaue Entsprechung ihrer Gestalt
auctorum Rubus folio ...: der Autoren johannisbeerblättriger Brombeere, der alpinen, englischen: Moltebeere (Rubus chamaemorus L.)
in perpendicul. ...: in der Geraden, senkrecht
vide: siehe

actum de vita nostra: um unser Leben geschehen
26 *aeterni conditoris consilio:* auf Ratschluß des ewigen Schöpfers
fragmentum: Stück
pedes: Füße
strata: Schichten
perforatum: durchstochen worden
longitudinaliter: längsseits
Polypodium, Trichomanes: Gemeiner Tüpfelfarn, Braunstieliger Streifenfarn (Polypodium vulgare L., Asplenium trichomanes L.)
filices: Farne
plantae hyemales: immergrüne Pflanzen
27 *idem in Helsingia ...:* ebenso in Helsingia und in Medelpadia
sed non caulescit: bildet jedoch keinen Stengel
Oxys, quae hinc ...: Waldsauerklee, der hier der erste im Frühling ist. Zweiblättrige Schattenblume (Maianthemum bifolium/L./F W. Schmidt) und Akerbeere zeigten in Fülle ihre Blätter
Saxa waren ... exalbida: die Felsen waren ... ausgeblichen
iniuriis: Dinge mit schädlichem Einfluß
fasciculus pennarum ...: Bündel großer Hühnerfedern
28 *tanta est cohaesio ...:* so groß ist der Zusammenhalt der Teile
von rusticis in summis ...: von der Landbevölkerung höchlichst geschätzt
ut ajunt: wie man sagt
et tamen febris ...: und dennoch sei das Wechselfieber hier recht selten, was nicht wäre, wenn es durch die zähe Sauermilch entstünde, da nichts [Ungiftiges] Giftiges hervorruft
non ubique obvius: den man nicht allerorten antrifft
digiti longitudine: von der Länge eines Zolls
29 *Potatis ... Tabacum et Lupulus:* Kartoffel ... Tabak und Hopfen
Motacilla: bei Linné für mehrere Vögel, Bachstelzen und Schafstelzen
vere me dicere scio ...: ich weiß, daß ich die Wahrheit rede und nicht irre
lapis striatus ... cinnabaris immatura: gestreifter Stein ... unreiner Zinnober
tunica digitos argenteo ...: Haut, die die Finger mit Silberfarbe umzog
Stellaria foliis ovalibus: Wasserstern (Callitriche spec.) mit ovalen Blättern
aetate: durch ihr Alter
in alis, waren ovata: in den Höhlen, waren eiförmig
loco natali: Geburtsort
tordmul: bei Linné Anas arctica, heute Fratercula arctica L. (Papageitaucher)
multiplicatio speciei ...: die Vermehrung der Art ... ein Exemplar
respective corpora valde magna: im Verhältnis zum Körper sehr groß

30 *Caltha:* Sumpf-Dotterblume (Caltha palustris L.)
prima veris: die erste Frühlingsblume
Linagrostis monostachya ...: Scheidiges und Schmalblättriges Wollgras (Eriophorum vaginatum L. und E. angustifolium Honck.)
copiosissime: sehr reichlich
Betula nana: Zwergbirke
juliis oder foliis: von Kätzchen oder Blättern
Fraxinus, Acer, Tilia, Ulmus: Esche, Ahorn, Linde, Ulme
sylvosa: „bewaldet"
aquae acidulatae ...: säuerliche Wässer, voll mit Ocker und von einer feinen Silberhaut überzogen
vide Rudbeck pater ...: siehe Rudbeck d. Ä., welcher 82 statt 28 Einwohner schreibt

31 *Charon canus, calvus ...:* Charon war grauhaarig, kahl und muskulös usw., das ist ... beschrieben von
Loxias oder Conirosores: Kreuzschnabel oder Zapfenreißer
conos abietis: Tannenzapfen
Motacillam flavam ...: Schafstelze und Schwalben
Hortulanas: Ortolane
Nasturt., Barbarea, Cochlearia ...: [wahrscheinlich] Gartenkresse (Lepidium savitum L.), Echte Winterkresse (Barbarea vulgaris R.Br.); Meerettich (Armoracia rusticana G.M.Sch.), Gemüse-Portulak (Portulaca oleracea L.), Berberitze (Berberis L.), Schwarzer Holunder (Sambucus nigra L.), [*Opulus* ist nicht zu bestimmen], Flieder (Syringa L.) ... Akelei (Aquilegia L.), Küchenzwiebel (Allium cepa L.), ... Bartnelke (Dianthus barbatus L.), Stachelbeere (Ribes uva-crispa L.), Johannisbeere (Ribes L.)
Phaseolus pumila ... scandens nie: Gartenbohne (Phaseolus vulgaris L.) ... nie kletternd
Faba: Puffbohne, auch Acker-, Sau- oder Pferdebohne (Vicia faba L.)
Pisum: Erbse (Pisum sativum L.)
Rosa, Malus, Pyrus ...: Rose, Apfel, Birne, Pflaume wachsen nicht wild, lassen sich aber ohne Schwierigkeiten anbauen
Radicula, Sinapi ...: eine Kresseart (?), Weißer Senf (Sinapis alba L.), Acker-Rettich oder Hederich (Raphanus raphanistrum L.), Garten-Rettich oder Radieschen (Raphanus sativus L.)
Barbarea, Aquilegia ...: Echte Winterkresse, Akelei, Sumpf-Schafgarbe (Achillea ptarmica L.), Kronen-Lichtnelke (Lychnis coronaria/L./Desr.), Meerettich, Johannisbeere, Stachelbeere, Berberitze, [wahrscheinlich] Mai-, Zimtrose (Rosa majalis J. Herrmann em. Mansf.), Gartenliebstöckel (Levisticum offini-

nale Koch) ... Kirsche, Apfel [eigentlich: Obstbäume], Pflaume
luna crescente: bei zunehmendem Mond
luna decrescente: bei abnehmendem Mond

32 *Ephemera cauda biseta:* Eintagsfliege mit zwei Abdominalanhängen

33 *paupertas bona Dei concessa:* die Armut die guten Gaben Gottes
carina sterni: Kiel des Brustbeins
Salices arboreae glabrae ...: Weidenbäume, deren Rinde oben glatt war

34 *conscissas;* aufgesprungen
si unquam: wenn jemals (so hier)
maxilla: Kinnlade
sparsim: verstreut
Muscus coralloides perforatus: durchbrochenes Korallenmoos: wahrscheinlich ist die Rentierflechte (Cladonia rangiferina/L./Web.) oder eine ähnliche Art gemeint
Usnea alba et nigra: weiße und schwarze Bartflechte: gemeint sein könnte die Bartflechte (Usnea barbata/L./Wigg.) oder Haarmähnenflechte (Alectoria sarmentosa Ach.) und Mähnenflechte (Alectoria jubata/L./Ach.)

35 *Byssus alba:* weißer Belag: wahrscheinlich Rosa-Köpfchenflechte (Baeomyces roseus Pers.)
Muscus Lichenoides foliosum ...: sehr häufig das flechtenartige, beblätterte Moos, kegelförmig, schwefelgelb: Arktische Nierenflechte (Nephroma arcticus/L./Torrs.)
Muscus tectorius und Polytrichum ...: [ein unbestimmbares Moos] und Gemeines Bürstenmoos (Polytrichum commune L.), überall mit Heidelbeere
Agaricus pedis ...: Pilz von der Gestalt eines Pferdefußes: vermutlich Birkenporling (Piptoporus betulinus/Bull.ex Fr./Karst.)
Missne, das Trifolium aquaticum war: Fieberklee (Menyanthes trifoliata L.)
tofos planos: flache Quasten

36 *quae non tanti:* das ist nicht der Rede wert
sc. unde Castoreum ...: woraus Bibergeil erzeugt wird, nämlich aus der mittleren Rindenschicht der Pappel. (Bibergeil, eine käseartige durchdringend riechende Substanz in zwei Beuteln neben dem After des Bibers, wurde als beruhigendes und krampflösendes Mittel verwendet.)
decoctum eiusdem ...: ein Absud aus derselben Rinde dieselbe Wirkung zu haben, wenn er in größerer Dosis eingenommen wird
adeoque reliquis ...: so sehr übertrifft er alle übrigen Tiere an Beißvermögen
id est navicula ...: das ist ein kleines Boot, darüber später
composita ex geminis: aus zweien gebildet

ramus: Flußarm
NB [notabene] ut dicebant: d. h. wie man sagte
37 *Charadrii und Hiaticulae, auch Tringae:* Regenpfeifer und Sandregenpfeifer, auch Wasserläufer
ne speciem nosse possem: die Art nicht ausmachen konnte
sine laminis intermediis ...: ohne Zwischenblatt wie die vorige
quae stultitia: was für eine Torheit

Lapponia Lykselensis

41 *id est spatia ...:* das heißt schiffbare Stellen zwischen ... engen Stellen
croceum: safrangelb
Melampyrum: Wiesen-Wachtelweizen (Melampyrum pratense L.)
42 *nuces vomicas:* Brechnüsse
in multitudine Rangiferorum: in der Menge an Rentieren
ut vocant: wie sie sagen
id est Finnones: das heißt von Finnen
jussu et permissu regis: auf Befehl und mit Erlaubnis des Königs
43 *arena alba ... purpurea:* weißer Sand ... roter
aves: Colymbus minimus: Vögel: Zwergtaucher
Equisetum nudum sive aphylum ...: nackter oder blattloser Schachtelhalm: Winter-Schachtelhalm (Equisetum hyemale L.) ... an beiden Seiten ein Ausläufersproß
tunicae pyxidantes ...: Häutchen, die gleichsam einen Behälter bilden ... am oberen und unteren Rand schwarz
tota planta perennis ...: das ganze Gewächs überwinternd, was bemerkenswert ist
Juncello aquatico: Rasige Haarsimse (Trichophorum cespitosum/L./Hartmann)
quod notabile est in omnibus ...: was bei allen Fischern erstaunlich ist. Ich weiß nicht, ob die Lappländer die Jagd oder den Fischfang vorziehen
44 *missionarius sive Lappo:* einen Neusiedler oder Lappen
Muscus rhenonum: Rentierflechte
Polytrichum und Muscus tectoris: Gemeines Bürstenmoos und [eine unbestimmbare Moosart, vermutlich Schrebers Astmoos (Pleurosium Schreberi Willd./Mitt.)]
domicilium: Heimstätte
hypochondria: die Weichen (des Leibes)
pubes: Geschlechtsteile
urina ist oft sanguinolenta ...: der Urin ist oft blutig, was eine Art Kolik ist, die einen Tag, selten zwei dauert, ebenso
45 *somnolentiam et cephalalgiam:* Schläfrigkeit und Kopfschmerzen
ut saepius fecisse ...: wie sie erzählten, daß sie es häufig gemacht hätten

dicta illorum ...: der Anordnungen, als wären sie von Apolls Orakel gegeben worden und unfehlbar

46 *Ovidii descriptio ...:* Ovids Beschreibung des Silbernen [eigentl. Goldenen] Zeitalters

terra non sauciatur ...: die Erde wird nicht von der Pflugschar zerfleischt, Eisenwaffen rasseln nicht, man dringt nicht ein ins Innere der Erde, man streitet nicht um Grenzen, die Erde schenkt alles von selbst (nach Ovids „*Metamorphosen*" 1, 101 ff.)

more patriarchorum: nach Sitte der Alten

maris coquendi ...: dem Manne obliegt das Kochen

color pilei ...: die Farbe der Filzkappe ist grau oder blau

tunica eorum exterior: ihr Überkleid

medium epichondri: Zwerchfell

cartilagem ensiformem: schwertförmigen Brustbein

lapides ... rarissimi: Steine ... sind ganz selten

47 *ullem oder dolor colicus ...:* Ullem oder Kolik, von der vorher die Rede gewesen

alii Asthma...: andere leiden an Asthma, Epilepsie. Vorstehende Gaumenzäpfchen: zu denken wäre an gestielte Polypen des Nasen-Rachenraumes, auch an gestielte Myome, ja große Hämorrhoiden

sed recrudescebat ...: begann nach einem Jahr aber von neuem

prolapsus uteri: Gebärmuttervorfall

alii multi: viele andere

48 *Juniperus contrario:* Wacholder dagegen (Juniperus communis L.)

et aquosis: und an sumpfigen Stellen

Empetri baccae ...: Krähenbeeren: Zwittrige Krähenbeere (Empetrum hermaphroditum/Lange/Hagerup) ... von gleicher Größe wie

sensim angustatae: unmerklich enger werdend

per montes et fontes ...: über Felsen und Quellen, über Berge und durch Täler

Betula nana: Zwergbirke

49 *maxime delassatus:* völlig erschöpft

ad latera: in die Seiten

itinere satiatus: vom Weg „bedient"

hinc vocavi Styx: nach ihm ist der Styx benannt

Stygium penetravi: ich bin in den Styx eingedrungen

Lycksmoor: kann als „Glücksmoor" verstanden werden, Wortspiel mit „Unglücksmoor"

cur non: warum nicht

51 *nolens:* leider

Acheronta: dem Totenfluß

Juncellus ist radice implicata ...: die Rasige Haarsimse (Trichophorum cespitosum/L./Hartmann) ist mit verformter Wurzel, s. o.

insulae natantes: schwimmende Inseln

Agaricus Abietis: [nicht zu bestimmender Parasitpilz auf Kiefer und Tanne]

remedium Laponum: Mittel der Lappen
Agaricus Salicis: Weidenpilz: Wohlriechende Tramete (Trametes suaveolens/L.ex Fr./Fr.)
ad incitandam venerem ...: um bei den Mädchen Liebe zu erwecken und ihre Gunst zu erringen
Chamaemorus: Moltebeere (Rubus chamaemorus L.)
petalis: Blütenblättern
in summis montibus ...: auf den höchsten Berggipfeln, wo es so sehr schattig ist
quod idem valet ...: was ebenso auf die Krähenbeere zutrifft
52 *quod antea, semicoloeptratum:* das nämliche, käferartige Insekt
punctatum: mit Punkten
posterius olet ...: letzterer riecht nach Raute (Ruta graveolens L.)
acetosam et conservant: Essig und konservieren es
Sphagnum molle, palustre ...: Torfmoos, weich, ausgetrocknet
Tormentilla: Blutwurz (Potentilla erecta/L./Räusch.)
cortex internus Alni: innere Rinde der Erle
quaeritur: es fragt sich
resp.: ... dicat judex: Antwort: ... dürfte der Fachmann sagen
53 *et quod notabile semper ...:* und erstaunlicherweise immer in Sümpfen
absentia solis erat: es schien keine Sonne
quod nimis durum est: was allzu hart ist
papilionacei ... vexillum ...: schmetterlingähnlich ... der Stempel war zuoberst rötlich, wie auch der Kiel, welcher (was bemerkenswert ist) gespalten war
Astragalus ... capsulis anno praeterito ...: Alpen-Tragant (Astragalus alpinus L.) ... durch die Vorjahrshülsen, die diesen ähnlich waren. Ich nannte sie deshalb *Liquiritia minor* — kleinere Liquiritia (eine Leguminosenart)
per vitam: ums Leben
5 palmas longos ...: 5 Spannen lang, was bemerkenswert ist
54 *Coralloides montium:* Rentierflechten (Cladonia rangiferina/L./Weg.) und ähnliche Arten
Usnea arborea: Bartflechten (Usnea barbata/L./Wigg., Alectoria sarmentosa Ach.) und ähnliche Arten
lemures: Lemminge
ut ne quidam dehiscere ...: so daß sie schon gar nicht mehr den Mund aufzutun wagen
hinc illae lacrymae: davon diese Tränen (Zitat aus der „*Andria*" des Terenz, welches in der Bedeutung von „das ist der eigentliche Grund" angewendet wird.)
55 *adeoque sterilescit:* und wird so ganz unfruchtbar
sed tantum exarescit: sondern alles vertrocknet
Juncus radice ...: Binse mit dichtem Wurzelgeflecht: Rasige

Haarsimse (Trichophorum cespitosum/L./Hartmann). Man sollte das in Ordnung bringen und einfach beschließen
sed respondent: aber sie erwidern
quaerebam, cur non ...: ich frage, warum sie nicht im Sommer das Moos sammelten, um es im Winter als Futter vorrätig zu haben? Sie sagten, das sei nicht möglich, weil sie im Sommer umherstreifen, wo der Fisch ist, im Winter aber weit davon entfernt sich aufhalten.

56 *exceptio vulpe et:* außer Fuchs und
a squamis liberatus: von den Schuppen gesäubert
externum nodum: äußeren Knoten
apertura: Schlitz
anterius pro pene: vorn zum Wasserlassen
morbi Lapponum: febres rariss. ...: die Krankheiten der Lappen: ganz selten Fieber ... daher sterben oft hochbetagte Greise an den Pocken wegen der großen Entfernung zwischen den Bewohnern, ferner an einigen schnellwirkenden Fiebern. Wechselfieber ... und Nierensteine ebenso viele

57 *quod specificum sed ...:* welches Mittel jedoch trügerisch ist
hinc moxa Lapponum: von daher der Moxa der Lappen (kleiner, aus leicht brennbaren Stoffen geformter Kegel, der auf der Haut verbrannt wird, um Gicht, chronischen Rheumatismus usw. an die Oberfläche abzuleiten)
uvulae procidentia ...: Vorfall des Gaumenzäpfchens, gestielte Polypen des Nasen-Rachenraums (oder auch Myome, Polypen): ... Ende des Auswuchses ... von Bartholin her
infantum ... (quod prius) ...: bei Kindern ... (was früher fälschlich Kolik genannt wurde)
Björnstut est planta ...: Björnstut ist eine von Angelica (Engelwurz), lappländisch „botsk“, verschiedene Pflanze. Es gibt dreierlei Arten ... nein, nur zwei
Polytrichum prolif. maximum ...: Gemeines Bürstenmoos (Polytrichum commune L.). Vaillants Romsi der Lappen. (Linné zitiert hier die Beschreibung der Pflanze durch Sebastia Vaillant.
radice ... implicatum ...: mit der Wurzel verflochten, daß es nicht kann
hoc docuit necessitas ...: dies lehrt die Not die Lappen
a latere: seitlich

Västerbotten

58 *erectus:* aufrecht
margo: Rand
2 pedes in diametro: 2 Fuß im Durchmesser (in der Breite) ... 1 Fuß aber in der Senkrechten
ibidem: dort

ferrugine veluti tactus: wie unter dem Einfluß von Eisenrost stehend
et vice versa: und umgekehrt
quae stultitia: welche Torheit
gelatina ...: Gelatine ... von dieser und ihren Heldenkräften siehe Polonus, „*De morbis Regis*". (Bezieht sich auf die Schrift eines polnischen Leibarztes, in der diese Gelatine als wirksames Mittel gegen die Gliederlähmung beschrieben wird.)
Pica Lapponum: Lappländische Elster
notas: Kennzeichen
adeoque non vereor ...: weshalb ich mich nicht scheue, ihn Turdus mit rotem, in der Mitte aschgrauem, Schwanz zu nennen
vide descriptionem quam ...: siehe die Beschreibung, die ich in der „*Ornithologia*" gegeben habe
Pluvialem nigram, punctis ...: Goldregenpfeifer mit gelbgrünen Punkten
Cameraria: Glanzsamiges Quellkraut (Montia lamprosperma Cham.)
est planta minima ...: es ist eine winzige, einjährige Pflanze
59 *Amanita petiolo bulboso ...:* eine Täubling-Art [Russula-Art], mit rotem Hut
Orchis palmata flore ...: Knabenkraut, handförmig mit grünen Blüten (die normalerweise bleich sind): Grüne Hohlzunge (Coeloglossum viride/L./Hartmann)
melissolena scrotiformi ...: beutelförmiges Honigversteck ... weshalb ich es Satyrium nannte
muscas: Fliegen
volatu: Flug
balancere appendices ...: das Wippen des Hinterleibs und die unverstümmelten Flügel
vidi dies 27 maii eadem: am 27. Mai sah ich dasselbe
60 *palea terra infixa:* ein in den Boden gerammter Pfahl
hypomochlion: Stütze
oblique: seitlich
hinc pondus: daher ein Gewicht
febres acutae ...: heftige Fiebererkrankungen, die mit Schüttelfrost abschließen
in Lapponia Lyks. ...: in der Lyckselensischen Lappmark gibt es außer Rentieren und Hunden, die gewöhnlich grauweiß und mittelgroß sind, keine anderen Haustiere
potus artificialis ...: keine künstlich erzeugten Getränke bei den Lappländern
Chamaedaphne Buxb. oder Erica palustris pendula ...: Rosmarinheide oder Polei-Gränke (Andromeda polifolia L.), mit roter Blüte
61 *mystice:* geheimnisvoll

capitula florum: Blütenköpfchen

capitula pallescunt magis ...: die Köpfchen werden bleicher und bleicher, weshalb ich sie spitzblättrige Andromeda nannte ... deshalb fleischfarbig

62 *6 incisores satis ...:* 6 abgestumpfte und abgenutzte Vorderzähne, 2 Eckzähne und, mit deutlichem Abstand, 12 Backenzähne, 6 auf jeder Seite

dentes et quales: Zähne und welche

ubi: wo

methodum naturalissimam ...: die natürliche Systematik aller Vierfüßler

callos in tibiis equorum ...: die Schwielen an den Schienbeinen der Pferde, nämlich 4 an jedem

quaeritur quae causa ...: man fragt, aus welchem Grund, und wie dem abzuhelfen wäre

Pithoensis Praefectura

62 *Pithoensis Praefectura:* die Vogtei Piteå

alias serenum: sonst war es heiter

dies optimus ...: ein sehr schöner Tag, klar und heiter

63 *terra purpurea:* Roterde

64 *ovate Notonectae ...:* eiförmige Rückenschwimmer, groß wie Linsen

Hydricantharus minimus ...: kleiner Wasserkäfer ... eiförmig, blaugrau, rauchfarben: ... dem stumpfen, gegabelten Bauchskelett

Orsodachnae atrae ...: schwarze Blattkäfer [von der Gattung Orsodachnae], käferartig, ohne Flügel

item Ephemerae ...: auch Eintagsfliegen ... Abdominalanhänge abspreizen; ... das kurze Leben noch kürzer

Rubus folio fragariae ...: erdbeerblättrige Brombeere mit geschlitzten Kronblättern: Akerbeere (Rubus arcticus L.)

65 *Salix, Rubus fragariae ...:* Weide, Akerbeere, Moltebeere und Moosglöckchen

Ranunculus: Scharfer Hahnenfuß (Ranunculus acris L.)

66 *Noctua:* Eule

Scaraboelus oblongus ...: ein langer, schwarzblauer Skarabäus, weißer Bauch; als Skarabäus erwies er sich durch seine Fühler

Oniscus aquaticus: Wasserassel

Probst in Skellefte: Petrus Anzenius

forte: zufällig

Oxycoccus ... foliis tenuissimis ...: Moosbeere ... mit sehr zarten Blättern, kleineren Blüten und Beeren: Kleinfrüchtige Moosbeere (Oxycoccus microcarpus Turcz. ex Rupr.)

magnitudine antecedentis: an Größe die vorige

Pinguicula rotundifolia ...: Rundblättriger und Langblättriger Sonnentau (Drosera rotundiolia L. und anglica Huds.)

67 *Vaccinia nigra:* Heidelbeere (Vaccinium myrtillus L.)

vulgariter: gewöhnlich

sed rarius: aber seltener

Gale: Gagelstrauch, Gagel (Myrica gale L.)

irides ... lumen in se ...: die Iris leuchtete wie vermodertes Holz, Fische oder Glühwürmchen

68 *hic pauper cornua sumit:* hier verschafft sich der Arme Hörner

asylum contra hostem: Zuflucht vor dem Feind

Oestrum: Rinderdasselfliege (Hypoderma bovis L.)

historici naturales: Naturwissenschaftler

Tabanum: Gewöhnliche Bremse

69 *Ichneumon:* Schlupfwespe

Crabro: Wespenart

gutta serena: Schwarzer Star

motus convulsivos: krampfartige Zuckungen

hinc illae lacrymae: daher der Grund (s. Anm. zu S. 53)

focus ... bulbo oculi: Brennpunkt ... Augapfel

quemadmodum videmus ...: wie wir es sehen ... schräg zum Einfall der Lichtstrahlen

status naturalis ...: die natürliche Stellung ... bei diesem Kind

quaeritur quae cura: es fragt sich, wie dem abzuhelfen sei

70 *Poterium, Balsamita ... Quercos ...:* Kleiner Wiesenknopf (Sanguisorba minor Scop.), Gemeine Kragenblume (Balsamita vulgaris Willd.), ... gesäte Eichen ... Samen

Trientalis: Europäischer Siebenstern (Trientalis europaea L.)

Mesomora: Schwedischer Hartriegel (Cornus suecica L.)

exempli gratia: zum Beispiel

Solken, Stemma, Isarv: Karpfenfische (Cyprinus)

Hornstaggare: Dreistachliger Stichling (Gasterosteus aculeatus L.)

Laxukel: Salmo trutta L., eine Forellenart

Corallorhiza: Korallenwurz (eine Orchideenart, Corallorhiza trifida Chât.)

antea non descriptos pisces: vorher nicht beschriebene Fische

Linagrostis spica erecta ...: Wollgras mit aufrechten Köpfchen und mit herabhängenden Köpfchen: Scheidiges Wollgras (Eriophorum vaginatum L.), Schmalblättriges Wollgras (E. angustifolium Honck.)

Ledum; Chamaemorus: Sumpf-Porst; Moltebeere

Myrtillus: heute Sammelbezeichnung für die Gattung Vaccinium: Preisel-, Rausch-, Heidelbeere

Melampyrum und Geranium: Wiesen- oder Wald-Wachtelweizen (Melampyrum pratense L. oder sylvaticum L.) und Wald-Storchschnabel (Geranium sylvaticum L.)

71 *Ranunculus erectus:* aufrechter Hahnenfuß: Scharfer Hahnenfuß (Ranunculus acris L.)
Brassica campestris: Feldkohl: Taubenkropfsilene (Silene cucubalus Wib.)
Menyanthes: Fieberklee (Menyanthes trifoliata L.)

Praefectura Lulensis

71 *Praefectura Lulensis:* die Vogtei Luleå
convexitas: Anhöhe
superficie fluvii ...: senkrecht von der Oberfläche des Flusses
apertura: Mündung
communiter in humidis ...: gewöhnlich an feuchten Stellen, an trockenen weit mehr ... oft ... dann wieder
Viola aquatica ...: rundblättriges Sumpf-Veilchen mit schneeweißen Blüten (Viola palustris L.)
Chamaecyparissus: Gemeiner Flachbärlapp (Diphasium complanatum/L./Rothm.)
Ranunculus minimus parisiensis: Kriechender Hahnenfuß (Ranunculus reptans L.)
peninsula: Halbinsel
72 *Barba senum:* Greisenbart: Borstgras (Nardus stricta L.)
73 *hinc est quod ...:* daher kommt es, daß man sie an vorher trockenen Stellen, sowie Wasser kommt, zu Tausenden antrifft, welches ich früher oft bezweifelt
Svammerdamiae: Sonnentierchen (?)
corpore magnitudine ...: der Körper rund, von der Größe einer Linse
flavescens: gelblich
pellucide: durchsichtig
Stellaria minima: kleinste Sternmiere: Wasserstern (Callitriche verna L.)
Minima numquam crescit ...: der Wasserstern wächst niemals dort, wo Wasser ist, sondern dort, wo das Wasser während der warmen Jahreszeit verschwunden ist
frustrato alimento: aus Nahrungsmangel
et erit confirmatus: und wird es bestätigt finden
diameter und perpendiculus: Durchmesser und Höhe
finis ovaliter obtusus: das Ende oval gestaltet
a mulieribus despectorum ...: bei den von Frauen Verschmähten ... Eichel des Penis
74 *artriticus:* rheumakrank
solutio gallarum: Galläpfelextrakt
amoenitas aestivalis ...: die Schönheit des Sommers und des Frühlings des Landes, die um der Luft, des Wassers, der Pflanzen, der Farbenpracht, des Lobgesangs der Bewunderer und tausend anderer Dinge willen vorzuziehen ist

Arisarium riv. und Corallorhiza: Schweinsohr oder Sumpf-Calla (Calla palustris L.) und Korallenwurz (Corallorhiza trifida Chât.)
adhuc sanguine ...: noch bei warmem Blut
praeservatio: aus Vorsicht
quaeritur an causa ...: Frage, ob der [sehr giftige] Wasserschierling oder Giftwüterich der Grund sei
75 *mica:* Glimmer
gradatim: Schritt für Schritt
Subularia, Melampyrum novum ...: Pfriemenkresse (Subularia aquatica L.), Wiesen-Wachtelweizen (?), weißblühendes Sumpfläusekraut (Pedicularis palustris L.)
Gramen paleac., Tetrahit ... Geranium flore ... Conyza ...: Nikkendes Perlgras (Melica nutans L.), Stechender Hohlzahn (Galeopsis tetrahit L.) ... Waldstorchschnabel mit blaßweißer Blüte (Geranium sylvaticum L.) bei Bredåker ... Scharfes Berufkraut (Erigeron acris L.), rötliche Schafgarbe (Achillea millefolium L.), Kratzdistel (Cirsium heterophyllum/L./Hill.)
pro dosi: pro Melkung
iuxta oras fluvii ...: an den Ufern des Flusses wuchsen verschiedene Arten schon beschriebener Weiden
Lappones et Wbotni ...: die Lappländer und die Bewohner Västerbottens kochen die unreifen Früchte der Erle, etwa 10 bis 12 Stück — die Dosis richtet sich nach dem Alter — und geben den Absud ihren Kindern als Abführmittel ein
capillitium: Kopfbekleidung
76 *sive nebulosa:* oder dunkelgrau
Rudbeckio ... Sceptrum Carol.: das von Rudbeck d. J. entdeckte Karlsszepter, (auch Moorkönig, ein seltenes, besonders stattliches, gelbblühendes Läusekraut. Pedicularis septrum-carolinum L.)
Echioides et Equisetum ..3.: Acker-Ochsenzunge (Anchusa arvensis/L./M.Bieb.) und Wald-Schachtelhalm (Equisetum sylvaticum L.)
folio in medio ...: Wasser-Ampfer (Rumex aquaticus L.)
Pinguicula ... Juncus ...: Gemeines Fettkraut (Pinguicula vulgaris L.) ... Alpenhaarsimse (Trichophorum alpinum/L./Pers.), sehr kleine
vagina uteri ...: Scheide ... Beleibtheit ... weiter ... enger
umbilicus: Nabelschnur
gryllos domesticos: Hausgrillen, Heimchen
77 *Barbaraeam ... folia ...:* Steifes Barbarakraut (Steife Winterkresse, Barbara stricta Andrz.) ... seine unteren Blätter waren nicht so breit, auch nicht geöhrt, wie beim Gartenbarbarakraut; vier Fuß hoch auf der Weide
Buxus: Buchsbaum
lignum: Holz

Lapponia Lulensis

77 *hinc a vulgo ...:* so erkennen die Leute an der Kiefer, wo Norden liegt
duplo longiora ... erecta ...: doppelt so lang, im Unterschied zu anderen ... aufrechtstehend, nicht buschig
Usnea arborea: Bartflechte (Usna barbata/L./Wigg.) oder Haarmähnenflechte (Alectoria sarmentosa Ach.) oder eine ähnliche Art
clunes ... quod etiam ...: zwischen die Hinterbacken, ... was auch bei den Soldaten ein Rezept von zweifelhaftem Gebrauch ist
calceis imponunt Lappones ...: in die Schuhe legen die Lappen trockenes Riedgras (mit herabhängenden Ähren, wenn ich nicht irre); Schnabelsegge (Carex rostrata Stokes) oder Fadensegge (C. lasiocarpa Ehrh.)

Jokkmokk

78 *risu sardonico:* sardonischen [d. h. krampfhaften] Lachen
de bullis aquosis ...: über Wasserblasen, die gen Himmel steigen
dictum scripturae: Wort der Schrift
vegetabilium: etwas Pflanzliches
79 *Nostoc:* eine Blaualgengattung
philosophis naturalibus: die Naturwissenschaftler
globis excavatis: Hohlkugeln
meo iudice asini ...: nach meinem Urteil (taugen sie so) gewiß (dazu) wie die Esel zum Lautenschlagen, wenn das Sprichwort jemals zutrifft!
Cirsium minus, Cacalia: Echte Alpenscharte (Saussurea alpina/L./DC.), Nordische Pestwurz (Petasites frigidus/L./Fr.)
Botsko Lappis ... s. Angel.tenuifolia: auf Lappländisch Botsko ... zartblättrige Brustwurz: Waldbrustwurz (Angelica sylvestris L.)
similis erat Angelica ...: ähnlich war Echte Brustwurz oder Echte Engelwurz (Angelica archangelica L.)
Sceptrum Carolinum ... Pedicularis ...: Karlsszepter oder Moorkönig ... Läusekraut mit gamanderartigen Blättern und purpurroter Blüte
80 *Tornberget:* Donnersberg
Barbaream und Pedicularis ... Asphodelen ... Astragalus: Steifes Barbarakraut und Läusekraut-Arten ... Zwergsimsenlilie (Tofielda pusilla/Michx.fil/Pers.) ... Alpen-Tragant (Astragalus alpinus L.)
„Lapponia Illustrata“: „Nora Samolad sive Lapponia Illustrata“ (1701) von Olof Rudbeck d. J.
81 *solem inocciduum:* Mitternachtssonne
Trifolium pratense ...: Wiesenaster mit kürzerem Kelchkranz oder

Aster mit nicht zugespitzten Blättern und purpurfarbener Blüte: Scharfes Berufkraut (Erigeron acris L.)
idem flore albo: die gleiche mit weißer Blüte
item Euphrasia ... ut Tetrahit ...: ebenso Nordischer Augentrost (Euphrasia frigida Pugsl.) ... wie Stechender Hohlzahn (Galeopsis tetrahit L.) mit größeren und kleineren Blüten
Uva ursi: Bärentraube
82 *rami:* Äste
et servetur ad usum ...: um sie aufzubewahren und bei Bedarf zu verbrauchen
locum dolentem: die schmerzende Stelle
sensim: allmählich
medicina universalis ...: das Allheilmittel der Lappländer, daher ihr kleiner Arzt
83 *unguentum ad ulcera ...:* Salbe gegen Brandwunden
est ipsis panacea, item: ist für sie ein Universalheilmittel, ebenso
Thalictrum minimum: die kleinste Wiesenraute: Alpenwiesenraute (Thalictrum alpinum L.)
Aconitum luridum: blaßgelber Eisenhut: Nordischer E. (Aconitum septentrionale Koelle)

Das Hochgebirge

84 *fissiles, hinc facile ...:* schiefrig, daher leicht zu unterscheiden
scolopacino colore ...: von der Farbe einer Waldschnepfe, mit weißen Flügeln
85 *copiose muscas magnas ...:* eine Menge großer Fliegen mit gelbem Kragen, die ich noch nie gesehen habe. Wahrscheinlich sind es dieselben, da sie einen langen Hinterleib haben
id est serum ...: die Molke, die nach dem Käsen übrigbleibt und gerinnt, wodurch sie an Bierkäse erinnert
aves vidi ... et Pluvialis ...: an Vögeln sah ich Schneeammern und zahlreiche Regenpfeifer, auf lappländisch „hutti" genannt
et ex hisce paratum: und was aus dieser erzeugt wird
Cerastium flore maximo ...: Hornkraut mit großer Blüte: Alpen-Hornkraut (Cerastium alpinum L.) und Tannen-Teufelsklaue (Huperzia selago /L./C.F.P. Martinus)
lapis nigricans ...: schwarzer Alaunschiefer
excavatus: ausgehöhlt
apices: Spitzen
nodosus caulis ... depressus: knotiger Stamm ... niedergedrückt
86 *dies sanctus:* Feiertag
inflatus: aufgeschwellt
et certe laudandus ...: und gewiß lobenswert, da gleiches durch gleiches gelöst wird

87 *foeminae:* weibliche Tiere
sed ad hoc Forbesius nihil: doch darauf blieb F. die Antwort schuldig. Dieses geflügelte Wort stammt von einer Disputation in Uppsala 1608, in welcher der schottische Calvinist John Forbes gegen den Erzbischof Olaus Martini auftrat, jedoch auf verschiedene Fragen keine Antwort zu geben wußte
ab ipsis ungulis ...: es von den Klauen kam, die innen hohl sind. Wenn das Ren steht, sind die Klauen auseinandergespreizt, sobald es aber den Fuß zurückzieht, stoßen die beiden Schalen der Klauen zusammen und verursachen das Knacken, was ich glücklich mit eigener Hand am Fuß des Rens feststellte
foemina aeque ac ...: das weibliche Tier ist genauso, bisweilen stärker gehörnt als das männliche
castrati amittunt et ...: die verschnittenen Rentiere verlieren das Geweih, doch wächst es nach, was bei Hirschen und Schafen nicht der Fall ist
de eis non ruminandis tradit: was Sch. berichtet, nämlich, daß sie nicht wiederkäuen (in seinem Buch „*Lapponia*", 1673, das sich nicht auf eigene Beobachtungen gründete, sondern auf Berichte von Verwaltungsbeamten)
88 *mammas habent 4 lactantes ...:* sie haben 4 Milchzitzen, sehr selten 6, keine sterilen; die Kälber werden jedoch nicht von den Müttern getrennt
maris praeputium ...: die Vorhaut der Renböcke ist zylindrisch und etwa zwei Zoll-lang
vituli cornua simplicia ...: die Kälber bekommen im ersten Jahr einfache, fingerförmige Hörner
figura ist eadem ...: die Gestalt ist dieselbe, gleich in der Farbe, die je nach dem Monat wechselt, die Größe ändert sich mit dem Alter.
summa tranquillitas: äußerste Gelassenheit
crede mihi, qui bene ...: glaub mir, derjenige, welcher unbemerkt lebt, lebt gut (Ovids „*Tristia*"), und selten ist irgendein Streit
alio modo: auf andere Weise
89 *foliis acetosae majoris ...:* Blätter des größeren Sauerampfers: Wiesen-Sauerampfer (Rumex acetosa L.), samt Blattstielen und Stengeln
caulis Angelicae: Stengel der Engelwurz (Angelica archangelica L.)
vaginas foliorum umbellas ...: Blattscheiden, welche die Blütendolden umschließen
valvae sibi incumbentes: übereinanderfallende Vorhänge
tenesmus: Verstopfung mit gleichzeitigem Stuhlzwang
90 *deficit lignum:* der Wald fehlt
ramulus bifurcatus ...: kleiner gegabelter Zweig, eine Spanne lang

crispulum: (Rinden-)Kringel
Cuculus: Kuckuck
Piscator magnus, dorso ...: Gänsesäger, mit aschgrauem Rücken (Mergus merganser)
summa puritas ...: besondere Klarheit und Leichtigkeit wie auch Durchsichtigkeit
lapis sive fluor...: blauleuchtender Flußspat. (Vielleicht ist fluoreszierender F. gemeint. Luminiszenzerscheinungen bei diesem Mineral waren in der ersten Hälfte des 18. Jh. bereits bekannt.)
91 *omnes lapides ...:* die Gesteine waren meistens schiefrig, hornfarben, etliche schwarz und alaunhaltig, gewöhnlich hornfarben ... mit einem silberen Glimmer [sog. Katzensilber], selten quarzhaltig
antea habuimus perpetuum ver ...: zuerst hatten wir ständigen Frühling, nun ständigen Winter, später ständigen Sommer
pago Lappis, Hiaticula ...: auf Lappländisch pago, Sandregenpfeifer ... mit safrangelben Füßen und weißer Kehle
92 *Trifolio florente:* blühender Klee
o formosissima aestas: o du schönster Sommer
Aconitum lycoct.: Nordischer Eisenhut oder N. Sturmhut (Aconitum septentrionale Koelle)
Muscipula parva montana ...: Felsenleimkraut oder Felsenlichtnelke (Silene rupestris L.) mit aufrechter weißer Blüte
Coronopus marit. ... Mesomora: Strand-Wegerich (Plantago maritima L.) ... Schwedischer Hartriegel (Cornus suecica L.)
cur Lappones adeo ...: warum die Lappen so schnell zu Fuß sind
responsum sequens ...: die Antwort ist folgende, und der Grund ist nicht einer, sondern mehrere zusammen
operationes celerrimas ...: die hurtigsten Übungen ... welche ihnen in Schuhen mit Absätzen unmöglich wären
musculis palmae pedis: Fußsohlenmuskeln
cursus a teneris...: schon von Kindheit an im Laufen geübt sein
93 *a laboribus duris ...:* von jeder schweren Arbeit befreit
Herculeos labores: Arbeiten wie die des Herkules
musculorum flexura: Geschmeidigkeit der Muskeln
ex assueta flexura ...: aus dieser oftmaligen Übung entsteht eine natürliche Gewohnheit. So biegen die Lappländer auch stets die Gehmuskeln
esca carnium: Fleischnahrung
rigidor ist ut cervus ...: steifer ist, wie Hirsch, Stier usw. Dagegen sind Fleischfresser, wie Hund, Katze, Wolf, Löwe usw., insgemein biegsamer und geschmeidiger; woher das kommt, kann ich nicht sagen, aber die Tatsache bleibt bestehen
proportione ad caetera ...: im Vergleich mit dem anderen wie 1 : 1 000 000

ex his parata s. caseus: daraus Bereitetes, wie etwa Käse
ex incidente: da es sich gerade so ergibt

94 *incisores gleich fructivora, ut lepus ...:* Schneidezähne gleich Nagetieren — Hase, Kaninchen usw. — Eckzähne wie Fleischfresser — Hund, Katze usw. — Backenzähne wie Pflanzenfresser — Kuh, Pferd usw.
raison: Erklärung
primo dentes incisores: erstens die Schneidezähne
nucifragorum, ut murum ...: die der Nagetiere, wie Maus, Hase usw.
ad angulum erecto ...: mehr in einem stumpfen als rechten Winkel hervorstehen, während die unseren mit den Schneiden senkrecht aufeinandertreffen
vide dentes castoris ...: siehe die Zähne des Bibers usw. Gewisse fleischfressende Tiere haben auch Vorderzähne wie
caninos: Eckzähne
molares: Backenzähne
phytivora: Pflanzenfresser
simplicem ventriculum: einen einzigen Magen
ab his nec unquam ...: von diesen darf auch die Ratte mit ihrer ganzen Gattung nicht ausgenommen werden
notas classicas: die klassischen Merkmale
manus et digitos: die Hände und Finger
babianis et simiis ...: Pavianen und Affen ... in Wäldern lebende Affenarten
parvis contenta: mit wenigem zufrieden
palma pedis: Fußsohle

95 *ratio clara:* die Ursache ist klar
ergo etiam Lappones ...: so auch die Lappen. Der Grund, weshalb die Lappen so gesund sind, ist 1. die reine Luft, ich selbst fühlte mich wie neugeboren; 2. gut zubereitete Gerichte; 3. kaltes Essen ...; 4. reines Wasser; 5. ein ruhiges Gemüt. Wie im Goldenen und Silbernen Zeitalter: kein Streit, keine Sorge, nicht einmal um die Seinen, auch keine Geldsorgen; 6. keine beschwerenden Gerichte wie bei den Bauern ...; 7. Branntwein nur manchmal; noch besser wäre, wenn es gar keinen gäbe; 8. Gewöhnung an die Kälte und Abhärtung von klein auf. Fleischgerichte: Fleischesser leben länger

Norvegia

95 *pinna dorsi ...:* Rückenflosse von der Mitte bis zum Schwanz
96 *4 spatia ...:* 4 Gezeiten, zweimal Ebbe, zweimal Flut
fuci: Tange (zum Geschlecht Fucus zählte L. mehr oder weniger alle groben, lederartigen Algen, sowohl Rot- als auch Braunalgen)

margine brunnea: mit braunem Rand
apex und basis: Gipfel und Fuß des [Berges]
97 *Dracunculus aquaticus:* Schweinsohr oder Sumpf-Calla (Calla palustris L.)
Menyanthes: Fieberklee (Menyanthes trifoliata L.)
egregium: vorzüglich
pastor secundarius: Hilfsprediger
98 *manipulus:* Handvoll
manipulus pennarum remigium ...: Bündel Flügelfedern vom Schneehuhn, Rebhuhn usw.
ad usum: zum Verbrauch
99 *ut prius:* wie beim Vorherigen
Dracontio: Schweinsohr oder Sumpf-Calla (Calla palustris L.)
acre ... per requiem abit: säuerlich, was durch das Ruhen [des Teiges] verschwindet
sulcatus: gefurcht
exterior margo reflectitur: der äußere Rand wird eingeschlagen
fasciculus spicarum ...: Bündel getrockneter, entkörnter Roggenähren
Spergula vera: Acker-Spark (Spergula arvensis L.)
100 *in formam conico-obtusam:* in eine rundlich abgeplattete Form
in formam pristinam: in die frühere Form
in loco pristino: an den früheren Ort
rugosa s. cellulosa ...: runzlig oder voll kleiner Zellen wie in einem Netzmagen
lapide ollari: Topfstein
101 *excusatio calva:* fadenscheiniger Grund
diebus canicularibus: Hundstagen
102 *accelerata circulatione ...:* bei erhöhtem Pulsschlag
pressio aeris: Luftdruck
hinc tantus flatus ...: deshalb gewöhnlich ein so starker Wind, deshalb auch kälter
frigus consistit in pressione ...: die Kälte hängt von der Zusammenpressung der Luft ab, die Wärme von der Verdünnung derselben, woraus man folgern würde, daß die Luft im Gebirge nicht dünn sei
103 *Bacchus:* für „Wein“
Ceres: für „Bier“
104 *vulgares:* die gewöhnlichen
aquaticae, wie Scept. Car., Astragalus ...: Sumpfpflanzen, wie Karlsszepter, Alpen-Tragant (Astragalus alpinus L.), Alpen-Säuerling (Oxyria digyna/L./Hill), weißes Läusekraut mit roter Blüte: Lappländisches Läusekraut (Pedicularis lapponica L.), Sumpf-Läusekraut (Pedicularis palustris L.), Zwerg-Simsenlilie (Tofieldia pusilla/Michx./Pers.) usw.
Astragalus flore albo ...: Tragant mit weißer Blüte: Alpen-Tragant und Schnee-Enzian (Gentiana nivalis L.)

uncia: ein Zwölftelmaß

105 *ulterius deducatur:* es soll noch ausführlicher berichtet werden

omnes Lappi communiter ...: alle Lappländer sind gewöhnlich triefäugig, deshalb scheint es, als käme ein Wort aus dem anderen [lappi — Lappen, lippi — triefäugig]. Es gibt verschiedene Ursachen, besonders jedoch

flatus: Wind

ubi flatus perpetuus: wo ein ständiger Wind herrscht

nix et quidquid album ...: Schnee und alles, was weiß ist, besonders

106 *ergo Lappones alpini ...:* also auch die Lappen im Gebirge, wo ewiger Schnee liegt

quod unum est: was eins ist

fumus: der Rauch

frigus, quid Lapponia ...: die Kälte, was ist wohl kälter als Lappland

digito indigitorio: Zeigefinger

cupulae ad instar: gleich einer Kuppel

107 *amant enim societatem ...:* es gefällt ihnen nämlich außerordentlich, in Herden zu sein, und je mehr beisammen sind, desto lieber ist es ihnen, weshalb sie auch oft zu einer anderen Herde laufen

sine: ohne

raro ... ob pondus: selten ... wegen des Gewichts

semiglobosae: halbkugelförmig

ante divisionem ...: bevor es in Stücke zerteilt wird

108 *cum pilositate superius:* das Haar nach oben

erectus stare nequit: aufrecht stehen kann man nicht

untrinque supra: auf jeder Seite über

ad claudentes: an den Enden

ad hyemen seram: für den kommenden Winter

corpus griseum ist, facies nigra ...: Körper grau ist, das Gesicht schwarz, die Keulen schwarz und die Lendengegend ins Schwarze gehend, Schwanz und Ohren sehr kurz, es frißt

hinc multi: wobei viele

timidi: furchtsam

109 *aqua enim pura nil nocet ...:* reines Wasser ist überhaupt nicht schädlich, insofern es mäßig genossen wird, auch wenn man es kalt trinkt; das habe ich von den Lappländern und durch die eigene Erfahrung gelernt

vulva exserta: ausgestülpte Vulva

osculo ...: Öffnung [der Vulva] ... Samen

tubulati: Ringe

quam antea dixi ...: sie ist, wie ich zuvor sagte, die Ursache

semierectus: halbaufrecht

110 *apex digiti ...:* Spitze des kleinen Fingers der linken Hand

111 *cultis:* den Fremden

menstruorum obstructio rara ...: Menstruationsbeschwerden sind

selten, nicht so verbreitet und nicht so schwer wie bei unseren Frauen, Weißfluß kennen sie nicht
hysterica: Hysterie (als deren Folge Regelunterbrechung auftreten kann)
copiose: häufig
112 *id est menses supressae:* das ist ausgebliebene Menstruation
margine cuti proxima: am Rand, in der Nähe der Haut
vertiginem: Schwindelanfälle
rhenorum morbi: Krankheiten der Rentiere
epidemica: ansteckend
113 *id est vaja sive uxor:* d. h. vaja oder Weibchen
114 *testiculi:* Hoden
stercus: Kot
tunica musculorum und cutis: Muskelmembran und Haut
115 *angustia loci compensat ...:* sinngemäß wohl: die Enge des Ortes komprimiert und staut die schnellen Wolken und verstärkt dadurch die Gewalt des Windes
id est circuitus: d. h. in einem Umkreis
sylvestres: grob
116 *judaicus:* der Judenstein, gewöhnlich olivenförmig, grau oder rot mit querverlaufenden Streifen. Judensteine sind Stacheln fossiler Seeigel (Cidaris-Arten), sie finden sich massenhaft in der Kreideformation Palästinas und kamen zur Zeit der Kreuzzüge nach Westeuropa. Aufgelöst waren sie ein Mittel gegen Steinkrankheiten.
leges: Spielregeln
117 *jure:* von Rechts wegen
cortex med. alni: die mittlere Rinde der Grauerle (Alnus incana/ L./Moench)
118 *ergo ex scaturiginibus ...:* also von den dort vorhandenen Quellen
nullos: keine
quaedam: gewisse
123 *a latere concavo:* seitlich gekrümmt
diversitas exsiccandi segeta: verschiedene Arten, das Korn zu trocknen
Scani: Bewohner von Skåne
cruciatim: über Kreuz
124 *solstitium:* Sommersonnenwende
125 *latera sibi ...:* die Seiten aneinander haften
Lysimachia purpurea ...: Schmalblättriges Weidenröschen (Epilobium angustifolium L.)
Virga aurea: Gemeine Goldrute (Solidago virgaurea L.)
hinc serius floret ...: also blüht es im Gebirge später
a colore, non causa ...: wegen der Farbe, nicht wegen der Ursache und des Ursprungs
sed vix sufficit: aber das reicht kaum aus
nervis, musculis ...: Nerven, Muskeln, Luftröhre, wichtigen Venen und Arterien versehen ist

hinc male virgines ...: deshalb ist es schlecht, es so zu machen wie unsre jungen Mädchen und sogar die jungen Männer
nos Sveci: unsere Schweden
duo tantum leviter ...: haben zwei leicht zusammengezogene Kleidungsstücke
126 *superius: zuoberst*
sine apertura: ohne sie zu öffnen
semper angustior contractio ...: immer ist die engere Schnürung beschwerlich; diese ist weit
nudus: nackt
Nymphaea noch Juncus: Seerose noch Binse
Ranunculus foliis rotundis ...: Schild-Hahnenfuß mit runden und haarförmig zerschlitzten Blättern (Ranunculus peltatus Schrank)
ramus: Zweig
rami ulnares: ellenlange Zweige
caulis: Stengel
folia capilladea radix: die haarfeinen Blätter werden zu Wurzeln
Potamog. foliis amplexicaulibus: Laichkraut mit stengelumfassenden Blättern: Durchwachsenes Laichkraut (Potamogeton perfoliatus L.)
Gramen maximum natans ...: ein sehr großes Wassergras, flutend, verzweigt, mit walzenartigen Ähren: Rotgelber Fuchsschwanz (Alopecurus aequalis Sobol.), [nicht identisch, wie Linné sich fragt, mit Knickfuchsschwanz (A. geniculatus L.)]
127 *apice abscissa:* außer an der Spitze
128 *summa apice:* am äußersten Ende
interna: Innenseiten
valvae: Schalen
digitis: den Fingern
signa externa infallibilia: keine untrüglichen äußeren Merkmale
diffracta: aufgebrochen
Equisetum: Schachtelhalm: Teich-Schachtelhalm (Equisetum fluviatile L.em.Ehrh.)
negligentia: Nachlässigkeit
radix Angelicae: Wurzel der Engelwurz; gemeint ist Echte Engelwurz
129 *Chamaemorum:* Moltebeere (Rubus chamaemorus L.)
Ophrys minima: Kleines Zweiblatt (Listera cordata/L./R.Br.)
item Pinguiculam minimam ...: ebenso kleinstes Fettkraut, aber mit vertrockneten Blättern, reifer Frucht, herzförmig ausgerandet, mit 2 Klappen: Behaartes Fettkraut (Pinguicula villosa L.)
referri potest ...: kann zu den Eichelhähern gezählt werden
per totam longitudinem: auf der ganzen Länge
describatur Holmiae...: wie es in Stockholm, Småland usw. beschrieben wurde

in cavo pectoris: im Brustkorb
zu Peter und Paul oder Lars ...: statt Peter und Paul (29. Juni) muß es wohl Olav heißen (S.-Olavs-Messe: 29. Juli); Lars bzw. die St.-Laurenz-Messe ist am 10. August
Pseudo-helleborina: Pseudo-Nieswurz: Kriechendes Netzblatt (Goodyera repens/L./R.Br.), eine Orchidee
130 *Enti Entium:* dem Allerhöchsten
sed singulari Dei fato ...: aber durch Gottes einzigartige Vorsehung entkamen wir beide unversehrt
aetate: im Alter
adeoque fallax est ...: deshalb ist es falsch, was Bång in seiner Abhandlung über die Lachse schreibt. — Linné war 1730, als Daniel Bonges seine Dissertation „*Om laxarna och laxfisket hos Österbottningarna*" verteidigte, als Opponent aufgetreten
respondent ... semper ...: man antwortete, Milch immer, aber kein Nicht-Hakenlachs hat Milch, sondern immer Rogen
131 *baccas Rubi fragariae folio:* Beerenfrüchte der erdbeerblättrigen Brombeere: Akerbeere (Rubus arcticus L.)
calycem non demittunt ...: sie werfen nicht, wie die übrigen Stein-Brombeeren, ihren Außenkelch ab (Rubus saxatilis L.)
composita color fusco ...: zusammengesetzt, die Farbe dunkelpurpur, die Größe
Erica plicata: Heidekraut (Calluna vulgaris L.)
pellucida: durchsichtig, klar
Carex: Segge
in spicis ustilaginem ...: an den Ähren Brandpilzkrankheit (Cintractia caricis/Pers./P.Magn.) ... das sind kleine, runde, schwarze Körperchen, die sich in Mehl auflösen
sine praevia exsiccatione: ohne vorher getrocknet zu werden
132 *sed qualis talis ...:* aber wie auch immer beschaffen, nicht gepflegt
copiosissime Caseola ...: in großen Mengen Pfriemenkresse (Subularia aquatica L.) [oder auch Wasserpfeffer-Tännel (Elatine hydropiper L.em.Oeder)], Wasser-Dickblatt (Crassula aquatica/L./Schönh.) Schlammkraut (Limosella aquatica L.), Knick-Fuchsschwanz (Alopecurus geniculatus L.)
Convulvulus: Ackerwinde (Convulvulus arvensis L.)
Sedum aquaticum: Wasser-Dickblatt
Potamog. ... Stellaria ... Aponogeton: Laichkraut ... Sternmiere ... Wasserstern
in cuius fide certus sum: deren Glaubwürdigkeit für mich außer Zweifel steht
Tubera: Trüffel: Warzige Hirschtrüffel, Hirschbrunst (Elaphomyces granulatus Fr.)
Glaux, Plantago angust. ...: Strand-Milchkraut (Glaux maritima L.), Strand-Wegerich (Plantago maritima L.)

Gramen tritic. marit.: Strandroggen (Leymus arenarius/L./ Hochst.)
Angelica tenuifolia: zartblättrige Engelwurz: Wald-Engelwurz oder Wald-Brustwurz (Angelica sylvestris L.)
Mesomora, Vaccinia ...: Schwedischer Hartriegel (Cornus suecica L.), Heidelbeer-Arten, Moltebeere (Rubus saxatilis L.)
133 *spicas:* Ähren
Sparganium: Fries' Igelkolben (Sparganium friesii Beurl.)
folia ... oblongatur ...: Blätter ... länger und schmaler werden
dorso convexo ...: auf der Oberseite bauchig, auf der Unterseite flach

Torneå

133 *hiems:* Winter
Dracontium: Schweinsohr oder Sumpf-Calla (Calla palustris L.)
Erica, Persicaria ...: Heidekraut oder Besenheide (Calluna vulgaris/L./Hill), Knöterich mit roter Blüte, mild [schmeckend]: Floh-Knöterich (Polygonum persicaria L.) [oder aber Ampfer-Knöterich (P. lapathifolium L.) und wahrscheinlich] Herbst-Löwenzahn (Leontodon autumnalis L.)
Umbella prolifera: Sumpf-Haarstrang (Peucedanum palustre/ L./Moench)
quod eorum vestes ...: weil ihre Kleider gewöhnlich aus Lappen bestehen
134 *exempli gratia:* zum Beispiel
hinc causa frigoris ...: deshalb ist auch nicht einfach die Polnähe die Ursache der Kälte, sondern auch die Höhe des Landes, was man genau beachten soll. Deshalb kommt es, daß die Flora des nördlichen Lappland die Kälte erträgt
lippi: triefäugig
causa peccans ...: die Ursache des Leidens überall greifbar
sine causa sufficiente: ohne hinreichenden Grund
sinus aquae: einer Bucht
origo: Quelle
Cicuta aquatica: Wasserschierling (Cicuta virosa L.)
in humidis: an feuchten Stellen
135 *convenit itaque loco ...:* stimmt mit Schmalblättrigem Merk, Berle (Berula erecta/Huds./Coville) überein, was den Standort, die Kräfte, das äußere Aussehen, besonders was die Fiederblätter betrifft
dies sabbati ...: Sonntag, ein Feiertag also, der zur Wiederbelebung und Erfrischung von Seele und Leib angewendet wurde
solstitium: Sommersonnenwende
quaeritur an ad polum ...: es fragt sich, ob sie am Pol scheint

et quales crudas servat ...: solche sparen die jungen Mädchen für ihren späteren Mann auf
solem inoccidium: Mitternachtssonne
dolores: Wehen
funiculi umbilicalis: der Nabelschnur
dolores post partum ...: die Nachwehen, die für manche schwerer sind als die Geburt selbst
136 *serum a casei ...:* die Molke, die nach dem Käsen zurückbleibt, wird sonst zu Säure gemacht, das heißt
communiter tamen coquitur ...: gewöhnlich wird die Molke aber gekocht, und das in zwei bis drei Tagen Gesammelte
hydatides: Flüssigkeiten

Ostrobothnia

137 *vidi Lumme Worm., digitus ...:* ich sah einen Prachttaucher, die äußere Zehe am größten, die Mittelzehe mittelgroß, die innere klein, die große oder mittlerste (die innerste) Zehe am kleinsten
extimi digiti pedis: die äußersten Spitzen des Fußes
Stratiotes und Butomus, Mesomora ...: Krebsschere (Stratiotes aloides L.) und Schwanenblume (Butomus umbellatus L.), Schwedischer Hartriegel, Geflecktes Knabenkraut (Dactylorhiza maculata/L./Soó) und [wahrscheinlich] Gemeiner Seidelbast (Daphne mezereum L.)
Juniperus parca ...: wenig Wacholder. Die Pflanzen entwickeln sich in den Wäldern kräftig und erreichen eine große Höhe
baccae Labruscae, Vaccinii ...: Beeren von Stein-Brombeeren, Heidelbeeren, Schwedischem Hartriegel, Krähenbeere, Moltebeere hier häufig; Karlsszepter herrscht überall vor
domus ... pörten dictae: die Häuser sind Küchenhäuser, pörten genannt
quae ratio mihi ...: ein Grund, der mir völlig falsch vorkommt
noctuae instar amant ...: wie die Eule die Finsernis liebt
atrum: schwarz
numerum intra eos ...: sie unter die Zahl derer, die mit eigenem Licht leuchten
138 *sc. tecto interrupto:* nämlich mit einem durchbrochenen Dach
inclinato erectae: aufrecht aneinandergelehnt
139 *quia usus:* weil so üblich
Salicaria foliis alternis ...: Weiderich mit gegenständigen Blättern, abgestuft, mit Blüten in einzelnen Blattachsen: Gemeiner Blutweiderich (Lythrum salicaria L.)
140 *conveniunt also cum iis:* stimmen also mit ihnen überein
cingulo cum cultro affixo: Gürtel mit daran befestigtem Messer
quod carent ... quod habent: daß sie nicht haben ... daß sie haben
per tempus fuscum: mit der Zeit dunkel

141 *physiognomia et marum ...:* die Physiognomie (der Gesichtsausdruck) der Männer und Frauen ist unbewegt
decolor: fahl
copiose Gramen spica ...: sehr viel Gras mit einer Ähre wie bei Strandroggen (Leymus arenarius/L. Hochst.)
speciosa: auffallend schön
commoda: die Vorteile
radix ist perennis: Wurzel ist beständig
Der lange Finne ...: Daniel Cajanus (1703—1749), war 2,47 m groß. Nachdem er sich beim Preußenkönig Friedrich Wilhelm I. für die „lange Garde" beworben hatte, dort für zu groß befunden, aber auf Befehl des Königs gemalt worden war, reiste er durch Europa und ließ sich für Geld sehen. Er starb bei den Mennoniten in Haarlem
142 *quia mare:* weil da das Meer ist
cortex: Rinde
Usnea nigra a latere ...: schwarze Bartflechte wächst an der Nordseite [etwa Mähnenflechte (Alectoria jubata/L.Nyl.)]
Spongia lacustris Newtonii: Süßwasserschwamm (Spongilla lacustris L.)
Artemisiam: Beifuß: Bottnischer Beifuß (Artemisia bottnica A. N. Lundstr.)
flos: Blüte
baccas Vaccinii ...: Beeren von Heidelbeeren und Felsen-Himbeeren
Behen, an quod in agris ...: Strand-Leimkraut (Silene maritima With.), ob es das ist, was auf Äckern wächst und dessen Teilen es ziemlich ähnelt
calyx oblongus, folia ...: länglicher Kelch, schmale Blätter, als Frucht eine Kapsel, aufrechter Stengel, eiförmig, ähnlich wie bei Behen

Oeconomia Angermannica

142 *Oeconomia Angermannica:* die Wirtschaft Ångermanlands
143 *Salix foliis Oleae ...:* Weide mit ölbaumähnlichen Blättern: Zweifarben-Weide (Salix bicolor Ehrh. ex Willd.)
adhaerentes: Abhängigen
144 *exteri:* Auswärtige
ut in Kalix ...: wie in Kalix alljährlich am 19. August
incommoda: Nachteile
rustici: die Bauern
Chasma: Nordlicht
remedium specificum: besonderes Heilmittel
145 *Umbilicus Veneris:* Venusnabel; vielleicht ist eine Steinbrechart, Nabel-Steinbrech (Saxifraga cotyledon L.), gemeint

Probierkunst: die Methode, mit der Gehalt und Legierung der Erze bzw. Metalle bestimmt wird
acifolia: Nadelhölzer
ornierte a lateribus viarum ... schmückte an den Straßenrändern eßbare Islandflechte (Cetraria islandica/L./Ach.)
Tanacetum: Rainfarn (Tanacetum vulgare L.)
Artemisia: Wermut (Artemisia absinthium L.)
stolam: Mutterscheide
146 *Juniperus ... licet item frutex:* Wacholder möglicherweise auch als Gebüsch
Salix, Populus pallescebat ...: Weide, Pappel waren schon fahl geworden, die Vogelbeere aber rot, alle Moose
a sinistris: von links
Pisum caule tres angulo ...: eine Erbse mit dreikantigem Stengel, weißer Wurzel, kriechend, überwinternd, mit fetten Blättern, alternierend gefiedert: Strand-Platterbse (Lathyrus maritimus/L./Bigelow)
erecta und contigua ...: senkrecht und nebeneinander, in der Mitte
extra sc. impexi: draußen, nämlich ungekämmt, rauh
nauseabundum: ekelerregend
Gramen marit. triticeum: Strandroggen, auch Blauer Helm (Leymus arenarius/L./Hochst.)
coagulati: zusammengesetzt
147 *ordinari:* die aufgeschichteten
Gallia nos genuit ...: Frankreich hat uns geboren, ganz Afrika haben wir durchzogen, und aus dem Ganges haben wir getrunken, dieser Himmelsstrich hier fehlte uns noch. — Der Franzose de Fercourt besuchte 1681 Lappland, er setzte mit seinen Gefährten de Corberon und Regnard eine Erinnerungstafel in der Kirche von Jukkasjärvi mit der erwähnten Inschrift. Linnés Version weicht etwas vom Original ab.
altitudo ... latitudo ... profunditas: Höhe ... Breite ... Tiefe
a lateribus: von den Seiten
sic piscatur: so wird er gefangen
Messenii contrefait in natura: von Messenius ein naturgetreues Abbild
148 *Arundo:* Gemeines Schilf (Phragmites australis/Cav./Trin. ex Steud.)
Cicutaria aquatica: Wasserschierling (Cicuta virosa L.)
Lenticula et Lichenoides ...: Kleine Wasserlinse (Lemna minor L.) und Pflaumenflechte (Evernia prunastri/L./Ach.), wovon
more scanio: auf skånische Weise
avena: Hafer
Iris aquatica: Wasser-Schwertlilie (Iris pseudacorus L.)
maniaci: Irre

compressio phantastica . . .: war eine Zwangsvorstellung die Ursache dafür

149 *Castorium ein sacra anchora:* Bibergeil ein bewährtes Heilmittel
funica umbilicali: Nabelschnur
primapara oder postpara: bei der ersten Geburt oder den später folgenden Geburten
sedes: Sitz
moenia: Stadtmauer
mica: Glimmer

150 *rustici heic utuntur . . .:* die Bauern haben drei Ärzte: Dr. Bibergeil, Dr. Bärengalle und Dr. Branntewein
Hypericum, Scrophularia . . .: Kanten-Johanniskraut (Hypericum maculatum Crantz), Knoten-Braunwurz (Scrophularia nodosa L.), Dreiteiliger Zweizahn (Bidens tripartita L.), 3 Johannisbeerarten sehr häufig

151 *saturatus:* gesättigt
ut prius: wie vorher

153 *Solanum scandens:* kletternder, bittersüßer Nachtschatten (Solanum dulcamara L.)
Cardiaca und Hyoscyamus: Herzgespann (Leonurus cardiaca L.) und Schwarzes Bilsenkraut (Hyoscyamus niger L.)
Salix oleafolia . . .: ölbaumblättrige Weide mit Beeren: Sanddorn (Hippophae rhamnoides L.); man nennt sie
petiolo 2 lineas longi: Blattstiele zwei lange Linien
gradatim: stufenweise

154 *Polytrichum:* Bürstenmoos
spatium: Zwischenraum
latus ex 4 confluentibus: jede Seite aus 4 nichtgespannten [Maschen]
parte anteriori ubi: vorderen Teil
Lathyrus viciaeformis . . .: wickenblättrige Platterbse: Sumpf-Platterbse (Lathyrus palustris L.), Gemeine Sumpfkresse (Rorippa palustris/L./Besser)
Campanula persicifolia . . .: Pfirsichblättrige Glockenblume (Campanula persicifolia L.) und Purpur-Fetthenne (Sedum telephium L.)
Acer und Filix foemina, remosa: Ahorn und verzweigter Frauenfarn: Eichenfarn (Gymnocarpium dryopteris/L./Newmann
Ribes insipida . . .: Alpen-Johannisbeere (Ribes alpinum L.), von den Bauern Teigbeere genannt, sehr häufig
Opulus et Xylosteum: Gemeiner Schneeball (Viburnum opulus L.) und Rote Heckenkirsche (Lonicera xylosteum L.)
frutex: Strauch
Rubus saxatilis . . . jucundo spectaculo: Stein-Brombeere sehr häufig, Gemeiner Hopfen (Humulus lupulus L.) wuchs erfreulich zu sehen

Hepatica mit Cracca ...: Leberblümchen mit Vogelwicken mit gezähnten Flügeln, gestreiften Blüten: Wald-Wicken (Vicia sylvatica L.)

Orobus vernalis: Frühlings-Platterbse (Lathyrus vernus/L./Bernh.)

Gramen panicul. panicula ...: Rispengras mit zusammengedrückter Rispe in Form einer Ähre: Rohr-Glanzgras (Phalaris arundinacea L.)

copiosissime ultra: mächtig über

Cyperus: Zypergras; wahrscheinlich ist Weiße Schnabelsimse (Rhynchospora alba/L./Vahl) gemeint

155 *in muri forma:* in Mauerform

hinc vis purgatoria ...: daher die reinigende Kraft, die der des Eisens entspricht

Sciurus volans: Flughörnchen

Mus longus, labia ...: lange Ratte mit weißer Unterlippe, [wohl europäischer Nerz (Mustela lutreola)]

dentes prominentes: vorstehende Zähne

156 *pyrites:* Schwefelkies

atra mica: schwarzer [dunkler] Glimmer

Lichenoides saxatile ...: Stein-Schüsselflechte (Parmelia saxatilis/L./Ach.), die in der Farbe an Menschenkot denken läßt

Enti Entium sit ...: Dem höchsten Wesen sei Lob, Ehr und Preis in Ewigkeit

157 *Abbildung Zaubertrommel:* Die sog. Lappen- oder Wahrsagetrommel besteht aus einem Holzgestell, das mit einer Tierhaut bespannt ist. Um Dinge, die im Verborgenen liegen, zu erkunden, legten die Lappen kleine Steine oder andere kleine Gegenstände auf das Trommelfell, das darauf mittels eines gabelartigen Instruments (Hammer genannt) in Schwingungen versetzt wurde. Dadurch gerieten die Gegenstände auf dem Trommelfell in Bewegung und veränderten ihre Lage. Ihr Weg und ihre Stellung zu den einzelnen Figuren auf diesem Wege bildete die Grundlage der Wahrsagung. Ein Teil der Zeichen konnte inzwischen gedeutet werden (s. Numerierung): 1 — die Sonne mit ihren Strahlen in die vier Himmelsrichtungen, 2 — Rentierweide, -gehege (?), 3 — Lappenhütte, 4 — Rentier, 5 bis 8 — Götter, 9 — das Opfer, 10 — Boot, 11 — Rentier, 12 — der Weg zu den Bauern, 13 bis 15 — Gottheiten der Lappen, etwa den griechischen Nornen vergleichbar, 16 — Weg mit vier Menschenfiguren, 17 — Rentierweide -gehege (?), 18 — Totenreich, 19 — Zauberer mit Trommel

Carl Linné

Neben kürzeren biographischen Angaben und einem Brief biographischen Inhalts an Albrecht von Haller hat Linné fünf Autobiographien hinterlassen, von unterschiedlicher Länge und mit unterschiedlicher Akzentsetzung. Hebt er in der ersten Autobiographie die Rolle seiner Lehrer, Förderer und Gönner hervor, so liegt die Betonung in der zweiten auf den Schwierigkeiten, die ihm auf seinem wissenschaftlichen Weg entgegenstanden. In der dritten, von uns abgedruckten, steht seine Arbeit und Arbeitsweise im Mittelpunkt, in der vierten sein Werk und der Anteil seiner Schüler daran, in der fünften beschreibt er seine Entdeckungen und Neuerungen sowie die Ansichten und Praktiken in der Naturwissenschaft, gegen die er sich mit seiner Arbeit wendete. Die Autobiographien, die gewiß zu einem Teil seiner Selbstverständigung, aber auch einer wahrheitsgemäßen Überlieferung dienten (Vita II war zum Beispiel für seine Grabrede vorgesehen), hatten vor allem den praktischen Zweck noch zu seinen Lebzeiten, Grundlagen der soganannten Elogen abzugeben, im Falle, daß er zum Mitglied einer Wissenschaftsakademie berufen würde. Linné verstieß dabei mit der Lieferung so faktenreichen Materials gegen die Gepflogenheiten der Zeit, wenig Biographisches in einer derartigen Lobrede zu bieten, dafür um so mehr die klassischen Vorbilder zu zitieren.

Die hier abgedruckte Autobiographie, kurz Vita III genannt, weil sie in der Chronologie der Autobiographien die dritte Stelle einnimmt, befand sich nach Linnés Tod in Privatbesitz. Schwedisch ist sie zuerst 1823 von Adam Afzelius herausgegeben worden, zusammen mit Auszügen aus Vita II, später, 1888, von Ewald Ährling, 1903 von Theodor Magnus Fries und 1957 mit den vier obengenannten Biographien und einer ausführlichen Kommentierung von Elis Malmeström und Arvid Hjalmar Uggla. Die erste und einzige deutsche Ausgabe, in der Übersetzung von Karl Lappe, fußend auf der Afzelius-Ausgabe, erschien 1826.

Daß jedoch das Leben Linnés in Deutschland bis zu diesem Zeitpunkt nicht unbekannt war, bezeugt eine gesonderte Biographien-Bibliographie in Dietrich Heinrich Stövers Linné-Buch von 1792. Danach existierten eine ganze Reihe derartiger Veröffentlichungen, vor allem in den entsprechenden Fachzeitschriften, meist Berichte deutscher Linné-Schüler, wie Johann Beckmann, John Andreas Murray, Johann Christian Daniel Schreber, P. D. Gisecke und Johann Christian Fabricius. Stöver hat auch Vita II schon gekannt, allerdings indirekt durch die von ihm öfter zitierte und damals bereits deutsch publizierte Gedächtnisrede auf Linné von Abraham Bäck. Bäck, Linnés engster Freund, hatte seiner Rede Vita II zugrunde gelegt.

Zu der Übersetzung: Linnés Text von Vita III, so wie er hier erscheint, ist nicht einheitlich. Linné schreibt anfangs von sich selbst in der dritten Person, die Sätze sind ausgeführt, der Bericht ist zusammenhängend (das betrifft den Teil, den er seinem Schüler Pehr Löfling bis 1750 diktiert hat, sowie das Werkverzeichnis, das ebenfalls in Löflings Handschrift vorliegt); später geht er zur Ich-Form über, es kommt zu Flüchtigkeiten und Wiederholungen, er schreibt nach dem Satzende klein weiter usw.

Lappe versuchte den Text zu vereinheitlichen. Aus Aufzählungen im Telegrammstil bildete er zusammenhängende Sätze. Alle Ich-Formen wandelte er in Er-Formen um. Er schuf logische Textzusammenhänge, strich Wiederholungen, und da, wo Linné auf vorher genannte Daten zurückgreift, fügte er den genannten Tatbestand in die „richtige" Chronologie ein. Die hier abgedruckte Fassung verändert Lappes Übersetzung im einzelnen kaum, denn sie ist im ganzen sehr genau, macht jedoch seine Veränderungen und Eingriffe (an Hand der schwedischen Ausgabe von 1957) rückgängig, so daß sie jetzt dem ursprünglichen Linnéschen Text entspricht. Die Orthographie wurde nach den heute geltenden Regeln verändert; die Schreibung der Ortsnamen blieb erhalten.

158 *potest e casa ...:* es kann sein, daß aus diesem Hause ein Großer hervorgeht

Mai $\frac{12}{22}$ — $\frac{13}{23}$: in Schweden wurde der Gregorianische Kalender erst 1753 eingeführt, vor diesem Zeitpunkt liegende Daten werden öfter in beiden Zählungen angegeben

Komminister: Nebenpfarrer, der zweite Pfarrer am Ort

ibidem: ebenda

primipara: Erstgebärende

introduziert: eingeführt

publice gelesen in Horto ...: öffentlich gelesen im [Botanischen] Garten von Uppsala, als Vikar von Rudbeck. (Vikar hier im Sinne von Stellvertreter; gemeint ist Rudbeck d. J.)

Societatis Upsaliensis: der [Wissenschaftlichen] Gesellschaft von Uppsala

Probierkunst: Verfahren zur Bestimmung der chemischen Zusammensetzung der Erze; gemeint ist sicher die Lötrohrprobierkunst, die 1670 zuerst erwähnt wird. Als ihre Wiege wird Schweden angesehen

Landshöfding: Landeshauptmann

medicinae Doctor ...: Linné promovierte, wie es zu seiner Zeit bei Schweden üblich war, im Ausland. Das bevorzugte Land war Holland. In Harderwijk war die Promotion am schnellsten und billigsten zu erledigen

d. 9. Calend. Julii: 22. Juni

Hortum Leydensem: den [Botanischen] Garten in Leiden

praeses primus ...: erster Präsident der [Königlichen] Akademie [der Wissenschaften] in Stockholm

fundatores: Gründer
professor publicus Upsaliensis: Öffentlicher Professor in Uppsala
159 *Archiater:* Leibarzt
Museum Reginae: Museum der Königin; gemeint ist die Naturaliensammlung der (schwedischen) Königin
Museum Regis: Museum des Königs (vgl. oben)
literatus: hier: wissenschaftlicher Schriftsteller
Hemman: Bauerngut
Academiae Parisinae ...: Ordentliches Auswärtiges Mitglied der Akademie Paris, einer der acht Männer (die Zahl der auswärtigen Mitglieder durfte acht nicht überschreiten)
museum proprium: eigenes Museum (Linnés Hausmuseum in Hammarby)
160 *Härad:* Kreis, Gerichtssprengel
161 *menses frondescentiae ...:* Laubmonat und Blütenmonat
Kollation: Zusammenkunft, Konferenz zur Diskussion geistlicher Fragen, oft mit anschließendem Festessen, oder auch Amtsübergabe
163 *Succisa, Tormentilla, Orchides:* Teufelsabbiß, Blutwurz, Knabenkraut
Informator: Hauslehrer
unter eloquentiae ...: unter den Lehrern der Redekunst, Metaphysik, Ethik, des Griechischen und Hebräischen, samt den Religionslehrern
164 *Rydaholmisches Pflanzenbuch:* verfaßt von dem Arzt A. Månson (etwa 1590 bis etwa 1649)
„Flora Aboensis", „Serta Florea Suecana" ...: botanische Fachbücher über die einheimische schwedische Pflanzenwelt
165 *physices lector:* Lehrer der Naturwissenschaften
oleum und operam: Öl und Mühe
166 *Cornus herbacea:* Schwedischer Hartriegel (Cornus suecica L.)
Lobelia Dortmanna: Wasser-Lobelie (Lobelia dortmanna L.)
Elatine Hydropiper: Wasserpfeffer-Tännel (Elatine hydropiper L.)
Peplis Portula: Sumpfquendel (Peplis portula L.)
Linum radiola: Zwerg-Lein (Radiola linoides Roth.)
Plantago monanthos: Wegerich (Plantago monanthos L.)
Isoëtes lacustris: See-Brachsenkraut (Isoëtes lacustris L.)
Anthericum ossifragum: Beinbrech (Narthecium ossifragum/ L./Huds.)
Aphanes arvensis: Gemeiner Ackerfrauenmantel (Aphanes arvensis L.)
Trientalis europaea: Europäischer Siebenstern (Trientalis europaea L.)
Scheuchzeria palustris: Blasenbinse (Scheuchzeria palustris L.)
Andromeda polifolia: Rosmarinheide oder Polei-Gränke (Andromeda polifolia L.)

Calla palustris: Schweinsohr oder Sumpf-Calla (Calla palustris L.)
Stratiotes Aloides: Krebsschere, Wassersäge oder Wasseraloe (Stratiotes aloides L.)
Utricularia vulgaris: Gemeiner Wasserschlauch (Utricularia vulgaris L.)
testimonium academicum: akademisches Zeugnis
Diszipel: Schüler

168 *Furia infernalis:* Trotz einer reichhaltigen Literatur über Linnés *Furia infernalis* ist ihre Zugehörigkeit, ja ihre Existenz bisher ungeklärt. F. Bryk nennt sie in seiner Darstellung „*Linnés Höllenfurie in Phantasie und Wirklichkeit*" eine Mystifikation, schwankt aber im nächsten Augenblick, ob es nicht doch eine Spinnenart sei. Linné selbst hat die Art einmal unter die Würmer, ein anderes Mal unter die Insekten gestellt. Sogar der deutsche Märchen- und Sagensammler Ludwig Bechstein (Apothekersohn) hat sich zu Linnés *Furia* geäußert, und zwar in seiner Sage „*Furia infernalis*", die im Gebiet von Krementschug spielt.
magnatische stipendia: von Privatpersonen gestiftete Stipendien
Kondition: Anstellung; hier ist die für Studenten übliche Beschäftigung als Hauslehrer gemeint

169 *labor omnia vincit . . .:* die Arbeit besiegt alles, wenn sie beständig ist, und die Kraft des dringenden Notfalls. (Vergil, „*Georgica*" 1,145)

170 *historiam de plantis biblicis:* Geschichte der biblischen Pflanzen; die Schrift heißt „*Hierobotanicon sive de Plantis Sacrae Scripturae*" (2 Bände, Uppsala 1745—1747)
Adjunkt: der zweite Vertreter einer bestimmten Fachrichtung; Stellvertreter

171 *Actis Lipsiensibus;* gemeint ist die Leipziger Universitätszeitschrift „*Acta Lipsiensium Academica*"
„*De Sexu Plantarum*"*:* Über das Geschlecht der Pflanzen
stamina, Pistillen: Staubblätter, Stempel
plantas umbellatas: Doldenblütler
petala: Kronblätter
„*De Nuptiis Arborum*"*:* Über die Hochzeit der Bäume

172 „*Bibliotheca Botanica*"*:* Schrift Linnés, Amsterdam 1736 (s. S. 224)
„*Classes Plantarum*"*:* Schrift Linnés, Leiden 1738 (s. S. 224)
„ *Critica Botanica*"*:* Schrift Linnés, Leiden 1737 (s. S. 225)
„*Genera Plantarum*"*:* Schrift Linnés, Leiden 1737 (s. S. 224)

173 *Petrifikat:* Versteinerung
Impedimente: schweres Gepäck, Ballast

174 *solem inocciduum:* die Mitternachtssonne

175 *solus hyperboreas glacies . . .:* einsam das Eis der Hyperboreer, des Tanäus Schneefeld und der Riphäer Flur, die nimmer vom Reife befreit ist . . . (Vergil, „*Georgica*" 4,517)

Platen: 7,5 Platen = 1 Dukaten

178 *physicus urbis:* Stadtarzt

179 *tentieren und examinieren:* vorprüfen und prüfen

„Nova hypothesis febrium ...“: Neue Hypothese über die Ursache des Wechselfiebers; Doktordissertation Linnés (Harderwijk, 1735)

„Systema Naturae“: Linnés Hauptwerk, Leiden, ab 1735 (s. S. 221f.)

181 *„Fundamenta Botanica“:* Schrift Linnés, Amsterdam 1736 (s. S. 224)

hortum medicum: den medizinischen (Arznei-)Garten

„Flora Lapponica“: Schrift Linnés, Amsterdam 1737 (s. S. 226)

thesaurus: Wissensspeicher, Sammelwerk

182 *in der Barbarei:* in den westlich von Ägypten liegenden Teilen Nordafrikas

183 *Sherardischer „Pinax“:* Bearbeitung des *„Pinax theatri botanici“* (Basel 1623) von Kaspar Bauhin durch William Sherard. Während Bauhin in seinem *„Pinax“* etwa 6000 Pflanzenarten aufzählte, sollte die ergänzte und verbesserte Ausgabe von Sherard 16000 Arten enthalten. — *Pinax* (griech): hölzerne Tafel; bezeichnet eine Schreibtafel oder ein Gemälde

Caput bonae spei: Kap der Guten Hoffnung

„Hortus Cliffortianus“: Schrift Linnés, Amsterdam 1737 (s. S. 225)

186 *„Flora Virginica“:* Schrift von Gronovius, Leiden 1739

„Hortus Leydensis“: Schrift von Gronovius

„Corollarium Generum“: „Corollarium Generum Plantarum“, Schrift Linnés, Leiden 1737; es handelt sich um eine Ergänzung zu *„Genera Plantarum“*, in der 60 neue Geschlechter nach dem Sexualsystem aufgeführt sind

„Methodum Sexualem“: „Methodus Sexualis“, Schrift Linnés, Leiden 1737

Surinam: die ehemalige Kolonie Niederländisch-Guayana in Südamerika

187 *Antiquitäten:* Altertümer (der Altertumswissenschaft)

hydrops thoracis: Brustwassersucht

„Chemie“: „Elementa Chemiae“, Paris 1724, Boerhaaves bedeutendstes Werk

vivere: Leben, Unterhalt

188 *viro clarissimo ...:* dem allerehrwürdigsten Antoine de Jussieu, dem erfahrensten Arzt, hochberühmten Professor der Botanik und verdienten Mitgliede der Königlichen Akademie der Wissenschaften von Frankreich, übermittelt seinen Gruß A. van Royen. Sehen Sie hier Carolum Linnaeum, den Fürsten der Botanik, wenn irgendeiner existiert, der, sofern er nicht schon durch seine Schriften bekannt geworden, durch sein Auftreten bekannt

werden möge. Dieser, auf mehreren Gebieten der Naturgeschichte äußerst kundige Mann, ist es, der Dir diese Zeilen überbringt. Ihn, der wahrhaft gelehrt, erfahren und überaus gebildet ist, empfehle ich Dir und Deiner Obhut, daß nach Möglichkeit bei jeder sich darbietenden Gelegenheit alles, was seinen Unternehmungen dienlich ist, von Dir beobachtet werde, wie denn alle Deine Gunstbezeigungen ihm gegenüber als mir erwiesen — hatte ich ihn doch geraume Zeit als vertrauten Freund um mich — in meinem Gedächtnis bleiben werden.
Sei gegrüßt und grüße in meinem Namen Deinen Bruder und den edlen Herrn du Fay. Leiden, den 7. Mai 1738.
discens: Studierender
Musa: Bananenpflanze
189 *„Musa Cliffortiana":* Schrift Linnés, Leiden 1736 (s. S. 225)
190 *Letten:* weißes oder rotes toniges Sedimentgestein (Töpferton)
marmor primo: bester Marmor
demonstratorem plantarum: den Pflanzenvorführer
191 *pictrix regia in horto:* königliche Malerin im Garten
pro hospite: als Gast
membrum: Mitglied
192 *princeps botanicorum:* Fürst der Botaniker, der Erste unter den Botanikern
Klimius: Hauptgestalt aus Ludvig Holbergs satirischem Roman *„Nicolai Klimii iter subterraneum"* (1741); deutsch *„Nicolai Klims unterirdische Reise"*
praeses illustris: berühmten Vorsteher
in castris Veneris: in den Festungen der Venus
abstemios: enthaltsam; gemeint ist, daß sich Geschlechtskranke des Weintrinkens enthalten mußten
193 *simplicium vires:* Kräfte der einfachen Heilmittel
die zwei Parteien, Hüte und Mützen: die Partei der Hüte vertrat im schwedischen Reichstag die Interessen des Hochadels, der sich außenpolitisch rußlandfeindlich und frankreichfreundlich verhielt, die Partei der Mützen die des niederen Adels, der, verbündet mit dem Bürgertum und der Großbauernschaft, eine rußlandfreundliche Politik betrieb
195 *„Öländische und Gottländische Reise":* *„Öländska och Gotländska Resa 1741"*; deutsch in: *„Reisen durch einige schwedische Provinzen"*, Teil 1: *„Öland und Gothland"*, Halle 1764
Oration „de Peregrinationibus ...": Rede Linnés bei der Übernahme der Professur seines Vorgängers und Lehrers Lars Roberg über den Nutzen des Reisens im Vaterland; gedruckt in Uppsala 1742
historia morborum: Geschichte der Krankheiten (der Krankheitsprozesse)
praefecturam nosocomii: Leitung des Krankenhauses

praeparationes medicamentorum: Zubereitung der Arzneimittel
praefectura horti academici, botanicam ...: die Leitung des akademischen Gartens (des Botanischen Gartens der Universität Uppsala), die Botanik, die Arzneimittel, die Lehre von den Krankheitssymptomen, die Gesundheitslehre und die Naturgeschichte *vom illustrissimi cancellario:* vom sehr ehrwürdigen Kanzler
Remonstration: Vorschlag, Eingabe
domus praefecti: das Haus des Aufsehers

196 *Oration „de Telluris ...":* Rede Linnés über die Zunahme der bewohnbaren Erde; gemeint ist die Erscheinung, daß auf der Erde das Land zunimmt bzw. das Wasser abnimmt

197 *lumina academiae:* Leuchten der Akademie
Inspektor der Småländischen Nation: an den Universitäten waren die Studenten nach ihren Herkunftsländern bzw. -regionen in Nationen oder Landsmannschaften organisiert
museum rerum naturalium: Naturkundliches Museum
„Flora" et „Fauna Suecica": Schriften Linnés: „Flora Suecica", Stockholm 1745, *„Fauna Suecica",* Stockholm 1746 (s. S. 226)
adminicula: Hilfsmittel
regalieren: beschenken

198 *Octroi:* Bewilligung (von Handelsprivilegien)
Carol. Linnaeus, M. D. ...: Carolus Linnaeus, Doktor der Medizin, Professor der Botanik in Uppsala, im Alter von 39 Jahren
Carolo Gustavo Tessin et ...: dem Carolus Gustavus Tessin und der Unsterblichkeit überantworten dieses Bildnis des Carolus Linnaeus Cl. Ekeblad, And. Höpken, N. Palmstierna und C. Horleman, 1746

199 *„Flora Zeylanica":* Schrift Linnés, Stockholm 1747 (s. S. 227)
„de Incrementis Sueciae": über das Wachstum Schwedens
„Hortus Upsaliensis": Schrift Linnés, Stockholm 1748 (s. S. 227)
essentielle Charaktere: wesentliche Merkmale
auditores: (Zu)hörer

200 *„Materia Medica":* Schrift Linnés, Stockholm 1749 (s. S. 227)
„Philosophia Botanica": Schrift Linnés, Stockholm 1751 (s. S. 229)
„Skånska Resa": „Iter Scanicum", Schrift Linnés, Stockholm 1751 (s. S. 227)
Academia Scientiarum Tolosana: Akademie der Wissenschaften Toulouse

201 *rediit:* kehrte zurück
moritur Smyrnae: verstarb in Smyrna
Europa aust. ... boreal.: südliches ... nördliches Europa
abiit: reiste ab
impensis: auf Kosten

204 *terra sancta:* das Heilige Land

Konchylien: Muscheln, Schnecken, Mollusken, Brachiopoden
„Species Plantarum“: Schrift Linnés, 2 Bände, Stockholm 1753 (s. S. 229)
regione renum: Nierengegend

205 *„Rumphii Herbarium Amboinense“:* Rumpfs · Herbarium von Amboina; A. war eine von den Holländern besetzte Insel in Indonesien (Molukkeninsel), deren Gouverneur G. E. Rumpf war
Kollektaneen: Sammlungen

206 *famam extollere factis:* durch Taten den Ruhm vermehren (Vergil, *„Aeneis“* 10,467)
„Museum Tessinianum“: Schrift Linnés, Stockholm 1753
fugitivis oculis: mit flüchtigen Augen
specimina: Proben

207 *„Museum Adolphi Friderici“:* Schrift Linnés, Beschreibung der Naturaliensammlung des schwedischen Königs
Sparrische Donation: ein von Reichsrat Graf Frederic Sparre gestiftetes Kapital, das als Anerkennung für der Akademie eingereichte Forschungsergebnisse verwendet werden sollte

209 *species sibi cognitas animalium:* ihm bekannte Arten der Tiere
Cochenilletiere: Cochenille-Läuse, Schildläuse; Lieferanten des natürlichen Karmin- (Karmesin-)Farbstoffes
cactus: Kaktuspflanzen
Paroxismus der Migräne: plötzlich auftretender Anfall von Migräne
tussim epidemice grassantem ...: epidemisch grassierender Husten, der gewöhnlich kleine Mundgeschwüre zur Folge hat
Hasselquists „Reise“: deutsch *„Reise nach Palästina in den Jahren von 1749 bis 1752“*, Rostock 1762

210 *Tertianfieber:* eine Form der Malaria mit dreitägigen Fieberschüben
insufflatoria medicina: künstliche Beatmung: in die Lungen des Neugeborenen wurde durch Mund-zu-Mund-Beatmung unter Druck Luft eingeblasen
„Amoenitates“: (Ergötzungen), *„Amoenitates Academiae“*, Werk Linnés; der 1. Band erschien 1749 in Leiden, der 2. Band 1751 in Stockholm; die *„Amoenitates“* enthalten Abhandlungen zu Einzelfragen der Naturwissenschaft und Medizin, die von Linnés Schülern in Form von Disputationen unter Vorsitz ihres Lehrers vorgetragen wurden (s. S. 229)
perorieren: Vortrag halten
schwedische Oration: gemeint ist Linnés Rede über den Nutzen der Naturwissenschaft; der schwedische Titel lautet: *„Om naturkunnighetens nytta“*

211 *für quaestionem über sexus plantarum:* für [Beantwortung der] Frage über das Geschlecht der Pflanzen

Linnaea: Moosglöckchen (Linnaea borealis L.), ein zumeist in moosreichen Nadelwäldern wachsender Zwergstrauch mit rosafarbenen, wohlriechenden Blütenglocken

212 *in totum:* gänzlich

Mss.: Manuskripte

214 *Opobalsamum:* Linnés Schüler Forsskål hatte angeblich in Arabien den Busch gefunden, von dem man seit der Antike den berühmten Mekkabalsam gewann. Linné schrieb darüber die akademische Abhandlung „*Opobalsamum declaratum*" (Das erläuterte O.)

Amyris: Balsambaum, Salbenbaum; gemeint sind tropisch-amerikanische Bäume und Sträucher der Gattung Rutazeen

„*Clavis Medicinae*": (Schlüssel der Medizin), Schrift Linnés über den Zusammenhang von Diagnose und Therapie

„*Flora Danica*": Schrift über die Pflanzenwelt Dänemarks

„*Museum Conchyliorum*": Schrift über eine Muschelsammlung

Zoophyten: Pflanzentiere; gemeint sind Hohltiere (Coelenterata)

sein Vorzimmer war mit gezeichneten Pflanzen ...: es handelte sich dabei um Kupferstiche aus J. Burmans „*Rariorum Plantarum Americanarum*", 1755—1760, nach Gewächsen, die der Abbé C. Plumier aus Amerika mitgebracht hatte. — Die Bilder in Linnés Schlafzimmer stammten hauptsächlich von dem berühmten Blumenmaler G. D. Ehret; es waren Illustrationen zu Ch. J. Trews „*Plantae selectae*", Nürnberg 1750—1772.

215 „*Mantissa*": (Anhang [zu den Pflanzen]), Schrift Linnés

rector postremo semestri: Rektor im letzten Semester

218 *Kuratoren:* Vorsitzende der Studentenlandsmannschaften

Rektoratsrede: gemeint ist die Rede „*Deliciae Naturae*" (Die Freuden der Natur), 1773

insula australi nova: (neue südliche Insel), Australien

terram australem novam: (neues südliches Land), Australien

„*Systema Plantarum*": 23bändige Pflanzensystematik im Großformat

novam editionem „Listeri conchyliorum": neue Ausgabe von „*Listers Muscheln*", der Beschreibung der Muschelsammlung von Martin Lister.

botanical prints: botanische Drucke (Tafeln)

membr. honorarium ...: Ehrenmitglied des Medizinischen Kollegiums von Edinburgh

dolore lumborum horrendo: furchtbare Rückenschmerzen

Bibelversion: eingesetztes Komitee zur Beurteilung und Verbesserung der älteren Bibelübersetzungen

von peregrinatores botanicos Sibiriae: von Botanikern, die Sibirien bereisten

hortum Sibiriacum: einen sibirischen Garten; gemeint ist eine Abteilung von Linnés Garten mit sibirischen Gewächsen

ordines: Ordnungen

Icones Plant. ...: Abbildungen aller Pflanzen des Ritters Linnaeus. Das mit 10 000 Pflanzenabbildungen geplante Werk ist nicht vollendet und nie veröffentlicht worden (nach Stöver)

219 *Trianon:* Sommersitz des französischen Königs in Versailles

Linnaei Porträt ... sowie die Medaille ...: gemeint ist das Linné-Porträt von Pehr Krafft d. J. und das Medaillon von C. Fr. Inlander

Asphyxie: schwere Atemstörung mit Erstickungsgefühlen

Cartagena und nova Granada: Cartagena ist eine Hafenstadt in Columbien; Columbien und Venezuela wurden zu Nueva Granada gezählt

Ochsenkopf: altes Flüssigkeitsmaß (schwed. oxhufvud, oxhoffd, oxehoffd); in Deutschland 2,061 hl

spiritus vini: Weingeist

220 *Sozietät pro Patria:* richtig: Patriotiska Sällskapet; die Gesellschaft wurde 1767 gegründet, ihre Aufgabe bestand darin, Aufklärungsarbeit zum Nutzen der Staatshaushaltung zu leisten

221 *Inventor:* Erfinder

classes ... ordines naturales ... species: Klassen ... natürliche Ordnungen ... Arten

223 *distinctae species:* unterschiedliche Arten

apyri: schwer schmelzbare Minerale

concreta: verfestigte Gesteine, im Unterschied zu *terrae* (Lockergesteine) und *petrificata* (Fossilien, Versteinerungen)

regnum vegetabile: belebte Natur

224 *Konklusion:* Schlußfolgerung

aphoristisch: kurz, treffend

Fruktifikation: Fruchtbildung

Charaktere: Merkmale (auch Zeichen oder Abbildungen)

antecessores: Vorgänger

faciem plantae: Gestalt, Aussehen der Pflanze

225 *labore Herculeo:* durch eine Herkulesarbeit (Riesenarbeit)

Augiae stabulum: Augiasstall; eine der Arbeiten des Herkules bestand darin, den riesigen Rinderstall des Königs Augias auszumisten

nomen genericum: Gattungsname

nominibus specificis: spezifischen Namen

differentia: Unterscheidung

partes fructificationes: Teile der Fruchtbildung

„Viridarium Cliffortianum": (Clifforts Haus-, Lustgarten), Schrift Linnés, Amsterdam 1737

226 *Andromeda quadrangularis:* Rosmarinheide

Saxifraga: Steinbrechart

Pedicularis: Läusekraut

„Iter Oelandicum, Gottlandicum ...": Beschreibungen von Reisen Linnés in Schweden; die ersten beiden erschienen zusammen als Buch 1745 in Stockholm/Uppsala; die dritte 1747 in Stockholm;

die vierte 1751 ebenfalls in Stockholm. Deutsch sind die „*Reisen*" zu finden in: „*Reisen durch das Königreich Schweden*", Leipzig 1756; „*Versuche einer Natur-, Kunst- und Öconomie-Historie*", Leipzig/Stockholm 1756; „*Reisen durch einige schwedische Provinzen*", Halle 1764/65

227 *requisita:* Grundsubstanzen

229 *officinalia:* anerkannte Heilmittel in den Apotheken
synonymon selectum: ausgewähltes Synonym
distinguieren: bezeichnen, durch Hervorhebung unterscheiden
corolla, spatha ... pedunculus: Blütenkrone, Blütenscheide, nektarabscheidender Teil der Blüte, Staubbeutel [Anthere], Staubfaden [Filament], Fruchtknoten, Narbe, Steinfrucht, Aufnahmeorgan der Blüte [Rezeptakel], Nebenblätter [oder auch Stengel, Halme], Deckblätter, Eichel [oder Kernfrucht], Schaft, Blütenstandsstiel
systema foliorum: System der Blätter
legumen, gluma ...: Hülse, Spelze, Blütenhülle [Perianth], Dorn [Stachel]

230 *nobilis Ruthenus:* kleinrussischer Adliger
medicus exercitus: Militärarzt
Haffniae: aus Kopenhagen
Dantiscan.: aus Danzig
juris licent.: Advokat

231 *Svevorum, Meningae:* Schwabe [Deutscher], aus Meiningen
Tiguri: aus Zürich
juris consultus: Rechtsanwalt
Taurini: aus Turin
legatus Caesaris: kaiserlicher Gesandter
Perpinii: aus Perpignan
Rotom.: aus Rouen
Cadomi: aus Caen
mercator curiosus: Kaufmann [und] Forscher
Oxoniis: aus Oxford
Senator urbis: Bürgermeister

232 *Ultrajecti:* aus Utrecht
colonus: Siedler, Einwohner
occipite gibbo ... agilis: mit gewölbtem Hinterhaupt, zur Lambdanaht hin quer eingedellt. Das Haar in der Kindheit blond, später dunkel, im Alter grau werdend. Die Augen braun, lebhaft, äußerst scharf, von hervorragender Sehkraft. Die Stirn im Alter gefurcht. Eine Warze, vernarbt, auf der rechten Backe und eine andere auf dem rechten Nasenflügel. Schadhafte Zähne, kariös seit einer langwierigen Odontalgie [Zahnschmerz] in der Jugend.
Ein entschlossener Charakter, leicht zu Zorn, Freude, Trauer geneigt, schnell zu besänftigen; frohgemut in der Jugend und auch

nicht stumpfsinnig im Alter; seinen Obliegenheiten voll und ganz hingegeben; leicht und rasch sein Gang

233 *curas domesticas ... respexit:* die Sorge um den Haushalt überantwortete er seiner Frau, er selbst war einzig mit den Hervorbringungen der Natur beschäftigt; begonnene Werke führte er zu Ende und schweifte nicht vom Wege ab

nicht pro nostro, sondern pro honore: nicht zum Lebensunterhalt, sondern des Ansehens wegen

consistorialia ... als aliena: Versammlungen ... als etwas Überflüssiges, Gleichgültiges

nomina propria: Eigennamen

a linguis ... alienus: Sprachen zu erlernen, für alle eine leichte Sache, war er ... abgeneigt

auctor: Autor; einer, der selbst etwas hervorbringt

innocue vivito ...: lebe rechtschaffen, Gott ist gegenwärtig

tu decus omne tuis ...: du warst der einzige Schmuck für die Deinigen, als du gestorben (Vergil, „*Eklogen*" 5,34)

234 *maecenates scientiarum:* Förderern der Wissenschaften

235 *histor. natural. patriae:* Naturgeschichte des Vaterlandes

„*Itinera*": „*Reisen*"

fundatorum unus, praeses primus: einer der Gründer, erster Präsident

et per 20 annos secretarius: und 20 Jahre lang Sekretär

der Kaiserlichen A. N.: der Kaiserl. Akad. der Niederlande

Dioscorides secundus dictus: zweiter Dioscorides genannt [das zweite Akademiemitglied mit diesem Beinamen]

ordinar. octumvir: Ordentliches [Mitglied] der Acht Männer [eines der acht auswärtigen Mitglieder]

Nidrosiensis ... primus extraneorum: zu Trondheim ... erstes auswärtiges Mitglied

236 *Scienensis:* zu Siena

principes sui aevi: Fürsten, die ersten ihres Jahrhunderts

tu decus: s. o.

Junckerus ... usque factum est: Juncker, Professor zu Halle, zeigte in seiner Rede zur Dissertation Heissens „*Über die Schädlichkeit der Insekten*", 1757, daß Gott Adam als erstem zur Pflicht gemacht habe, die Geschöpfe zu erkennen und zu benennen.

Er legt dar, daß dieses Wissen durch den Sündenfall Adams wieder verlorengegangen sei, so daß es danach keinen gegeben habe, der eine solche Kenntnis der Geschöpfe besaß, mit Ausnahme Salomons, dessen Wissen so groß war, daß es selbst in der Heiligen Schrift ausdrücklich vermerkt wurde.

Er sagt, daß es nach ihm zwar viele gegeben hat, die die Natur studierten, um die rechte Kenntnis der Geschöpfe zu erlangen, alle seien indessen, durch Vorurteile verleitet, vom geraden Weg abgeirrt, und Linné sei der einzige, dem Gott ein so umfassendes Wissen von der Natur gegeben habe, wie vor ihm keinem, so daß dieser nicht nur weitaus mehr Naturalien selbst gesehen und seiner Prüfung unterzogen habe als irgendeiner vor ihm, sondern obendrein ihren natürlichen Zusammenhang und ihre Verwandtschaft, ja sogar die Teilgebiete sowie den Haushalt der Natur besser erforscht habe als irgendeiner seiner Vorgänger und zugleich mehr getan habe, um einen Weg zur Erkenntnis Gottes und der Natur zu zeigen, als jene.

Deshalb sei es nur billig, wenn wir die ihm verliehene göttliche Gabe, bei der Gott gebührenden Lobpreisung, besser erkennten und ehrten und uns mehr bemühten, seinen Spuren zu folgen, als das vielleicht bisher geschehen ist

Hudson ... observatas detexit: Hudson im Vorwort zu „*Die Pflanzenwelt Englands*", Seite 6: Aber es ist in diesen Tagen ein neuer Stern aufgegangen, der sein Licht über die botanische Welt ausgegossen hat und von dem man zuvor nicht einmal im Traum ahnen konnte, daß er die Teile der Pflanzen, die in ihren Einzelheiten überhaupt noch nicht erforscht waren, sichtbar machen würde.

237 *Scopoli ... macula dissipabit:* Scopoli im Vorwort zu „*Die Pflanzen Krains*": In Zweifelsfällen habe ich meistens Linné vertraut, und warum sollte ich auch nicht diesem Manne glauben, wo doch keiner die Eigenschaften der Pflanzen näher erforscht, keiner aus Freude am Pflanzensammeln größere Anstrengungen unternommen und endlich kein Sterblicher, gleich welchen Jahrhunderts, sich so ausgezeichnet hat, so daß jener eine wirklich der Fürst der Botaniker genannt zu werden verdient, dessen außerordentliche Verdienste und unsterblichen Namen die dankbare Nachwelt niemals vergessen und dem kein Fünkchen Neid je etwas anhaben wird

Stillingflet ... Mathematical Philosophers: Stillingflet im Vorwort zu „*Vermischte Schriften*", Seite 18: In diesem Sinne als Meister betrachtet, muß Linné wie Homer an der Spitze der Dichter, wie Sokrates an der Spitze der griechischen Moralisten und wie unser Newton an der Spitze der mathematischen Philosophen erscheinen

Baltimore ... regni Suecici: Baltimore, L. B. Herr von Maryland, schreibt in den „*Poetischen Vergnügungen*": Dem allerbesten Linné, dem Gelehrten, dem mit soviel Scharfsinn Ausgestatteten, dem Orakel ganz Europas, der Zierde des Königreichs Schweden.

Gaudia Poetica: „*Poetische Vergnügungen*": eine Sammlung lateinischer Gedichte samt deren englischen und französischen Übersetzungen, in der Baltimore seine Reisen durch Dänemark, Schweden, Rußland und Polen beschreibt. Diese Gedichtsammlung erschien 1770 in Augsburg als Prachtband mit ausgewählten Kupferstichen

Suhm ... inserta: Suhm in „*Geschichte der Literatur*" (in den Trondheimischen Akten)
Suecus, naturae consultus: Schwede, Naturforscher
238 *Haller ... Botanicis numerari potest:* Haller in „*Botanische Bibliothek*", Band 2, Seite 244, beginnt die letzte Epoche mit Linné: Linné, der die größte Umwälzung in der Herbarienkunde herbeigeführt und der in seinem Fach so gut wie uneingeschränkt geherrscht hat, ist von Natur aus mit glühender Leidenschaft, überaus scharfem Vorstellungsvermögen und ordnendem Sinn begabt; er verfügte besonders in den späteren Lebensjahren über außerordentlich günstige Arbeitsbedingungen, seit ihm von überallher aus der ganzen Welt gewissermaßen um die Wette kostbare Naturgüter zuflossen und er mit all seinen Geisteskräften, die ihm in reichem Maße zu Gebote standen, eine Neuordnung des Pflanzenreiches vornehmen konnte; seine Lehren sieht er zu Lebzeiten und darüber hinaus von den meisten Zeitgenossen anerkannt.
Haller, „Über das Studium der Medizin", Seite 280, als ernst zu nehmender Autor und gar nicht so sehr als Linnés Freund: Durch das „*Natur-System*" ist der hochberühmte Linné in erster Linie bekannt geworden, da er es von neuem auf sich genommen hat, mit ungewöhnlich starker Begabung die Botanik völlig umzustülpen und zu ordnen. In diesem Werk hat er die gesamte Natur in neue Arten und Klassen eingeteilt. Bei den Tieren und Mineralen ist er nach dem gleichen Plan vorgegangen wie bei den Pflanzen. Man kann sagen, daß seitdem in der Botanik eine neue Epoche begonnen hat.
„Allmänna Tidningar": „Allgemeine Nachrichten"
et mettez moi ...: und ich fiele auf die Knie vor [ihm]
amicus ad me ... vacavit locus: ein Freund schrieb mir Worte, wie sie Seneca ähnlich über Augustus an Maecenas gerichtet hat: Für ihn, der Tausende von Menschen hatte, war es schwer, den einen zu ersetzen. Legionen wurden niedergemacht und sofort neue ausgehoben, die Flotte ging unter, und binnen weniger Tage schwamm eine neue auf dem Wasser, die öffentlichen Bauten fielen dem Feuer zum Opfer, man errichtete großzügigere als die, die zerstört wurden.
Aber das ganze Leben hindurch war Maecenas' (Linnés) Platz durch niemand sonst zu besetzen.
239 *Linnaei merita et inventa:* Linnés Verdienste und Entdeckungen
folia plantarum: die Blätter der Pflanzen
descriptiones plantarum: Beschreibungen der Pflanzen
prolepsin plantarum: die Vorentwicklung der Pflanzenorgane; gemeint ist, daß die Blüten aus Blättern entstanden seien
fundamentum fructificationis: die Grundlage der Fruchtbildung
pollinis: des Pollens, Blütenstaubs
humidum stigma: feuchte Narbe

systema sexuale: das Sexualsystem; gemeint ist, daß die Pflanzen nach ihren Sexualmerkmalen systematisiert werden
partes fructificationis plurimas: die meisten Teile der Fruktifikation
calycis, perianthum ...: Kelch, Blütenhülle, Außenhülle, Spelze, Blütenscheide
corollam und nectaria, antheras ... receptaculum: die Blütenkrone und nektarabscheidende Blütenteile, den Staubbeutel, Fruchtknoten, Griffel, die Narbe, Schote, Hülse, Steinfrucht, den Samenmantel(-anhängsel), das Aufnahmeorgan [Rezeptakel]
stipulas und bracteas, scapum ...: die Nebenblätter oder Stengel und Deckblätter, den Schaft, Blütenstandsstiel und Blattstiel
figura, situ proportione ...: Gestalt, Anordnung im Verhältnis zu allen Teilen der Fruktifikation
nomina trivialia: Trivialnamen, Artnamen, Gebrauchsnamen
varietates: Varietäten, Abarten
loca plantarum: die Herkunft der Pflanzen
cultura plantarum: Pflanzenkultur, -anbau
stationes plantarum: die Standorte der Pflanzen
240 *calendarium florae:* den Blüten-Kalender: jahreszeitlicher Ablauf der Flora
aus vernatione arborum: aus der Frühlingsentwicklung der Bäume
horologium florae: die Blütenuhr: Tagesablauf bei den Pflanzen
somnum plantarum: den Schlaf, Ruhe der Pflanzen
plantas hybridas: Pflanzenhybriden, -kreuzungen
specierum caussam: die Ursache dieser Arten
„Pan": „Pan Suecica": Schrift Linnés über die Futterpflanzen Schwedens; deutsch unter dem Titel „Schwedischer Pan", Wien, 1785
„Pandora Suecica": Schrift Linnés über die Insekten Schwedens und ihre Bevorzugung bestimmter Pflanzen
Silicem: Silex; gemeint ist meist Feuerstein, aber auch Hornstein, Kieselstein, *Silex aus Kreta* bedeutet vermutlich das Vorkommen von Feuerstein in der geologischen Kreide-Formation (s. Rügen)
vier terrarum ortum: gemeint sind wohl die vier materiellen Elemente Erde, Wasser, Luft und Feuer, die zuerst bei Empedokles (450 v. u. Z.) und dann bei Platon (427—347 v. u. Z.) eine Rolle spielen
cum lapidificio calcareo: mit dem Kalkgestein
ihre characteres genericos und specificos: ihre allgemeinen und besonderen Merkmale
a cardine conchylia ... removit: die Konchylien nach den Windungen und die Schlangen nach ihren Schilden. Die Wale hat er den Säugern zugeordnet, Nantes den Kriechtieren, und die Würmer hat er von den Insekten geschieden. — *Nantes:* in der 12. Ausgabe

des *„Natur-Systems"* eine Tiergruppe, die Schuppen- bzw. Stachelträger umfaßt, z. H. Haie, Rochen, Kugelfische; Linné unterteilt dort die Amphibien in drei Ordnungen: Reptiles, Serpentes und Nantes

naturam medullaris ... infinitam: daß der Grundstoff der Marksubstanz bzw. der inneren Substanz sich seit der Schöpfung lebendig erhält und durch Vermehrung unendlich weiterlebt. Medulla kann sowohl Gehirn-, als auch Rücken- oder Knochenmark sein. Nach uralter Vorstellung ist hier der Sitz des Zeugungsstoffes, beim Manne wie bei der Frau

fökundieren: befruchten

adhuc matri adhaerens: daß es noch der Mutter angehört

ad externa corporis ... medullare systema: der äußeren Gestalt nach ... der inneren Beschaffenheit nach

animalia composita: zusammengesetzte Tiere (wörtlich); gemeint ist aber wohl — im aristotelischen Verständnis — zusammengesetzte Organe, im Gegensatz zu den einfachen Organen, wie Knochen, Sehnen usw.; im weiteren Sinne: allgemeine Organlehre

cerebrum ... electrico per pulmones ingesto: das Gehirn ... durch die Lungen mittels eines elektrischen Anstoßes (dem Sinne nach eine Art ätherisch-elektrischen Feuers, durch die Atmung dem Körper mitgeteilt, welches Leben wie Denken unterhält; eine damals verbreitete Vorstellung, die als Vorausahnung des Stoffwechsels gedeutet werden kann).

characteres morborum: Merkmale der Krankheiten; gemeint ist eine Systematik (nach Sauvages) der Krankheiten nach Genera und Species

glandularum infarctu caussa morborum ...: der Schwellung [eigentlich: Vollstopfung] der Halsdrüsen als Ursache schmerzhafter Krankheiten

febres ... calore: [daß] Fieber aus dem zernagten [Hirn]mark, das sich bei Kälte ausdehnt und bei Hitze zusammenzieht, entstehen

contagia ... vivis: [daß] Ausschläge durch lebende Erreger entstehen. Gemeint ist, daß Krankheiten, die mit Ausschlägen einhergehen, wie Pocken, Masern, Scharlach, Typhus u. a., Kontagien absondern, daher „lebendig" und ansteckend sind.

taeniam ... intellexit: er erkannte zuerst mit Sicherheit den Bandwurm

Dulcamaram, Herbam Britannicam ...: in der Pharmazie gebräuchliche Benennungen; von der jeweiligen Pflanze wird entweder das Kraut (Herba) oder die Wurzel (Radix) verwendet oder beides; Dulcamara wird aus Solanum Dulcamara L. (Bittersüßer Nachtschatten) gewonnen; Herba Britannica aus Rumex aquaticus L. (Wasserampferkraut) und Herba Cochleariae L. (Löffelkraut); Radix Senegae aus Polygala Senega L. (Kreuzblume); Herba Spigelia aus Spigelia anthelminthica L. und Lonicer marylandia L. (letzteres ist auch der Lieferant von Radix Spigelia); Cynomorium aus Cynomorium coccineum L. (Hundskolben, Hundsrute oder Malteserschwamm); Herba Conyzae aus Inula Conyza DC (Dürrwurz, auch Flohkraut); Herba Linnaea aus Linnaea borealis L. (Moosglöckchen)

241 *qualitates vegetabilium:* die Heilkräfte der Pflanzen

vires contrarias medicamentorum: gegensätzliche Kräfte der Heilmittel (im Galenischen Sinne)

modum agendi: hier Wirkungsweise der Arzneimittel

den practicos venenorum idaeam: den Praktikern die Vorstellung von den Giften

casus: Beispielfälle

oeconomicos usus plantarum: die landwirtschaftlichen Nutzungen der Pflanzen

politiam naturae in oeconomia Divina: die Gesetzmäßigkeit der Natur in der göttlichen Weltordnung

septentrionis Scandinaviae naturalia: die Naturschätze des nördlichen Skandinaviens

von animalibus in spiritu vini: von Tieren in Weingeist

Florae officiarii: Offiziere der Flora

242 *Gedanensis:* aus Danzig

Cantabrigiae: aus Cambridge

hortulanus Chelseensis: Gärtner (Leiter des Gartens) in Chelsea

Rumormeister: eigentlich Polizeidiener, aber auch Polizeichef, hier: Sittenmeister eines Regimentes Fußsoldaten

Rede von den Merkwürdigkeiten an den Insekten

Die „*Rede von den Merkwürdigkeiten an den Insekten*“, die Linné 1739 bei der Niederlegung seines Amtes als erster Präsident der Königlich Schwedischen Akademie der Wissenschaften in Stockholm gehalten hat, ist wohl die meistgedruckte Einzelschrift Linnés überhaupt. Allein in den Abhandlungen der Akademie ist sie viermal erschienen (1739, 1741, 1747, 1752), an anderm Ort in lateinischer Übersetzung 1751, 1752, 1762, 1764, 1787 und in englischer Sprache 1781.

Deutsch erschien die Rede in zwei verschiedenen Übersetzungen, die eine im „*Allgemeinen Magazin der Natur, Kunst und Wissenschaften*“, Leipzig 1753, die andere, von uns (orthographisch modernisiert) abgedruckte, im „*Schwedischen Museum*“, Schwerin 1784.

Erst in der schwedischen Ausgabe von 1752 in den Akademie-Abhandlungen hat Linné den Gattungsnamen der Insekten Nummern zugeordnet, wie wir es jetzt in unserem Text sehen, die, übereinstimmend mit der Numerierung der „*Fauna Suecica*“ (1746), das Auffinden der genauen Art ermöglichen sollten.

Für uns ergab sich die Frage, ob sich heute, über zweihundert Jahre später, die von Linné gemeinten Arten noch exakt erkennen lassen. Enthält die „*Fauna Suecica*" über neunhundert Insektenarten und die 10. Ausgabe des „*Natur-Systems*" an die dreitausend, so sind heute eine Million Insektenarten bekannt. Gab es zu Linnés Zeit noch den Entomologen, so gibt es heute den Spezialisten auf einem Teilgebiet der Entomologie: den Käfer-, den Spinnen-, den Fliegen-, den Läuse-, den Krebs-, den Gallenforscher usw. Linnés Gattungen können heute Ordnungen sein, wie die Gattung Phryganea (Köcherfliegen), oder Klassen, wie die Gattung Cancer (Krebs). Arten können Gattungen oder Familien sein. Wie kann man also wissen, welche spezielle Art Linné im Auge gehabt hat, um ihren heute geltenden Namen zu nennen? Man kann die Arten nur erschließen, allerdings mit ziemlich großer Wahrscheinlichkeit. Bedenkt man die Relation von dreitausend zu einer Million Insektenarten, kann man annehmen, daß die Insektenforscher zu Linnés Zeit die jeweils auffälligsten Vertreter ihres Geschlechts gekannt haben. Also erhält heute die Art, auf die die Beschreibung der alten Autoren am deutlichsten zutrifft, den alten Artnamen, d. h. den Namen desjenigen, der das betreffende Insekt zuerst beschrieben hat. Als zeitliche Grenze für diese Verfahrensweise setzt man das Jahr 1758 an, das Erscheinungsjahr der 10. Auflage des „*Natur-Systems*" *(Animalia).* Das bedeutet wiederum, daß alle Artnamen, nicht nur der Insekten, sondern auch der anderen Tiere, die in dieser Auflage vorkommen, auch heute noch, eben als Erstbeschreibung, in der zoologischen Nomenklatur zu finden sind, wenn auch sehr häufig mit neuem Gattungsnamen, also verändertem erstem Teil des zweiteiligen lateinischen Namens. Es sei noch einmal daran erinnert (s. Anm. zur „*Lappländischen Reise*"), daß Linné der Begründer der binären Nomenklatur ist, d. h. daß er jeder Art einen zweifachen lateinischen Namen, einen Gattungs- und einen Artnamen, gegeben hat. Diese Gepflogenheit der Namensgebung ist seit Linné sowohl auf zoologischem als auch auf botanischem Gebiet üblich (in der Botanik wird die Ausgabe von „*Species Plantarum*", Stockholm 1753, zugrunde gelegt), nicht durchgesetzt hat sie sich in der Mineralogie.
Bei den deutschen Insektennamen in unserem Text, die zum Teil beträchtlich von den heute gebräuchlichen abweichen, handelt es sich durchaus nicht um leichtfertige Erfindungen des Übersetzers. Er benutzt zu einem Teil die damals und auch heute noch üblichen volkstümlichen Bezeichnungen (Trivial- oder Gebrauchsnamen), die im wissenschaftlichen Sinne keine Artnamen sind. Der Name Wasserlaus z. B. wurde für alle möglichen im Wasser lebenden Insekten verwendet. Zu einem anderen Teil übersetzt er die von Linné gebrauchten schwedischen Trivialnamen, wie es vermutlich bei der Abendfliege (schwedisch: aftonfluga) der Fall ist, oder er benutzt bereits vor ihm ins Deutsche übersetzte schwedische oder lateinische

Namen. In der deutschen Gesamtausgabe des „*Natur-Systems*" (Nürnberg, ab 1772) hatte nämlich der Herausgeber und Übersetzer Ph. L. St. Müller jeder Tierart einen deutschen Namen gegeben. Im Gegensatz zu Linné, der jeder Art einen lateinischen Namen gab und nur da einen schwedischen hinzufügte, wo ein solcher bereits gebräuchlich war, verdeutschte Müller sogar die lateinischen Namen oder ersetzte sie durch einen Kunstnamen. Heute besitzt jede Art einen lateinischen, aber bei weitem nicht jede einen einheimischen Namen.

244 *Achian:* schlittenähnliches Fahrzeug der Lappen
Brachvogel: gemeint ist Mergus merganser, der Gänsesäger
245 *sic vos non vobis:* so seid ihr nicht für euch [allein geschaffen]
Kupferplaten: 1644 bis 1776 in Schweden gebräuchliche Münze
rösten: Oxidation des Erzes durch Erhitzen an der Luft, zur Entfernung von Schwefel und Arsen
saigern: Absonderung der leichter schmelzenden Verunreinigungen schwerschmelzender Metalle
garmachen: Umschmelzen des Rohkupfers zu verarbeitbarem Kupfer, wobei letzte Rückstände entfernt werden
246 *vires unitae ...:* vereinte Kräfte wirken stärker
247 *vivitur ingenio ...:* man lebt der Vernunft, alles übrige ist vergänglich
249 *Hippocampus:* Seepferdchen (Familie der Syngnathidae)
Medusae, Cochleae, Lumbrici: Quallen, Schnecken, Regenwürmer
Zoophyta und Ostrocodermata: Pflanzen- und Schalentiere (Muscheln, Schnecken; bei Linné Testacea)
„*Systema Naturae*": „*Natur-System*", Linnés Hauptwerk, 1. Aufl. 1735 in Leiden; s. S. 221f.
antennas: Fühler
Mistkäfer (349): Geotrupes stercorarius (L.)
250 *Gottspferdchen:* Wasserjungfer, Libelle
Eichenwurm (337): Hirschkäfer (Lucanus cervus/L./)
Zimmermann (479): Zimmerer, Zimmermannsbock (Acanthocinus aedilis/L./)
Fettwurm (596): Maiwurm, Ölkäfer (Meloe proscarabaeus L.)
Wasserlaus (1182): Wasserfloh (Daphnia pulex/L./)
Kornwurm (446): Kiefernbestandsrüssler (Pissodes pini/L./)
Myrmecophaga: Ameisenfresser
251 *Mücke (1116):* Stechmücke (Culex pipiens L.)
Gottspferdchen (770): Braune Mosaikjungfer (Aeschna grandis/L./)
Wasserspringer (684): Wasserläufer (Gerris lacustris/L./)
Wasserbock (572): Taumelkäfer (Gyrinus natator/L./)
Springkäfer (Elater): Schnellkäfer
Abendmücke (Phryganea): Köcherfliege

Wandspinne (1237): Mauer- oder Zebraspringspinne (Salticus scenicus/L./)
Heuschreck (Locusta 625): Schnarrschrecke (Psophus stridulus/L./)
Heuspringer (Acrigoneus 622): Eichenschrecke (Meconema thalassium de Geer 1773); diese Art weicht in der Stridulation (Gesangserzeugung) grundlegend ab von dem bei Ensiferen (Langfühlerschrecken) üblichen Prinzip. Man spricht bei ihnen von „Trommeln", das keinesfalls so laut ist, daß es „Schreien" genannt werden könnte. Offensichtlich schreibt Linné dieser Art irrtümlicherweise die Gesänge zu, die in den Wäldern z. B. von Trettigonia viridissima, cantans und vielleicht auch Pholidoptera griseoaptera u. a. Arten hervorgebracht werden
Cicada (636): Wiesenschaumzikade (Philaenus spumarius/L./)
Gryllotalpa (619): Maulwurfsgrille (Gryllotalpa gryllotalpa/L./)
Heimchen (620): Hausgrille, Heimchen (Acheta domestica/L./)
große Mücke (Tipula): Schnake
Mottenvögel (Phalaena): unter der Gattung Phalaena werden im *„Natur-System"* Spinner, Spanner, Eulen, Motten usw. zusammengefaßt
Spanische Fliege (Cantharis): Spanische Fliege (Lytta vesicatoria/L./): *Cantharis:* Weichkäfer; in der Antike bzw. im Mittelalter umfaßte die Gattung Cantharis nur die Maiwürmer (Meloe) und die Spanischen Fliegen. Linné stellte unter die gleiche Gattung zusätzlich die Weichkäfer. Ab 1758 (10. Aufl. des *„Natur-Systems"*) ordnete er der Gattung Cantharis nur noch die Weichkäfer zu und schuf eine eigene Gattung Meloe für die Maiwürmer und die Spanischen Fliegen. Die Pharmazie, die diese Entwicklung nicht mitgemacht hat, faßt auch heute noch unter den Canthariden die Spanischen Fliegen
Ohrwurm (Forficula 599): Gemeiner Ohrwurm (Forficula auricularia L.)
Rex apum: Bienenkönig; man hielt früher die Bienenkönigin für männlich und die Drohnen für weiblich (Haremsprinzip); der Sprachgebrauch der Weisel und die Drohne deutet noch darauf hin
252 *Fuci:* Wasserbienen, Drohnen
Wespe (989): Gemeine Wespe (Vespa — Vespula — vulgaris L.)
vivipara und ovipara: Lebendgebärende und Eierlegende
Gallapfel (947): hervorgerufen durch die Eichengallwespe (Diplolepis quercusfolii/L./)
Erbse (1150): hervorgerufen durch Oligotrophus juniperinus/L./)
Beutel (1355): hervorgerufen durch die Pappelblattlaus (Pemphigus bursarius/L./)
253 Abb.: Fig. 1 u. 2: Blütenfüßchen (Cynips quercus pedunculi), dazu Abb. a u. b; Fig. 3: Schuppenapfel (Cynips quercus gemma), s. auch Fig. 2, dazu Abb. c; Fig. 4: eine dem Buchenbohrer

(Cynips fagi) ähnliche Insektenart auf der Pappel (nach Houttin); Fig. 5: Dickschädel (Tenthredo femorata), dazu Abb. d: Gelbschlupfer (Tenthredo lutea) und Abb. e u. f (f ist das Weibchen zu e); Fig. 6: Weidenschlupfer (Tenthredo amerina); Fig. 7: Landstreifer (Tenthredo rustica); Namen aus der Ausgabe des „*Natur-Systems*" von 1775

Rosen (491): hervorgerufen durch die Weidenrosen-Gallmücke (Rabdophaga rosaria/L./); Nummer unklar

Schlafapfel (398): Urheber ist wohl die Gemeine Rosengallwespe Diplolepis — Rhodites — rosae/L./); Nummer unklar

kik-korn: (auch kik-bär): beerenartige Gallbildung am Wacholder, die in der Volksmedizin als Heilmittel gegen Atemnot und Keuchhusten (schwed. kikhosta) verwendet wurde

oret-korn: anderer Name für kik-korn, der daher rührt, daß die Bauern diese Gallen zur Bekämpfung einer Schweinekrankheit benutzten, die oret hieß, wie Linné selbst in seiner „*Västgöta resa*" (Västergötländische Reise) mitteilt

triglochin: Dreizack

254 *Erdbeeren (700):* hervorgerufen durch die Gelbe Fichtengallenlaus (Sacchiphantes abietis/L./)

Glechoma (486): Gundelrebe, Gundermann; Nummer aus „*Flora Suecica*"

Nüsse (949): hervorgerufen durch Aulax glechomae (L.)

Veronica (12): Ehrenpreis; Nummer aus „*Flora Suecica*"

Cerastium (379): Hornkraut; Nummer aus „*Flora Suecica*"

Blätter (695): Urheber ist vermutlich Philaenus spumarius (L.)

Schoten (1155): wahrscheinlich falsche Nummer, Zusammenhang nicht zu klären

Hieracium (637): Habichtskraut; Nummer aus „*Flora Suecica*"

kleine rauche Maus (350): wahrscheinlich falsche Nummer; Urheber ist vermutlich Aulacidea hieracii (L.)

Ichneumones (952): Apanteles glomeratus (L.) — *Ichneumones:* Echte Schlupfwespen

Rentierbremse (Oestrum 1025): Rentierdasselfliege (Oedemagena tarandi/L./) — *Oestrum:* Dasselfliege

kleine Fliege ... (1024): Rinderdasselfliege (Hypoderma bovis/L./)

Läuse der Vögel (1157—1167): die jeweils hier von Linné angeführte Läuseart ist nach heutiger Kenntnis nur eine von mehreren Läusearten auf ein und demselben Vogel: 1157 = Turmfalkenfederling (Laemobothrion tinnunculi/L./); 1158 = Rabenlaus (Philopterus corvi/L./); 1159 = nicht zu klären; 1160 = Truthahnfederling (Chelopistes meleagridis/L./); 1161 = Seeschwalbenlaus (Saemundssonia sternae/l./); 1162 = Kranichlaus (Esthiopterum gruis/L./); 1163 = Säbelschnäblerlaus (Rhombiceps recurvirostrae/L./); 1164 = Austernfischerlaus

(Saemundssonia haematopi/L./); 1165 = Lipeurus caponis (L.); 1166 = Menopon gallinae (L.); 1167 = Schneehuhnlaus (Gonocephalus lagopi /L./)
Läuse der Insekten: 1198 = Käfermilbe (Parasitus coleoptratorum/L./)
De animalculis ...: über lebende Tierchen in Lebewesen
Läuse der Bäume (Aphides): 698 = Erlenblattfloh (Psylla alni/L./)
eine seltsame Laus 1162: wahrscheinlich Pseudocossus adonidum (L.)
255 *Pediculus pulsatorisus (1168):* Staublaus (Trogium pulsatorium/L./)
Monoculus 1182: Wasserfloh (Daphnia pulex/L./); *Monoculus:* Schildfloh
Araneus 1219: Erdspinne (Pardosa tarsalis/L./); *Araneus:* Webespinne
Feldgrille (Gryllotalpa 619): Maulwurfsgrille (Gryllotalpa gryllotalpa/L./)
Culex: Stechmücke
Tagfliegen (Ephemera): Eintagsfliegen
Abendfliegen (Phryganea): Köcherfliegen
Gottspferdchen (Libellula): Segellibellen oder Wasserjungfern
große Fliege (Musca 1184): nicht mehr eindeutig zu klären
Cassida dermestoides (384): Trotzkopf (Anobium pertinax /L./) aus der Familie der Klopfkäfer bzw. Holzwürmer
Schmeißfliegen (Musca carnaria 1102): Schmeißfliege (Calliphora vomitoria/L./)
256 *Würmer in dem menschlichen Körper (Ascarides 1269):* Madenwurm (Enterobius vermicularis/L./)
Fliegen (1106): Stubenfliege (Musca domestica L.)
Mistfliege (1110): Themira putris (L.) aus der Familie der Schwingfliegen
generatio aequivoca: Die Lehre von der Urzeugung, die besagt, daß die niedrigen Lebewesen aus dem Schlamm (d. h. aus anorganischer Materie) hervorgegangen seien, ist von Linné stets bekämpft worden; er vertrat dagegen Harveys Ansicht *Omne vivum ex ovo* (alles Leben kommt aus dem Ei); daher ließ er auch in seinem Wappen ein Ei abbilden
Gottspferdchen (771): Kleine Zangenlibelle (Onychogomphus forcipatus/L./)
Krebs (Cancer 1249): Flußkrebs, Edelkrebs (Astacus astacus/L./)
Eremit (1250): Einsiedlerkrebs (Pagurus bernhardus/L./)
257 *Hydra:* Gemeiner Süßwasserpolyp
Gordius: Saitenwurm (Käferparasit)
Tagesfliege (Ephemera 754): Eintagsfliege (Caenis horaria /L./)
Seewurm (Phryganea): Köcherfliegenlarve

Cassida (377): Grüner Schildkäfer (Cassida viridis L.); *Cassida:* Schildkäfer
Chrysomela (425): Lilienhähnchen (Lilioceris merdigera/L./); *Chrysomela:* Blattkäfer
Cicada (636): Wiesenschaumzikade (Philaenus spumarius/L./); *Cicada:* Singzikade
Cimex curvirostris (647): Kotwanze (Reduvius personatus/L./)
Motte (Phalaena 893): Kleistermotte (Endrosis sarcitrella/L./)
258 *Saumelde (Chenopodis subcutanea):* Chenopodiaceen: Familie der Gänsefußgewächse
Folium ambulans: wandelndes Blatt (aus der Familie der Phyliidae)
Orangerielaus (Coccus 722): Orangenlaus (Coccus hesperidum L.); *Coccus:* Schildlaus
Ameisenlöwe (Formicaleo 733); Ameisenlöwe (Myrmeleon formicarius/L./)
Fettwurm (Meloe 596): Ölkäfer (Meloe proscarabaeus/L./)
Leuchtwurm (Lampyris 586): Cantharis fusca L., ein Weichkäfer; *Lampyris:* Leuchtkäfer, Glühwürmchen, Johanniswürmchen
Surinamische Leuchtfliege (Laternaria 643): Art mit unsicherer Stellung; *Laternaria:* Laternenträger, Leuchtzikade
259 *Vielfuß (Scolopendra 1261):* Geophilus electricus (L.), zur Gruppe der Erdläufer gehörig
Wasserskorpion (691): Wasserskorpion (Nepa rubra L.)
Skorpionsspinne (Nepa 1187): Bücherskorpion (Chelifer cancroides/L./); *Nepa:* Skorpionswanze
Wasserochs (564): Schwimmkäfer (Dytiscus latissimus L.)
Wasserruderer (688): Gemeiner Rückenschwimmer (Notonecta glauca L.)
Seidenwurm (832): Maulbeerseidenspinner (Bombyx mori/L./)
Spinne (Aranea 1215): Hauswinkelspinne (Tegenaria domestica/L./)
fila divae virginis: Fäden der göttlichen Jungfrau (Maria). Altweibersommer; eine Erscheinung, bei der vor allem im Herbst vorwiegend Jungspinnen mit einem „Fadenfloß" durch die Luft wandern und die Krautschicht überspinnen; ähnliches geschieht auch im Frühjahr
260 Abb.: Fig. 1: Leuchte (Fulgora laternaria); Fig. 2: Kreuz (Cicada crux); Fig. 3: Gemeine Zikade (Cicada orni); Fig. 4: Breitflügel (Cicada repanda); Fig. 5: Rückenschwimmer (Notonecta glauca); Fig. 6: Surinamer (Nepa grandis); Fig. 7: Europäer (Nepa cineraria); Fig. 8: Wanzenskorpion (Nepa cimicoides); Fig. 9: Nadelskorpion oder Wassergriffel (Nepa linearis); Fig. 10: Arlequin (Cimex histrio); Fig. 11: Randelschild (Cimex erosus); Fig. 12: Rotfuß (Cimex rufipes); Fig. 13: Fliegenwanze (Cimex personatus); Fig 14: Wassermücke (Cimex lacustris); Namen aus der Ausgabe des „*Natur-Systems*" von 1775

261 *Wandläuse:* Wanzen
Schwarzer Mehlkäfer (Blatta 617): Bäckerschabe, Küchenschabe (Blatta orientalis L.); *Blatta:* Schabe
Wurm (Chamaeleo 1029): Larve der Chamäleonfliege (Stratiomyia chamaeleon/L./)
Bombyx: Echter Spinner
Eruca processionaria: Prozessionsspinnerraupe
„Fauna Suecica": (Tierwelt Schwedens); Schrift Linnés (1. Aufl. 1746; s. S. 226)

262 *Cochenille:* die Cochenillelaus (Dactylopius coccus), eine Schildlaus, ist der natürliche Lieferant des Karmin-(Karmesin-)Farbstoffes, der heute nur noch zur Einfärbung mikroskopischer Präparate verwendet wird
Phalaena (num. 826): Dreizack-Graseule (Cerapteryx graminis/L./)
Tipula (1125): Schnake (Tipula hortorum L.)
Curculio (474): die Art ist ungewiß, fehlt in den modernen Verzeichnissen; *Curculio:* Rüsselkäfer
Mordella (540): Erdfloh (Psylliodes hyoscyami/L./); diese Art, die bei Linné in seiner „*Fauna Suecica*" (1746) noch unter Mordella (Stachelkäfer) steht, hat er in seinem „*Natur-System*" (1758) unter Chrysomela (Blattkäfer) geordnet
Papilio (799): Großer Kohlweißling (Pieris brassicae/L./)
Chrysomela (430): Spargelhähnchen, Spargelkäfer (Crioceris asparagi/L./)
Phalaena (917): Hopfenmotte (Hepialus humuli/L./)
Melolontha (345): Feldmaikäfer (Melolontha melolontha/L./); *Melolontha:* Maikäfer
Phalaena (846): Eurhypara hortulata (L.), aus der Familie der Pyralidae
Dermestes (360): Gemeiner Speckkäfer (Dermestes lardarius L.); *Dermestes:* Speck-, Pelzkäfer
Cassida (379): nicht zu bestimmen
Acarus (1195): Mehlmilbe (Tyroglyphus farinae/L./)
Phalaena (892): Tapetenmotte (Trichophaga tapetiella/L./)
Dermestes (366): Gemeiner Borkenkäfer, Buchdrucker, Großer achtzähniger Fichtenborkenkäfer (Ips typographus/L./)
Sironis (1194): Krätzmilbe (Sarcoptes scabei/L./); *Sironis:* milbenartige Spinne

Anmerkung über die Tiere, von denen in Norwegen gesaget wird, daß sie aus den Wolken kommen

Schwedisch erschien der Bericht über die Lemminge erstmalig in den Abhandlungen der Königlichen Schwedischen Wissenschafts-Akademie auf das Jahr 1739/40, zusammen mit der Abbildung des Tieres nach Olaus Wormius, danach noch einmal drei Jahre später am glei-

chen Ort, deutsch dann in der hier abgedruckten (orthographisch modernisierten) Übersetzung von Abraham Gotthelf Kästner in der deutschen Parallelausgabe der Abhandlungen 1749 und in zweiter Auflage 1775. (1751 gab es auch eine französische und 1762 eine lateinische Übersetzung.) In der neueren Zeit wurden in Schweden zwei Nachdrucke veranstaltet, der eine 1950 von Arvid Hjalmar Uggla in seinem kleinen Buch „*Djur som faller från skyn*", in dem er die drei bekanntesten Tierbeschreibungen Linnés zusammengefaßt hat, die von den Lemmingen, die von der Meerkatze Diana und die von dem Waschbären Sjubb. Der andere Nachdruck erfolgte 1962 in der Linné-Anthologie von Björn Julén.
Wenn man heute in Sergei Ognews Buch „*Säugetiere und ihre Welt*" (Berlin 1959) über die nördlichen Lemminge nachliest, dann erfährt man, daß es bei dieser Mäuseart (Lemmus lemmus) zyklisch — im Unterschied zu anderen Mäusen — zu Massenvermehrungen kommt, zu sogenannten Mäusejahren und als Folge davon zu Massenabwanderungen. Auch die spezifisch geradlinige Wanderungsart, die Linné so in Erstaunen versetzt hat, wird beschrieben: „... dann sah man ein Tier über den Pfad huschen und seinen Weg auf der anderen Seite in der gleichen Richtung fortsetzen." Ognew weicht allerdings in der Bestimmung der zyklischen Intervalle von Linné ab, er spricht von drei bis vier Jahren, Linné von zehn bis zwanzig Jahren. Und er präzisiert das Bild des Mäusezugs, wonach man sich die Tiere mehr vereinzelt wandernd vorzustellen hat, da sie bestrebt seien, „einen gewissen Abstand untereinander zu halten". Aber auch diese Feststellung Ognews weicht nicht wesentlich von Linné ab, der ja sagt, daß die Lemminge auf ihrer Wanderung ein riesiges Gebiet überschwemmen, was eine größere Verteilung der Tiere einschließt. Neu ist bei Ognew, daß er die Ursache des Massenwechsels nennen kann. Die Erklärung für das Zustandekommen der Zyklen oder die Wanderung der Tiere wie nach einer Richtschnur steht allem Anschein noch aus.

265 „*Olai Wormii Historia Animalis...*": Olaus Worms Geschichte von dem Tier, das in Norwegen aus den Wolken herabkommt und Saaten und Wiesen zum größten Schaden der Einwohner mit größter Schnelligkeit abweidet. Kopenhagen 1653, im Quartformat, 66 Seiten

mus cauda abrupta ...: Maus mit kurzem Schwanz, rötlichem Körper, schwatz gefleckt

Mus montanus: Bergmaus

Scheff. Lapp: Joh. Gerh. Scheffers „*Lapponia*" (1673)

Wormii monograph.: Worms oben genanntes Werk

vulgo Lemming: gewöhnlicher Lemming

Worm. mus.: „*Catalogus musei Wormiani seu historia rerum rariorum*" (Verzeichnis der Wormischen Sammlung oder Geschichte der Raritäten)

Rai. quadr.: John Rays *„Synopsis methodica animalium quadrupedum et serpentini generis...“*, London 1693 (Methodische Übersicht der Vierfüßer und Schlangen)

Ol. Magni Septentr.: Olaus Magnus' *„Tabula terrarum septentrionalium et rerum mirabilium in eis“* (Gemälde der nördlichen Länder und ihrer Merkwürdigkeiten)

268 *Sinum Bothnicum:* Bottnischer Meerbusen

270 *Cricetus:* Hamster

271 *jumenta:* Zug-, Lasttiere

glires: Nagetiere

armenta: Rindvieh

ferae: Wild

„Systema Naturae“: Hauptwerk Linnés (ab 1735; s. S. 221f.)

Die Meerkatze Diana

Die Beschreibung der *Meerkatze Diana* (Cercopithecus diana) ist zuerst 1754 schwedisch in den Abhandlungen der Königlichen Schwedischen Akademie der Wissenschaften erschienen und danach deutsch von Abraham Gotthelf Kästner in der deutschen Parallelausgabe 1756. (1772 wurde sie ins Französische übersetzt.) Diese Übersetzung, orthographisch modernisiert, ist hier abgedruckt.

Die Kenntnis der Affen war zu Linnés Zeit, wie er in seiner Abhandlung selbst sagt, noch nicht sehr groß. Davon zeugen beispielsweise die Abbildungen der Menschenaffen in seinem *„Natur-System“*, die den entsprechenden Arten, Orang-Utan und Schimpanse, wenig ähnlich sehen und die kaum nach lebenden Vorbildern entstanden sind. Ihre menschenähnliche (anthropomorphe) Haltung erklärt sich aus ihrer Zuordnung zu den Menschen als eine gesonderte Art. Rechnet Linné den Menschen (Homo sapiens) zu den Tagmenschen, so rechnet er den Orang-Utan oder Buschmenschen und den Schimpansen zu den Nachtmenschen (Homo nocturnus), die er auch Troglodyten (Höhlenmenschen) nennt. Linné übernahm sowohl die Beschreibung der Tiere als auch die Abbildungen von dem zoologischen Schriftsteller D. Bontius. Die nach Bontius allgemein verbreitete Ansicht, daß der Orang-Utan einer „geilen Vermengung indianischer Weibsbilder mit Bavianen entsprungen“ sei, teilt Linné nicht, schließt aber eine Kreuzung zwischen Affen und Menschen deshalb nicht aus, wofür ihm die häufigen Berichte über Satyre und Faune der antiken Schriftsteller (Plinius, Ptolomäus u. a. m.) eine Bestätigung sind. Linné hielt nicht nur Kreuzungen von Arten für möglich, sondern auch von Gattungen, ja Familien (da allerdings nur durch göttlichen Eingriff). Er entwickelte diese Auffassung besonders auf botanischem Gebiet als Erklärung für das Zustandekommen so unendlicher vieler Arten und Formen in der Natur, die er sich nicht mehr alle, wie anfangs, als von Gott geschaffen vorstellen konnte.

Auf zoologischem Gebiet war er sich aber seiner Ansicht nicht so sicher, besonders nicht im Hinblick auf den Menschen, und seine Unsicherheit nahm zu, als sich eine in der Fachwelt lebhaft diskutierte Kreuzung zwischen Huhn und Kaninchen als Irrtum herausstellte.

So ist seine Aufforderung am Schluß seines Aufsatzes, die Affen, wo man sie antreffe, genau zu beschreiben, auch als ein Ausdruck dieser Unsicherheit zu werten und als Aufgabe für seine Nachfolger, sich besonders auf diesem Gebiet größere Klarheit zu verschaffen.

Es war durchaus ungewöhnlich, den Menschen, wie es Linné in seinem „*Natur-System*" tat, zu den Affen oder den Affen zum Menschen zu stellen. Wenn der Mensch auch der erste im Tierreich war und Linné ihm als Wesensmerkmal den Satz zuerkannte: *Nosce te ipsum* (erkenne dich selbst), so waren einige seiner Zeitgenossen doch nicht wenig empört: La Mettrie darüber, daß der Mensch ein Säugetier sein sollte, nahe verwandt dem Schwein und dem Pferd. Linné sei selbst ein Pferd, eiferte er. Seiner Meinung nach war der Mensch eine Pflanze. Albrecht von Haller darüber, daß der Mensch so in die Nähe des Affen gerückt wurde. „Kaum kann er sich enthalten", rief er aus, „den Menschen zum Affen oder den Affen zum Menschen zu machen."

Die eigentlichen Kämpfe um den Platz des Menschen im Natursystem begannen aber erst hundert Jahre später im Zusammenhang mit der Evolutionstheorie und der Darwinschen Abstammungslehre, als man sich den Affen als den direkten Vorgänger des Menschen in der Stammesentwicklung vorstellte.

273 *Simia caudata barbata...*: geschwänzter, bärtiger Affe mit schopfartigem Stirn- und Barthaar

Zwo neue Gattungen Tabak

Das Tabak-Traktat erschien schwedisch 1753 zum erstenmal in den Abhandlungen der Königlichen Schwedischen Akademie der Wissenschaften, dann deutsch, übersetzt von Abraham Gotthelf Kästner, in dem Parallelunternehmen 1765. Ein schwedischer Nachdruck stammt aus dem Jahre 1930, er erschien in vierzig Exemplaren in der „*Bibliotheca Nicotiana*". Wir drucken Kästners Übersetzung (orthographisch modernisiert) ab.

Bei der Beschreibung der beiden neuen Tabaksorten sind die botanische Information oder der Hinweis auf die Möglichkeiten des Tabakanbaus im eigenen Land nur ein Aspekt des Linnéschen Anliegens. Er wollte darüber hinaus aufklärerisch auf dem Gebiet der Volksgesundheit wirken. Wir begegnen diesem Anliegen auch in den Anmerkungen über den Tee (1745), den Kaffee (1746), den Branntwein (1747), das Bier (1749). Diese kleinen Aufsätze sind ein Teil der Bestrebungen Linnés, Regeln für eine gesunde Lebensweise, wie wir heute sagen, aufzustellen. Seine Vorlesungen in Uppsala über Diätetik waren sehr gut besucht, vor allem auch von Theologiestudenten, für die er darüber hinaus Privatvorlesungen hielt. An den angehenden Geistlichen war Linné besonders gelegen, da sie in die entferntesten Gebiete des Landes gelangten und er sich durch sie eine weite Verbreitung seiner Lehre versprach. Eine Sammlung seiner Vorlesungen mit Gesundheitsregeln und sehr anschaulichen und drastischen Beispielen aus dem Alltagsleben liegt schwedisch in dem Buch „*Diaeta naturalis*" vor, das seiner Entdeckung für eine deutschsprachige Ausgabe noch harrt.

279 *Herba Reginae:* Folia Nicotianae: Tabakblätter; fälschlicherweise werden gelegentlich die Blätter von Pelasites hybridus (L.) G. M. Sch. (Offizielle Pestwurz) so bezeichnet
Sana Sancta: Tabakblätter, Folia Tabaci, Herba Nicotianae virginianae oder Herba Petum (Peti) genannt; gemeint sind Blätter von Nicotiana tabacum (L.) (Virgin. Tabak), Nicotiana rustica L. (Bauern-Tabak), N. latissima Mill., bzw. N. macrophylla Spreng. (Maryland-Tabak)
284 *racemum secundum:* aufeinanderfolgende Traube
rektifizieren: durch wiederholte Destillation reinigen und konzentrieren
„*Species Plantarum*" Schrift Linnés, 1. Auflage Stockholm 1753 (s. S. 229)
285 *Cassia:* (Kassie) zu den Schmetterlingsblütlern zählender Baum, mit der echten Akazie aus der Familie der Leguminosen verwandt

Anmerkungen über das Bier

Die *Anmerkungen über das Bier* erschienen deutsch erstmalig 1766 in der deutschen Parallelausgabe der Abhandlungen der Schwedischen Akademie. Die Fassung der schwedischen Ausgabe, die bereits 1763 erschienen war und die der Übersetzer Abraham Gotthelf Kästner seiner Übersetzung zugrunde legte, war die von Linné mit geringfügigen Änderungen versehene Zweitveröffentlichung des Textes. (Erste schwedische Veröffentlichung 1749 anonym im Almanach der Königlichen Schwedischen Akademie der Wissenschaften.) Eine gekürzte Fassung der Kästnerschen Übersetzung, in der die anschaulichen Beispiele des Londoner Soldaten und des dicken Cajanus fehlen, druckten die „*Berlinischen Sammlungen*" 1774 nach. Die gleiche Fassung findet sich dann in der dritten deutschen Veröffentlichung von 1906 in der „*Tageszeitung für Brauerei*" unter dem Titel „*Eine Ehrenrettung des Bieres*" wieder. Wir drucken die ungekürzte Kästnersche Übersetzung (orthographisch modernisiert) ab.

288 *Gagel:* gemeiner Gagel (Myrica gale L.), aber auch Sumpf-Porst (Ledum palustre L.) und wilder Rosmarin wurden einstmals als Surrogat für Hopfen verwendet

Enzian: Gentiana purpurea L. (wächst in den Bergen Westnorwegens)

Bitterklee: auch Biber- oder Fieberklee (Menyanthes trifoliata L.)

Wermut: Artemisia absinthium L.

290 *Kanne:* Altes Flüssigkeitsmaß, 1 schwedische kanna = 2,6 Liter

291 *Danziger Prüßing ... Garley ...:* deutsche Lokalbiere. Die Schreibweise der Biernamen ist sehr unterschiedlich: Prüßing (bei Linné Pryssing) oder Preußing wurde in Danzig gebraut; Garlei in Gardelegen; Knisenach (Knisenak, Kniesenacker) in Güstrow; Mumme, benannt nach dem Erfinder Christian Mumme (1492), in Braunschweig und Breyhahn (Breihahn, Broyhahn), benannt nach seinem Erfinder Cord Bryhan in Hamburg, Magdeburg und Hannover

Nachwort

300 Im Unterschied zur Bibel, in der ein zeitlicher Abstand von 4000 Jahren seit der Erschaffung der Welt angenommen wird, stellen sich die Chinesen einen Zeitraum von über zwei Millionen Jahren vor.

Personenregister

Benutzte Literatur

Bibliographien, Biographien, Biographisches

SLÅ = *Svenska Linné Sällskapets Årsskrift*

A catalogue of the works of Linnaeus. 2. Aufl.; London, 1933

A catalogue of the works of Linnaeus. Sandbergs antikvariatsförteckning, Nr. 12; Frühjahr 1957.

Bibliografi över Linnélitteratur. Hg. von Svenska Linné Sällskapet. Sonderdruck aus: SLÅ, Uppsala, 1959/60.

A. A. Ščerbakova: *Literatura o Karle Linnee i ego trudach, opublikovannaja na russkom jasyke* ... (Literatur über Karl Linné und seine Werke in russischer Sprache vom 18. Jh. bis 1957). In: Karl Linnej, *Sbornik statej.* (Gesammelte Aufsätze). Moskau, 1958.

Linnéfirandet 1957. In: SLÅ, 1958.

Adam Bäck: *Gedächtnisrede auf den Herrn Archiater und Ritter Carl von Linné,* gehalten vor der Akademie der Wissenschaften den 5. Dec. 1778. Deutsch von M. Swederus (?); Stockholm und Uppsala, 1779.

Johann Beckmanns Schwedische Reise in den Jahren 1765 bis 66. Tagebuch. Mit einer Einleitung und Anmerkungen im Auftrage der Kgl. Universität Uppsala hg. von Th. M. Fries; Uppsala, 1911.

Jacob Jonas Björnståhls Briefe auf seinen ausländischen Reisen an den Königl. Bibliothekar C. C. Gjörwell in Stockholm. Aus dem Schwedischen von Just. Ernst Groskurd. 1. Band, welcher Briefe aus Frankreich und Unteritalien enthält; 2. Aufl., Leipzig/Rostock, 1780.

E. G. Bobrow: *Karl Linnej.* Leningrad, 1970.

Felix Bryk: *Vandringar i naturens och kulturens riken.* 1924. (Linné in der Karikatur)

Johann Christian Fabricius: *Einige nähere Umstände aus dem Leben des Ritters von Linné.* In: *Deutsches Museum.* 5 und 7. Stück; Leipzig, 1780. Zitiert nach Stöver: *Leben des Ritters*... (s. Stöver).

Heinz Goerke: *Carl von Linné* — Arzt, Naturforscher, Systematiker 1707 bis 1778. Stuttgart, 1966.

Goethe über Linné. In: Bibliothek deutscher Klassiker: *Goethes Briefe.* 3 Bände; Berlin und Weimar, 1970.

Brief an Charlotte von Stein, Ilmenau, 9. Nov. 1785 (Bd. 1)

Briefe an Nees von Esenbeck, Tennstedt, Mitte Aug. 1816 (Bd. 2)

Brief an Karl Friedrich Zelter, Weimar, 7. Nov. 1816 (Bd. 2)

Knut Hagberg: *Carl Linnaeus.* Stockholm, 1957.

Brief Linnés an Albrecht von Haller (1737). In: *Leben des Ritters* ... (s. Stöver)

M. Erich Laxmanns Sibirische Briefe. Hg. von Aug. Ludw. Schlözer; Göttingen und Gotha, 1769. (Mit einem Brief Linnés an Laxmann vom 12. März 1764)

Oscar Levertin: *Carl von Linné.* Stockholm, 1908.
Ny illustrerad svensk litteraturhistoria. Zweiter Teil. Hauptredakteur E. N. Tigerstedt; Stockholm, 1956.
Brief Rousseaus an Linné vom 12. Sept. 1771. In: *Oeuvres de J. J. Rousseau. Correspondence.* Band IV; Paris, 1822.
Günther Schmid: *Linné im Urteil Johann Beckmanns mit besonderer Beziehung auf F. C. Medicus.* In: SLÅ, 1937.
Dietrich Heinrich Stöver; *Leben des Ritters Carl von Linné.* 1. und 2. Teil; Hamburg, 1792.
John Takman: *Anteckningar om Linné.* In: *Clarté.* Nr. 1/1957, S. 13–19.
Tycho Tullberg: *Linnéporträt.* Stockholm, 1907.

Ausgaben: Einzelschriften Linnés, Werke in Einzelausgaben, Anthologien

Carl von Linné: *Anmerkungen über das Bier.* Aus dem Schwedischen übersetzt von Abraham Gotthelf Kästner. In: *Der Königl. Schwedischen Akademie Abhandlungen aus der Naturlehre, Haushaltungskunst und Mechanik aus dem Jahre 1763.* 25. Band; Leipzig, 1766
Carl von Linné: Dasselbe. Gekürzt in: *Berlinische Sammlungen zur Beförderung der Arzneywissenschaft, der Naturgeschichte, der Haushaltungskunst, Kameralwissenschaft und der dahin einschlagenden Literatur.* VI. Band, 1. Stück; Berlin, 1774.
Carl von Linné: *Eine Ehrenrettung des Biers.* Überliefert von Dr. W. Kühn, Leipzig; ein Nachdruck aus den *Berlinischen Sammlungen* ... in: *Tageszeitung für Brauerei.* Jg. 4 (1906), Nr. 75 (30/3)
Carl von Linné: *Deliciae naturae* — hållit uti Upsala Dom-Kyrka År 1772 den 14. Decemb. vid Rectorates Nedläggande. In: Carl von Linné: *Fyra Skrifter.* Red. von Arvid Hj. Uggla, illustr. von Harald Sallberg; Stockholm, 1939.
Carl von Linné: *Die Meerkatze Diana.* Aus dem Schwedischen übersetzt von A. G. Kästner. In: *Der Königl. Schwedischen Akademie Abhandlungen ...;* Band 16, 1756.
Carl von Linné: *Markattan Diana.* In: *Djur som faller från skyn.* Hg. von A. Hj, Uggla; Stockholm, 1951.
Carl von Linné: Dasselbe. In: *Carl von Linné i urval.* Hg. von Björn Julén; Stockholm, 1962.
Carl von Linné: *Anmerkungen über die Tiere, von denen in Norwegen gesaget wird, daß sie aus den Wolken kommen.* Aus dem Schwed. übersetzt von A. G. Kästner. In: *Der königl. Schwedischen Akademie Abhandlungen ...;* Band 2, 1749.
Carl von Linné: *Anmärkning över de djuren som sägas komma neder utur skyarna i Norrige.* In: *Djur som faller från skyn.* Hg. von A. Hj. Uggla; Stockholm, 1951.
Carl von Linné: Dasselbe. In: *Carl von Linné i urval.* Hg. von B. Julén; Stockholm, 1962.

Carl von Linné: *Om nödvändigheiten af forskningsresor inom fäderneslandet* — tal vid tillträdandet af Professuren i Medicin, Upsala 17. Oct. 1741. In: *Valda smärre skrifter af allmänt naturvetenskapligt innehåll af Carl von Linné.* Hg. von Th. M. Fries; Uppsala, 1906.
Carl von Linné: *Rede von den Merkwürdigkeiten an den Insekten.* In: *Allgemeines Magazin der Natur, Kunst und Wissenschaften.* 1. Teil; Leipzig, 1753.
Carl von Linné: *Rede von den Merkwürdigkeiten an den Insekten.* In: *Schwedisches Museum.* 2. Teil; hg. von C. G. und D. H. Gröning; Schwerin, 1784.
Carl von Linné: *Tal om märkvärdigheter uti insecterna* — hållit för Kongl. Vetenskaps Academien uti auditorio illustri då förste Praesidentskaper aflades 1739 D. 3 October. In: Carl von Linné: *Fyra Skrifter.* Red. von A. Hj. Uggla illustr. von H. Sallberg; Stockholm. 1939.
Carl von Linné: Dasselbe, In: *Tre tal.* Hg. von A. Hj. Uggla; Uppsala, 1954.
Carl von Linné: *Maecenati.* In: Elis Malmeström: *Linnés humor.* In: SLÅ, 1923.
Carl von Linné: *Beskrifning om öl.* Nachdruck aus dem *Almanach för Året 1749.* Mit einem Vorwort von Samuel E. Bring und Illustrationen von Svenolov Ehrén; Stockholm, 1961.
Carl von Linné: *Anmärkningar om öl.* In: *Kongl. Vetenskaps Academiens Handlingar för År 1763.*
Carl von Linné: *Zwo neue Gattungen Tabak.* Aus dem Schwed. übersetzt von A. G. Kästner. In: *Der königl. Schwedischen Akademie Abhandlungen ...;* Band 15, 1756.
Carl von Linné: *Twå nya species tobak.* Nach *Kongl. Vetenskaps Academiens Handlingar år 1753* hg. von Edgar Lund. In: *Bibliotheca Nicotiana 1;* Stockholm, 1930.
Des Ritters Carl von Linné Auserlesene Abhandlungen aus der Naturgeschichte, Physik und Arzneiwissenschaft. 3 Bände, mit Kupfern; deutsch von E. J. T. H.; Leipzig, 1776—1778.
Linnaeus im Auslande. Linnés gesammelte Jugendschriften autobiographischen Inhaltes aus den Jahren 1732–1738. Hg. von Felix Bryk, mit einem Vorwort und einer Einleitung des Hgs. Stockholm, 1919.
Valda avhandlingar av Carl von Linné. Vom Lateinischen ins Schwedische übersetzt von A. Brolén; hg. von Svenska Linné-Sällskapet; Uppsala, 1953.
Des Archiaters und Ritters Carl von Linné eigene, anonym erschienene Berichte über die zwölfte lateinische Ausgabe seines Natursystems. Hg. von F. Bryk; Stockholm, 1922.
Bref och skrifelser af och till Carl von Linné. 1. Abteilung, Teil I bis VI. Hg. von Th. M. Fries; Stockholm, 1907—1912.
Dasselbe. 2. Abteilung, Teil I. Hg. von J. M. Hulth; Uppsala/Berlin, 1916.
Caroli Linnaei Diaeta naturalis 1733 — Linnés tankar om ett naturenligt

levnadssätt. Hg. von A. Hj. Uggla; mit einem Vorwort des Hgs; Uppsala, 1958.

Djur som faller från skyn. Om sjubben. Markattan Diana — Tre djurmonografier av Linnaeus. Hg. und mit einem Vorwort von A. Hj. Uggla; Stockholm, 1951.

Caroli Linnaei *Flora Lapponica* Hg. von Jacob Edvard Smith; London, 1792.

Caroli Linnaei *Fundamenta Botanica.* Stockholm, 1740.

Carl von Linné: *Gattungen der Pflanzen.* Nach der 6. Ausgabe und der 1. und 2. Mantisse übersetzt von Johann Jakob Planer. 1. Band; Gotha, 1775.

Carl von Linné: *Genera Plantarum.* Hg. von Christoph. Carolus Strumpff; Halae Magdeburgicae 1752.

Carl von Linné: *Hortus Cliffortianus.* Amsterdam, 1737.

Carl von Linné: *Iter Lapponicum.* In: *Skrifter av Carl von Linné,* Band 5. Mit Beilagen und Anmerkungen von Th. M. Fries; Uppsala, 1913.

Carl von Linné: *Lapplands Resa År 1732.* Red. von Magnus von Platen und Carl-Otto von Sydow, illustr. von Gunnar Brusewitz; mit einem Nachwort von C.-O. von Sydow; Stockholm, 1957. .

Carl von Linné: *Lappländische Reise.* Mit Zeichnungen des Autors. Aus dem Schwed. übersetzt von H. C. Artmann unter Mitarbeit von Helli Clervall; mit einem Nachwort von Hans-Georg Halbe; Frankfurt (Main), 1964; 2. Aufl. 1971.

Linnés minnesbok. Hg. von F. Bryk; Stockholm, 1919.

Herrn Carl Linnaei Versuch einer Natur-, Kunst- und Oeconomie-Historie von einigen Schwedischen Provinzen — Geographische Beschreibung des Herzogtums Schonen nebst einer allgemeinen Nachricht von diesem Lande. Aus dem Schwed. übersetzt von Karl Ernst Klein; Leipzig und Stockholm, 1756.

Des Ritters Carl von Linné Vollständiges Natursystem. Nach der 12. lateinischen Ausgabe und nach Anleitung des holländischen Houttuynischen Werke mit einer ausführlichen Erklärung ausgefertigt von Philipp Ludwig Statius Müller. Erster Teil: Von den säugenden Tieren; mit 32 Kupfern; Nürnberg, 1773.

Des Ritters Carl von Linné Lehr-Buch über das Natur-System, soweit es das Tierreich angeht. In einem vollständigen Auszuge der Müllerschen Ausgabe. Band 1 und 2; mit 20 Kupfertafeln; hg. von P. Höslin; Nürnberg, 1781.

Carl von Linné: *Nemesis Divina* (Auswahl). In: *Carl von Linné i urval.* Hg. von B. Julén; Stockholm, 1972.

Carl von Linné: *Nemesis Divina.* Nach der schwed. Ausgabe von Elis Malmeström und Telemak Fredbärj hg. von Wolf Lepenies und Lars Gustafsson. Aus dem Latein. u. Schwed. übersetzt von Ruprecht Volz; München, Wien 1981. Dass. in den *Ullstein Materialien,* Berlin 1983.

Carl von Linné: *Öländska resa* – förrättat 1741. Hg. und kommentiert von Bertil Molde, Nachwort von Knut Hagberg; Stockholm, 1957.

Carl von Linné: Vorrede zu Friedrich Hasselquists *Reise nach Palästina in den Jahren von 1749 bis 1752.* Hg. vom Schreiber der Vorrede. Deutsch von Thomas Heinrich Gadebusch; Rostock, 1762.

Des Ritters Carl von Linné Schwedischer Pan — oder Abhandlung über die Fütterung der einheimischen Tiere in Schweden. Aus dem Lateinischen mit vielen Zusätzen, Anmerkungen und Verbesserungen nebst einer allgemeinen Einleitung über die Nahrung der Tiere von Xavier Joseph Lippert; Wien, 1785.

Des Ritters Carl von Linné Pflanzensystem mit seinen Klassen, Ordnungen, Gattungen und Arten mit den Erkennungs- und Unterscheidungszeichen. 14., nach der vorhergehenden viel vermehrte und verbesserte Auflage. Hg. von Andreas Murray. Aus dem Lateinischen mit einigen Zusätzen von Xaver Joseph Lippert. 2 Bände; Wien, 1786.

Caroli Linnaei *Philosophia Botanica,* in qua explicantur Fundamenta botanica. Hg. von Joh. Gottlieb Gleditsch, mit Abbildungen und mit einem Vorwort von Gleditsch; Berlin 1780.

Linnés eigene Anzeichnungen über sich selbst. Hg. und mit Anmerkungen und Zusätzen von Afzelius. Aus dem Schwed. übersetzt von Karl Lappe. Mit einer Vorrede von K. A. Rudolphi und einem Vorwort von Adam Afzelius; Berlin, 1826.

Vita Caroli Linnaei — Carl von Linnés självbiografier. Im Auftrag der Universität Uppsala hg. von Elis Malmeström und A. Hj. Uggla; Stockholm, 1957.

Carl von Linnés gesammelte Schriften entomologischen Inhaltes. Hg. von F. Bryk; Stockholm, 1924.

Valda smärre skrifter af allmänt naturvetenskapligt innehåll af Carl von Linné. Hg. von Th. M. Fries; Uppsala, 1905—1913.

Carl von Linné: *Fyra Skrifter.* Red. von A. Hj. Uggla, illustr. von H. Sallberg; Stockholm, 1939.

Carl Linnaeus: *Skrifter.* Ausgewählt von Knut Hagberg; Stockholm, 1955.

Carl von Linné: *Species Plantarum.* Bearb. von Wilhelm Junk; Berlin, 1907.

Carl Linnaeus: *Species Plantarum* — a Facsimile of the first edition 1753. Vol. I—III. Mit einer Einführung von W. T. Stearn; London, 1957—1959.

Carl von Linné: *Tre tal.* Hg. von A. Hj. Uggla; Uppsala, 1954.

Carl von Linné: *Ungdomsskrifter.* Gesammelt von Ewald Ährling. 2 Bände; Stockholm, 1890/91.

Carl von Linné i urval. Hg. und mit einer Einleitung von Björn Julén; Stockholm, 1962.

Carl von Linné — Ausgewählt und mit einem Vorwort von Daniel Hjorth; Stockholm, 1964.

Einar Loennberg: *Carl von Linnés Föreläsningar öfver djurriket.* Uppsala/ Berlin, 1913.
Margit Abenius: *Allt är viktigt* — En stiltendens hos Linné. In: *Linnés språk och stil.* Stockholm, 1971.
Sixten Belfrage: *Dedikationen i Linnés Skånska resa* — En stilistisk studie. In: *Linnés språk och stil.* Stockholm, 1971.
Sixten Belfrage: *Parallelism och parallelliserande enumeration* — En genetisk studie. Ebd.
Felix Bryk: *Linné und Berlin.* Berliner Festschrift zu Linnés hundertfünfzigstem Todestage 1778—1928. Neubrandenburg, 1930.
Felix Bryk: *Linnés Randaufzeichnungen zu M. S. Merian.* Stuttgart, 1920.
Felix Bryk: *Linnés fürchterliche Furia infernalis und Musca leprae.* In: *Entomologisk Tidskrift.* Jg. 75, 1954.
Felix Bryk: *Linnés Höllenfurie in Phantasie und Wirklichkeit.* In: *Entomologisk Tidskrift,* Jg. 76, 1955.
K. V. Ossian Dahlgren: *Philosophia Botanica.* In: SLÅ, 1950/51.
Sigurd Fries: *Linnés resedagböker* — deras språk och stil i jämförelse med de tryckta reseskildringarnas. In: *Linnés språk och stil.* Stockholm, 1971.
Ernst von Haeckel: *Das Menschenproblem und die Herrentiere von Linné.* Vortrag, gehalten am 17. Juni 1907 im Volkshause zu Jena. Frankfurt (Main), 1907.
Adolf Hansen: *Goethes Metamorphose der Pflanzen.* — Geschichte einer botanischen Hypothese. In zwei Teilen; Erster Teil; Gießen, 1907.
Nils von Hofsten: *Linnés djursystem.* In: SLÅ, 1959.
Nils von Hofsten: *Linnés naturuppfattning.* In: SLÅ, 1958.
Wilhelm Junk: *Linné ein Vorläufer Darwins?* In: *Die Umschau,* 1925.
Elis Malmeström: *Linnés avhandling om ålderdomen* — Senium salomoneum 1759. In: SLÅ, 1929.
Elis Malmeström: *Linnés religiösa åskådning.* In: SLÅ, 1922.
Elis Malmeström: *Linnés humor.* In: SLÅ, 1923.
Elis Malmeström: *Carl von Linnés naturfilosofiska tankar* — Några grundlinjer. In: SLÅ, 1930.
Elis Malmeström: *Carl von Linné och Isaac Newton.* In: SLÅ, 1954/55.
Ossip Mandelstam: *Lamarck und Linné.* Aus dem Russischen übersetzt von Fritz Mierau. In: Ossip Mandelstam: *Hufeisenfinder.* Leipzig, 1975.
Martin Möbius: *Geschichte der Botanik.* 2. Aufl.; Stuttgart, 1968.
A. G. Nathorst: *Carl von Linné als Geolog.* Jena, 1909.
N. V. E. Nordemark: *Anders Celsius, Linné och den hundragradiga termometern.* In: SLÅ, 1935.
Erik Nordenskiöld: *En blick på Linnés allmänna naturuppfattning och dess källor.* In: SLÅ, 1923.

Jöran Sahlgren: *Linnés bildspråk* — Några anteckningar. In: *Vetenskaps-Societeten in Lund Årsbok*, 1924.
Jöran Sahlgren: *Linné som predikant.* — Föredrag vid svenska Linné Sällskapets sammankomst den 12. Nov. 1921. In: SLÅ, 1922.
Jöran Sahlgren: *Linnés talsprak.* – Föredrag vid Svenska Linné Sällskapet sammanträde i Stockholm den 22. Nov. 1919. In: SLÅ, 1920.
August Strindberg: *Skrifter XIII. – Dikter, Sömngångarnätter, Ordalek och småkonst, En blå bok I;* Stockholm 1962.
August Strindberg: *Ein Blaubuch.* — Die Synthese meines Lebens. Deutsch von Emil Schering; München, 1919.
August Strindberg: *Blumenmalereien und Tierstücke.* — Der Jugend gewidmet. Aus dem Schwed. übersetzt von Emil Schering; Berlin/Leipzig, 1905.
August Strindberg: Vorwort zu: Carl von Linné *Anmärkningar om brännvin.* Nachdruck der Ausgabe von 1864; Stockholm, 1964.
Karin Westmann Berg: *C. J. L. Almquist och Carl von Linné.* In: SLÅ, 1959.
Heinrich Zoller *Albrecht von Haller und seine Beziehungen zu Carl von Linné.* In: SLÅ, 1960.

Sonstiges

Allg. Gelehrten-Lexikon. Hg. von Christian Gottlieb Jöcher; Leipzig 1751, sowie die ergänzte und erneuerte Ausgabe von Johann Christoph Adelung und Heinrich Wilhelm Rotermund.
John Desmond Bernal: *Die Wissenschaft in der Geschichte.* Deutsch Berlin, 1961.
Ignaz von Born: *Specimen monachologiae.* Neueste Naturgeschichte des Mönchtums. 1783.
Friedrich Engels: *Dialektik der Natur.* Berlin, 1959.
Martin Fontius: *Produktionsentfaltung und Autonomie der Kunst.* Über den Begründer der Technologie Joh. Beckmann (im Mskr.).
Johann Wolfgang von Goethe: *Metamorphose der Pflanzen:* In: *Natur-Schriften, Gedanken, Briefe, Gespräche.* Ausgewählt und hg. von Carlgeorg Stoffregen; mit Gottfried Benns Essay *Goethe und die Naturwissenschaft.* München/Zürich, 1962.
Albrecht von Haller: *Die Alpen.* Bern, 1795.
Johann Gottfried Herder: *Vom Geist der Ebräischen Poesie.* Mit einer Einleitung von Friedrich Hoffmann; 2 Bände; Gotha, 1890.
Walter Marsden: *The Lemming Year.* London, 1964.
Sergej Ivanovič Ognew: *Säugetiere und ihre Welt.* Aus dem Russischen übersetzt von Hans-Dieter Münch und Hans-Günther Petzold. Hg. von Heinrich Dathe; Berlin, 1959.
Seneka: *Über das glückliche Leben. Von der Kürze des Lebens und von der Muße des Weisen.* (De vita beata). Verdeutscht und mit Anmerkungen hg. von M. Carl Philipp Conz; Stuttgart, 1791.
Urania-Tierreich

Bildquellen

Tycho Tullberg: *Linnéporträtt.* Stockholm 1907. S. 2, 157 (Abb. oben), 176, 220

Carl Linnaeus: *Lapplands Resa År 1732.* Hrsg. von M. von Platen und C.-O. von Sydow; Stockholm 1957, S. 6

Skrifter av Carl von Linné, Band 5. Mit Beilagen und Anmerkungen von Th. M. Fries; Uppsala 1913. S. 17–150

Vita Caroli Linnaei. Hrsg. von E. Malmeström und A. Hj. Uggla; Stockholm 1957. S. 157 (Abb. unten), 169, 174, 180, 182, 222

Svenska Linné Sällskapets Årsskrift, 1920, S. 162

Carl von Linné, *Species Plantarum.* London 1957. S. 185, 196, 202, 203, 208, 211

Caroli Linnaei *Systema Naturae,* 1. Aufl., Leiden 1735. S. 189

Caroli Linnaei *Systema Naturae.* Halle im Magdeburgischen 1770. S. 213

Carl von Linné, *Natursystem.* Nürnberg 1773. S. 216, 217

Carl Linnäi *Versuche einer Natur-, ... Historie.* Leipzig und Stockholm 1756. S. 228

Carl von Linné, *Vollständiges Natursystem,* 5. Teil: Von den Insekten; Nürnberg 1775. S. 253, 260

Olai Wormii *Historia Animalis.* Kopenhagen 1653. S. 266

Kongl. Sv. Acad. Handlingar, 1754. S. 274

Bibliotheca Nicotiana 1, Stockholm 1930. S. 282, 283, 286

Carl von Linné, *Beskrifning om öl.* Stockholm 1930. S. 292

Inhalt